충무공 이순신(1545~1598) 표준영정(1973). 장우성. 아산 현충사

이순신의 소년 시절 이순신 생애 십경도의 하나. 현충사

충무공 이순신 장군상　서울 세종로(광화문 광장), 1968.

이순신 장군 동상　남해 이순신 순국공원

남해 충렬사　이순신 장군의 위패를 모신 곳

활을 든 이순신 장군 동상　진해 해군사관학교. 충무공 탄신 470주년 기념. 2015.

임진왜란 때 이순
신 장군이 왜군
을 크게 무찌른
한산대첩을 기념
하기 위해 만들어
진 역사적 장소이
다. 충무사에는
충무공의 종이품
통제사 관복차림
의 영정이 모셔져
있다.

관복차림의 이순신 장군 영정 　정형모. 1977. 통영 한산도 충무사 영당

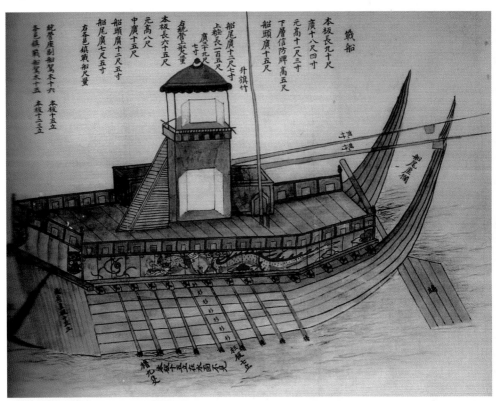

戰船

本板長九十尺
廣十八尺四寸
元高十一尺三寸
下層信防牌高五尺
船頭廣十五尺

升旗竹

船尾廣十二尺七寸
上粧長一百五尺
廣三十九尺
七寸

本板長六十五尺
元高八尺
中廣十五尺
船頭廣十二尺五寸
船尾廣七尺五寸
右各邑鎮戰船同

統營座別船刱覺本十六
各邑鎮戰船、船覺本五十五
本板十五尺
本板十二尺

판옥선   거북선은 판옥선을 기초로 하여 건조되었다.

복원된 거북선 모형

거북선 건조를 지도하는 이순신 장군　이순신 생애 십경도의 하나. 전라좌수사 시절.

한산도대첩　김형구(1975). 1592년 7월 8일 한산도 앞바다에서 조선 수군이 왜선을 크게 무찌른 전투.

한산대첩 학익진(鶴翼陣) 모형　독립기념관

이순신 장군 초상　김은호. 1950. 국립현대미술관. 충무사에서 1977년 이전됨.

부산포해전 이순신 생애 십경도의 하나. 현충사 소장. 1592년 9월 1일 조선 삼도수군 통합함대가 부산포에 정박 중이
던 470여 척의 왜선을 장사진 대형으로 기습공격하여 100여 척을 격침시켰다. 조선 수군 통합함대는 판옥선 44척, 거
북선을 비롯한 총 166척의 대함대였다.

이순신 장군 독전도 작자 미상. 남해 충렬사

명량대첩도 이순신 생애 십경도의 하나. 1597년 9월 16일 이순신이 명량(울돌목)에서 왜선을 대파한 해전이다.

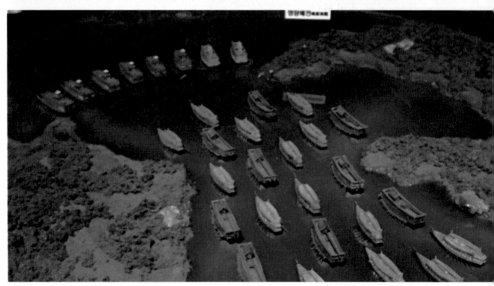

일자진(一字陣) 이순신 장군은 13척의 배로 지형과 조류의 변화를 이용해 왜선 133척을 격퇴했다.

노량해전도 이순신 생애 십경도의 하나. 1598년 11월 18일 조선수군과 왜선이 벌인 마지막 해전. 왜선 500여 척 중 450여 척을 침몰시켰으며 이순신은 이 해전에서 적의 유탄을 맞아 전사했다.

첨자찰진(尖字札陣**)** 끝이 뾰족한 ∧자 형태로 전선을 배치하는 형태. 적군을 공격하기에 효과적인 진형이다.

領議政 西厓 柳成龍 像

유성룡(1542~1607) 표준영정(1988). 최광수. 국립현대미술관

World Book 179

李舜臣
亂中日記
난중일기
이순신/고산고정일 역해

동서문화사

디자인 : 동서랑 미술팀

난중일기

차례

머리글—고산고정일

임진년 일기

계사년 일기

갑오년 일기

머리글

《난중일기》에 대하여

《난중일기》는 임진왜란·정유재란 맞아 수군을 지휘했던 충무공 이순신의 전쟁일기다. 들어가기에 앞서 임진왜란의 발발 정황과, 《난중일기》 저작의 가치에 대해 살펴본다.

1) 왜란의 발단

임진왜란은 일본의 도요토미 히데요시(豊臣秀吉)가 선조 25년(1592)에 조선을 침략해서 일으킨 전쟁이다. 그는 조선을 발판 삼아 명나라를 정복해서 동아시아 전체에 군림하려는 야망을 품었는데, 1585년 7월 간바쿠(關白 : 막부 집권자)이 되고 나서는 일본 통일에서 더 나아가 명나라를 비롯한 동아시아 정복을 선언했다.

그 즈음 동아시아는 명나라를 중심으로 중화(中華)사상이 지배하고 있었다. 주변국 왕들이 명나라 황제에게 조공을 바침으로써 국제질서가 유지되던 세계였다. 이 체제를 유지하기 위해 명나라는 일반인이 바다로 나아가 외국인과 접촉하는 것을 금하는 해금제도(海禁制度)를 강화했다. 그러나 왜구들이 이 제도의 틈새를 뚫고 활발한 밀무역 활동을 벌였다. 그 통로를 따라 포르투갈을 비롯 유럽 세력들이 동아시아에 손을 뻗치게 되었다. 이렇듯 동아시아는 안쪽에서는 왜구, 바깥쪽에서는 유럽의 공격을 받아 명나라 중심의 중화세계는 서서히 붕괴 조짐을 보이기 시작한다.

2) 1차 침략

도요토미 히데요시는 명나라의 제후국들에게 복종을 요구하고 조공을 바치라 했다. 조선도 예외는 아니었다. 도요토미 히데요시는 조선과 교섭해서 복종 서약을 받아내라고 쓰시마섬 도주(對馬島 島主)에게 명령했다. 그런데 쓰시마섬은 전부터 조선과 경제적으로 깊은 관계를 맺고 있었으므로, 도요토미 히데요시의 말을 그대로 전하는 것은 섬의 존망이 걸린 문제였다. 그래서 도주는 '도요토미 히데요시의 일본 통일을 축하하는 통신사를 보내 달라'는 식으로 요구조건을 바꾸어 조선과 협상했다. 우여곡절 끝에 1590년 조선통신사가 일본으로 파견되자 도요토미 히데요시는 '정명향도(征明嚮導 : 명나라를 치려 하니 길을 안내하라)'를 명령했다. 그러자 도주는 이 요구를 또 완곡하게 바꾸어 '가도입명(假途入明 : 명으로 가겠으니 길을 빌려 달라)'을 바라는 것이라고 말하면서 다시 조선과 협상을 시도했다. 그러나 조선은 이 요구를 거절했다.

1592년(임진년) 4월, 도요토미 히데요시의 명령으로 고니시 유키나가(小西行長)와 소 요시토시(宗義智)가 이끄는 일본 제1진이 부산진(釜山鎭)과 동래성(東萊城)을 함락하면서 임진왜란 7년 전쟁이 시작되었다. 일본군은 파죽지세로 진군해서 한성을 점령하고, 평양과 함경도로 진군했다. 그러나 임진왜란 발발 바로 뒤 경상도에서는 곽재우가, 전라도에서는 고경명이 의병을 일으키는 등 온 나라에서 의병 운동이 불길처럼 일어났다. 또한 이순신이 통솔하는 수군은 일본 수군을 물리쳐 바다를 장악했고, 명나라에서도 원군이 파견되었다. 1593년 1월 이여송이 이끄는 명나라 군대가 합세해서 평양을 다시 빼앗았다. 그 여세를 몰아 명나라 군은 한성을 되찾으려고 남하했지만 벽제관(碧蹄館)싸움에서 크게 패하면서 전의를 잃고 말았다. 그러나 같은 해 2월 경기도 행주에서 전라도 순찰사 권율 장군의 군대가 행주대첩에서 왜군을 싸워 물리쳤고, 왜군이 점령하고 있던 한성 용산의 군량 창고를 명나라 군대가 불태워 한성에 있던 일본군들은 식량 부족에 시달리게 되었다.

그때 명나라는 타타르족 침공 때문에 재정난에 빠져 있었으므로 되도록 일본과 화해하여 전쟁을 끝내고자 했다. 일본 침략으로 나라를 짓밟힌 조선은 당연히 이에 반발했으나 명나라는 이에 아랑곳하지 않고 일본과의 강화협상을 추진했다. 그러나 강화협상은 결렬되었고 도요토미 히데요시는 명나라 정복이 아니라 조선 땅을 무력으로 차지하고자 2차 침략을 시작했다.

3) 2차 침략과 왜란의 끝남

1597년(정유년) 7월, 일본군 주력부대는 먼저 경상도 거제도의 조선 수군을 공격했다. 이때 수군통제사는 원균이었다. 그전까지 조선 수군을 통솔하던 이순신은 경상 우수사였던 원균과 그 무리들의 모함을 받아 1597년 1월 투옥되었다가 겨우 사형을 면하고 백의종군하게 되었다. 그러나 원균은 거제도 칠천량해전(漆川梁海戰)에서 패해서 전사하고 수군도 괴멸되었다. 이 싸움을 기점으로 일본군의 2차 침략이 시작되었다.

일본군은 부산포에 진을 치고 좌군과 우군으로 나누어 경상도·전라도·충청도를 공격했다. 1597년 9월 남원을 점령한 일본군은 여세를 몰아 수륙 양면으로 전라도를 공격했다. 이때는 이순신이 수군통제사로 복직한 상태였지만 남아 있는 배는 13척밖에 없었다. 그에 비해 일본 수군은 133척이나 되는 배를 가지고 있었다. 그러나 이순신은 울돌목(명량해협)의 조류를 이용해서 일본 수군을 크게 무찌르고 명량대첩 승리의 기적을 이루어냈다.

1598년 8월 18일 도요토미 히데요시가 죽자 일본군은 철수하기 시작했다. 그러나 조선과 명나라는 도요토미 히데요시의 죽음을 알고서 일본군을 추격했다.

11월 경상남도 노량 앞바다에서 이순신과 명나라 도독 진린이 이끄는 수군은 일본군과 싸움을 벌였다. 이 전쟁으로 일본 수군은 큰 타격을 받았으며, 이순신도 유탄을 맞아 전사했다. 이것이 임진왜란의 마지막 전투가 되었다.

4) 왜란 때 일본의 만행

7년 전투에서 일본군은 끔찍한 학살 행위를 저질렀다. 남원성을 차지했을 때는 힘없는 노인이나 어린이, 여자들의 코까지 베었다. 코베기 행위는 일본 전국시대에 퍼진 것으로, 무거운 머리를 베어 전공(戰功)의 표시로 삼는 대신에 코를 베어 가져갔던 것이다. 2차 침략 때 도요토미 히데요시는 조선인을 마구 베어 죽이라고 했고 일본 영주들은 공을 세우기 위해 가신들에게 닥치는 대로 코를 베어 오라고 명령했다. 그들이 베어낸 십수만 명의 코는 도요토미 히데요시에게 전달되었다. 도요토미 히데요시는 전사한 자들의 넋을 공양한다는 명목으로 코무덤을 만들어 묻었지만 이들 가운데에는 저항도 못하고 죽어간 여자와 아이들도 있었고 심지어 살아있는 자들의 코도 베어갔으므로 이는 거짓된 공양일 뿐이었다.

왜군은 수많은 조선인을 포로로 잡아 일본으로 끌고 가기도 했다. 일본 농민들은 전쟁준비에 동원되어 조선으로 가는 바람에 농사를 지을 사람이 없었으므로 농사를 짓던 조선 백성을 끌고 가 강제로 농사일을 시킨 것이다. 한편 조선 곳곳 공방에서 납치된 도공들은 일본으로 끌려가 영주들의 영지에서 도자기를 구웠고, 퇴계 이황의 사상을 이어받은 강항(姜沆)도 포로가 되어 실천적인 조선의 성리학을 일본 도쿠가와 정권에 전수했다. 그리하여 비로소 일본은 오늘날 일본의 도기 문화를 만들어 냈고, 에도시대(江戶時代) 성리학의 기초를 닦을 수 있었다.

5) 《난중일기》의 가치

임진왜란에 관련된 사료로는 유성룡이 기록한 《징비록(懲毖錄)》을 비롯해 《조선왕조실록》《난중잡록(亂中雜錄)》《임진록(壬辰錄)》 같은 편찬서도 있다. 그러나 모두 왜란이 끝나고 난 뒷날에 편찬된 것임에 비해 《난중일기》는 왜란 전후에 쓰인 사료이다.

이순신은 왜란이 일어난 1592년 정월부터 노량해전에서 전사한 1598년 11월 19일의 이틀 전인 11월 17일까지 일기를 썼다. 이순신은 1591년 2월 전라좌도 수군절도사로 임명되었고 1593년 8월에는 전라좌도 수군절도사 겸 삼도수군통제사가 되어 수군 전체를 지휘했다. 그러므로 《난중일기》는 수군 관계자 동향, 군사 정보, 해전 준비와 진지 구축, 해전 경위 등 수군을 지휘하는 데 필요한 정보들을 기록한 비망록(備忘錄)이기도 했다.

또한 일기에서는 온갖 인물들의 다양한 심리와 행동을 살펴볼 수 있다. 이를테면 수군 지휘자 관점에서 본 조정 관리들에 대한 의견과 불만, 애써 명나라 수군과 협력하게 된 경위, 일본과 강화협상을 추진하려는 명나라 측과 이를 시인하려는 조정 내부 특정인물에 대한 분노, 도요토미 히데요시를 일본 국왕으로 책봉하려는 명나라 사절을 따라가는 조선통신사 황신(黃愼) 일행을 위한 선박 조달 과정, 수군 병사와 선원의 상태, 수영(水營)에서 수군을 지원하는 기술자들의 상태, 전란을 피해 도망을 다니면서도 이순신의 전과에 기뻐하는 백성, 전쟁으로 살기가 힘들어지자 일본군으로 변장해 떠돌며 노략질하는 백성, 항복한 일본군에 대한 처우, 가족들에 대한 걱정 등 온갖 것이 고스란히 기록되어 있다. 이렇듯 《난중일기》는 단순한 전쟁 사료가 아닌, 뛰어난 장군이며 충신으로 나라를 구한 이순신이라는 한 인격체의 사상 정수가 담긴 집약체이다.

임진년 일기

임진년 정월(1592년 1월)

1월 1일[임술/양력 2월 13일]

맑다. 새벽에 아우 여필(汝弼)*1과 조카 봉(菶),*2 아들 회(薈)가 와서 이야기를 나누었다. 다만 어머니를 떠나 남쪽에 와서 두 번 설을 쇠니 간절한 회포를 참을 수 없다. 병사(兵使)*3의 군관 이경신이 와서 병사의 편지와 설 선물, 장전(長箭)과 편전(片箭)*4 등 여러 가지 물건을 바쳤다.

1월 2일[계해/2월 14일]

맑다. 나라 제삿날(명종 비 인순왕후 심씨 제사)이라 공무를 보지 않았다. 김인보(金仁甫)와 대화를 하다.

1월 3일[갑자/2월 15일]

맑다. 동헌(여수시 군자동 진남관 뒤편)에 나가 별방군(別防軍)을 점검하고, 고을과 포구*5들에 공문을 써 보냈다.

1월 4일[을축/2월 16일]

맑다. 동헌으로 나가 공무를 보다.

1월 5일[병인/2월 17일]

맑다. 뒷동헌에서 공무를 보았다.

---

*1 이순신의 아우 이우신(李禹臣)의 자(字).
*2 이순신의 조카. 이순신의 둘째 형인 이요신의 아들.
*3 병마절도사(兵馬節度使).
*4 화살의 종류.
*5 전라좌수영 관할 아래 있는 전남 순천부·보성군·낙안군·광양현·흥양현과 사도진·방답진·여도진·녹도진·발포진을 말함.

1월 6일[정묘/2월 18일]

맑다. 동헌에 나가 공무를 보았다.

1월 7일[무진/2월 19일]

아침에는 맑다가 늦게부터 비와 눈이 번갈아 내리다. 조카 봉이 아산(牙山)으로 갔다. 남원에서 전문(箋文)*6을 받들고 갈 유생이 들어왔다.

1월 8일[기사/2월 20일]

맑다. 객사 동헌에 나가 공무를 보았다.

1월 9일[경오/2월 21일]

맑다. 아침을 일찍 먹은 뒤에 동헌에 나가 전문을 받들어 올려 보냈다.

1월 10일[신미/2월 22일]

하루 내내 비가 오다. 방답(防踏 : 여수시 돌산읍 군내리)에 새 첨사(僉事)로 이순신(李純信)*7이 부임하여 들어왔다.

1월 11일[임신/2월 23일]

종일 가랑비가 오다. 느지막이 동헌에 나가 공무를 보았다. 이봉수(李鳳壽)가 선생원(先生院 : 여수시 율촌면 신풍리)*8에 돌 뜨는 곳에 가 보고 와서 "이미 큰 돌 17덩이에 구멍을 뚫었다"고 보고했다. 서문 밖 해자가 4발쯤 무너졌다. 심사립(沈士立)과 이야기했다.

1월 12일[계유/2월 24일]

궂은비가 개지 않다. 밥을 먹은 뒤에 객사와 동헌으로 나갔다. 본영*9 및 각

*6 중국 한(漢)나라 때 이후 나라 기념일을 축하하며 임금에게 올리던 사륙변려체 글. 우리나라에서는 고려 시대 이후 사용됨. 이때는 임금에게 새해를 기념하여 하례한 것.
*7 조선 선조 때 무신(1554~1611). 자는 입부(立夫). 양녕대군의 후손. 임진왜란 때 이순신(李舜臣)의 중위장(中衛將)이 되어 공을 세웠고 뒤에 완천군(完川君)에 봉해졌음.
*8 성생원(成生院)이라고도 하며, 나라에서 역로(驛路)에 세워 운영하던 여관.
*9 여수의 전라좌수영.

포구마다 진무(鎭撫)*10들이 우등을 가리는 활쏘기 시험을 보았다.

1월 13일[갑술/2월 25일]
아침에 흐리다. 동헌에 나가 공무를 보았다.

1월 14일[을해/2월 26일]
맑다. 동헌에 나가 공무를 본 뒤에 활을 쏘았다.

1월 15일[병자/2월 27일]
흐렸으나 비는 오지 않다. 새벽에 망궐례(望闕禮)*11를 행했다.

1월 16일[정축/2월 28일]
맑다. 동헌에 나가 공무를 보았다. 고을마다 벼슬아치와 색리 등이 인사를 하러 왔다. 방답의 병선을 맡은 군관들과 색리들이 그들 병선을 수리하지 않았기 때문에 곤장을 쳤다. 우후(虞候)*12와 가수(假守)*13도 점검하지 않아서 이 지경에 이르렀으니 해괴함을 이길 수가 없다. 공무를 하찮게 여기고, 제 몸만 살찌우려 들며 이처럼 돌보지 않으니, 앞날 일을 알만 하다. 성 밑에 사는 박몽세(朴夢世)는 돌장이인데, 선생원의 돌 뜨는 곳에 가서 해를 끼치고 이웃집 개에게도 해를 끼쳤으므로 곤장 80대를 쳤다.

1월 17일[무인/2월 29일]
맑다. 춥기가 한겨울 같다. 아침에 순찰사(이광)와 남원의 반자(半刺)*14에게 편지를 보냈다. 저녁에 쇠사슬 박을 구멍 낸 돌을 실어오기 위해 배 4척을 선생원으로 보냈으며, 김효성(金孝誠)이 거느리고 갔다.

---

*10 조선 전기 무관 벼슬.
*11 음력 초하루와 보름에 각 지방 관원이 전패(殿牌)를 모시고 절하던 의식.
*12 조선 시대에 병마절도사와 수군절도사를 보좌하던 종3품, 정4품 무관 벼슬.
*13 임시직원.
*14 고을의 장(長) 아래에 속한 판관(判官).

1월 18일[기묘/3월 1일]

맑다. 동헌에 나가 공무를 보았다. 여도(呂島 : 고흥군 점암면 여호리)의 1호선*15이 돌아갔다. 우등계문(優等啓聞)*16과 대가(代加)*17 단자를 봉하여 순영(巡營)으로 보냈다.

1월 19일[경진/3월 2일]

맑다. 동헌에서 공무를 본 뒤에 각 군사들을 점검했다.

1월 20일[신사/3월 3일]

맑으나 바람이 세차게 불다. 동헌에 나가 공무를 보았다.

1월 21일[임오/3월 4일]

맑다. 동헌에 나가 공무를 보았다. 감목관(監牧官)*18이 와서 잠을 잤다.

1월 22일[계미/3월 5일]

맑다. 아침에 광양(光陽) 현감 어영담(魚泳潭)이 와서 인사했다.

1월 23일[갑신/3월 6일]

맑다. 둘째 형 요신(堯臣)의 제삿날이라 공무를 보지 않았다. 사복시(司僕寺)에서 받아와 기르던 말을 올려 보냈다.

1월 24일[을유/3월 7일]

맑다. 맏형 희신(羲臣)의 제삿날이라 공무를 보지 않았다. 순찰사의 답장을 보니 '고부(古阜) 군수 이숭고(李崇古)를 유임시켜 달라는 장계를 올린 일 때문에 물의를 일으켜 사직서를 냈다'고 했다.

---

*15 본래 이름은 천자선(天字船). 배 이름을 천자문 글자 순서대로 정했으므로 천자선은 1호선이 됨.
*16 무예 성적이 뛰어난 자에 대해 보고하는 문서.
*17 품계가 오를 사람이 자기 대신 아들이나 사위, 동생, 조카 등이 품계를 올려 받도록 하던 일.
*18 조선 시대 지방의 목장에 관한 일을 맡아보던 종6품 무관 벼슬.

1월 25일[병술/3월 8일]

맑다. 동헌에 나가 공무를 본 뒤 활을 쏘았다.

1월 26일[정해/3월 9일]

맑다. 동헌에 나가 공무를 보고 나니 흥양(興陽) 현감 배흥립(裵興立)과 순천(順天) 부사 권준(權俊)이 와서 함께 이야기를 나누었다.

1월 27일[무자/3월 10일]

맑다. 오후에 광양 현감이 왔다.

1월 28일[기축/3월 11일]

맑다. 동헌에 나가 공무를 보았다.

1월 29일[경인/3월 12일]

맑다. 동헌에 나가 공무를 보았다.

1월 30일[신묘/3월 13일]

흐리나 비는 오지 않았다. 따뜻하기가 초여름 같다. 동헌에 나가 공무를 본 뒤 활을 쏘았다.

임진년 2월(1592년 2월)

2월 1일[임진/3월 14일]

새벽에 망궐례를 행했다. 가랑비가 잠깐 뿌리다가 느지막이 개었다. 선창(船艙: 여수시 연등동 입구)으로 나가 쓸 만한 널빤지를 고르는데, 때마침 물을 막아 둔 둑 안에 몽어*1 떼가 밀려들어 왔으므로 그물을 쳐서 2000여 마리를 잡았다. 참으로 장하고 통쾌하다. 그길로 전투배 위에 앉아서 술을 마시며 우후 이몽구(李夢龜)와 함께 새 봄의 경치를 보았다.

2월 2일[계사/3월 15일]

맑다. 동헌에서 공무를 보았다. 쇠사슬을 건너 매는 데 필요한 크고 작은 돌 80여 개를 실어 왔다. 활 10순(巡)*2을 쏘았다.

2월 3일[갑오/3월 16일]

맑다. 새벽에 우후(이몽구)가 각 포구마다 부정사실을 조사하는 일로 배를 타고 나갔다. 공무를 본 뒤에 활을 쏘았다. '탐라 사람이 자녀까지 모두 여섯 식구를 거느리고 도망쳐 나와 금오도(金鰲島: 여수시 남면)에 배를 대고 머물다가 방답의 경비선에 잡혔다'고 심부름꾼을 보내 보고해왔다. 문초를 하고서 승평(昇平: 순천시)으로 압송하고 공문을 써 보냈다. 저녁에 화대석(火臺石)에 쓸 돌 4개를 실어 올렸다.

2월 4일[을미/3월 17일]

맑다. 동헌에 나가 공무를 본 뒤 북봉(北峰: 여수시 군자동 종고산) 봉수대

---

*1 원문에 쓰인 '조어(鰷魚)'는 민물고기 피라미로서 바다에 살지 않음. 따라서 '숭어 새끼'를 뜻하는 전라도 방언인 '몽어'로 보아야 함.

*2 활을 쏠 때 한 사람이 화살을 다섯 번 쏘는 것이 1순(巡).

쌓는 곳에 올라 보니, 쌓은 것이 아주 좋아 무너질 염려가 없다. 이봉수가 부지런히 애썼음을 알 수 있다. 종일 구경하다가 저녁에야 내려와 해자 구덩이를 살펴보았다.

2월 5일[병신/3월 18일]

맑다. 동헌에 나가 공무를 본 뒤 활 18순을 쏘았다.

2월 6일[정유/3월 19일]

맑다. 종일 바람이 세게 불다. 동헌에 나가 공무를 보았다. 순찰사에게서 편지가 두 번 왔다.

2월 7일[무술/3월 20일]

맑다가 바람이 세게 불다. 동헌에 나가 공무를 보았다. 발포(鉢浦 : 고흥군 도화면 내발리)에 만호(萬戶)*³가 부임했다는 공문이 왔다.

2월 8일[기해/3월 21일]

맑다가 또 바람이 세게 불다. 동헌에 나가 공무를 보았다. 이날 거북선에 쓸 돛베*⁴ 29필을 받았다. 정오에 활을 쏘는데, 조이립(趙而立)과 변존서(卞存緒)가 자웅을 다투다가 조이립이 이기지 못했다. 우후가 방답(防踏)에서 돌아와 '방답 첨사가 방비에 온 정성을 다하더라'고 크게 칭찬했다. 동헌 뜰에 돌로 만든 화대(火臺)*⁵를 세웠다.

2월 9일[경자/3월 22일]

맑다. 새벽에 쇠사슬을 꿸 긴 나무를 베는 일로 이원룡에게 군사를 거느리게 하여 두산도(斗山島 : 여수시 돌산도)로 보냈다.

---

*3 조선 시대 각 도(道)의 여러 진(鎭)에 보낸 종4품 무관 벼슬.
*4 돛에 쓰이는 베로 두 가지가 있다. 병신년 7월 9일 일기에는 '돛베(帆布)'가 아니고 '풍석(風席)'이라는 말이 나온다.
*5 전남 여수시 진남관 앞에 있는 돌로 만든 화대. 이순신이 군사들의 야간 훈련을 위해 만들었음.

2월 10일[신축/3월 23일]

안개비. 개었다가 흐렸다 하다. 동헌에 나가 공무를 보았다. 김인문이 순영에서 돌아왔다. 순찰사 편지를 보니 '통역관들이 뇌물을 많이 받고 명나라에 무고하여 군사를 청했을 뿐 아니라 명나라에서 우리나라와 일본 사이에 무슨 딴 뜻이 있는가 의심했다' 하는데, 그 흉측함을 말로 다 할 수가 없다. 통역관들이 이미 잡혔다지만 놀랄 정도로 이상야릇하고 분통함을 이길 수 없다.

2월 11일[임인/3월 24일]

맑다. 밥을 먹은 뒤에 나가 배 위에서 새로 뽑은 군사들을 점검했다.

2월 12일[계묘/3월 25일]

맑고 바람도 잔잔하다. 밥을 먹은 뒤에 동헌에 나가 공무를 보고 나서 해운대(海雲臺 : 여수시 동북쪽에 있는 작은 섬)로 자리를 옮겨 활을 쏘았다. 꿩사냥에 정신이 빠져 보고 있으니 너무 조용했다. 나중에는 군관들도 모두 일어나 춤을 추고, 조이립이 시를 읊었다. 저녁때가 되어서야 돌아왔다.

2월 13일[갑진/3월 26일]

맑다. 전라 우수사(全羅右水使) 이억기(李億祺)의 군관이 와서, 화살대 큰 것과 중간 것 100개와 쇠 50근을 보냈다.

2월 14일[을사/3월 27일]

맑다. 아산에 계신 어머니께 문안차 나장(羅將)*6 2명을 내어 보냈다.

2월 15일[병오/3월 28일]

비바람이 매우 세다. 동헌에 나가 공무를 보았다. 새로 쌓은 해자 구덩이가 크게 무너져 그것을 쌓았던 돌장이들에게 벌을 주고 다시 쌓게 했다.

---

*6 조선 시대 군대 관청에 속해 있던 심부름꾼.

2월 16일[정미/3월 29일]

맑다. 동헌에 나가 공무를 본 뒤에 활 6순을 쏘았다. 새로 뽑은 군사와 기존 군사를 점검했다.

2월 17일[무신/3월 30일]

맑다. 나라 제삿날(세종 제사)이라 공무를 보지 않았다.

2월 18일[기유/3월 31일]

흐리다.

2월 19일[경술/4월 1일]

맑다. 순찰을 떠나 백야곶(白也串 : 여수시 화양면 안포리)의 감목관이 있는 곳에 이르니, 승평 부사 권준이 아우와 함께 와서 기다리고 있었다. 기생도 왔다. 비가 온 뒤라 산꽃이 활짝 피어 수려한 경치를 말로 나타내기 어렵다. 날이 저물어서야 이목구미(梨木龜尾 : 여수시 화양면 이목리)에 이르러 배를 타고 여도(呂島)에 이르니, 영주(瀛州)*7 현감 배흥립과 여도 권관(權管)*8 황옥천(黃玉千)이 마중 나왔다. 방비를 검열하는데 흥양 현감은 내일 제사가 있다고 먼저 갔다.

2월 20일[신해/4월 2일]

맑다. 아침에 모든 방비와 전투배를 점검해 보니, 모두 새로 만들었고 무기도 어느 정도 갖추었다. 느지막이 떠나서 영주에 이르니, 좌우 산꽃과 들가의 봄풀이 한 폭의 그림 같다. 옛날에도 영주가 있다 하더니*9 또한 이와 같은 경치였던가!

---

*7 흥양(興陽)의 옛 이름. 지금의 고흥(高興).
*8 조선 시대 변경의 각 진(鎭)에 두었던 종9품 무관 벼슬.
*9 중국 진시황과 한 무제가 불로불사약을 구하러 사신을 보냈다는 삼신산(三神山) 가운데 하나. 흥양의 다른 이름이 영주였으므로 그에 비유한 것임.

2월 21일[임자/4월 3일]

맑다. 공무를 본 뒤에 주인*¹⁰이 자리를 베풀어 활을 쏘았다. 조방장(助防將) 정걸(丁傑)도 와서 인사하고, 능성 현감 황숙도(黃叔度)도 와서 함께 술에 취했다. 배수립(裵秀立)도 나와서 함께 술잔을 나누며 즐기다가 밤이 깊어서야 헤어졌다. 신홍헌(申弘憲)에게 술을 걸러 전날 심부름하던 삼반(三班)하인*¹¹들에게 나누어 먹이도록 했다.

2월 22일[계축/4월 4일]

아침에 공무를 본 뒤에 녹도(鹿島 : 고흥군 도양읍 봉암리)로 갔다. 현감 황숙도도 같이 갔다. 먼저 흥양 전선소(戰船所)에 이르러 배와 집기류를 몸소 점검했다. 그리고 녹도로 가서 곧장 봉우리 위에 새로 쌓은 문루로 올라가 보니, 경치의 아름다움이 이 근방에서는 으뜸이다. 녹도 만호(정운)의 애쓴 흔적이 닿지 않은 곳이 없다. 흥양 현감 배흥립과 능성 현감 황숙도, 만호와 함께 취하도록 마시고, 아울러 대포 쏘는 것도 보았다. 촛불을 밝혀 이슥해져서야 헤어졌다.

2월 23일[갑인/4월 5일]

흐리다. 느지막이 배를 타고 발포로 가는데, 맞바람이 세게 불어 배가 나갈 수가 없다. 간신히 성머리에까지 이르러 배에서 내려 말을 탔다. 비가 몹시 쏟아져 일행 모두가 꽃비에 흠뻑 젖은 채로 발포로 들어가니, 해는 벌써 저물었다.

2월 24일[을묘/4월 6일]

가랑비가 온 산에 내려 아주 가까운 거리도 헤아릴 수가 없다. 비를 무릅쓰고 길을 떠나 마북산(馬北山 : 고흥군 포두면 옥강리) 밑의 사량(沙梁 : 고흥군 포두면 옥강리)에 이르러, 배를 타고 노질을 재촉하여 사도(蛇渡 : 고흥군 점암면 금사리)에 이르니, 흥양 현감이 먼저 와 있었다. 전투배를 점검하고나니 날이 저물어서 잠자리에 들었다.

---

*10 감영과 각 고을 사이의 연락을 취하던 벼슬아치.

*11 지방 군대 관청에 딸린 사내종, 사령 등의 하인.

2월 25일[병진/4월 7일]

흐리다. 전쟁 방비에 여기저기 탈난 곳이 많아 군관과 색리(色吏)*12들에게 벌을 주었다. 첨사를 잡아들이고 교수(敎授)*13는 내보냈다. 이곳의 방비가 다섯 포구 가운데 최하인데도 순찰사가 포상하라고 장계를 올렸기 때문에 죄상을 조사하지 못했으니 우스운 일이다. 맞바람이 세게 불어 배가 떠날 수가 없어서 잠자리에 들었다.

2월 26일[정사/4월 8일]

아침 일찍 배를 출발하여 개이도(介伊島 : 여수시 화정면 사도리 추도)에 이르니, 여도의 배와 방답의 마중하는 배가 나와서 기다리고 있었다. 날이 저물어서야 방답에 이르러 공사례(公私禮)를 마치고서 무기를 점검했다. 장전과 편전은 하나도 쓸 만한 것이 없어 고민이지만 전투배는 그나마 좀 온전한 편이니 기쁘다.

2월 27일[무오/4월 9일]

흐리다. 아침에 점검을 마친 뒤에 북쪽 봉우리에 올라가 지형을 살펴보니, 깎아지른 외딴 섬인지라 사면에서 적의 공격을 받을 수 있고, 성과 해자 또한 매우 엉성하니 무척 근심이 된다. 방답 첨사(이순신)가 애를 썼으나, 미처 시설을 못했으니 어찌하랴. 저녁나절에야 배를 타고 경도(京島 : 여수시 경호동)에 이르니 여필과 조이립이 군관, 우후 등과 술을 싣고 마중나왔다. 이들과 함께 마시며 즐기다 해가 넘어간 뒤에야 관청으로 돌아왔다.

2월 28일[기미/4월 10일]

흐렸으나 비는 오지 않다. 동헌에 나가 공무를 본 뒤 활을 쏘았다.

2월 29일[경신/4월 11일]

맑으나 바람이 세게 불다. 동헌에 나가 공무를 보았다. 순찰사의 공문이 왔는데, 중위장을 순천 부사로 바꿔 임명했다고 하니 한심하다.

---

*12 감영이나 군아에서 곡물 출납·간수하는 일을 하는 구실아치.
*13 조선 시대 지방 유생(儒生)의 교육을 맡아보던 종6품 벼슬.

임진년 3월(1592년 3월)

3월 1일[신유/4월 12일]
망궐례를 행했다. 밥을 먹은 뒤에 별방군과 정규군을 점검했다. 하번군(下番軍)은 점검하고서 보내주었다. 공무를 본 뒤에 활 10순을 쏘았다.

3월 2일[임술/4월 13일]
흐리고 바람이 분다. 나라 제삿날(중종 비 장경왕후 윤씨 제사)이라 공무를 보지 않았다. 승군(僧軍) 100명이 돌을 주웠다.

3월 3일[계해/4월 14일]
저녁 내내 비가 오다. 오늘은 삼월삼진날 명절이지만 비가 이렇게 내리니 연중행사인 답청(踏靑)*¹도 못하겠다. 조이립과 우후, 군관 등과 동헌에서 이야기하며 술을 마셨다.

3월 4일[갑자/4월 15일]
맑다. 아침에 조이립을 배웅하고 객사 대청에 나가 공무를 본 뒤 서문 밖 해자와 성벽을 더 쌓는 곳을 둘러보았다. 승병들이 돌 줍는 것을 성실히 하지 않으므로 우두머리에게 곤장을 쳤다. 아산에 문안하러 갔던 나장이 돌아왔는데, 어머니께서 평안하시다 하니 정말로 다행이다.

3월 5일[을축/4월 16일]
맑다. 동헌에 나가 공무를 보았다. 군관들은 활을 쏘았다. 저물녘에 서울 갔던 벼슬아치 진무가 돌아왔다. 좌의정 유성룡의 편지와 《증손전수방략》이라는

---

*1 삼짇날에 들에 나가 푸른 풀을 밟는 풍속.

책을 가지고 왔다. 이 책을 보니 수전과 육전, 화공전 등 모든 싸움의 전술을 낱낱이 설명했는데, 참으로 세상에 비길 데 없는 훌륭한 책이다.

3월 6일[병인/4월 17일]

맑다. 아침을 먹은 뒤 출근하여 군기물을 점검했는데, 활, 갑옷, 투구, 화살통, 환도(環刀)*² 등이 깨지고 낡은 것이 많아 색리와 궁장(弓匠),*³ 감고(監考) 등의 죄를 논했다.

3월 7일[정묘/4월 18일]

맑다. 동헌에 나가 공무를 본 뒤 활을 쏘았다.

3월 8일[무진/4월 19일]

종일 비가 오다.

3월 9일[기사/4월 20일]

종일 비가 오다. 동헌에 나가 공무를 보았다.

3월 10일[경오/4월 21일]

맑으나 바람 불다. 동헌에 나가 공무를 본 뒤 활을 쏘았다.

3월 11일[신미/4월 22일]

맑다.

3월 12일[임신/4월 23일]

맑다. 밥을 먹은 뒤에 배 있는 곳으로 나가 경강선(京江船)*⁴을 점검했다. 배를 타고 소포(召浦 : 여수시 종화동 종포)로 나가는데, 때마침 샛바람이 세게 불

---

*2 조선시대 군복에 갖추어 차던 칼.
*3 조선 시대 군기감(軍器監) 궁전색(弓箭色) 소속으로, 활과 화살을 만들던 장인.
*4 조선 시대 전라도·충청도에서 올라오는 세곡을 운반하는 일에 쓰이던 배.

고 격군(格軍)*5도 없어 도로 돌아왔다. 곧바로 동헌에 나가 공무를 본 뒤에 활 10순을 쏘았다.

3월 13일[계유/4월 24일]
아침에 흐리다. 순찰사 이광(李洸)이 보낸 편지가 왔다.

3월 14일[갑술/4월 25일]
종일 큰 비가 내리다. 이른 아침에 순찰사(이광)를 만나러 순천으로 가는데, 비가 몹시 퍼부어서 가는 길을 분간할 수가 없었다. 간신히 선생원에 이르러 말에게 꼴을 먹이고서 다시 해농창평(海農倉坪 : 순천시 해룡면)에 이르니, 길바닥에 물이 3자나 괴었다. 겨우겨우 순천부에 이르렀다. 저녁에 순찰사와 오랜만에 만나 쌓였던 이야기를 나누었다.

3월 15일[을해/4월 26일]
흐리며 가랑비 오다 저녁나절에 개었다. 다락 위에 앉아서 활을 쏘고, 군관들에게 편을 갈라 활을 쏘게 했다.

3월 16일[병자/4월 27일]
맑다. 순천 부사가 환선정(喚仙亭)에 술자리를 마련했다. 아울러 활도 쏘았다.

3월 17일[정축/4월 28일]
맑다. 새벽에 순찰사에게 작별을 고하고, 선생원에 이르러 말에게 꼴을 먹인 뒤에 본영으로 돌아왔다.

3월 18일[무인/4월 29일]
맑다. 동헌에 나가 공무를 보았다.

---

*5 보조사공

3월 19일[기묘/4월 30일]

맑다. 동헌에 나가 공무를 보았다.

3월 20일[경진/5월 1일]

비가 몹시 쏟아지다. 느지막이 동헌에 나가 공무를 보고, 각 관방의 회계를 따졌다. 순천 관내를 수색하는 일이 제 날짜에 미치지 못했기 때문에 대장(代將)*6과 색리, 도훈도(都訓導)*7 등을 꾸짖었다. 사도(蛇渡) 첨사 김완(金浣)에게도 만날 일로 공문을 보냈는데, 혼자서 수색했다고 했다. 또 한나절 동안에 내나로도(內羅老島 : 고흥군 동일면)와 외나로도(外羅老島 : 고흥군 봉래면), 대평두(大平斗)·소평두(小平斗) 섬(고흥군 산내면과 봉래면 사이)을 다 수색하고 그 날로 돌아왔다고 했다. 이 일은 너무도 터무니없는 거짓이다. 이를 바로잡으려는 일로 홍양과 사도에 공문을 보냈다. 몸이 몹시 불편하여 일찍 들어왔다.

3월 21일[신사/5월 2일]

맑다. 몸이 불편하여 아침 내내 누워 앓다가 저녁나절에 동헌에 나가 공무를 보았다.

3월 22일[임오/5월 3일]

맑다. 성 북쪽 봉우리 아래에 도랑을 파내는 일로 우후 및 군관 10명을 나누어 보냈다. 밥을 먹은 뒤에 동헌에 나가 공무를 보았다.

3월 23일[계미/5월 4일]

아침에 흐리고 저녁나절에는 개었다. 아침을 먹은 뒤에 동헌에 나가 공무를 보았다. 보성에서 올 널빤지가 아직 들어오지 않아 색리에게 다시 공문을 보내 독촉했다. 순천에서 심부름꾼으로 보내 온 소국진(蘇國進)에게 곤장 80대를 쳤다. 순찰사가 편지를 보내었는데 '발포 권관은 군사를 거느릴 만한 재목이 못 되니 바꾸겠다'고 하므로 '아직 갈지 말고 그대로 유임하여 방비에 종사하게 하라'는 답장을 보냈다.

---

*6 다른 사람 대신 출전하여 책임을 지는 장수.
*7 훈도(訓導)들의 우두머리. 훈도는 조선 시대 지방의 향교에서 교육을 맡아보던 직책.

3월 24일[갑신/5월 5일]

나라 제삿날(세종 비 소헌왕후 심씨 제사)이라 공무를 보지 않았다. 우후가 수색하고 탈 없이 돌아왔다. 순찰사와 도사(都事)의 답장을 송희립이 아울러 가져왔다. 순찰사가 편지에서 말하기를 "경상 관찰사 김수(金睟)가 편지를 보내 '대마도주(對馬島主)*8가 서계(書契)를 보내 〈일찍이 배 1척을 내보냈는데, 만약 아직 귀국에 도착하지 않았다면 바람에 부서진 게 틀림없다〉라고 했다'라고 말했다"라는 것이다. 그 말이 매우 음흉하다. 동래(東萊)와 서로 바라다보이는 바다인데 그럴 리가 절대로 없으며, 말을 이렇게 거짓으로 꾸며대니 그 간사함을 헤아리기 어렵다."

3월 25일[을유/5월 6일]

맑으나 바람이 세게 분다. 동헌에 나가 공무를 본 뒤에 활 10순을 쏘았다. 경상병사(慶尙兵使)가 평산포(平山浦 : 남해군 남면 평산리)에 도착하지 않고 곧장 남해로 간다고 했다. 나는 그를 만나지 못한 것을 유감이라는 뜻으로 답장을 보냈다. 새로 쌓은 성을 살펴보니 남쪽이 9발이나 무너져 있었다.

3월 26일[병술/5월 7일]

맑다. 우후와 송희립이 남해로 갔다. 저녁나절에 동헌에 나가 공무를 본 뒤 활 15순을 쏘았다.

3월 27일[정해/5월 8일]

맑고 바람조차 없다. 아침을 일찍 먹은 뒤 배를 타고 소포(召浦)에 이르러 쇠사슬을 가로질러 건너 매는 것을 감독하고, 종일 나무기둥 세우는 것을 바라보았다. 아울러 거북선에서 대포 쏘는 것도 시험했다.

3월 28일[무자/5월 9일]

맑다. 동헌에 나가 공무를 보았다. 활 10순을 쏘았는데, 5순은 모조리 다 맞

---

*8 조선 시대 대마도(쓰시마섬) 영주(領主)를 이르던 말. 그때 대마도 영주는 소 요시토시(宗義智)였음.

고, 2순은 4번 맞고, 3순은 3번 맞았다.*9

3월 29일[기축/5월 10일]

맑다. 나라 제삿날(세조 비 정희왕후 윤씨 제사)이라 공무를 보지 않았다. 아산 고향으로 문안 보냈던 나장이 돌아왔는데, 어머니께서 평안하시다니 정말로 다행이다.

---

*9 5순은 25발인데 그 가운데 25발을 맞췄고, 2순은 10발로 그 가운데 4발, 3순은 15발로 그 가운데 3발을 맞췄으니, 모두 50발 가운데 32발을 맞췄다는 뜻임.

임진년 4월(1592년 4월)

4월 1일[경인/5월 11일]
흐리다. 새벽에 망궐례를 행했다. 공무를 본 뒤 활 15순을 쏘았다. 별조방을 점검하였다.

4월 2일[신묘/5월 12일]
맑다. 밥을 먹은 뒤 몸이 몹시 불편했다. 점점 더 아파져서 밤새도록 앓았다.

4월 3일[임진/5월 13일]
맑다. 기운이 어지럽고 밤새도록 고통스러웠다.

4월 4일[계사/5월 14일]
맑다. 아침에야 비로소 통증이 겨우 가라앉는 것 같았다.

4월 5일[갑오/5월 15일]
맑다가 저녁나절에 비가 조금 내렸다. 동헌에 나가 공무를 보았다.

4월 6일[을미/5월 16일]
맑다. 진해루(鎭海樓)로 나가 공무를 본 뒤에 군관을 시켜 활을 쏘게 했다. 아우 여필을 배웅했다.

4월 7일[병신/5월 17일]
나라 제삿날(중종 비 문정왕후 윤씨 제사)이라 공무를 보지 않았다. 오전 10시쯤 비변사에서 비밀 공문이 왔는데, 영남 관찰사(김수)와 우병사(右兵使)의 장계에 따른 것이었다.

4월 8일[정유/5월 18일]

흐리되 비는 오지 않다. 아침에 어머니께 보낼 물건을 쌌다. 저녁나절에 여필이 떠나갔다. 객창에 홀로 앉아 있으니, 온갖 회포가 다 떠오른다.

4월 9일[무술/5월 19일]

아침에 흐리더니 저녁나절에 개었다. 동헌에 나가 공무를 보았다. 방응원(方應元)이 방비처에 가는 일에 대한 공문을 써 보냈다. 군관들이 활을 쏘았다. 광양 현감(어영담)이 수색에 대한 일로 배를 타고 왔다가 저물어서 돌아갔다.

4월 10일[기해/5월 20일]

맑다. 밥을 먹은 뒤에 동헌에 나가 공무를 보았다. 활 10순을 쏘았다.

4월 11일[경자/5월 21일]

아침에 흐리더니 저녁나절에 개었다. 공무를 본 뒤 활을 쏘았다. 순찰사(이광)의 편지와 별록을 순찰사의 군관 남한(南僩)이 가져 왔다. 비로소 베로 돛을 만들었다.

4월 12일[신축/5월 22일]

맑다. 밥을 먹은 뒤 배를 타고 거북배의 지자포(地字砲)와 현자포(玄字砲)[*1]를 쏘았다. 순찰사의 군관 남한이 살펴보고 갔다. 정오에 동헌으로 나가 활 10순을 쏘았다. 관청으로 올라갈 때 노대석(路臺石)[*2]을 보았다.

4월 13일[임인/5월 23일]

맑다. 동헌에 나가 공무를 본 뒤에 활 15순을 쏘았다.

4월 14일[계묘/5월 24일]

맑다. 동헌에 나가 공무를 본 뒤에 활 10순을 쏘았다.

---

*1 지자총통(地字銃筒)과 현자총통(玄字銃筒). 지자총통은 임진왜란 때 거북배 등 전투배의 주포(主砲)로 쓰였으며, 현자총통은 임진왜란 당시 가장 널리 쓰였던 화포.
*2 말을 타거나 내릴 때 발을 디디던 큰 돌. 관청이나 사삿집 대문 앞에 두었음.

4월 15일[갑진/5월 25일]

맑다. 나라 제삿날(성종 비 공혜왕후 한씨 제사)이라 공무를 보지 않았다. 순찰사에게 보내는 답장과 별록을 써서 역졸을 시켜 달려 보냈다. 해질 무렵 '왜선 90여 척이 와서 부산 앞 절영도(絶影島 : 부산 영도)에 정박했다'는 경상 우수사 원균(元均)의 통첩과 '왜선 350여 척이 이미 부산포 건너편에 도착했다'는 경상 좌수사 박홍(朴泓)의 공문이 동시에 왔다. 그래서 곧장 장계를 올리고, 겸하여 순찰사(이광), 병사(최원), 우수사(이억기)에게도 공문을 보냈다. 경상 관찰사(김수)의 공문도 왔는데, 또한 같은 내용이다.

4월 16일[을사/5월 26일]

밤 10시쯤 '부산진이 이미 함락되었다'는 경상 우수사의 공문이 왔다. 분하고 원통함을 이기지 못하여 곧장 장계를 올리고, 또 삼도(三道)에 공문을 보냈다.

4월 17일[병오/5월 27일]

흐리고 비 오더니 저녁나절에 개었다. 경상 우병사(右兵使) 김성일(金誠一)에게서 '왜적이 부산을 함락시킨 뒤에 그대로 머물면서 물러가지 않는다'는 공문이 왔다. 저녁나절에 활 5순을 쏘았다. 번을 그대로 서는 잉번(仍番) 수군(水軍)과 새로 번을 드는 분번(奔番) 수군이 잇따라 방비처로 왔다.

4월 18일[정미/5월 28일]

아침에 흐리다. 이른 아침에 동헌에 나가 공무를 보았다. '발포권관은 이미 파직되었으니 대리 장수를 정해서 보내라'는 순찰사(이광)의 공문이 왔다. 그래서 군관 나대용(羅大用)을 곧바로 정해서 보냈다. 낮 2시께 '동래도 함락되고, 양산(조영규)과 울산(이언함) 두 군수도 조방장으로서 성으로 들어갔다가 모두 패했다'는 경상 우수사의 공문이 왔다. 이건 정말로 원통하고 분하여 말을 할 수가 없다. 좌병사(이각)와 좌수사(박홍)들이 군사를 이끌고 동래 뒤쪽까지 이르렀다가 그만 즉시 회군했다고 하니 더욱 가슴 아프다. 저녁에 순천의 군사를 거느리고 온 병방(兵房)*3이 석보창(石堡倉 : 여수시 봉계동 석창)에 머

---

*3 조선 시대 각 지방 관아에 속한 육방(六房) 가운데 하나로, 지방의 군사 훈련과 경찰 업무, 성곽과 도로, 봉수 관리 등 군사에 관한 일을 맡아보던 부서.

물러 있으면서 군사들을 거느리고 오지 않았다. 그래서 잡아 가두었다.

4월 19일[무신/5월 29일]

맑다. 아침에 품방(品防)*⁴에 해자 파는 일로 군관을 정해 보내고. 아침을 일찍 먹은 뒤 동문 위로 나가 품방 공사를 몸소 독려했다. 오후에 상격대(上隔臺)를 돌아보았다. 이날 분부군(奔赴軍)*⁵ 700명을 만나보고 공사를 점검했다.

4월 20일[기유/5월 30일]

맑다. 동헌에 나가 공무를 보았다. '적들이 떼거지로 휘몰아 쳐들어오니 그 날카로운 기세에 맞설 수가 없고, 싸움에서 이긴 기세를 타고 몰아치는 것이 마치 무인지경에 들어간 것 같으니 전투배를 정비해 와서 지원하는 일에 대한 장계를 조정에 올릴 것을 청한다'는 경상 관찰사(김수)의 공문이 왔다.

4월 21일[경술/5월 31일]

맑다. 성 위에 군사를 줄지어 서도록 과녁 터에 앉아서 명령을 내렸다. 오후에 순천 부사(권준)가 달려와서 약속을 듣고 갔다.

4월 22일[신해/6월 1일]

맑다. 새벽에 정찰도 하고 부정 사실도 조사하기 위해 군관을 내어 보냈다. 배응록(裵應祿)은 절갑도(折甲島 : 고흥군 금산면 거금도)로 가고, 송일성(宋日成)은 금오도(金鰲島 : 여수시 남면)로 갔다. 또 이경복(李景福)과 송한련(宋漢連), 김인문(金仁問) 등에게 두산도(여수시 돌산도)의 적대목(敵臺木)을 실어 내리는 일로 각각 군인 50명씩 데리고 가게 하고, 나머지 군인들은 품방에서 공사하도록 했다.

(4월 23일부터 4월 30일까지의 일기는 빠져 있음)

---

*4 품(品) 자 모양 구덩이를 파서 적을 방비하는 것.

*5 입대하러 온 군사.

임진년 5월(1592년 5월)

5월 1일[경오/6월 10일]
수군(水軍)이 일제히 앞바다에 모였다. 이날은 흐리되 비는 오지 않고 마파람만 세게 불었다. 진해루에 앉아서 방답 첨사 이순신(李純信), 흥양 현감 배흥립, 녹도 만호 정운 등을 불러들이니, 모두 분노하여 제 한 몸을 잊어버리는 모습이 실로 의로운 선비들이라 할 만하다.

5월 2일[신미/6월 11일]
맑다. 삼도(三道) 순변사(巡邊使)*¹ 이일(李鎰)과 경상 우수사 원균의 공문이 왔다. 송한련이 남해에서 돌아와서 "남해 현령 기효근(奇孝謹), 미조항(彌助項 : 남해군 미조면) 첨사 김승룡(金承龍), 상주포(尙州浦)와 곡포(曲浦), 평산포(平山浦)의 만호 등이 하나같이 왜적 소식을 듣고는 달아나 버렸고, 군기물 등도 흩어 없어져 남은 게 없다"고 말했다. 정말로 놀랄 일이다. 정오에 배를 타고 바다로 나가 진을 치고 여러 장수들과 약속하니, 모두 기꺼이 나가 싸울 뜻이 있으나 낙안 군수 신호(申浩)만은 피하려는 뜻이 있는 듯하니 탄식이 절로 난다. 그러나 군법이 있으니, 비록 물러나 피하려 한들 그게 될 일인가. 저녁에 방답의 첩입선(疊入船)*² 3척이 돌아와 앞바다에 정박했다. 비변사에서 공문 3장을 내려보냈는데, 창평 현령이 부임했다는 공문이 있었다. 저녁의 군호(軍號)를 용호(龍虎)라 하고, 복병을 산수(山水)라 했다.

5월 3일[임신/6월 12일]
가랑비가 아침 내내 오다. 경상 우수사의 답장이 새벽에 왔다. 오후에 광양 현감과 흥양 현감을 불러와 함께 이야기를 나누던 도중에 모두 분통을 터뜨렸

---

*1 조선 시대 왕명으로 군사에 대한 임무를 맡아 변경을 순찰하던 특사.
*2 여러 진영을 오가며 연락을 취하는 배.

다. 전라도 우수사 이억기가 수군을 끌고 오기로 함께 약속했었는데, 방답의 판옥선(板屋船)*³이 첩입군(疊入軍)*⁴을 싣고 오는 것을 보고는 우수사가 오는 것으로 여기고 기뻐했다. 그러나 군관을 보내 알아보니 방답의 배였으므로 놀라움을 참지 못했다. 조금 뒤에 녹도(鹿島) 만호가 알현을 청하기에 불러들여 물어보니 "우수사는 오지 않으며, 왜적이 서울로 점차 가까이 다가가므로 분한 마음을 참을 수 없다. 만약 기회를 놓친다면 후회해도 소용없다"고 말했다. 그래서 중위장(中衛將) 이순신(李純信)을 불러 내일 새벽에 떠날 것을 약속하고 장계를 고쳐 올렸다. 왜적이 온다는 소문을 듣고 이날 여도 수군 황옥천(黃玉千)이 달아났다. 그의 집에서 잡아와 목을 베어 군중 앞에 높이 매달았다.

5월 4일[계유/6월 13일]

맑다. 먼동이 틀 때 배를 출발했다. 곧바로 미조항 앞바다에 이르러 다시 약속했다. 우척후(右斥候) 김인영(金仁英)과 우부장(右部將) 김득광(金得光), 중부장 어영담과 후부장 정운 등은 오른쪽에서 개이도를 거쳐 들어가 수색하여 치게 했다. 나머지 대장선(大將船)은 평산포와 곡포, 상주포를 지나 미조항으로 가게 했다.

(5월 5일부터 5월 28일까지 일기는 빠져 있음)

5월 29일[무술/7월 8일]

맑다. 우수사(이억기)가 오지 않으므로 홀로 여러 장수들을 거느리고 새벽에 배를 출발하여 곧장 노량(露梁 : 하동군 금남면 노량진)에 이르니 경상 우수사 원균이 와서 만났다. 적이 머물러 있는 곳을 물으니 "지금 사천(泗川) 선창에 있다"고 말했다. 곧 쫓아가니 왜놈들은 벌써 뭍으로 올라가서 산 위에 진을 치고 배는 그 산 아래 매어 놓았다. 항전 태세가 아주 견고했다. 나는 여러 장수들을 독려해서 일제히 달려들어 화살을 비 퍼붓듯이 쏘고, 온갖 총포들을 우레같이 쏘아대니 적들이 두려워하며 물러났다. 화살을 맞은 자는 헤아릴 수

---

*3 조선 시대 널빤지로 지붕을 덮은 전투 배. 명종 때 개발한 것으로 임진왜란 때 크게 활약
했음.
*4 공동 관할 지역의 군대.

없었고, 왜적 머리도 많이 베었다. 이 싸움에서 군관 나대용이 탄환에 맞았고, 나도 왼쪽 어깨 위에 탄환을 맞아 등을 관통했지만 중상은 아니었다. 사수(射手)와 격군(格軍)*5들도 탄환에 많이 맞았다. 왜선 13척을 불사르고 물러났다.

---

*5 조선 시대에 사공(沙工)의 일을 돕던 뱃사람.

임진년 6월(1592년 6월)

6월 1일[기해/7월 9일]
맑다. 사량도(蛇梁島 : 통영시 사량면 금평리) 뒷바다에 진을 치고 밤을 지냈다.

6월 2일[경자/7월 10일]
맑다. 아침에 떠나 곧장 당포(唐浦 : 통영시 산양읍 삼덕리) 앞 선창에 이르니, 적선 20여 척이 줄지어 머물러 있었다. 서로 둘러싸고 싸우는데, 적선 큰 배 1척은 우리 판옥선만 했다. 배 위에 다락이 있는데 높이가 두 길은 되겠고, 누각 위에는 왜장이 우뚝하게 떡 버티고 앉아 움직이지도 않았다. 그래서 먼저 거북선으로 하여금 층루선 밑으로 곧장 충돌하러 들어가면서 용의 아가리로 포탄을 치쏘게 하고, 또 편전과 대·중 승자총통(勝字銃筒)으로 비 오듯 어지러이 쏘아대니, 적장이 화살을 맞고 떨어졌다. 왜적들이 한꺼번에 놀라 흩어졌다. 여러 장졸이 일제히 모여들어 쏘아대니, 화살에 맞아 거꾸러지는 놈이 얼마인지 그 숫자를 알 수가 없었다. 모조리 섬멸하고 한 놈도 남겨두지 않았다. 얼마 뒤 왜놈의 큰 배 20여 척이 부산에서부터 줄줄이 들어오다가 우리 군사들을 보고는 개도(介島 : 통영시 산양읍 추도)로 내빼 버렸다.

6월 3일[신축/7월 11일]
맑다. 아침에 다시 여러 장수들을 격려하여 개도를 협공했으나, 왜적은 이미 달아나버려 사방에는 한 놈도 없었다. 고성(固城) 등지로 가고자 했으나 아군 형세가 외롭고 약하기 때문에 울분을 참고 머물러 밤을 지냈다.

6월 4일[임인/7월 12일]
맑다. 우수사(이억기)가 오기를 고대하고 있던 차에 정오가 되자 우수사가 여러 장수들을 거느리고 돛을 달고서 왔다. 진중의 장병들이 기뻐서 날뛰지 않는 이가 없었다. 군사를 합치고 약속을 거듭한 뒤 착포량(鑿浦梁 : 통영시 당동 착량)에서 밤을 지냈다.

6월 5일[계묘/7월 13일]

아침에 배를 출발해서 고성 당항포(唐項浦)에 이르니, 왜적 큰 배 1척이 판옥선과 같은데, 배 위에 누각이 높고 그 위에 적장이 앉아서 중간 배 12척과 작은 배 20척을 거느렸다. 한꺼번에 쳐서 깨뜨리니 비처럼 쏟아지는 화살에 맞아 죽는 자의 숫자를 알 수 없었으며, 왜장 모가지도 7급이나 베었다. 나머지 왜적들은 뭍으로 올라 달아나는데 그 숫자는 얼마 되지 않았다. 우리 군사의 기세를 크게 떨쳤다.

6월 6일[갑진/7월 14일]

맑다. 왜적의 배를 살피기 위해 그곳에서 머물러 잤다.

6월 7일[을사/7월 15일]

맑다. 적선을 찾으러 아침에 출발해서 영등포(永登浦 : 거제시 장목면 구영리) 앞바다에 이르니, 적선이 율포(栗浦 : 거제시 장목면 대금리)에 있다고 했다. 복병선을 보내 탐지하게 했더니, 적선 5척이 먼저 우리 군사가 오는 것을 알고 남쪽 넓은 바다로 달아났다. 우리 배 여러 척이 일제히 쫓아가 사도 첨사 김완이 1척을 온전히 잡고, 우후 이몽구도 1척을 온전히 잡고, 녹도 만호 정운도 1척을 온전히 잡으니 왜적 머리가 모두 36급이다.

6월 8일[병오/7월 16일]

맑다. 우수사(이억기)와 의논하면서 바다 위에서 머물러 지냈다.

6월 9일[정미/7월 17일]

맑다. 곧장 천성(天城 : 부산 강서구 가덕도 천성동)과 가덕(加德 : 강서구 가덕도 성북동)에 이르니, 왜적이 하나도 없었다. 거듭 수색하고 나서 군사를 돌려 당포로 돌아와 밤을 지냈다. 새벽도 되기 전에 배를 출발해서 미조항 앞바다에 이르러 우수사(이억기)와 이야기를 나누었다.

6월 10일[무신/7월 18일]
맑다.

(6월 11일부터 8월 23일까지 일기는 빠져 있음)

임진년 8월(1592년 8월)

8월 24일[신해/9월 29일]

맑다. 객사 동헌에서 정영공(丁令公 : 정걸)과 같이 아침을 먹은 뒤에 곧장 침벽정(浸碧亭)으로 옮겼다. 우수사(이억기)와 점심을 같이 먹었는데 정 조방장(助防將)*¹도 함께 했다. 오후 4시쯤 배를 출발, 노질을 재촉해서 노량 뒷바다에 이르러 정박했다. 자정 무렵 달빛을 타고 배를 몰아 사천 모자랑포(毛自郎浦 : 사천시 용현면 주문리. 삼천포)에 이르니 벌써 날이 밝았지만 새벽안개가 사방에 끼어서 아주 가까운 거리도 분간키 어려웠다.

8월 25일[임자/9월 30일]

맑다. 오전 8시쯤 안개가 걷혔다. 삼천포 앞바다에 이르니 평산포 만호가 관직명을 적은 편지를 바쳤다. 당포에 거의 다 와서 경상 우수사(원균)와 만나 배를 매어 놓고 이야기했다. 오후 4시쯤 당포에 정박해서 밤을 지냈다. 삼경(三更)*²에 비가 잠깐 내렸다.

8월 26일[계축/10월 1일]

맑다. 견내량(見乃梁 : 거제시 사등면 덕호리)에 이르러 배를 세우고 우수사와 이야기했다. 순천 부사 권준도 왔다. 저녁에 배를 옮겨 각호사(角呼寺) 앞바다에서 밤을 지냈다.

8월 27일[갑인/10월 2일]

맑다. 영남 우수사(원균)와 의논하고, 배를 옮겨 거제 칠내도(漆乃島 : 거제시 하청면 칠천도)에 이르렀다. 웅천(熊川) 현감 이종인(李宗仁)이 와서 "왜적의 머

---

*1 주장(主將)을 도와서 적의 침입을 막는 장수. 여기서는 정걸(丁傑, 1514~1597)을 말함.
*2 밤 11시~밤 1시.

리 35급을 베었다고 들었다"고 말했다. 저물녘에 제포(薺浦 : 창원시 진해구 웅천동)와 서원포(西院浦 : 창원시 진해구 원포동)를 건너니 밤이 벌써 10시쯤인데, 하늬바람이 세게 불고 나그네 마음이 편치 않다. 꿈자리가 뒤숭숭했다.

8월 28일[을묘/10월 3일]

맑다. 새벽에 가만히 앉아 지난밤 꿈을 생각해 보니, 처음에는 흉몽 같았지만 오히려 길몽이었다. 가덕에 도착했다.

(8월 29일부터 12월 말까지 일기는 빠져 있음)

계사년 일기

계사년 2월(1593년 2월)

(1월 1일부터 1월 30일까지 일기는 빠져 있음)

2월 1일[병술/3월 3일]

종일 비가 오다. 발포 만호 황정록(黃廷祿), 여도 권관 김인영(金仁英), 순천 부사 권준(權俊)이 와서 모였다. 발포 진무 최이(崔已)가 다시 군율을 어겼으므로 군율로써 형벌에 처했다.

2월 2일[정해/3월 4일]

늦게 개다. 녹도 가장(假將),*¹ 사도 첨사 김완, 홍양 현감 배흥립 등의 배가 왔다. 낙안 군수 신호(申浩)도 왔다.

2월 3일[무자/3월 5일]

맑다. 여러 장수들이 거의 다 모였는데, 보성(寶城) 군수 김득광(金得光)이 오지 못한 게 한탄스럽다. 동쪽 상방(上房)에 앉아 순천 부사, 낙안 군수, 광양 현감과 의논하고 약속했다. 이날 경상도에서 옮겨 온 김호걸(金浩乞)과 나장(羅將) 김수남(金水男) 등이 명부에 올라 있는 격군 80여 명이 달아났다고 보고해왔다. 그러나 뇌물을 많이 받고는 붙잡아 오지 않았다. 그리하여 군관 이봉수(李鳳壽)와 정사립(鄭思立) 등을 몰래 파견하여 70여 명을 잡아 와서 배마다 나누어 주었다. 그리고 그날 김호걸과 김수남 등에게 형벌을 내렸다. 저녁 8시 쯤부터 비바람이 세게 불어 각 배들을 간신히 보호했다.

---

*1 조선 시대 전쟁 때 어느 장수 자리가 비게 될 경우 우두머리 장수의 명령에 따라 임시로 그 자리를 대신하던 장수.

2월 4일[기축/3월 6일]

늦게야 개었다. 성 동쪽이 9발이나 무너졌다. 객사 동헌에 나가 공무를 보았다. 오후 6시부터 비가 많이 쏟아지더니 밤새도록 그치지 않고, 바람조차 몹시 사납게 불어 각 배들을 간신히 지켰다.

2월 5일[경인/3월 7일]

비가 억수같이 내리다가 늦게 개었다. 경칩날이라 둑제(纛祭)*²를 지냈다. 아침을 먹은 뒤 대청으로 나가 공무를 보았다. 보성 군수(김득광)가 밤을 새워 육지를 거쳐 달려 왔다. 잡아들여 기한을 어긴 죄를 물었더니 '순찰사(권율)와 도사 등이 명나라 군대를 모시는 차사원(差使員)이 되어 강진과 해남 등의 관청으로 불려 갔기 때문'이라 말했다. 이 또한 나랏일이라 다만 그 대장(代將)과 도훈도, 색리 등의 죄만 논했다. 저녁에 서울에서 온 친구 이언형(李彦亨)과 헤어지는 술자리를 가졌다.

2월 6일[신묘/3월 8일]

아침에 흐리다가 저녁나절에 개었다. 4경(四更)*³에 처음으로 나발을 불고 해가 뜰 때 두 번째와 세 번째 나발을 불었다. 그리고 배를 풀고 돛을 올렸으나, 정오 때에 맞바람이 불어 날이 저물어서야 사량에 이르러 머물렀다.

2월 7일[임진/3월 9일]

맑다. 새벽에 떠나 곧장 견내량에 이르니, 경상 우수사 원균이 이미 먼저 와 있어 함께 이야기를 나누었다. 기숙흠(奇叔欽)도 와서 보고, 이영남(李英男)과 이여념(李汝恬)도 왔다.

2월 8일[계사/3월 10일]

맑다. 아침에 경상 우수사(원균)가 내 배에 와서 전라 우수사(이억기)가 기약을 어긴 것을 몹시 탓하고는 지금 먼저 떠나자는 것을 내가 애써 그를 말려 기

---

*2 조선 시대 임금 행차 때나 군대를 출동시킬 때 군령권을 상징하는 둑에 지내는 국가 제사. 경칩과 상강일에 병조판서 주관으로 제사를 지냄.
*3 새벽 1시에서 3시 사이.

다리게 하고는 오늘 안으로 도착할 것이라고 약속했다. 정오에 과연 돛을 달고 다가오므로 모든 진중 장병들이 보고 기뻐 날뛰지 않는 이가 없었다. 오후 4시쯤 출발해서 초저녁에 온천도(溫泉島 : 칠천도)에 이르렀다.

2월 9일[갑오/3월 11일]

처음 나발을 불고 두 번째 나발을 불고 날씨를 살펴보니 비가 내릴 조짐이 많아 출발하지 않았다. 종일 큰 비가 와서 머물러 떠나지 않았다.

2월 10일[을미/3월 12일]

아침에 흐리다가 저녁나절에 개었다. 오전 6시에 출발해서 곧장 웅천(熊川)과 웅포(熊浦)에 이르니 적선이 줄지어 정박했는데, 두 번이나 꾀어냈으나 이전부터 우리 수군을 겁내어 잠깐 나왔다가는 곧바로 돌아가 버리므로 끝내 잡아 없애지 못했으니 정말로 원통하고 분하다. 밤 10시쯤 도로 영등포 뒤 소진포(蘇秦浦 : 거제시 장목면 송진포)에 이르러 머무르면서 밤을 지냈다.

2월 11일[병신/3월 13일]

흐리다. 군사를 쉬게 하고 그대로 머물렀다.

2월 12일[정유/3월 14일]

아침엔 흐리다가 저녁나절에는 개었다. 삼도의 군사가 한꺼번에 새벽에 배를 출발해서 곧장 웅천과 웅포에 이르니, 왜적들은 어제와 같았다. 나아갔다 물러갔다 하며 꾀어냈지만, 끝내 바다로 나오지 않았다. 두 번이나 뒤쫓았으나 잡아 없애지 못하니 정말로 원통하고 분하다. 이날 저녁에 도사(都事)가 우후(이몽구)에게 공문을 보내 '명나라 장수에게 줄 군수물자를 배정했다'고 전했다. 저녁 8시쯤 칠천도(漆川島 : 거제시 하청면)에 이르자 큰 비가 쏟아지더니, 밤새도록 그치지 않았다.

2월 13일[무술/3월 15일]

쏟아 붓듯이 비가 오다가 저녁 8시쯤 그쳤다. 적 토벌에 대해 의논할 일로 순천 부사(권준)와 광양 현감(어영담), 방답 첨사(이순신)를 불러 이야기했다. 정담수(鄭聃壽)가 와서 보았다. 활과 화살을 만드는 대방(大邦)과 옥지(玉只) 등이 돌아갔다.

2월 14일[기해/3월 16일]

맑다. 이른 아침에 본영의 탐후선(探候船)이 왔다. 아침을 먹은 뒤에 삼도 군사들을 모아 약속할 적에 경상 우수사는 병으로 모이지 않고, 전라 좌도와 우도의 장수들만 모여 약속하는데, 우후가 술에 취하여 망녕되이 말하니 그 꼴을 어찌 말로 다하랴. 어란포(於蘭浦 : 해남군 송지면 어란리) 만호 정담수, 남도포(南桃浦 : 진도군 임회면 남동리) 만호 강응표(姜應彪)도 그랬다. 이렇게 큰 적을 맞아 무찌르는 일로 모인 자리에 술에 만취하여 이렇게 되니 그 인물됨이야 말로 다할 수 없고 원통하고 분함을 이길 수가 없다. 가덕 첨사 전응린(田應麟)이 와서 보았다.

2월 15일[경자/3월 17일]

아침에 맑더니 저녁에 비가 왔다. 날씨는 따뜻하고 바람도 잠잠했다. 과녁을 걸고 활을 쏘았다. 순천 부사와 광양 현감, 사량 만호 이여념과 소비포(所非浦 : 경남 고성군 하일면) 권관 이영남, 영등포 만호 우치적(禹致績)이 또 왔다. '명나라에서 또 수군을 보내니 미리 알아서 처리하라'는 순찰사 이광의 공문이 왔다. 또한 순찰사 영리(營吏)가 보낸 보고서에는 '명나라 군사가 2월 1일에 서울로 들어와서 왜적을 모두 소탕했다'고 했다. 해질녘에 원균이 와서 만나보았다.

2월 16일[신축/3월 18일]

맑다. 늦은 아침에 바람이 세게 불었다. 영의정 정철(鄭澈)이 사은사(謝恩使)*⁴가 되어 명나라 수도로 간다고 들었다. 그래서 여행 물품과 비용을 적은 문서를 정원명(鄭元溟)에게 부쳐 특별히 사신 편에 전하게 했다. 오후에 우수사(이억기)가 와서 함께 밥을 먹고 돌아갔다. 순천 부사와 방답 첨사도 와서 만나 보았다. 밤 10시쯤 신환(愼環)과 김대복(金大福)이 교서 2장과 부찰사(副

---

*4 조선 시대 임금이 중국 황제에게 사례하기 위하여 보내던 사절.

察使)의 공문을 가져 와서 보니 '명나라 군사들이 바로 송도(松都)를 치고, 이 달 초엿새 날에는 서울에 있는 왜적을 없애버리겠다'고 했다.

2월 17일[임인/3월 19일]

흐리되 비는 오지 않다. 종일 샛바람이 불었다. 이영남과 허정은(許廷誾), 정담수와 강응표 등이 와서 만나 보았다. 오후에 우수사(이억기)에게 가서 만났다. 새로 온 진도(珍島) 군수 성언길(成彦吉)을 보았다. 우수사와 함께 경상 우수사(원균) 배에 갔다가 선전관(宣傳官)*⁵이 임금 교지를 받들고 왔다는 소문을 듣고, 노를 바삐 저어 진으로 돌아오는 길에 선전관을 만나 급히 배 위로 맞아들여 임금 교지를 받들고 보니, '급히 적의 퇴로를 끊고 달아나는 적을 몰살하라'는 것이었다. 교지를 받았다는 답서를 곧장 써 부치고 나니, 밤은 이미 새벽 2시께였다.

2월 18일[계묘/3월 20일]

맑다. 이른 아침에 배를 출발해서 웅천에 이르니 적의 형세는 여전했다. 사도 첨사(김완)를 복병장으로 임명해서 여도 만호와 녹도 가장(假將), 좌우 별도장과 좌우 돌격장, 광양의 배 2척과 흥양 대장(代將), 방답의 배 2척 등을 거느리고 송도(松島 : 창원시 진해구 웅천동)에 숨어서는 모든 배들을 꾀어내도록 하니, 적선 10여 척이 뒤따라 나왔다. 경상도 복병선 5척이 재빨리 나가 쫓을 때, 나머지 복병선들이 일제히 적선들을 에워싸고 여러 무기들을 쏘아대니, 죽은 왜적의 숫자를 알 수 없었다. 왜놈의 목을 하나 베자 적의 기세가 크게 꺾여서 다시는 나와서 항거하지 않았다. 날이 저물기 전에 여러 배들을 거느리고 원포(院浦 : 창원시 진해구 원포동)로 가 물을 길었다. 어둠을 타 영등포 뒷바다로 돌아왔다. 사화랑(沙火郎 : 창원시 진해구 웅천동)에 진을 치고 밤을 보냈다.

2월 19일[갑진/3월 21일]

맑다. 하늬바람이 세게 불어 배를 띄울 수가 없으므로 그대로 사화랑에 머물렀다. 남해 현령에게 붓과 먹을 보냈더니 저녁에 그가 와서 사례를 했다. 고

---

*5 조선 시대 선전관청에 속한 무관 벼슬. 품계는 정3품부터 종9품까지 있었음.

여우(高汝友)와 이효가(李孝可)도 와서 만나 보았다.

2월 20일[을사/3월 22일]

맑다. 새벽에 출발하자 샛바람이 약간 불더니 적과 싸울 때에는 바람이 세게 불어 배들이 서로 부딪쳐 부서질 지경이었다. 배를 거의 감당할 수가 없어서 곧 호각을 불게 하고 초요기(招搖旗)*6를 올려 싸움을 중지시키니, 여러 배들이 다행히도 크게 상하지는 않았다. 소진포(蘇秦浦)로 돌아와 밤을 지냈다. 이날 사슴 떼가 동서로 달려갔는데, 순천 부사(권준)가 한 마리를 잡아 보냈다.

2월 21일[병오/3월 23일]

흐리고 바람이 세게 불다. 이영남과 이여념이 와서 만났다. 우수사 원균과 순천 부사, 광양 현감도 와서 만났다. 저녁에 비가 오더니 자정에 그쳤다.

2월 22일[정미/3월 24일]

새벽에 구름이 검더니 샛바람이 세게 불다. 적을 무찌르는 일이 급하므로 배를 출발해서 사화랑에 이르러 바람이 멎기를 기다렸다. 바람이 멎는 듯하므로 재촉하여 웅천에 이르러 삼혜(三惠)와 의능(義能) 두 승장(僧將)과 의병 성응지(成應祉)를 제포(薺浦 : 창원시 진해구 웅천동)로 보내 곧 뭍에 내리는 체하게 하고, 또 우도(右道)의 여러 장수들의 배들도 시원치 않은 배들을 골라서 동쪽으로 보내 곧 뭍에 내리는 체하게 했더니 왜적들이 허둥지둥 도망친다. 이틈을 타서 모든 배를 몰아 곧바로 무찌르니 적들은 세력이 갈라지고 약해져서 거의 섬멸되었는데, 발포의 배 2척과 가리포의 배 2척이 명령을 하지도 않았는데도 갑자기 들어가다가 얕은 곳 암초에 얹히게 되어 공격을 받은 것은 참으로 원통하고 분하다. 잠시 뒤 진도의 상선(上船 : 판옥선) 1척도 적에게 포위되어 거의 구하게 되지 못하게 될 즈음에 우후가 곧장 달려가 구해냈다. 경상 좌위장(左衛將)과 우부장(右部將)은 보고도 못 본 체하고 끝까지 구하지 않았으니, 그 괘씸함을 이루 표현할 수 없어 정말로 원통하고 분하다. 이 일로 우수사를 꾸짖었으니 한탄스럽다. 오늘의 원통하고 분함을 어찌 말로 다하랴. 모두

*6 조선 시대 전쟁이나 행군 때 대장이 장수들을 부르고 지휘하는 데 쓰던 신호용 부대 깃발. 깃발에 북두칠성이 그려져 있음.

경상 우수사(원균) 탓이다. 돛을 달고 소진포로 돌아와서 잤다. 아산에서 뇌(蕾)와 분(芬)*⁷의 편지가 웅천 진중으로 왔고, 어머니 편지도 왔다.

2월 23일[무신/3월 25일]

흐리나 비는 오지 않다. 아침에 우수사가 와서 보았다. 식사를 한 뒤에 수사 원균이 왔고, 순천 부사·광양 현감·가덕 첨사·방답 첨사도 왔다. 아침 일찍 소비포 권관·영등포 만호·와량(臥梁) 첨사 등이 와서 보았다. 원균의 그 음흉함을 이를 길이 없다. 최천보(崔天寶)가 양화(楊花)에서 와서 명나라 군사들의 소식을 상세히 전하고, 조도어사(調度御史)*⁸의 편지도 전한 뒤에 그날 밤 돌아갔다.

2월 24일[기유/3월 26일]

맑다. 새벽에 온양(溫陽)과 아산으로 부칠 편지와 집안 편지를 써서 보냈다. 아침에 출발해서 영등포 앞바다에 이르니 비가 몹시 퍼부어 곧장 다다를 수 없으므로 배를 돌려 칠천량으로 돌아왔다. 비가 그치고 나서 우수사 이영공(李令公 : 이억기)과 순천 부사, 가리포(加里浦) 첨사, 진도 군수(성언길)와 함께 조용히 이야기를 나누었다. 저녁 8시쯤 배 만드는 기구를 들여보내기 위한 문서와 홍양으로 보낼 공문을 써서 보냈다. 쌀 90되와 말갈기를 바꾸어 보냈다.

2월 25일[경술/3월 27일]

맑다. 바람세가 순하지 않으므로 칠천량에 머물렀다.

2월 26일[신해/3월 28일]

바람이 온종일 세게 불어서 머물렀다.

2월 27일[임자/3월 29일]

맑으나 바람이 세게 불다. 우수사 이억기와 이야기했다.

---

*7 뇌는 이순신의 맏형 이희신의 맏아들. 분은 이희신의 셋째 아들.
*8 세 거두는 일을 감독하던 관직.

2월 28일[계축/3월 30일]

맑으며 바람도 없다. 새벽에 배를 출발해서 가덕에 이르니, 웅천의 적들은 기가 죽어 대들 생각조차 못하고 있었다. 우리 배가 바로 김해강(金海江 : 부산시 강서구 서낙동강) 아래쪽 독사리항(禿沙里項 : 부산시 강서구 명지동)으로 향하는데, 우부장이 변고를 알려 왔다. 여러 배들이 돛을 달고 급히 달려가 작은 섬을 에워싸고 보니, 경상 우수사 원균의 군관의 배와 가덕 첨사의 탐후선 등 2척이 섬에서 들락날락하는데 돌아가는 사정과 상태가 터무니없었다. 배 2척을 붙잡아 매어 경상 우수사 원균에게 보내니, 수사가 크게 화를 냈다. 그의 본뜻은 군관을 보내 어부들이 건져낸 사람 머리를 찾아서 얻는 데 있었기 때문이다. 초저녁에 아들 염(苒)*⁹이 왔다. 사화랑에서 잤다.

2월 29일[갑인/3월 31일]

흐리다. 바람이 몹시 불까 염려되어 배를 칠천량으로 옮겼다. 우수사 이억기가 와서 보았다. 또한 순천 부사와 광양 현감도 왔다. 경상 우수사(원균)도 와서 보았다.

2월 30일[을묘/4월 1일]

종일 비가 오다. 배의 거적 지붕 밑에 웅크리고 앉아 있었다.

---

*9 이순신의 셋째 아들.

계사년 3월(1593년 3월)

3월 1일[병진/4월 2일]
잠깐 맑다가 저녁에 비가 왔다. 방답 첨사(이순신)가 왔다. 순천 부사(권준)는 병으로 오지 못했다.

3월 2일[정사/4월 3일]
온종일 비가 오다. 배의 거적 지붕 밑에 웅크리고 앉아 있으니, 온갖 회포가 가슴에 치밀어 올라 마음이 어지럽다. 이응화(李應華)를 불러 오랜 시간 이야기를 나누고, 순천 부사의 배로 보내 병세를 살피라고 말했다. 이영남과 이여념이 왔고 뒤이어 원영공(원균)의 비리를 들으니, 정말로 한탄스럽다. 이영남이 왜놈의 작은 칼을 두고 갔다. '강진(康津) 사람 2명이 살아 돌아왔는데 고성에 잡혀 가서 문초를 받고 왔다'고 이영남에게서 들었다.

3월 3일[무오/4월 4일]
아침에 비가 왔다. 오늘은 답청(踏靑)*1하는 날인데, 흉악한 적들이 물러가지 않아 군사를 거느리고 바다에 떠 있었다. 또 명나라 군사들이 서울에 들어왔는지 안 왔는지 듣지 못했으니 민망하기 이를 데 없다. 종일 비가 내렸다.

3월 4일[기미/4월 5일]
날이 비로소 개다. 우수사 이영공이 와서 종일토록 이야기를 나누었다. 원영공도 왔다. 순천 부사가 병이 들어 매우 아프다고 했다. '명나라 장수 이여송(李如松)이 송도(개성)까지 왔다가 북로(함경도)쪽으로 간 왜적들이 설한령(雪寒嶺 : 자강도와 함경남도 사이에 있는 고개)을 넘었다는 말을 듣고 다시 서관(西關 : 평

---

*1 봄에 파랗게 난 풀을 밟으며 산책하는 일.

안도)으로 되돌아갔다'는 소문을 들었다. 원통하고 분함을 이길 수가 없다.

3월 5일[경신/4월 6일]

맑다. 바람이 매우 사납다. 순천 부사(권준)가 병으로 도로 돌아간다기에 아침에 몸소 배웅하여 보냈다. 적을 탐색하던 배가 왔다. 내일 적을 치자고 약속했다.

3월 6일[신유/4월 7일]

맑다. 새벽에 출발해서 웅천에 이르니 왜적 무리가 바쁘게 뭍으로 달아나 산중턱에 진을 쳤다. 군관들이 처란과 편전을 비처럼 마구 쏘니 죽은 자가 무척 많았다. 포로가 되었던 사천(泗川) 여인 1명을 빼앗아 왔다. 칠천량에서 잤다.

3월 7일[임술/4월 8일]

맑다. 우수사(이억기)와 이야기했다. 초저녁에 배를 출발해서 걸망포(乞望浦 : 통영시 용남면)에 이르니, 날이 이미 샜다.

3월 8일[계해/4월 9일]

맑다. 한산도(閑山島 : 통영시 한산면 한산도)로 돌아와 아침을 먹고 나니 광양 현감(어영담)과 낙안 군수, 방답 첨사(이순신)가 왔다. 방답 첨사와 광양 현감은 술과 안주를 준비해 왔다. 우수사(이억기)도 오고, 어란(於蘭) 만호(정담수)도 쇠고기(桃林)*²로 만든 음식 몇 가지를 보내 왔다. 저녁에 비가 왔다.

3월 9일[갑자/4월 10일]

궂은 비가 종일 오다. 원식(元埴)이 와서 보고 돌아갔다.

3월 10일[을축/4월 11일]

맑다. 아침을 먹고 사량을 향해 배를 출발했다. 낙안 사람이 행재소(行在

---

*2 원문의 '도림(桃林)'은 '소'를 달리 이르는 말이나 여기에서는 '쇠고기'를 뜻함.

所)*³에서 와서 "명나라 군사들이 진작 송도까지 왔지만, 여러 날 비가 와 길이 질어서 행군하기가 어려우므로 날이 개기를 기다린 뒤 서울로 들어가기로 약속했다"는 말을 전했다. 이 말을 듣고는 그 기쁨을 이길 수 없다. 첨사 이홍명(李弘明)이 와서 보았다.

3월 11일[병인/4월 12일]

맑다. 아침을 먹고 나서 원 수사와 이 수사가 와서 함께 이야기하며 술을 마셨다. 원 수사는 매우 취해서 동헌으로 돌아갔다. 본영의 탐후선이 왔다. 돼지 3마리를 잡아 왔다.

3월 12일[정묘/4월 13일]

맑다. 아침에 각 고을에 공문을 써 보냈다. 본영 병방(兵房) 이응춘(李應春)이 사부(斜付)*⁴를 마감하고 갔다. 아들 염과 나대용, 김인문 등이 본영으로 돌아갔다. 밥을 먹은 뒤에 우수사(이억기)가 머무는 방에서 바둑을 두었다. 광양 현감이 술을 가지고 왔다. 한밤중에 비가 내렸다.

3월 13일[무진/4월 14일]

비가 많이 오다가 아침 늦게야 개었다. 우수사 이억기와 첨사 이홍명이 바둑을 두었다.

3월 14일[기사/4월 15일]

맑다. 각 배들을 출동시켜 배 만들 재목을 실어 보냈다. 모두 옮긴 뒤에 왔다.

3월 15일[경오/4월 16일]

맑다. 우수사와 함께 여러 장수들이 관덕정(觀德亭 : 여수시 연등동)에서 활을 쏘는데, 우리 편 장수들이 크게 이겼다. 그래서 우수사가 떡과 술을 마련해 왔다. 해질녘에 비가 많이 내렸는데 밤새도록 쏟아졌다.

---

*3 임금이 궁을 떠나 멀리 나들이할 때 머무르던 곳.
*4 관노비들을 본디 속한 곳에서 빼내어 다른 데로 소속시키는 일.

3월 16일[신미/4월 17일]

저녁나절 개었다. 여러 장수들이 또 활을 쏘았는데, 우리 편 여러 장수들이 역시 이겼다. 원영공도 왔다가 매우 취해서 돌아갔다. 낙안 군수가 아침에 찾아와서 고부(古阜)로 보낼 편지를 그에게 주었다.

3월 17일[임신/4월 18일]

맑다. 종일 바람이 세게 분다. 우수사와 활쏘기를 했으나 모양이 제대로 나지 않으니 우습기만 하다. 신경황(申景潢)이 와서 "임금 교지를 받든 선전관(宣傳官, 채진·안세걸)이 본영으로 왔다"고 전했다.

3월 18일[계유/4월 19일]

맑다. 종일 바람이 세게 불어 사람이 나고 들지를 못했다. 소비포 권관과 함께 아침을 먹었다. 우수사와 바둑을 두어 이겼다. 남해 현령 기효근(奇孝謹)이 와서 보았다. 저녁에 돼지 1마리를 잡아 왔다. 밤 10시쯤 비가 왔다.

3월 19일[갑술/4월 20일]

비가 오다. 우수사와 함께 이야기했다.

3월 20일[을해/4월 21일]

맑다. 우수사와 이야기를 나누었다. '선전관이 임금 교지를 받들고 온다'는 소식을 오후에 들었다.

3월 21일[병자/4월 22일]

맑다.

3월 22일[정축/4월 23일]

맑다.

(3월 23일부터 4월 30일까지 일기는 빠져 있음)

계사년 5월(1593년 5월)

5월 1일[갑인/5월 30일]

맑다. 새벽에 망궐례를 행했다.

5월 2일[을묘/5월 31일]

맑다. 선전관 이춘영(李春榮)이 '적의 퇴로를 차단하고 적을 섬멸하라'는 임금 교지를 받들고 왔다. 이날 보성 군수(김득광)와 발포 만호(황정록) 두 장수가 와서 모이고, 나머지 여러 장수들은 정한 기일을 물렀기 때문에 모이지 못했다.

5월 3일[병진/6월 1일]

맑다. 우수사(이억기)가 수군을 거느리고 왔는데, 수군들이 많이 뒤처져 정말로 한탄스럽다. 선전관 이춘영이 돌아가고, 이순일(李純一)이 왔다.

5월 4일[정사/6월 2일]

맑다. 오늘이 바로 어머니 생신날이지만 이 토벌 때문에 축하 잔을 올리러 가지 못하니, 평생 한이 되겠다. 우수사와 군관들과 함께 진해루(鎭海樓)에서 과녁에 활을 쏘았다. 순천 부사가 와서 약속했다.

5월 5일[무오/6월 3일]

맑다. 선전관 이순일이 경상도에서 돌아와서 그에게 아침을 대접했다. "명나라에서 은청금자광록대부(銀淸金資光祿大夫)라는 작위를 내렸다"고 전하는데 이는 잘못 전해진 것 같다. 저녁나절에 우수사와 순천, 광양, 낙안의 벼슬아치 영감들과 함께 앉아 술 마시며 이야기를 나누었다. 또한 군관들에게 편을 나누어 활을 쏘게 했다.

5월 6일[기미/6월 4일]

아침에 친척 어른 신정(愼定)과 조카 봉(菶)이 게바우개〔蟹浦 : 아산군 염치읍 해암리〕에서 왔다. 저녁나절에 퍼붓듯 내리는 비가 온종일 그치지 않았다. 개천과 도랑이 넘쳐흘러 농민들에게 희망을 주니 참으로 다행이다. 저녁 내내 친척 어른 신정과 이야기를 나누었다.

5월 7일[경신/6월 5일]

흐리되 비는 오지 않다. 우수사(이억기)와 함께 밥을 먹고 진해루로 옮겨 공무를 본 뒤 배에 올라 출발했다. 발포에서 도망간 수군을 법에 따라 다스렸다. 순천 이방이 급히 나아가서 해야 할 일을 하지 않았기에 법으로 엄하게 다스리려다 그만두었다. 미조항으로 향하는데, 샛바람이 세게 불어 파도가 산처럼 높으니 간신히 이르러 묵었다.

5월 8일[신유/6월 6일]

흐리되 비는 오지 않다. 새벽에 출발해서 사량 바다 가운데에 이르니, 만호(이여념)가 나오므로 경상 우수사가 있는 곳을 물었다. '지금 창신도(昌信島 : 남해군 창선도)에 있으며, 군사들이 모이지 않아 미처 배를 타지 못했다'고 했다. 곧바로 당포(唐浦)에 이르니, 이영남(李英男)이 와서 보았다. 그는 경상 수사(원균)의 수많은 망령된 짓을 상세히 말했다.

5월 9일[임술/6월 7일]

흐리다. 아침에 배에 올라 출발해서 걸망포에 이르니 바람이 순조롭지 않다. 우수사 이억기, 가리포 첨사 구사직(具思稷)과 한자리에 앉아 군사 일을 이야기했다. 저녁에 수사 원균이 배 2척을 거느리고 와서 만났다.

5월 10일[계해/6월 8일]

흐리되 비는 오지 않다. 아침에 출발해서 견내량에 이르러 느지막이 소정(小頂)이라는 곳에 올라 흥양의 군대를 검열하고 뒤떨어진 장수들 죄를 판단했다. 우수사와 가리포 첨사도 모여 함께 이야기했다. 선전관 고세충(高世忠)이 '부산으로 후퇴하여 돌아가는 왜적을 무찌르라'는 임금 교지를 받들고 왔다.

부찰사의 군관인 민종의(閔宗義)가 공문을 가지고 왔다. 저녁에 영남 우후 이의득(李義得), 이영남이 와서 보았다. 앉아서 이야기를 나누다 밤이 깊어서야 돌아갔다. 봉사(奉事)[*1] 윤제현(尹齊賢)이 본영에 도착했다는 편지가 도착했다. 곧 답장을 보내 본영에 머무르라고 했다.

5월 11일[갑자/6월 9일]

맑다. 선전관이 돌아갔다. 해질녘에 우수사가 진을 친 곳으로 갔다. 이홍명(李弘明)과 가리포 첨사도 와 있어 바둑을 두었다. 순천 부사도 왔다. 뒤이어 광양 현감도 왔다. 가리포 첨사가 술과 고기를 가져왔다. 조금 뒤 영등포(거제시 장목면 구영리)로 적을 살피러 갔던 사람들이 돌아와 "가덕도 앞바다에 적선이 무려 200여 척이나 머물면서 드나들며 웅천은 전날과 같다"고 보고했다. 선전관이 돌아갈 때 임금 분부를 집행함에 있어, 도원수(김명원)와 체찰사(유성룡)에게 보낼 세 통의 공문을 하나로 만들어 그것을 보고하고 논할 사람도 함께 보냈다. 이날 남해 현령도 와서 보았다.

5월 12일[을축/6월 10일]

맑다. 본영의 탐후선이 들어오면서 순찰사의 공문과 명나라 시랑(侍郎) 송응창(宋應昌)의 패문을 가져왔다. 사복시(司僕寺) 말 5필을 바치라는 공문도 와서 병방진무(兵房鎭撫)를 보냈다. 경상도에서 온 선전관 성문개(成文漑)가 와서 보았다. 파천 중인 임금 사정을 세세히 전하니 통곡을 참지 못하겠다. 새로 만든 정철총통(正鐵銃筒)[*2]을 비변사로 보내며 흑각궁(黑角弓), 과녁, 화살을 성문개에게 주어 보냈다. 성문개는 순변사 이일(李鎰)의 사위이기 때문이다. 저녁에 이영남과 윤동구(尹東耇)가 와서 보았다. 고성(固城) 현령 조응도(趙應道)도 와서 보았다. 새벽에 좌도와 우도 정탐꾼을 정해서 영등포 등지로 보냈다.

[*1] 조선 시대 관상감이나 돈녕부 및 기타 각 시(寺)·원(院)·감(監)·서(署)·사(司) 따위에 둔 종8품 벼슬.

[*2] 이순신 휘하 장수인 정사준이 일본 조총과 조선 승자총을 비교하여 발명한 총통. 정철총통의 주재료는 무쇠를 불려서 순도를 높인 정철(正鐵).

5월 13일[병인/6월 11일]

맑다. 작은 산봉우리에 과녁을 매달아놓고 순천 부사·광양 현감·방답 첨사·사도 첨사·우후·발포 만호가 모여 편을 갈라 활을 쏘아 자웅을 겨루다가 날이 저물어 배로 내려왔다. 경상 우수사가 있는 곳에 선전관 도언량(都彦良)이 왔다는 소식을 밤에 들었다. 이날 밤 달빛은 배에 가득 차고, 온갖 근심이 가슴을 때린다. 홀로 앉아 이 생각 저 생각 하다가 닭이 울 때에야 겉잠이 들었다.

5월 14일[정묘/6월 12일]

맑다. 선전관 박진종(朴振宗)과 선전관 영산령(寧山令) 예윤(禮胤)이 임금 교지를 받들고 왔다. 그들에게서 파천 중인 임금의 일과 명나라 군사들의 하는 짓을 들으니 참으로 통탄스럽다. 나는 우수사(이억기)의 배에 옮겨 타고 선전관과 이야기하며 술을 몇 잔 마셨는데, 경상 우수사 원균이 나타나서 술주정을 부리니 배 안의 모든 장병들이 놀라서 분개하지 않는 이가 없다. 그럴 듯한 말로 속이는 것을 이루 다 말할 수 없다. 영산령이 취해서 고꾸라지고 인사불성이니 우습다. 저녁에 두 선전관이 돌아갔다.

5월 15일[무진/6월 13일]

맑다. 아침에 낙안 군수(신호)가 와서 보았다. 윤동구가 그의 대장(원균)이 올린 장계 초본을 가지고 와서 보이는데, 그럴 듯한 거짓말은 이루 다 말할 수 없다. 늦은 아침에 조카 해(荄)와 아들 울(蔚)이 봉사 윤제현과 함께 왔다. 정오쯤 과녁을 걸어놓고 활을 쏘았다. 순천 부사와 광양 현감, 사도 첨사와 방답 첨사 등과 자웅을 겨루었는데 나도 활을 쏘았다. 저녁에 배 위로 돌아와 윤봉사와 함께 상세한 이야기를 나누었다.

5월 16일[기사/6월 14일]

맑다. 각 고을에 공문을 써 보냈다. 아침에 적량(赤梁 : 남해군 창선면 진동리) 만호 고여우(高汝友), 감목관 이효가(李孝可), 이응화(李應華), 강응표(姜應彪) 등이 와서 보았다. 각 관아 공문서를 써서 주었다. 조카 해와 아들 회가 돌아갔다. 몸이 몹시 불편하여 베개를 베고 신음하다가, '명나라 장수가 중도에서 늦추며 머무르는 것은 교묘한 술책이 없지 않을 것'이라는 말을 들으니 나라를 위해 걱정이 많은 중에 일마다 이러니 더욱 한심스러워 눈물이 흘러내렸다. 정오 때 윤동구에게서 서울 관동(館洞 : 서울 종로구 연건동)의 작은어머니가 양주(楊州) 샘내[泉川]로 피란갔다가 거기에서 돌아가셨다는 말을 듣고 통곡을 참지 못했다. 언제부터 세상 일이 이렇게 가혹했단 말인가! 장사 지내는 일은 누가 맡아서 지내는지. 대진(大進)이 먼저 세상을 떠났다는 말을 들으니 더욱 애통하다.

5월 17일[경오/6월 15일]

맑다. 새벽에 바람이 세게 불었다. 아침에 순천 부사와 광양 현감, 보성 군수와 발포 만호, 이응화가 와서 보았다. 변존서(卞存緒)가 병 때문에 돌아갔다. 경상 수사(원균)가 군관을 보내 진양(晉陽 : 진주)의 보고서를 가지고 왔는데 '제독 이여송이 지금 충주에 있으며 적도들은 사방으로 흩어져 분탕질하며 약탈을 일삼고 있다'니 정말로 원통하고 분하다. 종일 바람이 세게 불어 마음도 어지럽다. 고성 현령이 군관을 보내 문안하고, 또 추로수(秋露水)*3와 쇠고기 꼬치, 꿀통을 보냈지만 상중이라 받자니 미안하고, 정으로 보낸 것을 의리상 돌려보낼 수도 없으므로 군관들에게 주었다. 몸이 아주 불편해서 일찌감치 선실로 들어갔다.

5월 18일[신미/6월 16일]

맑다. 이른 아침에 몸이 아주 불편하여 위장약 4알을 먹었다. 아침 먹은 뒤, 우수사와 가리포 첨사가 와서 보았다. 조금 있다가 시원하게 설사가 나오니 좀 편안해진다. 종 목년(木年)이 게바우개에서 왔는데, 어머니께서 평안하시다고 했다. 곧 답장을 써 돌려 보내며 미역 5동을 함께 보냈다. 이날 접반사(接伴使)*4에게 왜적 세력의 난이(難易)에 대한 공문 3통을 1장으로 만들어 보냈다. 전주 부윤 권율(權慄)이 공문을 보내왔는데, 지금 순찰사 겸 절제사를 맡게 되었다면서 도장은 찍지 않았으니 그 까닭을 모르겠다. 방답 첨사가 와서 보았다. 대금산(大金山)과 영등포 등지의 정찰병이 돌아와 "왜적들이 나타나기는

---

*3 가을 이슬을 받아 만든 약술.
*4 외국 사신을 접대하던 임시 관직. 정3품 이상 가운데에서 임명했음.

하지만 그리 큰 음흉한 계책은 없으며, 협선(挾船)*5 2척을 새로 만드는데 못이 없다"고 보고했다.

5월 19일[임신/6월 17일]

맑다. 윤봉사와 함께 아침을 먹었다. 여러 장수들이 힘써 권하므로 몸이 불편한데도 억지로 먼저 맛을 보니 비통하기가 더욱 심하다. 순찰사가 '명나라 장수인 원외랑 유황상(劉黃裳)의 패문(牌文)*6에 따르면 부산 바다 어귀는 벌써 끊어 막아두었다'는 내용 공문을 보냈다. 공문을 받았다는 답을 써 보냈다. 또 공문을 작성하여 보내면서 보성 사람이 가지고 가도록 시켰다. 순천 부사가 쇠고기 일곱 가지를 보내왔다. 방답 첨사와 이홍명이 와서 만났다. 기숙흠(奇叔欽)도 와서 만났다. 영등포 정찰병이 와서 "다른 변고는 없다"고 알렸다.

5월 20일[계유/6월 18일]

맑다. 새벽에 대금산 정찰병이 와서 보고했다. 영등포 정찰병의 보고 또한 같았다. 늦게 순천 부사와 소비포 권관이 왔다. 정찰병이 와서 "왜선은 보이지 않는다"고 보고했다. 그리하여 본영 군관 등에게 편지를 써 왜적의 물건을 실어오는 일로 흥양 사람을 보내 가져오도록 했다.

5월 21일[갑술/6월 19일]

새벽에 출발해서 거제 유자도(柚子島 : 거제시 사등면) 가운데 바다에 이르니, 대금산 정찰병이 와서 "왜적 출몰이 여전하다"고 말했다. 우수사와 저녁 내내 이야기했다. 이홍명도 왔다. 오후 2시쯤 비가 왔다. 농작물이 조금 생기를 되찾아 농사를 기대할 만했다. 이영남이 와서 보았다. 수사 원균이 거짓 내용으로 공문을 보내 대군(大軍)을 동요케 했다. 군중에서조차 이렇게 속이니 그 흉악함을 말할 수 없다. 밤이 다 지나도록 바람이 몹시 불고 비도 왔다. 새벽에 선창에 이르니 22일이었다.

---

*5 대형 전투배의 부속선으로 활용된 작은 배.
*6 중국에서 조선으로 사신을 보낼 때, 보내는 목적과 일정 등 모든 관련 사항을 기록하여 미리 보내던 통지문.

5월 22일[을해/6월 20일]

비가 오다. 사람들이 바라던 차에 아주 흡족하게 왔다. 늦은 아침에 나대용이 본영에서 명나라 시랑 송응창의 패문, 그리고 차원(差員)*7과 함께 본도의 도사, 행상호군(行上護軍), 선전관 1명이 올 것이라는 공문을 가지고 왔다. 송 시랑이 파견한 차원은 전투배를 시찰하러 들어온다고 했다. 곧 우후로 하여금 영접하도록 보냈다. 오후에 배를 칠천량으로 옮겨 대고 나대용은 문안하는 일 때문에 내보냈다. 저녁에 방답 첨사가 와서 명나라 사람을 접대하는 일에 대해 말했다. 경상 우수사(원균)의 군관 김준계가 와서 그의 장수의 뜻을 전했다. 비가 종일 그치지 않았다. 흥양 군관 이호가 죽었다고 한다.

5월 23일[병자/6월 21일]

새벽에 흐리고 비는 오지 않더니, 저녁나절 비가 오락가락했다. 우수사와 이홍명이 왔다. 영남 우병사(최경회)의 군관이 와서 왜적 사정을 전하고, 또 '창원에 있는 적을 치고 싶으나, 적의 형세가 거세기 때문에 쉽게 나아갈 수 없다'는 전라도 병사 선거이(宣居怡) 편지를 전했다. 저녁에 아들 회가 와서 '명나라 관원이 영문에 와서 배를 타고 들어올 것이다'라고 전했다. 저물녘에 경상 수사(원균)가 명나라 관원을 접대하는 일로 와서 의논했다.

5월 24일[정축/6월 22일]

비가 오락가락하다. 아침에 거제 앞 칠천량 바다 어귀로 진영을 옮겼다. 나대용이 명나라 관원을 사량 뒷바다에서 발견하고 먼저 와서 "명나라 관원과 통역 표헌(表憲)과 선전관 목광흠(睦光欽)이 함께 온다"고 전했다. 오후 2시쯤 명나라 관원 양보(楊甫)가 진영 문에 이르자 우별도위 이설(李渫)이 나가 맞아 배로 안내해 오니 매우 기뻐하는 기색이다. 우리 배로 청하여 오르게 하고, 황제 은혜를 거듭 사례하며 마주앉기를 청하나 굳이 마다하고 앉지 않았다. 그는 선 채로 1시간이 지나도록 이야기하며 '수군 위용이 장하다'고 칭찬을 늘어놓았다. 예물 명단을 올리니, 처음에는 굳이 마다하는 듯하더니 마침내 받고는 매우 기뻐하며 몇 번이나 고맙다고 했다. 선전관이 표신(標信)을 상 위에 올

---

*7 어떤 임무를 맡겨 다른 곳에 파견하던 벼슬아치.

려놓고 조용히 이야기했다. 아들 회가 밤에 본영으로 돌아갔다.

5월 25일[무인/6월 23일]

맑다. 명나라 관원과 선전관이 아직 숙취가 깨지 않아 아침에 다시 통역 표헌을 오도록 청하여 명나라 장수가 말하려는 바를 물었지만, 명나라 장수의 말이 무슨 말인지는 알 수가 없고 다만 "왜적을 쫓아 보내려고만 한다"고 했다. 또 이미 말한대로 "송시랑이 수군의 허실을 알고자 하여 자기가 데리고 온 정탐병*8 양보를 보냈는데, 수군이 이렇게도 장하니 기쁘기 한이 없다"고 했다. 늦게 명나라 관원이 본영으로 돌아갔다. 정오에 거제현 앞 유자도 바다 어귀로 진을 옮기고서 우수사(이억기)와 군사 작전을 논의했다. 광양 현감과 최천보(崔天寶)와 이홍명이 와서 바둑을 두고 물러갔다. 저녁에 조붕(趙鵬)이 와서 이야기를 나누고 보냈다. 초저녁이 지나서 경상도에서 오는 명나라 사람 2명과 우도(右道) 방백(方伯)*9의 서리(胥吏) 1명과, 접반사 군관 1명이 진영의 문에 이르렀으나 밤이 깊어서 들이지 않았다.

5월 26일[기묘/6월 24일]

비가 오다. 아침에 명나라 사람을 만나 보니 절강성(浙江省) 포수(砲手) 왕경득(王敬得)으로, 문자는 좀 알고 있었다. 한참 동안 이야기해보아도 알아들을 수 없으니 답답했다. 순천 부사가 가장(家獐)*10을 마련해 두었다. 광양 현감도 왔다. 우수사 이영공(이억기)와 함께 이야기를 나누었다. 가리포 첨사도 불렀으나 오지 않았다. 저녁 내내 비가 그치지 않았고 밤새 퍼붓더니 밤 10시쯤부터 바람이 세게 불어 각 배가 가만히 있지 못했다. 처음에는 우수사의 배와 맞부딪치는 것을 겨우 구해 놓았더니, 또 발포 만호(황정록)가 탄 배와 맞부딪쳐 거의 부서질 뻔하다가 겨우 면했다. 송한련이 탄 협선은 발포 배에 부딪쳐 많이 부서졌다고 한다. 아침에 경상도 우수사(원균)가 와서 보았다. 순변사 이빈(李濱)이 공문을 보냈는데, 허튼 소리가 많으니 같잖아서 우스웠다.

---

*8 원문은 '夜不收'로 정탐 업무를 맡아 하던 병사를 이르는 말.
*9 관찰사(觀察使).
*10 여름에 개고기를 삶아 먹던 풍습을 이르는 말.

5월 27일[경진/6월 25일]

비바람에 부딪치기 때문에 진영을 유자도로 옮겼다. 협선 3척이 간데 없더니 저녁나절에 돌아왔다. 순천 부사와 광양 현감이 와서 개고기를 마련했다. 경상도 병사 최경회(崔慶會)의 답장이 왔는데, '수사 원균이 명나라 송경략(송응창)이 보낸 불화살을 독차지하려고 계책을 꾸몄다'고 하니 우습다. '창원의 적들은 오늘 쳐서 평정하려 했으나 비가 오고 개지 않아 아직 나가 치지 못했다'는 전라 병사(선거이)의 편지도 왔다.

5월 28일[신사/6월 26일]

종일 비가 오다. 순천 부사와 이홍명이 와서 이야기를 나누었다. 광양 사람이 장계를 가지고 돌아왔는데, '독운어사(督運御使)*11 임발영(任發英)은 위에서 좋지 않게 여기니 아울러 조사하여 죄를 다스리라'고 명했다. 또한 '수군의 한 가족을 징발하는 일에 대해서도 전처럼 하라'고 명했다. '광양 현감은 그 관직에 그대로 유임시키라'는 공문을 비변사가 보내왔다. 조보(朝報)*12를 가져와서 보니 나도 모르는 사이에 탄식이 나왔다. 용호장(龍虎將) 성응지(成應祉)에게 그 배를 갈아탈 수 있게 전령을 가지고 본영으로 가도록 보냈다.

5월 29일[임오/6월 27일]

비가 오다. 방답 첨사와 영등포 만호 우치적(禹致績)이 와서 만나 보았다. 공문을 써서 접반사(김수)와 도원수(김명원), 순변사(이빈)와 순찰사(권율), 전라 병사(선거이)와 방어사(이복남) 등에게 보냈다. 밤 10시쯤 변유헌(卞有憲)과 이수(李銖) 등이 왔다.

5월 30일[계미/6월 28일]

종일 비가 오다. 오후 4시쯤 잠깐 개었다가 다시 비가 왔다. 아침에 윤봉사와 변유헌에게 왜적의 사정에 대해 물었다. 이홍명이 와서 보았다. 수사 원균이 송경략이 보낸 불화살을 독차지하여 쓰려고 꾀하므로 병마절도사의 공문으로써 화살을 나누어 보내라고 했다. 그러나 그는 그 공문에 수긍하지도 않

---

*11 물자 운반을 독촉하기 위해 파견된 관리.
*12 조선 시대 승정원에서 재결 사항을 기록하고 베껴서 배포하던 관보.

고 무리한 말만 많이 하니 가소롭다. 명나라 신하가 보낸 불화살 1530개를 나누어 보내지도 않고 혼자서 모두 쓰려고 하니 그 계략은 미처 말로 다 할 수가 없다. 저녁에 조붕이 와서 이야기를 나누었다. 남해 현령 기효근의 배가 내 배 곁에 대었는데, 배 안에 어리고 예쁜 여자를 태우고 남이 알까봐 두려워했다. 같잖아서 우습다. 나라가 이렇게 어려운 때를 당했는데도 미인을 태우고 놀아나니 그 마음 씀씀이야말로 표현할 수가 없다. 그러나 그 대장 원균 수사 또한 이와 같다니 어찌하랴! 윤봉사가 업무를 보러 본영으로 돌아갔다가 군량미 14섬을 싣고 왔다.

계사년 6월(1593년 6월)

6월 1일[갑신/6월 29일]

아침에 탐후선이 들어왔다. 어머니 편지에 평안하시다고 하니 다행이다. 아들 편지와 조카 봉의 편지가 같이 왔다. '명나라에서 임명되어 온 양보(楊甫)가 왜적 물건을 보고는 기쁨을 이기지 못해 날뛰었다 하더니 왜적의 말안장 하나를 가져갔다'고 했다. 순천 부사와 광양 현감이 와서 만났다. 탐후선이 왜적 물건을 가져왔다. 충청 수사 정걸이 왔다. 나대용과 김인문, 방응원과 조카 봉도 왔다. 충청 수사와 함께 조용히 이야기했다. 그에게 저녁을 대접하면서 들으니 '황정욱(黃廷彧)과 이영(李瑛)이 강가로 나가 함께 이야기했다'고 한다. 분함을 참을 수가 없다. 이날은 맑았다.

6월 2일[을유/6월 30일]

맑다. 아침에 본영 공문을 적어 보냈다. 온양의 강용수(姜龍壽)가 진영으로 와서 명함을 내고 면회를 청하여 들어와 보았다. 그리고 먼저 경상도 본영으로 갔다. 판옥선과 군관 송두남(宋斗男), 이경조(李景祚)와 정사립(鄭思立) 등이 본영으로 돌아갔다. 아침을 먹은 뒤에 순찰사(권율)의 군관이 공문을 가지고 왔다. 왜적 정세를 살피고 돌아가는데 우수사와 상의해서 답장을 보냈다. 강용수도 와서 군량미 5말을 주어 보냈다. 원견(元埍)*¹연이 함께 왔다고 했다. 정 영공(정걸)도 배에 와서 같이 이야기했다. 가리포 첨사 우경(虞卿) 구사직(具思稷)이 와서 1시간이나 이야기했다. 저녁에 송아지를 잡아 나누어 먹었다.

6월 3일[병술/7월 1일]

새벽에는 맑더니 저녁나절에 큰 비가 오다. 활쏘기를 하려는 때 큰 비가 쏟

---

*1 원문에는 '元埍'이라 되어 있으나, 원균의 동생인 '원연(元埏)' 또는 원균의 사촌형제인 '원식(元埴)'을 가리키는 듯함.

아졌다. 배 위에 비가 새지 않는 곳이 한 군데도 없어 앉을 수 있는 마른 자리가 없으니 탄식할 뿐이다. 평산포 만호와 소비포 권관과 방답 첨사 등이 와서 보았다. 순찰사(권율)와 순변사(이빈), 병사(선거이)와 방어사(이복남) 등의 답장이 왔는데, 각 도의 군마가 많아야 5000필을 넘지 못하고, 양식도 거의 다 떨어졌다고 했다. 왜적들의 발악이 날로 더해 가는 이때에 모든 일이 이러하니 어찌하랴! 비가 밤새도록 내렸다.

6월 4일[정해/7월 2일]

종일 비가 오니 밤이 길다. 밥을 먹기 전에 순천 부사(권준)가 왔다. 밥을 먹은 뒤에는 충청 수사(정걸)와 이홍명, 광양 현감(어영담)이 와서 종일 군사에 관한 이야기를 했다.

6월 5일[무자/7월 3일]

종일 비가 쏟아져서 사람들이 머리를 밖으로 내지 못했다. 오후에 우수사가 왔다가 날이 저물자 돌아갔다. 바람이 몹시 세차게 불어 각 배들을 간신히 보호했다. 이홍명이 왔다가 저녁을 먹고 돌아갔다. 경상 수사가 '웅천의 적도들이 혹시 감동포(甘同浦 : 부산시 북구 구포동)로 들어올 수도 있으니 공문을 보내 들어가 치자'고 했다. 그 음흉한 꾀가 같잖아서 우습다.

6월 6일[기축/7월 4일]

비가 오락가락하다. 순천 부사가 와서 보았다. "보성 군수(김득광)는 벼슬을 내어 놓고는 물러가고, 대신 김의검(金義儉)이 되었다"고 했다. 충청 수사가 배에 와서 이야기를 했다. 이홍명과 방답 첨사도 왔다가 금방 돌아갔다. 저녁에 본영 탐후인이 와서 '어머니께서 평안하시다'고 했다. 듣기로는 흥양 현감의 군마가 낙안(樂安)에 이르러 죽었다고 하니 깜짝 놀랐다.

6월 7일[경인/7월 5일]

흐리되 비는 오지 않다. 순천 부사와 광양 현감이 왔다. 우수사와 충청 수사도 왔다. 이홍명도 와서 종일 이야기를 나누었다. 저녁에 전라도 우수사의 우후인 이정충(李廷忠)이 와서 보았다. 서울 사정을 낱낱이 전하니 한탄을 금할 수 없다.

6월 8일[신묘/7월 6일]

잠깐 맑다가 바람이 부는데 온화하지 않다. 아침에 경상도 수사의 우후(이의득)가 군관을 보내 날전복을 보내왔기에 구슬 30개를 보내 보답했다. 군관 나대용이 병이 들어 본영으로 돌아갔다. 병선진무(兵船鎭撫) 유충서(柳忠恕) 또한 병 때문에 바뀌어 육지로 갔다. 광양 현감이 오고 소비포 권관도 왔다. 광양 현감이 쇠고기를 가져와 함께 먹었다. 탐후선이 들어왔다. 각 고을의 곡물 담당 구실아치 11명을 처벌했다. 옥과(玉果 : 곡성군 옥과면)의 향소(鄕所)는 지난해부터 군사를 거느림에 부지런하지 못하여 빠진 사람이 거의 몇백 명에 이르렀음에도 매번 속임수로써 속여 거짓된 보고를 했다. 그래서 오늘은 사형에 처하여 목을 높이 매달아 보이도록 했다. 사나운 바람이 그치지 않고 마음은 괴롭고 어지럽다.

6월 9일[임진/7월 7일]

맑다. 수십 일이나 괴롭게 내리던 비가 그치고 비로소 활짝 개니, 진중 장병들이 기뻐하지 않는 이가 없다. 순천 부사와 광양 현감이 와서 개고기를 선물했다. 몸이 몹시 불편해서 종일 배에 누워 있었다. '제독 이여송이 충주에 이르렀다'는 접반관의 공문이 왔다. 시골 의병 성응지(成應祉)가 돌아올 때 본영의 군량미 50섬을 신고 왔다.

6월 10일[계사/7월 8일]

맑다. 우수사(이억기)와 가리포 첨사가 이곳으로 와서 작전계획을 세부적으로 의논했다. 순천 부사도 왔다. 초둔(草芚)*² 스무 장을 짰다. 저녁에 영등포 정찰병이 와서 "웅천의 적선 4척이 일본 본토로 돌아갔고, 또 김해 어귀에 적선 150여 척이 나타났는데, 19척은 본토로 돌아가고, 나머지는 부산으로 갔다"고 보고했다. 새벽 2시쯤 '내일 새벽에 나아가 싸우자'는 수사 원균의 편지가 왔다. 그 흉계와 시기하는 꼴을 말로 다 할 수가 없다. 그래서 밤이 되어도 답

---

*2 뜸. 비나 바람을 막기 위해 짚, 띠, 부들 따위를 엮어 거적처럼 만든 물건.

장을 보내지 않았다. 네 관아*³의 군량에 대해 공문을 작성하여 보냈다.

6월 11일[갑오/7월 9일]

잠깐 비가 오다 개다. 아침에 왜적을 쳐부순다는 공문을 작성해서 경상 우수사 원균에게 보냈더니 술에 취해서 정신이 없더라고 했다. 정오쯤 충청 수사의 배로 가니 충청 수사가 내 배로 와서 앉아 잠시 이야기하고 물러갔다. 그길로 우수사의 배에 갔더니 가리포 첨사·진도 군수·해남 현감 등이 우수사와 함께 술자리를 마련했다. 나도 몇 잔을 마시고 돌아왔다. 탐후인이 돌아와 보고서를 바쳤다.

6월 12일[을미/7월 10일]

비가 잠깐 오다 개다. 아침에 흰 머리 10여 가닥을 뽑았으나 흰 머리가 난 것이 싫은 것이 아니라 다만 위에 늙으신 어머니가 계시기 때문이다. 종일 홀로 앉아 있었는데 사량 만호(이여념)이 와서 보고 돌아갔다. 밤 10시쯤 변존서와 김양간(金良幹)이 들어왔다. 동궁(東宮 : 광해군)께서 평안하지 않으시다고 들었는데, 그지없이 걱정이 된다. 정승 유성룡의 편지와 지사(知事) 윤우신(尹又新)의 편지가 왔다. 종 갓동과 철매가 병이 들어 죽었다 들었는데, 가련하다. 중 해당(海棠)도 왔다. 밤에 명나라 병사 5명이 들어왔다는 것을 원균의 군관이 와서 전해주고 갔다.

6월 13일[병신/7월 11일]

맑다. 저녁나절에 잠깐 비오다가 그치다. 명나라 사람 왕경(王敬)과 이요(李堯)가 와서 수군 상황을 살폈고, 뒤이어 그들로부터 '제독 이여송이 나아가 치지 않아 명나라 조정에서 그를 문책했다'는 소식을 들었다. 그들과 조용히 이야기하는 중에 분노할 만한 게 많았다. 저녁에 진영을 거제도 세포(細浦 : 거제시 사등면 성포리)로 옮겼다.

---

*3 전라좌수영 관할의 순천·보성·낙안·광양·흥양 관아 중에서 순천을 제외한 네 관아.

6월 14일[정유/7월 12일]

비가 잠깐 오다가 개다. 아침을 먹는데 낙안 군수가 와서 보았다. 가리포 첨사를 불러 함께 아침을 먹었다. 순천 부사와 광양 현감이 왔다. 광양 현감이 노루를 바쳤다. 전운사(轉運使) 박충간(朴忠侃)의 공문과 편지가 왔다. 경상 좌수사(이수일)의 공문과 경상 우수사(원균)의 공문이 왔다. 저물녘 비바람이 세게 치더니 곧 그쳤다.

6월 15일[무술/7월 13일]

비가 잠깐 오다가 개다. 우수사(이억기)와 충청 수사(정걸), 순천 부사(권준)와 낙안 군수(신호), 방답 첨사(이순신) 등이 와서 제철 음식을 함께 먹었으며, 저물어서야 헤어졌다.

6월 16일[기해/7월 14일]

잠깐 비가 오다. 저녁나절 낙안 군수를 통해서 진해의 보고서를 얻어 보니, 함안(咸安)에 있는 각 도 대장들이 '왜놈들이 황산동(黃山洞 : 양산시 원동면)으로 나가 진을 쳤다'는 소문을 듣고 모두 물러나, 진양(晉陽)과 의령(宜寧)을 지킨다 하니 참으로 놀랍다. 순천 부사와 광양 현감, 낙안 군수가 왔다. 저녁 8시쯤 영등포 정찰병이 와서 "김해와 부산에 있던 적선 무려 500여 척이 안골포(安骨浦)와 웅포(熊浦), 제포 등지로 들어왔다"고 알렸다. 다 믿을 수는 없지만, 적도들이 세력을 모아서 옮겨 다니며 침범할 계획도 없지 않을 것이므로, 우수사(이억기)와 충청 수사 정걸에게 공문을 보냈다. 밤 10시쯤 대금산 정찰병이 와서 보고하는 것도 마찬가지여서, 송희립을 경상 우수사(원균)에게 보내 의논케 하니, '내일 새벽에 군사를 거느리고 오겠다'고 했다. 적의 꾀는 헤아리기가 어렵다.

6월 17일[경자/7월 15일]

비가 오다가 개다가 한다. 이른 아침에 경상 우수사 원균과 전라 우수사 이억기, 충청 수사 정걸 등이 와서 의논했는데, '함안에 있는 각 도의 여러 장수들이 진주로 물러가 지킨다'는 것이 과연 사실이다. 밥을 먹은 뒤 경수(景受) 이억기의 배로 가서 앉을 자리를 고치게 하고는 오른쪽 배에서 하루 내내 이야기했다. 조붕이 창원에서 와서 "적 기세가 매우 대단하다"고 전했다.

6월 18일[신축/7월 16일]

비가 오다가 개다가 한다. 아침에 탐후선이 들어왔다. 닷새 만에 이른 것이니 매우 옳지 못하므로 곤장을 쳐서 보냈다. 오후에 경상 우수사(원균)의 배로 가서 같이 앉아 군사에 관해서 이야기했다. 연달아 한 잔씩 마신 술에 취해 돌아왔다. 부안(扶安) 군수와 용인(龍仁) 현감이 와서 '자기 어머니가 갇혔다가 풀려나 돌아왔다'고 전했다.

6월 19일[임인/7월 17일]

비가 오다가 개다가 한다. 바람이 세차게 불어 그치지 않는다. 진을 오양역(烏揚驛 : 거제시 사등면 오양리) 앞으로 옮겼으나, 바람에 배를 고정할 수가 없으므로 다시 고성 역포(亦浦 : 통영시 용남면)로 옮겼다. 봉과 변유헌, 두 조카들을 본영으로 보내 어머니 안부를 살피고 오도록 했다. 왜적 물건, 명나라 장수가 준 물건과 기름 따위를 본영으로 실어 보냈다. 각 도에 보낼 공문 작성을 끝냈다.

6월 20일[계묘/7월 18일]

흐리며 바람이 세게 불다. 제삿날이라 종일 홀로 앉아 있었다. 저녁에 방답 첨사와 순천 부사, 광양 현감이 와서 보았다. 조붕과 그의 조카 조응도가 함께 와서 보았다. 이날 배 만들 재목을 나르고 그대로 역포에서 잤다. 밤에는 바람이 잦아들었다.

6월 21일[갑진/7월 19일]

맑다. 새벽에 진을 한산도 망하응포(望何應浦 : 통영시 한산면 하포리)로 옮겼다. 아침에 아들 회가 들어왔다. 어머니께서 평안하시다는 소식을 들으니 정말 다행이다. 정오쯤 원균의 아우인 원연(元埏)이 왔다. 우수사도 불러와 함께 앉아 술을 몇 잔 마시고 헤어졌다.

6월 22일[을사/7월 20일]

맑다. 전투배를 만들기 위해 좌괴(坐塊)*⁴를 시작했다. 목수 240명, 운반하는 잡역꾼은 전라 좌수영에서 72명, 방답에서 35명, 사도에서 25명, 녹도에서 15명, 발포에서 12명, 여도에서 15명, 순천에서 10명, 낙안에서 5명, 흥양과 보성에서 각각 10명이었다. 방답에서는 처음에 15명을 보냈으므로 군관과 색리의 죄를 물었다. 그 사정을 속이는 것이 매우 심하다. 상선(上船)의 무상(無上)*⁵인 손걸(孫乞)을 본영으로 돌려보냈는데 나쁜 짓을 많이 저질러 구금되었다고 들어서 붙잡아 오라고 했더니, 이미 들어왔기에 제멋대로 출입한 죄를 따지고 아울러 우후의 군관인 유경남(柳景男)에게도 벌을 내렸다. 오후에 가리포 첨사, 적량(赤梁)의 고여우와 이효가도 왔다. 저녁에 소비포(所非浦)의 이영남이 와서 보았다. 초저녁에 영등포 정찰병이 와서 "별다른 소식은 없지만 적선 2척이 온천(溫川 : 칠천량)으로 들어가 돌면서 정탐하고 갔다"고 알렸다.

6월 23일[병오/7월 21일]

맑다. 아침 일찍 목수들을 점검하니 1명도 빠지지 않았다고 했다. 새 배에 쓸 밑판 만들기를 마쳤다.

6월 24일[정미/7월 22일]

비오다. 밥을 먹은 뒤 비가 많이 오고 바람이 세게 불더니 저녁까지 그치지 않았다. 저녁에 영등포 정찰병이 와서 "적선 500여 척이 23일 밤중에 소진포(蘇秦浦 : 거제시 장목면 송진포)로 모여 들어갔는데, 그 선봉대는 칠천량에 이르렀다"고 보고했다. 저녁 8시쯤 대금산 정찰병과 영등포 정찰병의 보고 또한 같았다.

6월 25일[무신/7월 23일]

종일 비가 많이 오다. 아침을 먹은 뒤 우수사(이억기)와 함께 적을 칠 일을 의논하는데, 가리포 첨사도 오고 경상 우수사(원균)도 와서 함께 의논했다. '진양이 포위되었는데도 감히 아무도 나가 싸우지 못한다'고 들었다. 여러 날 동

---

*4 배를 만들 때 배 바닥 판자 아래 굴림목으로서 둥근 통나무를 설치하는 일.
*5 돛대를 조정하는 직책인 무상(舞上)을 말함.

안 내린 비로 왜적들이 날뛰지 못하는 것을 보면, 하늘이 호남지방을 돕는 것이다. 낙안에 군량 130섬 9말을 나누어 주었다. 순천 부사(권준)가 군량 200섬을 가져와서 그것을 찧어 쌀로 만들었다고 한다.

6월 26일[기유/7월 24일]

비가 많이 오고 마파람이 세게 분다. 아침에 복병선이 '적선이 오양역 앞까지 이르렀다'는 변고를 알렸다. 호각을 불어 닻을 올리고 모두 적도(통영시 화도)로 가서 진을 쳤다. 순천의 군량 150섬 9말을 받아 의능(宜能)의 배에 실었다. 저녁에 김봉만(金鵬萬)이 진양의 적을 살피고 와서 "왜적들이 진양 동문 밖에서 진을 합쳤는데 여러 날 비가 많이 와서 물에 막혀 있어 독기를 품고 접전하고 있다. 장차 큰 물이 적진을 침수시키면 적군은 밖에서 군량과 지원을 계속 받을 길도 없으니 만일 대군을 합쳐 쳐들어간다면 한꺼번에 쳐없앨 수 있다"고 알렸다. 이미 군량은 다 떨어졌으니 우리 군은 그들이 피로해지기를 편안히 기다리기만 하면 그 기세는 마땅히 100번 이길 수 있다. 하늘도 순조롭게 도와주고 있으니 물길의 적은 비록 오륙백 척을 합친다 해도 우리 군을 이길 수 없을 것이다.

6월 27일[경술/7월 25일]

잠깐 비가 오다 개다 한다. 정오에 적선 2척이 견내량에 나타났다고 전한다. 그래서 온 진이 배를 출발해서 나가 보니 이미 달아나고 없어 불을도(弗乙島 : 통영시 적도·화도) 앞바다에 진을 쳤다. 아침에 순천 부사와 광양 현감을 불러와서 군사 이야기를 했다. 충청 수사가 '흥양의 군량이 다 떨어졌으니 3섬을 빌려달라'고 군관을 시켜 알려왔다. 그래서 그것을 보내주었다. 강진의 배가 왜적과 싸우고 있다는 소식을 들었다.

6월 28일[신해/7월 26일]

잠깐 비가 오다 개다 한다. 나라 제삿날(명종 제사)이라 공무를 보지 않았다. 강진의 탐후선이 적과 싸운다는 소식을 들었을 때 온 진이 출발해서 견내량에 이르니, 왜적 무리가 멀리서 우리 군사들을 바라보더니 놀라고 두려워하면서 물러나 달아났다. 바람과 조류도 거꾸로 흘러 들어올 수가 없어 그대로 머물러 밤을 지내고 새벽 2시쯤 불을도에 이르렀다. 종 봉손과 애수 등이 들어와 분산(墳山 : 무덤이 있는 산) 소식을 상세히 들으니, 정말로 다행이다. 수사 원균과 우수사가 함께 와서 군사 이야기했다.

6월 29일[임자/7월 27일]

맑다. 하늬바람이 잠깐 불더니 청명하게 개었다. 순천 부사와 광양 현감이 와서 보았다. 어란 만호(정담수)와 소비포 권관(이영남) 등도 와서 보았다. 종 봉손 등이 아산으로 가기에 홍(洪)과 이(李)라는 선비 2명과 선각(先覺) 윤명문(尹明聞)이 있는 곳에 편지를 보냈다. 진양이 함락되어 황명보(黃明甫), 최경회(崔慶會), 서예원(徐禮元), 김천일(金千鎰), 이종인(李宗仁), 김준민(金峻民)이 전사했다고 한다.

계사년 7월(1593년 7월)

7월 1일[계축/7월 28일]

맑다. 나라 제삿날(인종 제사)이라서 공무를 보지 않았다. 밤기운이 몹시 서늘해서 잠을 이루지 못했다. 나라를 생각하는 마음이 조금도 놓이지 않아 홀로 배 창문 아래 앉아 있으니 온갖 생각이 일어난다. 초저녁에 선전관(유형)이 임금 교지를 받들고 왔다.

7월 2일[갑인/7월 29일]

맑다. 날이 늦어서야 우수사(이억기)가 와서 함께 선전관 유형(柳珩)을 대하고 함께 점심을 먹은 뒤 헤어져 돌아갔다. 해질 무렵 김득룡이 와서 진양(진주)이 불리하다고 전한다. 놀라고 비통함을 이길 수가 없다. 그러나 그럴 리 없다. 틀림없이 미친 놈이 잘못 전한 말일 것이다. 초저녁에 원연(元埏)과 원식(元埴)이 와서 군사에 대해 극단적으로 말하니 웃음이 나왔다.

7월 3일[을묘/7월 30일]

맑다. 적선 몇 척이 견내량을 넘어와 갑자기 뭍으로 올라왔다. 원통하고 분해서 우리 배들을 바다로 내보내 쫓아가서 치니 급히 달아났다.

7월 4일[병진/7월 31일]

맑다. 흉악한 왜적 수만여 명이 줄지어 서서 과시하고 있으니 통분을 금할 수 없다. 저녁에 걸망포로 물러나 진을 치고 잤다.

7월 5일[정사/8월 1일]

새벽에 정찰병이 와서 "적선 10여 척이 견내량을 넘어온다"고 알렸다. 그래서 여러 배들이 한꺼번에 출발해서 견내량에 이르니, 적선은 허겁지겁 달아났다. 거제 땅 적도(赤島)에는 말만 있고 사람은 없으므로 싣고 왔다. 느지막이 변존서가 본영으로 갔다. 또 진양이 함락되었다는 보고가 광양에서 왔다. 두치(豆恥)의 복병한 곳에서 성응지와 이승서가 보낸 것이다. 저녁에 도로 걸망포에 이르러 진을 치고 밤을 지냈다.

7월 6일[무오/8월 2일]

맑다. 아침에 방답 첨사(이순신)가 와서 보고, 소비포 권관(이영남)도 와서 보았다. 한산도에서 새로 만든 배를 끌고 오는 일로 중위장이 여러 장수들을 이끌고 나가 끌어왔다. 공방(工房)의 곽언수(郭彦壽)가 행재소에서 들어왔는데, 도승지 심희수(沈喜壽)와 지사 윤자신(尹自新), 좌의정 윤두수(尹斗壽)가 편지를 보내왔고, 윤기헌(尹耆獻)도 안부를 보내왔다. 아울러 도착한 여러 관보를 보니 탄식할 일들만 많다. 흥양 현감이 군량을 싣고 왔다.

7월 7일[기미/8월 3일]

맑다. 순천 부사와 가리포 첨사, 광양 현감이 와서 보고는 군사에 대해 의논했다. 각각 가볍고 날랜 배 15척을 뽑아 견내량으로 가서 탐색하게 했다. 위장(衛將)이 이를 거느리고 가 보았으나, 왜적 자취는 없다고 했다. 거제에서 사로잡혔던 한 사람을 데려와서 왜적 소행을 꼼꼼히 물으니, "흉적들이 우리 수군 위세를 보고 달아나려 했고, 또 진양이 이미 함락되었으니 어찌 전라도로 넘어오겠는가"라고 말했다. 이 말은 거짓말이다. 우수사(이억기)가 내 배로 왔기에 같이 이야기했다.

7월 8일[경신/8월 4일]

맑다. 남해를 오가는 조붕에게서 "적이 광양을 친다해서 광양 사람들이 벌써 고을 관청과 창고를 불지르고 노략질을 저질렀다"는 소식을 들었는데, 해괴함을 이길 수가 없다. 순천 부사(권준)와 광양 현감(어영담)을 곧 보내려다가, 길에서 들었던 이야기를 믿을 수 없으므로 이들을 머무르게 하고, 사도 군관 김붕만을 보내 알아오게 했다.

7월 9일[신유/8월 5일]

맑다. 남해 현령이 또 와서 "광양과 순천이 이미 불에 타고 노략질당했다"고 말했다. 그래서 광양 현감(어영담)과 순천 부사(권준), 송희립과 김득룡, 정사립과 이설 등을 떠나 보냈는데, 뼈아픈 일이라 말을 할 수가 없다. 우수사(이억기), 경상 우수사(원균)와 함께 일을 의논했다. 이날 밤,

바다 위의 달은 밝고 티끌 하나 일지 않는구나
물과 하늘이 한 가지 빛인데 서늘한 바람이 갑자기 불어온다
홀로 뱃전에 앉았으니 온갖 근심이 가슴을 때리누나

한밤에 본영 탐후선이 들어와서 "실은 왜적들이 아니고, 경상도 피란민들이 왜놈 옷으로 가장하고 광양으로 마구 들어가 여염집에 불을 지르고 노략질을 했고, 진주가 함락되었다는 것도 헛소리다"라고 적 정세를 전했지만 진주 일은 그럴 리 없다. 닭이 벌써 운다.

7월 10일[임술/8월 6일]

맑다. 느지막이 김붕만이 두치(豆峙 : 하동군 두곡리)에서 와서 "광양 적들은 진짜고 다만 왜적 100여 명이 도탄(陶灘)에서 건너와 광양을 쳐들어왔는데, 총통 한 발도 쏜 일이 없다"고 말했다. 그러나 왜놈이 포를 쏘지 않을 리가 있겠는가. 경상도 우수사와 전라도 우수사 영공(이억기)이 왔다. 원연(元埏)도 왔다. 저녁에 오수(吳水)가 거제 가참도(加參島 : 가조도)에서 와서 "적선이 안팎에서도 보이지 않으며, 사로잡혔다가 도망쳐 나온 사람이 말하기를 '적도들이 한없이 창원 등지로 가더라'"고 말했다. 그러나 사람들이 하는 말은 믿을 수가 없다. 초저녁에 한산도 끝 세포(細浦)로 진영을 옮겼다.

7월 11일[계해/8월 7일]

맑다. 이상록(李祥祿)이 명령을 어기고 먼저 떠난 여러 장수들에게 명령을 전하기 위해 나갔다가 돌아와 "적선 10여 척이 견내량에서 내려온다"고 알리기에 닻을 올려 바다로 나갔다. 적선들이 벌써 진 앞에 이르렀기에 그대로 추격하니 달아나버렸다. 오후 4시쯤 걸망포로 돌아와 물을 길었다. 사도 첨사(김

완)가 와서 "두치 나루 적의 일은 헛소문이요, 광양 사람들이 왜놈옷으로 갈아입고 저희들끼리 서로 난리를 일으켰다"고 말하니 원통하고 분함을 이길 수가 없다. 해질녘에 오수성(吳壽成)이 광양에서 돌아와서 "광양 왜적에 관한 일은 모두 진주와 그 피란민들이 이런 흉계를 짜내어, 관아 창고는 하나같이 비어 있고 여염마을도 쓸쓸하게 되어 종일 돌아다녀 보아도 사람 한 명 없다. 순천이 가장 심하고, 낙안이 그 다음"이라고 보고했다. 달빛을 타고 우수사 영공의 배에 이르니 원 수사와 직장(直長) 원연도 와 있었다. 병사에 대해 의논하고 헤어졌다.

7월 12일[갑자/8월 8일]

맑다. 밥을 먹기 전에 울(蔚)과 송두남(宋斗男), 오수성이 돌아갔다. 느지막이 가리포 첨사와 낙안 군수를 불러 의논하고 점심을 먹고 돌아갔다. 가리포의 군량 진무가 와서 "사량 앞바다에 와서 묵을 때, 왜적들이 우리 옷으로 바꿔 입고, 우리 배를 타고 마구 들어와 포를 쏘며 재물을 빼앗아 가려 한다"는 말을 전했다. 그래서 각각 가볍고 날랜 배 3척을 내어 달려가 잡아오게 명하고, 또 각각 3척을 정하여 착량(鑿梁 : 통영시 당동)으로 보내 요새를 방어하고 오라고 했다. 보고서가 와서 광양의 일은 거짓이라고 했다.

7월 13일[을축/8월 9일]

맑다. 본영의 탐후선이 들어와서 "광양·두치 등에는 왜적이 없다"고 했다. 홍양 현감(배흥립)이 들어오고 우수사도 들어왔다. 순천 거북배의 격군이며 경상도 사람인 종 태수가 달아났다가 잡혀서 형벌에 처했다. 저녁나절에 가리포 첨사가 와서 보았다. 홍양 현감이 들어와서, 두치의 잘못된 거짓 보고와 장흥 부사 유희선(柳希先)이 망령되이 겁내던 일을 전했다. 또 그 고을인 산성(山城)의 창고 곡식을 남김없이 나누어 주었다 하고, 게바우개에 흰콩, 중간콩 40섬을 함께 보냈다고 말했으며, 또한 행주대첩 소식을 전했다. 저녁 8시쯤 우 영공의 초청에 응하여 그의 배로 가니, 가리포 영공이 먹음직스러운 음식 몇 가지를 마련해놓았다. 새벽 2시쯤 헤어졌다.

7월 14일[병인/8월 10일]

맑다. 저녁나절 비가 조금 와서 땅의 먼지를 적실 뿐이다. 몸이 몹시 불편해서 온종일 끙끙 앓았다. 순천 부사(권준)가 들어와서 장흥 부사가 거짓으로 전한 본부 일을 말로 다 나타내지를 못했다. 진영을 한산도 두을포(豆乙浦 : 통영시 한산면 두억리 개미목)로 옮겼다.

7월 15일[정미/8월 11일]

맑다. 저녁나절 사량의 수색선, 여도 만호 김인영, 순천 상선(上船)을 타는 김대복이 들어왔다.

　　가을 기운이 바다로 들어오니 나그네 회포가 어지럽고
　　홀로 봉창 아래 앉으니 마음이 몹시도 번거롭네
　　달빛이 뱃전을 비추니 정신이 맑아져서
　　잠도 못 이루는 사이 어느덧 닭이 우는구나.

7월 16일[무진/8월 12일]

맑다. 아침에 맑다가 저물녘 흐리더니 저녁에 소나기가 와서 농사가 윤택해질 것을 바랄 만하다. 몸이 몹시 불편하다.

7월 17일[기사/8월 13일]

비가 오다. 몸이 몹시 불편하다. 광양 현감(어영담)이 와서 보았다.

7월 18일[경오/8월 14일]

맑다. 몸이 불편해 앉았다 누웠다 했다. 정사립이 돌아왔다. 우수사(이억기)가 와서 보았다. 신경황(申景潢)이 두치에서 와 적의 헛소문을 전했다.

7월 19일[신미/8월 15일]

맑다. 이경복(李景福)이 병사에게로 가는 편지를 가지고 떠났다. 순천 부사와 이영남이 와서 "진주와 하동, 사천과 고성 등지 적들이 이미 달아나 버리고 없다"고 전했다. 저녁에 광양 현감(어영담)이 진주에서 피살된 장병 명부를 보내왔는데, 이를 보니 참으로 비참하여 원통함을 이길 수 없다.

7월 20일[임신/8월 16일]
맑다. 탐후선이 본영에서 돌아오면서 병사(兵使) 편지와 명나라 장수 통첩을 가져왔다. 통첩의 사연이 정말 괴상하다. 두치의 적이 명나라 군사에게 쫓겨서 달아났다고 하는데 그 속임과 망령됨을 말로 할 수가 없다. 명나라 사람들이 이와 같으니 다른 사람인들 오죽하랴. 정말로 한탄스러운 일이다. 충청 수사(정걸)와 순천 부사(권준), 방답 첨사(이순신)와 광양 현감(어영담), 발포 만호(황정록)와 남해 현령(기효근) 등이 와서 보았다. 조카 해와 윤소인(尹素仁)이 본영으로 돌아갔다.

7월 21일[계유/8월 17일]
경상 우수사(원균)와 전라 우수사(이억기), 충청 수사(정걸)가 함께 와서 적을 치는 일을 의논하는데, 원 수사가 하는 말은 아주 흉악하고 속임수가 이루 말할 수 없다. 이러고도 같이 일을 하고 있으니 뒷걱정인들 없겠는가. 그의 동생인 원연도 나중에 와서 군량을 빌려갔다. 저녁에 흥양 현감도 왔다가 땅거미질 무렵 돌아갔다. 초저녁에 오수(吳水) 등이 거제도 망보는 곳에서 돌아와 "영등포 적선이 아직도 머물면서 제멋대로 횡포를 부린다" 보고했다.

7월 22일[갑술/9월 18일]
맑다. 오수가 사로잡혔다가 도망쳐 온 사람을 실어 오기 위해 나갔다. 아들 울(蔚)이 들어와서 어머니께서 평안하시다고 상세히 말하고 염(苒 : 이순신의 셋째 아들)의 병도 차도가 있다고 했다. 다행이다.

7월 23일[을해/8월 19일]
맑다. 아들 울이 돌아갔다. 충청 수사 정걸을 불러 와서 점심을 함께 먹었다. 울이 다시 돌아왔다.

7월 24일[병자/8월 20일]
맑다. 순천 부사와 광양 현감, 흥양 현감이 와서 보았다. 저녁에 방답 첨사와 이응화가 와서 보았다. 저녁 8시쯤 오수가 돌아와서 "왜적이 물러갔으나 장문포(長門浦: 거제시 장목면 장목리) 적들은 여전하고, 아들 울이 본영으로 갔다"고 전했다.

7월 25일[정축/8월 21일]

맑다. 우수사(이억기)가 와서 이야기했다. 조붕도 와서 "체찰사(유성룡) 공문이 경상 수사(원균)에게 왔는데 문책하는 말이 많았다" 말했다.

7월 26일[무인/8월 22일]

맑다. 순천 부사와 광양 현감, 방답 첨사가 왔다. 우수사도 같이 이야기했고, 가리포 첨사도 왔다.

7월 27일[기묘/8월 23일]

맑다. 우수사 우후(이정충)가 본영(전라 우수영)에서 와서 우도(右道) 일을 전하는데, 놀랄 만한 일들이 많았다. 체찰사에게 보낼 편지와 공문을 썼다. 경상 우수영의 서리가 체찰사에게 갈 공문의 초고를 가져와 알렸다.

7월 28일[경진/8월 24일]

맑다. 아침에 체찰사에게 편지를 썼다. 경상 우수사(원균) 및 충청 수사(정걸), 전라 우수사(이억기)가 함께 와서 약속했다. 수사 원균이 흉악한 속임수를 쓰니 매우 터무니없다. 정여흥(鄭汝興)이 공문과 편지를 가지고 체찰사에게 갔다. 순천 부사와 광양 현감이 와서 보고 곧 돌아갔다. 사도 첨사(김완)가 복병했을 때 잡은 포작(鮑作)*1 10명이 왜놈 옷으로 바꿔입고 하는 짓거리가 매우 치밀하다해서 잡아다가 추궁하니, "경상 우수사(원균)가 시킨 일이다" 했다. 발바닥 10여 대만 때려서 내보냈다.

7월 29일[신사/8월 25일]

맑다. 새벽꿈에 사내아이를 얻었다. 사로잡혔던 사내아이를 얻을 꿈이다. 순

---

*1 포작간(鮑作干). 해산물을 포로 떠서 소금에 말려 진상하는 신역(身役)을 담당한 사람을 낮잡아 이르는 말.

천 부사와 광양 현감, 사도 첨사와 흥양 현감, 방답 첨사를 불러 와서 이야기
했다. 흥양 현감은 학질을 앓아서 곧 돌아가고, 남은 사람들은 조용히 앉아 있
었다. 방답 첨사는 복병하는 일로 돌아갔다. 본영 탐후인이 와서, "아들 염의
병이 차도가 없다" 하니 몹시 걱정이다. 저녁에 보성 군수(김득광)와 소비포 권
관(이영남), 낙안 군수(신호)가 들어왔다.

계사년 8월(1593년 8월)

8월 1일[임오/8월 26일]

맑다. 새벽 꿈에 큰 대궐에 이르렀는데 생김새가 마치 서울과 같다. 이상한 일도 많았다. 영의정(최흥원)이 와서 절을 해서 나도 답례로 절을 했다. 임금께서 도성을 떠나 피란하신 일에 대해 이야기하다가 눈물을 뿌리며 탄식하는데, 적 형세는 이미 수그러들었다고 했다. 그리고 서로 의논하는데 사람들이 좌우로 끝없이 구름처럼 모여드는 것을 보고 깨었다. 아침에 우후(이몽구)가 와서 보고 돌아갔다.

8월 2일[계미/8월 27일]

맑다. 아침을 먹은 뒤 마음이 답답해서 닻을 올려 포구로 나갔다. 충청 수사 정걸이 따라 나오고, 순천 부사와 광양 현감이 와서 보았다. 소비포 권관(이영남)도 왔다. 저녁에 진영을 쳤던 곳으로 되돌아 왔다. 이홍명이 왔다. 저물녘에 우수사(이억기)가 배에 와서 "방답 첨사(이순신)가 부모를 뵈러 가겠다고 간절히 청했으나 여러 장수들이 보내지 않았다" 말했다. 우수사 원균이 망령된 말을 하며 나에게 좋지 못한 행동을 많이 하더라고 전하나 모두가 망령된 짓이니 무슨 관계가 있으랴. 아침부터 아들 염의 병이 어떤지도 모르고 또한 적을 치는 일도 늦어지고 마음속에도 근심이 있으니, 밖으로 나가 이것을 풀어버리려고 했다. 탐후선이 들어왔다. 염이 상처가 곪아서 종기가 되었는데, 바늘로 찢었더니 고름이 흘렀다고 했다. 며칠만 늦었더라면 구하기 어려울 뻔했다고 하니 놀라움과 탄식을 이길 수 없다. 지금은 조금씩 생기를 되찾고 있다니 다행이다. 의원인 정종(鄭宗)의 은혜가 매우 크다.

8월 3일[갑신/8월 28일]

맑다. 이경복(李景福)과 양응원(梁應元), 본영 서리 강기경(姜起敬) 등이 들어

왔다. 염의 상처를 바늘로 찢은 일을 전하니 놀라움을 금치 못한다. 며칠만 늦었어도 구하기 어려웠을 것이라 했다.

8월 4일[을유/8월 29일]

맑다. 순천 부사와 광양 현감이 와서 보고 돌아갔다. 저녁에 도원수 권율의 군관 이완(李緩)이 삼도(三道)에 퍼져 있는 적 형세를 보고하지 않은 군관과 색리를 잡아다가 심문하려고 진영으로 왔다. 웃을 일이다.

8월 5일[병술/8월 30일]

맑다. 조붕과 이홍명, 우수사(이억기) 및 우후가 와서 밤이 깊어서야 돌아갔다. 소비포 권관(이영남)도 밤에 돌아갔다. 이완은 취해서 내 배에 머물렀다. 쇠고기를 얻어 배마다 나누어 보냈다. 아산에서 이예(李禮)가 밤에 왔다.

8월 6일[정해/8월 31일]

맑다. 아침에 이완이 송한련(宋漢連), 여여충(呂汝忠)과 함께 도원수에게로 갔다. 아침을 먹은 뒤 순천 부사와 광양 현감, 보성 군수와 발포 만호, 이응화 등이 와서 보았다. 저녁에 경상 우수사 원균이 오고, 우수사 이억기, 충청 수사 정걸도 와서 의논하는데 그 동안에 우수사 원균이 하는 이야기는 걸핏하면 모순되니 한심한 일이다.

8월 7일[무자/9월 1일]

아침에 맑더니 저물녘에 비가 내려 농사를 아주 흡족하게 지을 수 있겠다. 가리포 첨사와 소비포 권관, 이효가도 와서 보았다. 당포 만호(하종해)가 작은 배를 찾아가기 위해 왔으므로 주어 보내라고 사량 만호(이여넘)에게 일러주었다. 저녁에 경상 우수사의 군관 박치공(朴致公)이 와서 "적선들이 물러갔다" 전했다. 그러나 원균 수사와 그의 군관은 언제나 헛소문 내기만 좋아하니 믿을 수가 없다.

8월 8일[기축/9월 2일]

맑다. 밥을 먹은 뒤 순천 부사, 광양 현감, 방답 첨사, 홍양 현감 등을 불러

들여 함께 복병 등에 관한 일을 의논했다. 충청 수사의 전투배 2척이 들어왔는데, 1척은 쓸 수 없다고 했다. 김덕인(金德仁)이 그 도(충청도)의 군관으로 왔다. 본도 순찰사(이정암)*¹의 아병(牙兵)*² 2명이 공문을 가지고 왔다. 적 정세를 알아내기 위해 우수사가 수사 원균을 만나러 유포(幽浦)로 갔다 하니 우습다.

8월 9일[경인/9월 3일]

맑다. 아침에 아들 회가 들어와서, 어머니께서는 평안하시고, 염은 병이 조금 나아졌다고 하니 기쁘고 다행이다. 점심을 먹은 뒤 우수사(이억기) 배에 이르니 충청 수사(정걸)도 왔다. 경상 수사(원균)는 "복병군을 한꺼번에 보내 복병시키기로 약속했다" 해서 먼저 보냈다고 했다. 정말로 이상야릇한 일이다.

8월 10일[신묘/9월 4일]

맑다. 아침에 방답의 탐후선이 들어와서 임금 교지와 비변사 공문과 감사(이정암) 편지를 가지고 왔다. 해남 현감 위대기(魏大器)가 방답 첨사 이순신과 같이 왔다. 순천 부사와 광양 현감도 왔다. 우수사(이억기)가 청해서 그의 배로 가니, 해남 현감이 술자리를 마련했다. 그러나 몸이 불편해서 겨우 앉아 이야기하다가 돌아왔다.

8월 11일[임진/9월 5일]

늦게 소나기가 쏟아지고 바람이 몹시 불더니, 오후에 비는 그쳤으나 바람은 그치지 않았다. 몸이 몹시 불편해서 온종일 앉았다 누웠다 했다. 여도(呂島) 만호에게 격군을 붙잡아 오는 일로 사흘 기한을 주어 보냈다.

8월 12일[계사/9월 6일]

맑다. 몸이 몹시 불편해서 종일 누워서 끙끙 앓았다. 옷이 젖도록 식은땀이 나는데도 억지로 일어나 앉았다. 느지막이 비가 내리다 개다 했다. 순천 부

---

*1 이정암(李廷馣)은 1593년 6월 7일, 도원수로 취임한 권율을 대신하여 전라도 관찰사(감사)가 되었음.
*2 본영(本營)에서 대장을 수행하던 병사.

사와 우수사, 방답 첨사 이순신이 와서 종일 장기를 두었다. 몸이 매우 불편했다. 가리포 첨사도 왔다. 본영 탐후선이 들어와서 어머니께서 평안하시다고 전했다.

8월 13일[갑오/9월 7일]

본영에서 온 공문을 결재해서 보냈다. 몸이 몹시 불편해서 홀로 봉창 아래에 앉았으니, 온갖 회포가 다 일어난다. 이경복에게 장계를 지니고 가라고 내보냈다. 송두남이 군량미 300섬과 콩 300섬을 실어 왔다.

8월 14일[을미/9월 8일]

맑다. 방답 첨사(이순신)가 제사 음식을 갖추어 왔다. 우수사(이억기)와 충청 수사(정걸), 순천 부사(권준)도 와서 같이 먹었다.

8월 15일[병신/9월 9일]

맑다. 오늘은 한가윗날이다. 우수사와 충청 수사, 순천 부사와 광양 현감(어영담), 낙안 군수(신호)와 방답 첨사, 사도 첨사(김완)와 흥양 현감(배흥립), 녹도 만호(송여종)와 이응화, 이홍명과 좌도영공, 우도영공 등이 모두 모여 이야기했다. 저녁에 아들 회가 본영으로 갔다.

8월 16일[정유/9월 10일]

맑다. 광양 현감이 제사 음식을 갖추어 왔다. 우수사와 충청 수사, 방답 첨사와 순천 부사, 가리포 첨사(구사직)와 이응화 등이 함께 왔다. 아침에 들으니 제만춘(諸萬春)이 일본에서 어제 나왔다고 했다.

8월 17일[무술/9월 11일]

맑다. 지휘선(上船)을 연기로 그을리고*3 좌별도선(左別都船)*4에 옮겨 탔다. 저녁나절에 우수사 배로 가니 충청 수사도 왔다. 제만춘을 불러서 문초하니,

---

*3 연훈(煙燻). 배의 물에 잠겼던 부분이 썩지 않도록 하기 위해서 생나무를 태워 그 연기를 쐬는 것.
*4 좌별도장(左別都將)은 우후 이몽구.

정말로 분한 사연들이 많았다. 종일 의논한 뒤 헤어졌다. 저녁 8시가 되기 전 돌아와 지휘선에 올랐다. 이날 밤 달빛은 대낮 같고, 물결이 비단결 같으니 마음속 품은 생각을 견딜 수가 없었다. 새로 만든 배를 바다에 띄웠다.

8월 18일[기해/9월 12일]

맑다. 우수사 이억기, 충청 수사 정걸과 함께 이야기했다. 순천 부사와 광양 현감도 와서 보았다. 조붕이 와서 "경상 우수사의 군관 박치공이 장계를 가지고 서울로 올라갔다" 말했다.

8월 19일[경자/9월 13일]

맑다. 아침을 먹은 뒤 원균 수사가 있는 곳으로 가서 내 배에 옮겨 타라고 청했다. 우수사와 충청 수사 정걸도 왔다. 원연도 함께 이야기했다. 이야기를 하는 사이에 원균의 패악스러운 짓거리가 많이 있었다. 그 거짓됨은 말로 다할 수가 없다. 원균 수사 형제가 옮겨 간 뒤 천천히 노를 저어 진영으로 돌아왔다. 우수사, 정 수사와 같이 앉아 상세히 이야기했다.

8월 20일[신축/9월 14일]

아침을 먹은 뒤 순천 부사와 광양 현감, 흥양 현감이 왔다. 이응화도 왔다. 송희립을 순찰사(이정암)에게 문안 드리도록 하면서 제만춘을 문초했던 공문을 가지고 가게 했다. 방답 첨사와 사도 첨사에게 돌산도(突山島) 근처에 이사해서 사는 자들로서 작당하여 남의 재물을 강제로 빼앗는 자들을 좌우 두 부대로 나누어 잡아오라고 보냈다. 저녁에 적량 만호 고여우가 왔다가 밤이 깊어서야 갔다.

8월 21일[임인/9월 15일]

맑다.

8월 22일[계묘/9월 16일]

맑다.

8월 23일[갑진/9월 17일]

맑다. 윤간(尹侃)과 조카 이뇌(李蕾), 해(荄)가 와서 어머니께서는 평안하시다고 전했다. 아들 울이 학질을 앓는다는 소식도 들었다.

8월 24일[을사/9월 18일]

맑다. 조카 해가 돌아갔다.

8월 25일[병오/9월 19일]

맑다. 꿈에 적의 모습을 보았다. 그래서 새벽에 각 도 대장에게 알려서 난바다로 나가 진영을 치게 했다. 해가 질 무렵에 한산도 내항으로 돌아왔다.

8월 26일[정미/9월 20일]

비가 오다 개다 하다. 경상 우수사 원균이 왔다. 조금 있으니 우수사 이억기와 충청 수사 정걸도 모였다. 순천 부사와 광양 현감, 가리포 첨사는 곧 돌아갔다. 홍양 현감도 왔다. 제사 음식을 대접하는데, 경상 우수사 원균이 술을 먹겠다고 하기에 조금 주었더니 잔뜩 취하여 흉악한 말을 망녕되게 내뱉는 것이 이상야릇할 뿐이다. 낙안 군수(신호)가 보내 온 것을 보니, 도요토미 히데요시(豊臣秀吉)가 명나라 황제에게 올린 초본과 명나라 사람이 고을에 와서 적은 것이었다. 원통하고 분함을 이길 수가 없다.

8월 27[무신/9월 21일]

맑다.

8월 28일[기유/9월 22일]

맑다. 경상 우수사 원균이 왔다. 흉악한 거짓말을 많이 하니 정말로 해괴하다.

8월 29일[경술/9월 23일]

맑다. 아우 여필과 아들 울, 변존서가 한꺼번에 왔다.

8월 30일[신해/9월 24일]

맑다. 경상 우수사 원균이 또 와서 영등포로 가자고 독촉했다. 참으로 음흉스럽다고 할 만하다. 자기가 거느린 배 25척은 모두 다 내보내고, 다만 7~8척을 가지고 이런 말을 하니, 그 마음 쓰고 행하는 것이 모두 이 따위이다.

계사년 9월(1593년 9월)

9월 1일[임자/9월 25일]
맑다. 수사 원균이 왔다. 공문을 작성해서 도원수와 순변사에게 보냈다. 여필과 변존서, 조카 뇌 등이 돌아갔다. 우수사와 충청 수사도 모여 함께 이야기 했다.

9월 2일[계축/9월 26일]
맑다. 장계 초안을 잡아서 내려줬다. 경상 우후 이의득(李義得)과 이여념 등이 와서 보았다. 저물녘에 이영남이 와서 "병사 선거이가 곤양에서 공로를 세운 일과 남해 현령(기효근)이 체찰사에게 꾸중을 들었는데 공손하지 못하다 해서 불려갔다" 전했다. 우습다. 기효근의 형편없음은 이미 알고 있는 터이다.

9월 3일[갑인/9월 27일]
맑다. 아침에 조카 봉이 들어와서 어머니께서 평안하시다고 했다. 또 본영 소식도 들었다. 장계 초안을 만들어 보냈다. '무릇 군사의 일족들에 대한 일에는 일절 징발하지 말라'는 순찰사(이정암) 편지가 왔는데, 이는 새로 부임해서 사정을 잘 모르고 하는 말이다.

9월 4일[을묘/9월 28일]
맑다. 폐단을 아뢰는 것과 총통을 올려 보내는 것, 만춘을 불러서 문초한 사연 등 3통의 장계를 봉해서 올려 보내는 것을 이경복이 지니고 갔다. 정승 유성룡, 참판 윤자신(尹自新), 지사 윤우신(尹又新), 도승지 심희수(沈喜壽), 지사 이일(李鎰)과 안습지(安習之), 윤기헌(尹耆獻)에게는 편지를 쓰고, 전복을 정표로 보냈다. 조카 봉은 윤간과 함께 돌아갔다.

9월 5일[병진/9월 29일]

맑다. 밥을 먹은 뒤 충청 수사 정걸의 배 곁에다 배를 대어 놓고서 종일 이야기했다. 광양 현감과 흥양 현감, 우후(이몽구)가 와서 보았다.

9월 6일[정사/9월 30일]

맑다. 새벽에 배 만들 재목을 운반할 일로 여러 배를 내보냈다. 밥을 먹은 뒤 우수사(이억기) 배로 가서 종일 이야기하고, 그에게서 원균의 흉악한 일을 들었다. 또한 정담수가 밑도 끝도 없이 말을 만들어낸다는 것을 들으니 우습다. 바둑을 두고 돌아왔다. 부서진 배 재목을 여러 배로 끌고 왔다.

9월 7일[무오/10월 1일]

맑다. 아침에 재목을 받아들였다. 방답 첨사가 와서 보았다. 순찰사(이정암)에게 폐단을 아뢰는 공문과 군대 개편 일에 대한 공문을 만들어 보냈다. 종일 홀로 앉아 있으니 마음이 편하지 않다. 저녁이 되어 탐후선이 오기를 몹시 기다렸지만 오지 않았다. 날이 저물자 마음이 괴롭고 열이 나 창문도 닫지 않고 잤다. 바람을 많이 쐬었더니 머리가 아플 것 같아 걱정이 된다.

9월 8일[기미/10월 2일]

맑다. 새벽에 송희립 등을 당포산(唐浦山)으로 내보내 사슴을 잡아 오게 했다. 우수사(이억기)가 충청 수사(정걸)와 함께 왔다.

9월 9일[경신/10월 3일]

맑다. 밥을 먹은 뒤 모여서 산마루에 올라가 활 3순을 쏘았다. 우수사와 충청 수사, 여러 장수들이 모였는데, 광양 현감은 아프다고 참가하지 않았다. 저녁때 비가 왔다.

9월 10일[신유/10월 4일]

맑다. 공문을 적어 탐후선으로 보냈다. 저녁나절에 우수사 배에 이르러 방답 첨사를 불러 함께 술을 마시고 헤어졌다. 체찰사(유성룡) 비밀 편지가 왔다. 보성 군수(김득광)도 왔다가 갔다.

9월 11일[임술/10월 5일]

맑다. 충청 수사가 술을 마련해 와서 보았다. 우수사도 오고, 낙안 군수와 방답 첨사도 함께 했다. 흥양 현감이 휴가를 받아 돌아갔다. 서몽남(徐夢南)에게도 휴가를 주어 함께 갔다.

9월 12일[계해/10월 6일]

맑다. 밥을 먹은 뒤 소비포 권관(이영남)과 유충신(柳忠信), 여도 만호 김인영 등을 불러 술을 먹였다. 발포 만호(황정록)가 돌아왔다.

9월 13일[갑자/10월 7일]

맑다. 새벽에 종 한경과 돌쇠, 해돌과 자모종(自募終)이 돌아왔다. 저녁에 종 금이(金伊)와 해돌, 돌쇠 등이 돌아갔다. 양정언(梁廷彦)도 함께 돌아갔다.

9월 14일[을축/10월 8일]

온종일 비가 오고 바람이 몹시 분다. 홀로 봉창 아래 앉아 있으니 온갖 생각이 다 일어난다. 순천 부사가 돌아왔다.

9월 15일[병인/10월 9일]

맑다.

(9일 16일부터 12월 말까지 일기는 빠져 있음)

갑오년 일기

갑오년 정월(1594년 1월)

1월 1일[경진/2월 20일]

비가 퍼붓듯이 내리다. 어머니를 모시고 같이 1살을 더하게 되니, 난리중이지만 다행한 일이다. 저녁나절에 군사훈련과 전쟁 준비하는 일로 본영으로 돌아오는데, 비가 그치지 않았다. 신(愼) 사과(司果)*¹에게 문안을 올렸다.

1월 2일[신사/2월 21일]

비는 그쳤으나 흐리다. 나라 제삿날(명종 비 인순왕후 심씨 제사)이라 공무를 보지 않았다. 신 사과를 맞아 함께 이야기를 나누었다. 첨지 배경남(裵慶南)도 왔다.

1월 3일[임오/2월 22일]

맑다. 동헌에 나가 공문을 써서 보냈다. 해 질 무렵에 관아로 돌아와서 조카들과 이야기했다.

1월 4일[계미/2월 23일]

맑다. 동헌에 나가 공문을 써서 보냈다. 저녁에 신 사과, 배 첨지와 더불어 이야기를 나누었다. 남홍점(南鴻漸)이 본영에 도착했기에 그의 식솔들이 어디로 달아나 숨었는지 물었다.

1월 5일[갑신/2월 24일]

비가 오다. 신 사과가 와서 이야기했다.

---

*1 조선 시대 오위(五衛)의 정6품 군직(軍職). 현직에 있지 않은 문관과 무관 및 음관(蔭官) 중에서 뽑았음.

1월 6일[을유/2월 25일]

비가 오다. 동헌에 나가 남평(南平 : 전라도 나주시)의 도병방(都兵房)을 형벌에 처했다. 저녁 내내 공문을 써서 주었다.

1월 7일[병술/2월 26일]

비가 오다. 동헌에 나가 공문을 써서 보냈다. 저녁에 남의길(南宜吉)이 들어와서 마주 앉아 밤이 깊도록 이야기하고서 헤어졌다.

1월 8일[정해/2월 27일]

맑다. 동헌 방에 앉아 배 첨지, 남의길과 종일 이야기했다. 느지막이 공무를 보았다. 남원의 도병방을 형벌에 처했다.

1월 9일[무자/2월 28일]

맑다. 아침에 남의길과 이야기를 나누었다.

1월 10일[기축/3월 1일]

맑다. 아침에 남의길을 맞이해서 이야기하는데, 피란하던 일과 그때 길바닥에서 고생하던 상황을 들으니 개탄스러움을 이길 수가 없다.

1월 11일[경인/3월 2일]

흐리되 비는 오지 않다. 아침에 어머니를 뵈려고 배를 타고 바람을 따라 바로 곰내(古音川 : 여수시 웅천동)에 대었다. 남의길, 윤사행(尹士行), 조카 분(芬)이 같이 가서 어머니를 앞에서 뵈니 아직 일어나지 않고 주무시고 계셨다. 불러서 깨우니 깜짝 놀라 일어나셨다. 숨을 쉬시는 것이 매우 약하여 끊어질 것만 같으니 숨겨둔 눈물이 흐른다. 그러나 말씀하시는 데는 착오가 없으셨다. 적을 치는 일이 급해서 오래 머물지 못했다. 이날 저녁에 손수약(孫守約)의 아내가 죽었다는 소식을 들었다.

1월 12일[신묘/3월 3일]

맑다. 아침을 먹은 뒤 어머니께 하직을 고하니 "잘 가거라. 부디 나라의 치욕을 크게 씻어야 한다"고 두세 번 타이르시며, 조금이라도 떠난다는 뜻으로 탄식하지 않으셨다. 선창으로 돌아오니 몸이 좀 불편한 것 같아서 바로 뒷방으로 들어갔다.

1월 13일[임진/3월 4일]
맑으나 바람이 세게 불다. 몸이 너무 불편해서 자리에 누워 땀을 내었다. 종 팽수(彭壽)와 평세(平世) 등이 와서 보았다.

1월 14일[계사/3월 5일]
흐리며 바람이 세게 불다. 아침에 조카 뇌가 편지를 보내 왔다. 그것을 보니, 아산의 산소에 설날 제사를 지낼 때 무리를 지어 몰려든 자들이 200여 명이나 산을 에워싸고 음식을 구걸해서 제사 올리는 일을 뒤로 미루었다니 놀라운 일이다. 저녁나절에 동헌에 나가 장계를 써서 봉하고, 또 승병장 의능(義能)의 천민 신분을 면하게 한다는 공문도 함께 봉해서 올렸다.

1월 15일[갑오/3월 6일]
맑다. 아침 일찍 남의길, 여러 조카들과 함께 이야기한 뒤 동헌으로 나갔다. 남의길이 영광(靈光)으로 가려고 했다. 종 진(辰)을 찾아오라는 공문을 작성했다. '군사를 거느리고 적을 토벌하는 일을 감독하라'는 동궁(광해군)의 영지가 내려왔다.

1월 16일[을미/3월 7일]
맑다. 아침에 남의길을 불러 잔치를 베풀어 주며 작별했다. 나도 많이 취해서 늦게야 동헌에 나갔다. 황득중(黃得中)이 들어왔다. "문학(文學) 유몽인(柳夢寅)이 암행어사로 흥양현에 들어와 여러 문서를 압수했다"고 들었다. 어둑해지자 방답 첨사(이순신)와 배 첨지(배경남)가 와서 이야기했다.

1월 17일[병신/3월 8일]
새벽에 눈이 오고 저녁나절에 비가 오다. 아침 일찍 배에 올라 아우 여필과 여러 조카와 아들을 배웅했다. 다만 조카 분과 아들 울을 배로 데리고 떠났다.

이날 장계를 띄워보냈다. 오후 4시쯤 와두(瓦頭 : 남해군 고현면)에 이르니 맞바람이 불고 물이 빠져 배가 나아갈 수가 없었다. 닻을 내리고 잠시 쉬었다가 오후 6시쯤 다시 닻을 올려 노량(露梁)에 이르렀다. 여도 만호와 순천 부사, 이함(李瑊), 우후(이몽구) 등도 와서 머물렀다.

1월 18일[정유/3월 9일]

맑다. 새벽에 떠날 때는 맞바람이 세게 일다가 창신도(昌信島 : 남해군 창선도)에 이르니 바람이 순하게 불었다. 돛을 올려 사량에 이르니 바람이 도로 거슬러 세게 불고 비가 내렸다. 사량 만호 이여념과 수사의 군관 전윤(田允)이 와서 보았다. 전윤이 "수군을 거창으로 붙잡아 왔는데 듣기로는 원 수사가 방해하려 한다"고 말하니 우습다. 예부터 이렇게 남의 공을 시기했으니 한탄해도 어찌하겠는가. 여기서 머물러 잤다.

1월 19일[무술/3월 10일]

흐리다가 저녁나절에 개고 바람이 세게 불다. 아침에 출발해 당포 바깥바다에 이르러 바람을 따라 돛을 반쯤 올리고 순식간에 한산도에 이르렀다. 활터 정자에 올라 앉아 여러 장수와 이야기했다. 저녁에 경상 우수사 원균이 왔다. 소비포 권관 이영남에게서 '영남 여러 배의 사수 및 격군이 거의 다 굶어 죽겠다'는 말을 들으니, 참혹하여 차마 들을 수가 없었다. 원균이 공연수(孔連水)·이극성(李克誠)이 눈독 들이던 여인들을 모두 자신이 차지했다고 한다.

1월 20일[기해/3월 11일]

맑으나 바람이 세게 불고 몹시 춥다. 여러 배에서 옷도 못 입은 사람들이 거북이처럼 웅크리고 추위에 떠는 소리는 차마 못 듣겠다. 낙안 군수(신호)와 우수사 우후(이정충)가 와서 보았다. 느지막이 소비포 권관과 웅천 현감(이운룡), 진해 현감(정항)도 왔다. 진해 현감은 명을 거부하고 곧장 오지 않아서 죄를 물을 계획이었기에 보지 않았다. 바람이 잠잠한 듯했지만 순천 부사가 들어올 일이 매우 걱정되었다. 군량미조차 오지를 않으니 더욱 괴롭다. 병들어 죽은 자들을 거두어 장사지낼 차사원(差使員)*²으로 녹도 만호 송여종(宋汝悰)을 정하여 보냈다.

1월 21일[경자/3월 12일]

맑다. 아침에 본영의 격군 742명에게 술을 먹였다. 광양 현감(어영담)이 들어왔다. 저녁에 녹도 만호(송여종)가 와서 "병들어 죽은 주검 214구를 거두어 묻었다"고 알렸다. 사로잡혔다가 도망쳐 나온 2명이 경상 우수사 원균 진영에서 와서 적의 여러 사정을 상세히 말했으나, 믿을 수가 없다.

1월 22일[신축/3월 13일]

맑다. 날씨가 따뜻하고 바람도 없다. 활터 정자에 올라 앉아 진해 현감 정항(鄭沆)에게 교서(敎書)에 숙배례(肅拜禮)를 하게 했다. 활을 종일 쏘았다. 녹도 만호가 병들어 죽은 시체 217구를 거두어 묻었다고 했다.

1월 23일[임인/3월 14일]

맑다. 낙안 군수가 돌아갈 것을 아뢰고 나갔다. 흥양의 전투배 2척이 들어왔다. 최천보·유황·류충신·정량 등이 들어왔다. 저녁나절에 순천부사도 왔다.

1월 24일[계묘/3월 15일]

맑고 따뜻하다. 아침에 주검 묻는 일로 목수 41명을 송덕일(宋德馹)이 거느리고 갔다. 경상 우수사 원균이 군관을 보내 "경상좌도에 있는 왜적 300여 명을 목베어 죽였다"고 보고했다. 정말 기쁜 일이다. 평의지(平義智 : 대마도주 宗義智)가 지금 웅천에 있다고 하는데 확실히 밝혀지지는 않았다. 유황(柳滉)을 불러서 암행어사가 붙잡은 것에 대해 물으니 '문서가 제멋대로 꾸며졌다'고 했다. 매우 놀랍다. 또 격군의 일을 들으니 고을 아전들의 간악한 짓은 말로 다할 수가 없었다. 전령을 보내 모집한 군사 144명을 붙잡아 오게 하고, 또 현감을 재촉해서 전령을 내보내게 했다.

1월 25일[갑진/3월 16일]

흐리다가 저녁나절에 개다. 송두남과 이상록 등이 새로 만든 배로 돌아와 정박시키려고 사수와 격군 132명을 거느리고 갔다. 아침에 우수사 우후(이정

---

*2 조선 시대 각종 특수임무 수행을 위해 파견하는 임시 관원.

충)가 와서 저녁나절까지 활을 쏘았다. 우수사 우후가 여도 만호(김인영)와 활쏘기를 겨루었는데, 여도 만호가 7푼을 이겼다. 나는 활 10순을 쏘고, 다른 사람들은 모두 20순을 쏘았다. 저녁에 종 허산(許山)이 술병을 훔치다 들켜 붙잡혔기에 곤장을 때렸다.

1월 26일[을사/3월 17일]

맑다. 아침에 활터 정자로 올라가서 순천 부사(권준)가 기한을 어긴 죄를 논하고 공문을 썼다. 활 10순을 쏘았다. 붙잡혔다가 달아난 진주 여인 1명, 고성 여인 1명, 서울 사람 2명이 오후에 돌아왔는데 정창연(鄭昌衍)과 김명원(金命元)의 종이라고 했다. 또한 스스로 투항해 온 왜놈 1명이 있다는 보고가 들어왔다.

1월 27일[병오/3월 18일]

맑다. 새벽에 배 만들 목재를 끌어오기 위해 우후(이몽구)가 나갔다. 새벽에 변유헌과 이경복이 들어왔다는 것을 알렸다. 아침에 충청 수사(구사직)의 답장이 왔다. 어머니와 아우 여필의 편지가 왔는데, '어머니께서 평안하시다'고 했다. 다행이다. 다만 동문 밖 해운대(여수시 동북쪽) 옆과 미평(未坪 : 여수시 미평동)에 횃불 든 강도들이 나타났다고 했다. 놀랄 일이다. 느지막이 미조항 첨사(김승룡)와 순천 부사가 함께 왔다. 아침에 문서와 여러 가지 공문을 써서 보내고, 스스로 항복해 온 왜놈을 사로잡아왔다. 수사 원균의 군관인 양밀(梁密)이 제주 판관의 편지, 말안장과 해산물, 귤과 홍귤을 가지고 왔으므로 그것을 곧장 어머니 앞으로 보냈다. 저녁에 녹도의 복병한 곳에 왜적 5명이 함부로 다니면서 포를 쏠 적에 한 놈을 쏘아 목을 베고, 나머지는 화살을 맞고는 달아났다. 저물녘에 소비포 권관(이영남)이 왔다. 우후의 배가 재목을 싣고 왔다.

1월 28일[정미/3월 19일]

맑다. 아침에 우후가 와서 보았다. 종사관(從事官)*3에게 보낼 항목을 강진(康津)의 영리에게 주어 보냈다. 느지막이 원식(元埴)이 와서 서울로 올라간다

---

*3 조선 시대 각 군영의 주장(主將)을 보좌하던 종6품 관직.

고 해서 술을 먹여서 보냈다. 경상 우후(이의득)가 급히 달려와서 "명나라 제독 유정(劉綎)이 군사를 돌려 이달 25~26일 사이에 올라가고, 위무사(慰撫使)*⁴ 홍문교리 권협(權悏)이 도내를 돌며 위로하고 나서 수군을 들여보내며, 도적 이산겸(李山謙) 등을 잡아다 가두고, 아산·온양 등지에서 함부로 다니는 도적 떼 90여 명을 잡아서 목을 베었으며, 또 익호장군(翼虎將軍) 김덕령(金德齡)은 조만간 들어올 것이다"라고 알렸다. 저물녘에 비가 오더니 밤새 내렸다. 전투배를 만들기 시작했다.

1월 29일[무신/3월 20일]

비가 종일 오더니 밤새도록 왔다. 새벽에 각 배들이 아무 탈 없다고 했다. 몸이 불편해서 저녁 내내 누워서 끙끙 앓았다. 바람이 세게 불고 파도가 거세어 배를 안전하게 매어 둘 수가 없으니 마음이 몹시도 괴로웠다. 미조항 첨사(김승룡)가 "배를 꾸밀 일로 돌아간다"고 아뢰었다.

1월 30일[기유/3월 21일]

흐리고 바람이 세게 불다가 저녁나절에 개고 바람도 조금 잠잠해지다. 순천 부사, 우수사 우후, 강진 현감 유해(劉瀣)가 와서 알려주고 돌아갔다. 미조항 첨사가 와서 돌아간다고 아뢰므로 평산포에서 달아난 군관 3명을 붙잡아 와서 그 편에 붙여 보냈다. 나는 몸이 몹시 불편해서 종일 땀을 흘렸다. 군관과 여러 장수들이 활을 쏘았다.

---

*4 백성이나 장병들을 위로하기 위해 지방에 파견하던 임시 관직.

갑오년 2월(1594년 2월)

2월 1일[경술/3월 22일]
맑다. 늦게 활터 정자로 올라가 공문을 써서 보냈다. 청주의 겸사복(兼司僕)*¹ 이상(李祥)이 '경상 감사 한효순(韓孝純)의 장계에, 좌도의 적들이 모여 거제로 들어가서 이제 전라도를 침범하려 한다고 하니, 경은 삼도의 수군을 합해서 적을 섬멸하라'는 임금 교지를 받들고 왔다. 오후에 우수사 우후(이정충)를 불러 활을 쏘았다. 초저녁에 사도 첨사(김완)가 전투배 3척을 거느리고 진영에 이르렀다. 밤 10시쯤 이경복·노윤발·윤백년 등이 달아나는 군사를 싣고 뭍으로 가던 배 8척을 잡아 왔다. 저녁에 가랑비가 내리더니 조금 뒤에 그쳤다.

2월 2일[신해/3월 23일]
맑다. 아침에, 달아나는 군사를 싣고 들어온 자 등의 죄를 판결했다. 사도 첨사가 '낙안 군수가 파면되었다'고 전했다. 늦게 활터 정자로 올라갔다. 동궁께 올렸던 보고서의 답이 내려왔다. 각 관청과 포구에 공문을 써서 보냈다. 활 10순을 쏘았다. 바람이 어지럽게 불고 평온하지 않았다. 사도 첨사가 기한 안에 도착하지 않았으므로 처벌했다.

2월 3일[임자/3월 24일]
맑고 바람이 세게 분다. 새벽꿈에 눈 한쪽이 먼 말이 나왔는데 무슨 조짐인지 모르겠다. 밥을 먹은 뒤에 활터 정자에 올라서 활을 쏘았다. 바람이 세게 불었다. 우조방장(右助防將 : 어영담)이 왔는데, 역적들 소식을 들으니 걱정과 원통하고 분함을 이길 수가 없다. 우수사 우후가 여러 장수들에게 물건을 보

---

*1 조선 시대 기마병으로 만든 궁중 호위군사. 100명씩 각각 두 부대로 편성하여 임금의 신변 보호를 했음.

냈다. 원식·원전(元㙉)이 와서 서울로 올라간다고 아뢰었다. 천민 신분을 면해 주는 공문을 받고서 원식은 남해 현령에게 쇳덩이를 바쳤다. 날이 저물어 막사로 내려왔다.

2월 4일[계축/3월 25일]

맑고 바람이 세게 분다. 아침을 먹은 뒤 순천 부사·우조방장이 와서 이야기 했다. 저녁나절에 본영의 전투배와 거북선이 들어왔다. 조카 봉(菶)과 이설(李 渫), 이언량(李彦良), 이상록(李尙祿) 등이 강돌천(姜乭千)을 거느리고 오면서 동 궁의 명령을 받들고 왔다. 정이상(鄭二相)*2 편지도 왔다. 각 관청과 포구에 공 문을 써서 보냈다. 순천에서 온 보고문 내용은 '무군사(撫軍司)*3 공문에 따른 순찰사(이정암) 공문에, 진중에서 과거시험을 베풀도록 보고하여 여쭌 것은 매 우 잘못되었으니 그 죄를 추궁해야 한다고 했다' 하니 우스운 일이다. 조카 봉 으로부터 "어머니께서 평안하시다"는 소식을 들으니, 기쁘고도 다행이다.

2월 5일[갑인/3월 26일]

맑다. 꿈에 좋은 말을 타고 바위가 첩첩인 산마루로 곧장 올라가니 아름다 운 산봉우리가 동서로 뻗어 있고, 산마루 위에는 평평한 곳이 있어 거기에 자 리잡으려다가 깨었다. 무슨 조짐인지 모르겠다. 또 어떤 미인이 홀로 앉아 손 짓을 하는데, 나는 소매를 뿌리치고 응하지 않았으니 우스웠다. 아침에 군기시 (軍器寺)에서 흑각궁(黑角弓) 100개와 화피(樺皮)*4 89장을 낱낱이 셈하여 서명 했다. 발포 만호(황정록), 우수사 우후가 와서 보았다. 저녁나절에 활터 정자로 올라가서 우조방장, 우수사 우후, 여도 만호 등과 활을 쏘았다. '유격장군 심유 경(沈惟敬)이 벌써 화친을 결정했다'는 원수(권율)의 회답 공문이 왔다. 그러나 간사한 꾀와 교묘한 계책은 헤아릴 수 없다. 전에도 놈들 꾀에 빠졌었는데, 또 이처럼 빠지려드니 한탄스럽다. 저녁에 날씨가 찌는 듯해서 마치 초여름 같았 다. 밤 10시쯤 비가 왔다.

---

*2 이상(二相)은 조선 시대 우찬성(右贊成) 관직을 이르는 말. 여기서는 우찬성이었던 정탁(鄭 琢)을 가리킴.
*3 임진왜란 때 설치한 왕세자의 진영.
*4 벚나무 껍질로 활 만드는 데 씀.

2월 6일[을묘/3월 27일]

비가 오다가 오후에 개다. 순천 부사와 조방장, 웅천 현감과 사도 첨사가 와서 보았다. 저물녘에 흥양 현감과 김방제(金邦濟)가 황향(黃香)*5 30개를 가져왔는데 방금 캐낸 것 같았다.

2월 7일[병진/3월 28일]

맑다. 하늬바람이 세게 불다. 아침에 우조방장이 와서 보았는데 "차선(次船)을 타고 싶다"고 말했다. 어머니와 홍군우(洪君遇), 이숙도(李叔道), 강인중(姜仁仲)에게 보내는 문안편지를 조카 분이 가는 편에 부쳤다. 조카 봉은 분과 같이 떠나는데, 봉은 나주로 가고 분은 온양으로 갔다. 마음이 놓이지 않았다. 각 배에 소송장 200여 장을 써서 나누어 주었다. 고성 현령(조응도)으로부터 '적선 50여 척이 춘원포(春院浦 : 고성군 광도면 예포)에 이르렀다'는 급한 보고가 왔다. 삼천포 권관과 가배량(加背梁) 권관 제만춘이 와서 서울 기별을 전했다. 규율을 어긴 격군을 붙잡아 오는 일로 이경복을 내보냈다. 이날 군대를 개편해서 나누고 격군을 각 배로 옮겨 실었다. 방답 첨사에게 "죄를 저지른 자를 찾아 잡아오라"고 명령했다. 낙안 군수 편지가 왔는데 '군수 김준계(金俊繼)가 새로 왔다'고 했다. 그래서 그에게도 명령해서 붙잡아 오도록 했다. 보성의 전투배 2척이 들어왔다. 소비포 권관(이영남)이 와서 보았다.

2월 8일[정사/3월 29일]

맑다. 동풍이 세게 불고 날씨는 몹시 춥다. 조카 봉과 분이 배로 떠난 것에 걱정이 매우 많아 밤새 안절부절못했다. 아침에 순천 부사가 와서 "고성 땅 소비포(所非浦)에 왜적선 50여 척이 드나든다" 말했다. 그래서 곧 제만춘을 불러 지형이 유리한지 물었다. 저녁나절에 활터 정자로 올라가 공문을 써 보냈다. 경상 우병사(박진)의 군관이 편지를 가져와 그의 장수의 방지기가 천민 신분에서 벗어난 일을 이야기했다. 진주에서 피란한 전좌랑(前佐郎) 이유함(李惟誠)이 와서 이야기하다가 저녁에 돌아갔다. 바다 위 달이 밝아 잠이 오지 않았다. 순천부사와 우조방장이 와서 이야기하다가 밤 10시쯤 헤어졌다. 변존서가 당

---

*5 소나무 줄기에서 나오는 진액을 증류하여 정유를 없앤 뒤 얻은 잔류물. 송지(松脂).

포로가 꿩 7마리를 잡아왔다.

2월 9일[무오/3월 30일]

맑다. 새벽에 우후가 배 2~3척을 거느리고 소비포 뒤쪽에 띠풀을 베러 나갔다. 아침에 고성 현령(조응도)이 왔는데 돼지고기도 가지고 왔다. 그에게 '당항포에 적선이 드나들었는지, 백성들이 굶어서 서로 잡아 먹는다고 하는데 앞으로 어찌하면 살 수 있을지'를 물었다. 저녁나절 활터 정자로 올라가 활 10순을 쏘았다. 이유함이 왔다가 돌아가겠다고 하므로, 그의 자(字)를 물으니 여실(汝實)이라 했다. 순천 부사와 우조방장, 우수사 우후와 사도 첨사, 여도 만호와 녹도 만호, 강진 현감과 사천 현감, 하동 현감과 보성 군수, 소비포 권관도 왔다. 저물녘 보성 군수가 '호위할 때 쓰는 긴 창 수십 자루를 만들어 보내라'는 무군사(撫軍司) 공문을 가지고 들어왔다. 이날 동궁의 추고(推考)에 대한 답을 보냈다.

2월 10일[기미/3월 31일]

가랑비가 걷히지 않고 바람이 세게 분다. 오후에 조방장과 순천 부사가 와서 저녁 때까지 이야기하며 적을 토벌할 일을 논의했다.

2월 11일[경신/4월 1일]

맑다. 아침에 미조항 첨사(김승룡)가 와서 보았다. 술 3잔을 권하고 보냈다. 종사관(정경달)에게 공문 3통을 써 보냈다. 밥을 먹은 뒤 활터 정자로 올라가니, 경상 우수사(원균)가 와서 보았다. 술 10잔에 취해서 미치광이 같은 말을 많이 하니 우스꽝스럽다. 우조방장도 와서 같이 취했다. 저물녘 활 3순을 쏘았다.

2월 12일[신유/4월 2일]

맑다. 이른 아침에 본영 탐후선이 들어왔는데 조카 분의 편지 내용에, '선전관 송경령(宋慶苓)이 수군을 살피는 일로 들어올 것'이라 했다. 오전 10시쯤 적도(赤島 : 거제시 둔덕면)로 진을 옮겼다. 오후 2시쯤 선전관 송경령이 임금 교지 2통과 밀서 1통, 모두 3통을 가지고 왔다. 1통에는 '명나라 군사 10만 명과

은 300냥이 온다'고 했고, 나머지 한 통에는 '흉적들의 뜻이 호남 지방에 있으니, 힘을 다해 파수를 보며 형세를 살펴 무찌르라' 했으며, 밀서에는 '한 해가 지나도록 바다 위에서 나라를 위해 부지런히 애쓰는 것을 나는 언제나 잊지 못하니, 공로를 세운 장병들 가운데 아직도 상을 받지 못한 자가 있거든 보고하도록 하라' 적혀 있었다. 또 그에게서 서울의 여러 가지 소식을 묻고 역적들의 일도 들었다. 임금께서 밤낮으로 근심하며 분주하시다니 감개무량하다. 영의정(유성룡) 편지도 왔다.

2월 13일[임술/4월 3일]

맑고 따뜻하다. 아침에 영의정에게 편지를 썼다. 밥을 먹은 뒤 선전관(송경령)을 불러 이야기하고 작별한 뒤 종일 배에 머물렀다. 오후 4시쯤 소비포 권관(이영남)과 사량 만호(이여념), 영등포 만호(우치적)가 왔다. 오후 6시쯤 배를 출발해서 한산도로 돌아올 때, 경상 우수사의 군관 제홍록(諸弘祿)이 삼봉(三 峯 : 고성군 삼산면 삼봉리)에서 와서 "적선 8척이 들어와 춘원포에 배를 댔으므로 들어가 공격할 만하다" 말했다. 그래서 곧 나대용을 경상 우수사 원균에게 보내 "작은 이익을 보고 공격하다가 큰 이익을 이루지 못할 우려가 있으니, 아직 가만히 두었다가 적선이 많이 나오는 것을 보면 기회를 엿보아서 무찔러야 한다"는 말을 전했다. 미조항 첨사와 순천 부사, 조방장이 왔다가 밤이 깊어서야 돌아갔다. 박영남(朴永男), 송덕일(宋德馹)도 돌아갔다.

2월 14일[계해/4월 4일]

맑고 따뜻하며 바람도 잔잔하다. 경상도 남해, 하동, 사천, 고성 등지에는 송희립, 변존서, 유황, 노윤발 등을, 우도(右道)에는 변유헌, 나대용 등을 점고해서 내보냈다. 방답 첨사와 첨지 배경남이 본영에 오면서 군량미 20석을 실어 왔다. 정종(鄭宗)과 배춘복도 왔다. 장언춘(長彦春)을 천민에서 면하게 하는 공문을 만들어 주었다. 흥양 현감이 들어왔다.

2월 15일[갑자/4월 5일]

맑다. 새벽에 거북배 2척과 보성의 배 1척을 멍에로 쓸 나무 베는 곳으로 보내 초저녁에 실어 오게 했다. 밥을 먹은 뒤 활터 정자로 올라가서 좌조방장이 늦게 온 죄를 심문했다. 흥양 배의 부정을 조사해 보니 허술한 일이 많았다. 순천 부사, 우조방장, 우수사 우후, 발포 만호, 여도 만호, 강진 현감 등이 함께 와서 활을 쏘았다. 날이 저물어 순찰사(이정암)가 공문을 보냈는데, '조도어사(調度御史) 박홍로(朴弘老)가 순천, 광양, 두치 등지에 복병을 두고 파수보게 해 달라고 장계를 올렸는데, 수군과 수령을 아울러 이동시키는 일이 합당하지 않다는 대답이 내려왔고, 공문도 왔다'고 했다.

2월 16일[을축/4월 6일]

맑다. 아침에 흥양 현감과 순천 부사가 왔다. 흥양 현감이 가져온 암행어사 유몽인의 장계 초본을 보니, 임실 현감 이몽상(李夢祥), 무장(茂長 : 전북 고창) 현감 이충길(李忠吉), 영암(靈巖) 군수 김성헌, 낙안 군수 신호를 파면하고, 순천 부사를 탐관오리의 우두머리로 논란하고, 담양 부사 이경로, 진원 현감 조공근, 나주 목사 이용순, 창평 현령 백유항 등 수령의 악행은 덮어주고 포상하도록 알렸다. 임금을 속임이 여기까지 이르니, 나랏일이 이러고서야 모든 일이 잘 될 수가 없다. 우러러 탄식할 뿐이다. 또 수군 가족 징발과 장정 4명 가운데 2명이 전쟁에 나가야 하는 것을 심히 비난했으니, 나라의 위급함은 생각하지도 않고 쓸데없이 눈앞 임시방편의 일에만 힘쓰며 남쪽 지방에서 억울하다고 변명하는 말만 들으니, 나라를 그르치는 교묘하고 사악한 말은 무목(武穆)을 대하는 진회(秦檜)[*6]의 말과 다름없다. 나라를 위해 심히 통탄할 일이다. 저녁나절에 활터 정자로 올라 순천 부사, 흥양 현감, 우조방장, 우수사 우후, 사도 첨사, 발포 만호, 여도 만호, 녹도 만호, 강진 현감, 광양 현감 등과 활 12순을 쏘았다. 순천 감목관이 진영에 왔다가 돌아갔다. 우수사(이억기)가 당포에 도착했다고 했다.

2월 17일[병인/4월 7일]

맑다. 따뜻하기가 초여름 같다. 아침에 상선(上船)을 연기에 그을리는 일로 활터 정자로 올라가 각 부서의 공문을 써서 보냈다. 오전 10시쯤 우수사가 들어왔다. 행수군관 정홍수(鄭弘壽)와 도훈도는 군령으로 곤장 90대를 치도록 결

[*6] 무목은 중국 남송의 무장인 악비(岳飛). 당시 조정의 재상이었던 진회는 금(金)나라 군사의 침입을 막아내던 악비를 무고해서 죽이고 금나라와 굴욕적인 화친을 맺음.

정했다. 이홍명과 임희진(任希璡)의 손자도 왔다. 대나무로 총통을 만들어 왔기에 시험으로 쏘아 보니, 소리는 비슷하지만 별로 쓰일 데가 없으니 우습다. 우수사가 들어왔는데, 거느린 전선이 다만 20척이니 한심스럽다. 순천 부사와 우조방장도 와서 활 5순을 쏘았다.

2월 18일[정묘/4월 8일]

맑다. 아침에 배 첨지와 가리포 첨사 이응표(李應彪)가 왔다. 밥을 먹은 뒤 활터 정자로 올라가 해남 현감 위대기(魏大器)를 명령을 어긴 죄로 벌줄 것을 결정했다. 우도의 여러 장수들이 와서 알현한 뒤 활 2~3순을 쏘았다. 오후에 우수사가 왔다. 일찍이 수사 원균과 더불어 심하게 취하여 하나하나 상세히 얘기하지 못했다. 저녁 8시쯤 가랑비가 내려 밤까지 왔다.

2월 19일[무진/4월 9일]

가랑비가 종일 내리고 날씨가 찌는 듯하다. 활터 정자에 올라가 잠시 홀로 앉아 있는데, 우조방장과 순천 부사가 오고, 이홍명도 왔다. 조금 뒤 손충갑(孫忠甲)이 왔다. 그를 불러들여 적을 토벌하던 일을 물었더니, 슬프고 분함을 이길 수가 없다. 종일 이야기했다. 날이 저물어 내려왔다. 변존서가 본영으로 갔다.

2월 20일[기사/4월 10일]

안개 같은 이슬비가 걷히지 않다. 몸이 불편해서 종일 나가지 않았다. 우조방장과 첨지 배경남이 와서 이야기했다. 아들 울이 우 영공의 배에 갔다가 매우 취해서 돌아왔다.

2월 21일[경오/4월 11일]

맑고 따뜻하다. 몸이 매우 불편해서 온종일 앓았다. 순천 부사와 우조방장 어영담이 와서 "견내량에 복병한 곳을 가 보고 왔다"고 알렸다. 청주 의병장 이봉(李逢)*7이 "순변사(이빈)에게 가서 육지 사정을 상세히 일러 주고서 해질

---

*7 원본에는 이름이 빠져 있음.

녘에 돌아간다"고 보고했다. 오후 6시쯤 벽방(碧方 : 통영시 광도면 벽방산)의 정찰대장 제한국(諸韓國)이 와서 "구화역(仇化驛 : 통영시 광도면 노산리) 앞바다에 왜선 8척이 줄지어 대었다"고 알렸다. 그래서 배를 풀어 삼도(三道)에 명을 전해 진격하자는 약속을 했다. 그리고 원균의 군관 제홍록(諸弘祿)의 보고가 오기를 기다렸다.

2월 22일[신미/4월 12일]

새벽 2시쯤 제홍록이 와서 "왜선 10척은 구화역에 이르렀고, 6척은 춘원포에 이르렀다. 또 이미 날이 새어 미처 따라가 쳐부수지 못했다"고 알리므로 다시 와서 정찰하라고 일러서 돌려보냈다.

(2월 23일부터 2월 27일까지 일기는 빠져 있음)

2월 28일[정축/4월 18일]

맑다. 아침에 활터 정자로 올라가 종사관 정경달(丁景達)과 종일 이야기했다. 장흥 부사 황세득(黃世得)이 들어왔다. 우수사의 죄를 처단했다.

2월 29일[무인/4월 19일]

맑다. 종사관과 함께 아침을 먹고 술도 마시며 종일 이야기했다. 장흥 부사도 함께 했다. 벽방의 정찰대장 제한국이 "적선 16척이 소소포(召所浦 : 고성군 마암면 두호리)로 들어왔다"고 보고하므로 각 도에 영을 전하여 알리게 했다.

갑오년 3월(1594년 3월)

3월 1일[기묘/4월 20일]

맑다. 망궐례를 행했다. 활터 정자로 올라가 앉아 검모포(黔毛浦 : 부안군 진서면 곰소항) 만호를 심문하여 곤장치고, 도훈도를 형벌에 처했다. 종사관(정경달)이 돌아왔다. 어두울 녘에 배가 막 떠나려는데, 벽방 정찰대장 제한국이 "왜선이 이미 도망가 버렸다"고 알려왔다. 그래서 그만두었다. 초저녁에 장흥 2호선이 실수로 낸 불에 다 타버렸다.

3월 2일[경진/4월 21일]

맑다. 아침에 방답 첨사와 순천 부사, 우조방장이 왔다. 저녁나절에 활터 정자로 올라가 좌조방장과 우조방장, 순천 부사와 방답 첨사와 활을 쏘았다. 이날 저녁 장흥 부사가 와서 이야기했다. 초저녁에 강진의 장작 쌓아 둔 곳에 실수로 불을 내어 장작이 다 타버렸다.

3월 3일[신사/4월 22일]

맑다. 아침에 배전(拜箋)*¹을 올리고, 곧 활터 정자에 앉았다. 경상 우후 이의득이 와서 "수군을 많이 잡아오지 못했다 하여 그의 수사(원균)에게서 매를 맞고, 또 발바닥까지 맞을 뻔했다"고 말하니 참으로 놀라운 일이다. 느지막이 순천 부사와 좌조방장, 우조방장과 방답 첨사, 가리포 첨사와 좌수사 우후(이몽구), 우수사 우후(이정충) 등과 함께 활을 쏘았다. 오후 6시쯤 벽방 정찰대장(제한국)이 "왜선 6척이 오리량(五里梁 : 창원시 합포구 구산동), 당항포(唐項浦) 등지에 흩어져 머무르고 있다" 알려왔다. 그래서 곧 배를 모으라는 명을 전하고, 수군 대군을 불러모아 흉도(胸島 : 거제시 사등면 오량리 고개도) 앞바다에

---

*1 나라에 경사가 있을 때 지방 수령이 해당 소재지에서 임금에게 축하와 예의의 글을 올리는 일.

진을 치고, 정예선 30척을 우조방장(어영담)이 거느리고 가서 적을 무찌르도록 했다. 그리고 초저녁에 배를 움직여 지도(紙島 : 통영시 용남면 지도)에 이르렀다가 새벽 2시쯤에 떠났다.

3월 4일[임오/4월 23일]

맑다. 새벽 2시쯤 배를 출발하여 진해 앞바다에 이르러 왜선 6척을 뒤쫓아 잡아 불태워버렸고, 저도(猪島 : 창원시 합포구 구산동)에서 2척을 불태워 버렸다. 또 소소강(召所江 : 경남 고성군 두호리 하천)에 14척이 들어왔다고 하므로 조방장과 경상 우수사 원균에게 나가 토벌하도록 명했다. 고성 땅 아잠포(阿自音浦 : 고성군 동해면)에서 진을 치고 밤을 지냈다.

3월 5일[계미/4월 24일]

맑다. 새벽에 겸사복 윤붕(尹鵬)을 당항포로 보내 적선을 쳐부수고 불태웠는지를 탐문케 하였더니, 우조방장 어영담이 "적들이 우리 군사들의 위엄을 두려워하더니 밤을 틈타 달아났으므로 빈 배 17척을 모조리 불태워 버렸다"고 알렸다. 경상 우수사(원균)의 보고도 내용이 같았다. 우수사가 보러 왔을 때 비가 많이 내리고 바람도 몹시 불어 곧바로 자신의 배로 돌아갔다. 이날 아침 순변사에게서도 토벌을 독려하는 공문이 왔다. 우조방장·순천 부사·방답 첨사·배 첨사도 와서 이야기하고 있는데 경상 우수사 원균이 배에 이르자, 여러 장수들은 저마다 돌아갔다. 저녁에 광양의 새 배가 들어왔다.

3월 6일[갑신/4월 25일]

맑다. 새벽에 망을 보는데, 적선 40여 척이 청슬(靑膝 : 거제시 사등면 지석리)로 건너온다고 했다. 당항포 왜선 21척은 모두 불태웠다는 급한 보고가 들어왔다. 느지막이 거제로 향하는데 맞바람이 거슬러 불어 겨우 흥도에 도착하니, 남해 현령이 "명나라 군사 2명과 왜놈 8명이 패문을 가지고 왔기에, 그 패문과 명나라 군사 2명을 보낸다"고 알렸다. 그 패문을 가져와서 보니, 명나라 도사 담종인(譚宗仁)이 '왜적을 치지 말라' 한다. 나는 몸이 몹시 괴로워서 앉고 눕기조차 불편했다. 저녁에 우수사(이억기)와 함께 명나라 군사를 만나 보고 보냈다.

3월 7일[을유/4월 26일]

맑다. 몸이 몹시 불편해서 꼼짝하기조차 어렵다. 그래서 아랫사람에게 패문의 답장을 지어오라고 하였더니, 지어 놓은 글이 꼴이 아니다. 또 경상 우수사 원균이 손의갑(孫義甲)에게 쓰게 했던 것도 못마땅하다. 나는 병을 무릅쓰고 억지로 일어나 앉아 글을 썼으며, 정사립에게 이를 다시 써서 보내게 했다. 오후 2시쯤 배를 출발하여 밤 10시쯤 한산도 진중에 이르렀다.

3월 8일[병술/4월 27일]

맑다. 병세는 별로 차도가 없다. 기운이 더욱 떨어져서 종일 끙끙거리며 앓았다.

3월 9일[정해/4월 28일]

맑다. 기운이 좀 나아진 듯하여 따뜻한 방으로 옮겨 누웠다. 아프긴 해도 다른 증세는 없다.

3월 10일[무자/4월 29일]

맑다. 병세는 차츰 나아지는 것 같은데, 열기가 치올라서 그저 찬 것만 마시고 싶은 생각뿐이다. 저녁에 비가 내렸는데 밤새 그치지 않았다.

3월 11일[기축/4월 30일]

종일 큰 비가 오다 저물녘에 개었다. 병세가 아주 많이 나아졌고, 열도 내리니 참으로 다행이다.

3월 12일[경인/5월 1일]

맑으나 바람이 세게 분다. 몸이 몹시도 불편하다. 영의정에게 보낼 편지를 썼다. 장계를 정식으로 옮겨 쓰는 일을 마쳤다고 들었다.

3월 13일[신묘/5월 2일]

맑다. 아침에 장계를 봉해 올렸다. 병은 조금씩 나아지는 것 같으나, 기력이 매우 고달프다. 아들 회와 송두남을 내보냈다. 오후에 수사 원균이 와서 자신이 잘못한 일을 말했다. 그래서 장계를 다시 가져오게 하여 원사진(元士震)과 이응원(李應元) 등이 거짓으로 왜놈 목을 베었다고 아뢴 것을 고쳐 보냈다.

3월 14일[임진/5월 3일]

비가 오다. 병은 나은 듯하지만, 머리가 무겁고 기분이 좋지 않다. 저녁에 광양 현감(송전), 강진 현감(유해), 첨지 배경남이 같이 갔다. '충청 수사(구사직)가 이미 신장(薪場)에 왔다'는 소문을 들었다. 종일토록 몸이 불편하다.

3월 15일[계사/5월 4일]

비는 그쳤으나 바람이 세게 불다. 종일 끙끙 앓았다. 미조항 첨사가 돌아갔다.

3월 16일[갑오/5월 5일]

맑다. 몸이 몹시 불편하다. 우수사가 와서 보았다. 충청 수사가 전투배 9척을 거느리고 진영에 이르렀다.

3월 17일[을미/5월 6일]

맑다. 몸이 말끔히 회복되지 않았다. 변유헌이 본영으로 돌아갔다. 순천 부사도 돌아갔다. 해남 현감(위대기)은 새 현감과 교대하는 일로 나가고, 황득중 등은 복병에 관한 일로 거제도로 갔다. 탐후선이 들어왔다.

3월 18일[병신/5월 7일]

맑다. 몸이 몹시 불쾌하다. 남해 현령 기효근, 보성 군수 김득광, 소비포 권관 이영남, 적량 만호 고여우가 와서 보았다. 기효근은 씨 뿌리는 일 때문에 돌아갔다. 낙안 유위장(留衛將)과 향소(鄕所) 등을 잡아 가두었다.

3월 19일[정유/5월 8일]

맑다. 몸이 불편해서 종일 앓았다.

3월 20일[무술/5월 9일]

맑다. 몸이 불편하다.

3월 21일[기해/5월 10일]

맑다. 몸이 불편하다. 과거 시험자 명단을 쓰는 관리로 여도 만호 김인영, 남도포(南桃浦 : 진도군 임회면 남동리) 만호 강응표, 소비포 권관 이영남을 뽑아 맡도록 했다.

3월 22일[경자/5월 11일]

맑다. 몸이 조금 나아진 것 같다. '명나라 지휘 담종인의 자문(중국과 오가던 문서)과 왜장 서계(일본과 오가던 문서)를 조(曹) 파총(把摠)*² 이 가지고 간다'는 원수(元帥) 공문이 왔다.

3월 23일[신축/5월 12일]

맑다. 기운이 여전히 불쾌하다. 방답 첨사(이순신)과 홍양 현감(배흥립), 조방장(어영담)과 발포 만호(황정록)가 와서 보았다. 견내량(見乃梁)에서 미역 53동을 캐 왔다.

3월 24일[임인/5월 13일]

맑다. 몸이 조금 나아진 듯하다. 미역 60동을 캐어 왔다. 정사립이 왜놈 머리를 베어 가지고 왔다.

3월 25일[계묘/5월 14일]

맑다. 홍양 현감과 보성 군수가 나갔다. 사로잡혔던 아이*³ 는 왜 진중에서 명나라 장수(담종인)의 패문을 가지고 와서 홍양으로 보냈다. 아우 여필, 아들 회, 변존서, 신경황이 와서 어머니께서 평안하시다는 안부를 상세히 들을 수 있었다. 다만 선산이 모두 산불에 탔는데, 아무도 끄지 못했다고 했다. 몹시 가슴 아프다.

---

*2 조선 선조 때 각 군영에 둔 종4품 무관 벼슬.
*3 《이충무공전서》 권4, 장계 19쪽, '진왜정장(陳倭情狀)'에는 상주에 사는 사삿집 종이라 했음.

3월 26일[갑진/5월 15일]

맑다. 따뜻하기가 여름 날씨 같다. 조방장·방답 첨사가 와서 보았다. 발포 만호가 휴가로 돌아갔다. 느지막이 마량(馬梁 : 서천군 서면 마량리) 첨사와 사량 만호, 사도 첨사와 소비포 권관이 함께 와서 보았다. 경상 우후와 영등포 만호도 왔다가 "창신도로 돌아가겠다"고 아뢰었다.

3월 27일[을사/5월 16일]

흐리되 비는 오지 않다. 우수사가 와서 보았다. 기운이 조금 편해진 듯하다. 저녁 8시쯤 비가 내렸다. 조카 봉이 저녁에 "몸이 몹시 불편하다" 말했다.

3월 28일[병오/5월 17일]

종일 비가 오다. 조카 봉의 병세가 더 나빠졌다. 몹시 걱정된다.

3월 29일[정미/5월 18일]

탐후선이 들어와서 '어머니께서 평안하시다' 전했다. 웅천 현감과 하동 현감, 장흥 부사와 방답 첨사, 소비포 권관 등이 와서 보았다. 저녁에 여필과 봉이 함께 돌아갔다. 봉은 병이 심해져서 돌아가는 것이니 밤이 다하도록 걱정되었다. 저물녘에 방충서(方忠恕), 조서방(趙西房)의 사위 김함(金瑊)이 왔다.

3월 30일[무신/5월 19일]

맑다. 밥을 먹은 뒤 활터 정자로 올라가 충청 군관과 도훈도, 낙안 유위장과 도병방 등을 처벌했다. 느지막이 삼가(三嘉 : 합천시 삼가면) 현감 고상안(高尙顔)이 와서 보았다. 저녁에 숙소로 내려왔다.

갑오년 4월(1594년 4월)

4월 1일[기유/5월 20일]

맑다. 일식(日食)이 일어났어야 했는데 일어나지 않았다. 장흥 부사(황세득)와 진도 군수(김만수), 녹도 만호(송여종)가 여제(厲祭)*¹를 지낸다고 아뢰고 돌아갔다. 충청 수사가 와서 보았다.

4월 2일[경술/5월 21일]

맑다. 아침을 먹은 뒤 활터 정자로 올라갔다. 삼가 현감과 충청 수사와 같이 종일 이야기했다. 조카 해가 들어왔다.

4월 3일[신해/5월 22일]

맑다. 오늘 여제를 지냈다. 삼도 군사들에게 술 1080동이를 먹였다. 우수사와 충청 수사도 같이 앉아 군사들에게 먹였다. 날이 저물어 숙소로 내려왔다.

4월 4일[임자/5월 23일]

흐리다가 해 질 무렵 비가 오다. 아침에 원수의 군관 송홍득(宋弘得)과 변홍달(卞弘達)이 새로 급제한 홍패(과거 합격증)를 가지고 왔다. 경상 우병사(박진)의 군관으로 공주 사람인 박창령의 아들 박의영이 와서 그의 장수 안부를 전했다. 밥을 먹은 뒤 삼가 현감이 왔다. 저녁나절에 활터 정자로 올라가니, 장흥 부사가 술과 음식을 가지고 와서 종일 오손도손 이야기했다.

---

*1 나라에 역질이 돌 때 제사를 받지 못하고 떠도는 귀신에게 지내던 제사. 봄철에는 청명, 가을철에는 7월 보름, 겨울철에는 10월 초하루에 지냈음.

134 난중일기

4월 5일[계축/5월 24일]

흐리다. 새벽에 최천보(崔天寶)가 세상을 떠났다.

4월 6일[갑인/5월 25일]

맑다. 별시(別試) 시험을 열었다. 시험관은 나와 우수사(이억기)와 충청 수사(구사직)요, 참시관(시험 감독관)은 장흥 부사(황세득)와 고성 현령(조응도), 삼가 현감(고상안)과 웅천 현감(이운룡)으로 시험을 감독하게 했다.

4월 7일[을묘/5월 26일]

맑다. 일찍 모여 시험을 받들었다.

4월 8일[병진/5월 27일]

맑다. 불편한 몸으로 저녁에 시험장으로 올라갔다.

4월 9일[정사/5월 28일]

맑다. 시험을 마치고 급제자 명단을 방으로 써 붙였다. 조방장 어영담이 세상을 떠났다. 이 통탄함을 무엇으로 말하랴!

4월 10일[무오/5월 29일]

흐리다. 순무어사(巡撫御史)*²가 진영으로 온다는 선문(先文)*³이 왔다.

4월 11일[기미/5월 30일]

맑다. 순무어사가 들어온다고 했다. 그래서 문안하기 위한 배를 내보냈다.

4월 12일[경신/5월 31일]

맑다. 순무어사 서성(徐渻)이 내 배에 와서 이야기했다. 우수사(이억기), 경상 수사(원균), 충청 수사(구사직)가 함께 왔다. 술잔이 3순배 돌자 경상 수사 원균은 일부러 술에 취한 척하면서 미친 듯 날뛰며 억지소리를 해대니, 순무어사도

---

*2 조선 시대, 지방에서 변란이나 재해가 일어났을 때 두루 돌아다니며 사건을 진정하던 어사.
*3 중앙 벼슬아치가 지방에 출장할 때, 그곳에 도착할 날짜를 미리 알리던 공문.

무척 괴이쩍어 했다. 그 의도하는 바가 심히 흉악하다. 삼가 현감이 돌아갔다.

4월 13일[신유/6월 1일]

맑다. 순무어사가 전쟁 연습하는 것을 보고자 하여 죽도(竹島 : 통영시 한산면) 바다 가운데로 나가서 연습했다. 선전관 원사표(元士彪), 금오랑(金吾郎)*4 김제남(金悌男)이 충청 수사 구사직을 잡아갈 일로 왔다.

4월 14일[임술/6월 2일]

맑다. 아침에 김제남과 함께 상세한 이야기를 했다. 저녁나절에 순무어사의 배로 가서 군사기밀을 상세히 의논했다. 잠시 뒤 우수사가 오고, 이정충도 불러서 왔다. 순천 부사와 방답 첨사, 사도 첨사도 아울러 왔다. 심하게 취하여 하직하고 배로 돌아왔다. 저녁에 충청 수사의 배로 가서 이별의 술잔을 나누었다.

4월 15일[계해/6월 3일]

맑다. 금오랑(김제남)과 함께 아침을 먹었다. 느지막이 충청 수사(구사직)가 선전관(원사표), 우수사(이억기)와 함께 왔다. 충청 수사 우경(虞卿) 구사직과 작별했다. 저물녘에 이경사(李景思)가 그의 형 헌(憲)의 편지를 가져 왔다.

4월 16일[갑자/6월 4일]

맑다. 아침을 먹은 뒤 활터 정자로 올라갔다. 쌓여 있는 공문을 써서 보냈다. 경상 수사(원균)의 군관 고경운(高景雲)과 도훈도, 변고에 대비하는 색리와 영리를 잡아다가 지휘에 응하지 않고 적변을 빨리 보고하지 않은 죄로 곤장을 쳤다. 저녁에 송두남(宋斗男)이 서울에서 내려왔다. 장계에 따라 낱낱이 명령받은 대로 시행했다.

4월 17일[을축/6월 5일]

맑다. 저녁나절에 활터 정자로 올라가서 공무를 보았다. 우수사가 와서 보았다. 거제 현령 안위(安衛)가 급히 와서 "왜선 100여 척이 본토에서 처음 나와

---

*4 조선 시대 의금부에 속한 도사(都事)를 이르던 말.

서 절영도로 향한다" 알렸다. 저물 무렵에 거제에 살다가 사로잡혀 갔던 남녀 16명이 달아나 돌아왔다.

4월 18일[병인/6월 6일]
맑다. 새벽에 달아나 돌아온 사람들에게 적의 정세를 상세히 물으니, '대마도주 소 요시토시는 웅천 땅 입암(笠巖 : 창원시 진해구 웅천동 제덕리)에 있고, 고니시 유키나가(小西行長)는 웅포(熊浦 : 창원시 진해구 남문동)에 있다' 말했다. 충청도 신임 수사(이순신), 순천 부사(권준), 우수사 우후(이정충)가 왔다. 늦게 거제 현령(안위)도 왔다. 저녁에 비가 내리는데 밤이 다하도록 내렸다.

4월 19일[정묘/6월 7일]
비가 오다. 첨지 김경로(金敬老)가 원수부(元帥府)에서 왔다. 적을 칠 대책을 논의하고서 그대로 같은 배에서 잤다.

4월 20일[무진/6월 8일]
종일 가랑비가 오다. 우수사(이억기)와 충청 수사(이순신), 장흥 부사(황세득)와 마량 첨사(강응호)가 와서 바둑을 두고 군사 일도 이야기했다.

4월 21일[기사/6월 9일]
비가 오락가락하다. 홀로 봉창 아래 앉아 있어도 저녁내 아무도 오지 않았다. 방답 첨사(이순신)가 충청 수사가 되었으므로, 중기(重記)*5를 고치는 일을 아뢰고 돌아갔다. 저녁에 김성숙(金惺叔)*6과 곤양(昆陽) 군수 이광악(李光岳)이 와서 보았다. 저물녘에 흥양 현감(배흥립)도 왔다. 본영 탐후선도 와서 '어머니께서 평안하시다' 전하니 다행이다.

4월 22일[경오/6월 10일]
맑다. 바람이 시원하여 가을 날씨 같다. 첨지 김경로가 돌아갔다. 장계를 봉하고, 조총과 동궁께 올릴 긴 창도 봉해 올렸다. 장흥 부사가 왔다. 저녁에는

*5 교대할 때에 넘겨주는 인계인수서.
*6 '성숙(惺叔)'은 김경로(金敬老)의 자.

흥양 현감도 왔다.

4월 23일[신미/6월 11일]
맑다. 아침에 순천 부사(권준)와 흥양 현감(배흥립), 장흥 부사(황세득)와 임치(臨淄) 첨사(홍견) 등이 왔다. 곤양 군수 이광악이 술을 가지고 왔다. 곤양 군수가 몹시 취하여 정신 나간 소리를 마구 하니 우습다. 나 또한 잠깐 취했다.

4월 24일[임신/6월 12일]
맑다. 아침에 서울로 갈 편지를 썼다. 영암 군수(박홍장)와 마량 첨사(강응호)가 와서 보았다. 순천 부사가 아뢰고 돌아갔다. 각 항목의 장계를 봉해 올렸다. 경상 우수사가 있는 곳에 순찰사의 종사관이 왔다고 했다.

4월 25일[계유/6월 13일]
맑다. 꼭두새벽부터 몸이 불편해서 종일 괴로워했다. 아침에 보성 군수가 와서 보았다. 밤이 다하도록 앉은 채 앓았다.

4월 26일[갑술/6월 14일]
맑다. 통증이 아주 심하여 거의 인사불성이었다. 곤양 군수가 아뢰고 돌아갔다.

4월 27일[을해/6월 15일]
맑다. 통증이 차츰 덜하다. 숙소로 내려왔다.

4월 28일[병자/6월 16일]
맑다. 기력과 병세가 크게 나아졌다. 경상 수사(원균)와 좌랑 이유함(李惟緘)이 와서 보았다. 아들 울이 들어왔다.

4월 29일[정축/6월 17일]
맑다. 기운이 상쾌해진 것 같다. 오늘 우도에서 삼도 군사들에게 술을 먹였다.

갑오년 5월(1594년 5월)

5월 1일[무인/6월 18일]

맑다. 아침을 먹은 뒤 활터 정자의 방으로 올라가니 매우 맑고 시원했다. 종일 땀이 비 오듯이 흐르더니 좀 나아진 것 같다. 아침에 아들 면(葂 : 아명은 '염')과 집안 여종 4명이 병중에 부릴 일로 들어왔다. 덕(德)이만 머물러 있게 하고 나머지는 내일 돌려 보내라고 일렀다.

5월 2일[기묘/6월 19일]

맑다. 새벽에 아들 회(薈)가 종들과 함께 어머니 생신상 차려 드릴 일로 돌아갔다. 우수사(이억기)와 홍양 현감(배흥립), 사도 첨사(김완)와 소근(所斤) 첨사(박윤)가 와서 보았다. 몸이 차츰 나아졌다.

5월 3일[경진/6월 20일]

맑다. 홍양 현감이 휴가를 얻어 돌아갔다. 저녁에 발포 만호가 와서 보았다. 장흥 부사도 왔다. 군량 명세서를 갖추어 두었다. 공명고신(空名告身)*¹ 300장과 임금 교지 2통이 내려왔다.

5월 4일[신사/6월 21일]

흐리다. 바람이 세게 불고, 비가 많이 내리다. 종일 그치지 않고 밤새 더 심하게 내렸다. 경상 우수사의 군관이 와서 "왜적 3명이 중선(中船)을 타고 추도(楸島 : 통영시 산양면)에 온 것을 만나 잡아왔다"고 아뢰었다. 이를 압송해 오도록 시켰다. 저녁에 공대원(孔大元)에게 물으니, '왜적들이 바람 따라 배를 몰고 본토로 향하다가 바다 한가운데서 회오리 바람을 만나 배를 조종할 수 없

---

*1 이름이 적히지 않은 임명 사령장.

어 떠다니다가 이 섬에 닿았다' 말했다. 그러나 간사한 사람의 말이니 믿을 수 없다. 이설과 이상록이 돌아갔다. 본영 탐후선이 들어왔다.

5월 5일[임오/6월 22일]

비바람이 세게 불다. 지붕이 3겹이나 말려서 조각조각 높이 날려가고, 빗발은 삼대같이 내려 몸을 가릴 수도 없으니 우습다. 사도 첨사가 와서 문안하고 갔다. 오후 2시쯤 비바람이 조금 멈추었다. 발포 만호(황정록)가 떡을 만들어 보내 왔다. 본영 탐후선이 들어왔다. 어머니께서 평안하심을 알게 되니 매우 다행이다.

5월 6일[계미/6월 23일]

흐리다가 저녁나절 개다. 사도 첨사·보성 군수·낙안 군수·여도 만호·소근 첨사 등이 와서 보았다. 오후에 경상 수사 원균이 왜놈 3명을 잡아왔기에 문초하니, 이랬다 저랬다 수없이 속이므로 원균 수사를 시켜 그들의 목을 베고 보고하게 했다. 우수사도 왔다. 술잔이 3번 잇따라 돌고 나서 돌아갔다.

5월 7일[갑신/6월 24일]

맑다. 기운이 편안한 것 같다. 16군데 침을 맞았다.

5월 8일[을유/6월 25일]

맑다. 원수 권율의 군관 변응각(邊應慤)이 원수 공문과 장계 초본과 '수군을 거제로 진격시켜 적이 두려움을 느끼고 도망가도록 하라'는 임금 교지를 갖고 왔다. 경상 수사(원균)와 전라 우수사(이억기)를 불러 의논했다. 충청 수사(이순신)가 들어왔다. 밤에 큰비가 내렸다.

5월 9일[병술/6월 26일]

종일 비가 오다. 빈 정자에 홀로 앉아 있으니 온갖 생각이 가슴에 치밀어 마음이 어지러웠다. 어찌 말로 다 할 수 있겠는가. 정신이 아득하기가 취하여 꿈속에 있는 듯하니 멍청한 듯도 하고 미친 듯도 하다.

5월 10일[정해/6월 27일]

종일 비가 오다. 새벽에 일어나 창문을 열고 멀리 바라보니 많은 우리 배들이 바다에 가득 차 있다. 비록 적이 쳐들어온다 해도 섬멸할 만하다. 우수사 우후(이정충)와 충청 수사(이순신)가 와서 장기를 두었다. 원수의 군관 변응각도 함께 점심을 먹었다. 보성 군수가 저물 무렵 왔다. 비가 종일 그치지 않았다. 아들 회가 바다로 나갔다.

5월 11일[무자/6월 28일]

비가 저녁때까지 줄곧 내리다. 3월부터 쌓여 밀려있던 공문을 낱낱이 결재해 내려보냈다. 낙안 군수(김준계)가 와서 이야기했다. 큰 비가 퍼붓듯이 내려밤낮을 그치지 않았다.

5월 12일[기축/6월 29일]

큰 비가 종일 내리다가 저녁에야 조금 그쳤다. 우수사(이억기)가 와서 보았다.

5월 13일[경인/6월 30일]

맑다. 검모포 만호가 "경상 우수사 소속 포작(鮑作)들이 격군을 싣고 달아나다가 현장에서 붙들렸는데, 많은 포작들이 원 수사가 있는 곳에 있었다"고 보고했다. 그래서 사복들을 보내 잡아오게 했더니 "원균 수사가 크게 화를 내며도리어 사복들을 묶어서 가두었다"고 했다. 그래서 군관 노윤발을 보내 이를풀어 주게 했다. 밤 10시쯤 비가 왔다.

5월 14일[신묘/7월 1일]

종일 비가 오다. 충청 수사(이순신)와 낙안 군수(김준계), 임치 현감(홍견)과목포 만호(전희광) 등이 와서 보았다.

5월 15일[임진/7월 2일]

종일 비가 오다. 구실아치를 시켜 종정도(從政圖)*²를 그리게 했다.

＊2 넓은 종이에 옛 벼슬 이름을 품계와 종별에 따라 써 놓고 알을 굴려서 나온 끗수에 따라 벼슬이 오르고 내림을 겨루는 놀이. 또는 그 놀이 기구. 승경도(陞卿圖)라고도 함.

5월 16일[계사/7월 3일]

흐리고 가랑비가 오다. 저녁에는 큰비가 밤새도록 내려 지붕이 새서 마른 데가 없다. 각 배마다 사람들이 머무르는 곳이 매우 괴로울 것이니 크게 염려된다. 곤양 군수(이광악)가 편지를 보내고, 아울러 사명당 유정(惟政)*3이 적진 안으로 오가며 문답한 기록을 보내와서 살펴보니, 분통함을 이길 길이 없다.

5월 17일[갑오/7월 4일]

비가 퍼붓듯이 오다. 바다 안개가 캄캄하여 눈앞을 분간할 수 없는데, 비는 저녁내 그치지 않았다.

5월 18일[을미/7월 5일]

종일 비가 오다. 미조항 첨사가 와서 보았다. 저녁에 상주포 권관이 와서 보았다. 보성 군수가 돌아갔다.

5월 19일[병신/7월 6일]

맑다. 장맛비가 잠깐 걷혔다. 기분이 아주 상쾌하다. 아들 회와 면, 여종들을 돌려보낼 때 바람이 순하지 않았다. 이날 송희립과 회가 함께 착량(鑿梁)으로 가서 노루를 잡으려고 할 적에 바람과 비가 거세게 일고 구름과 안개가 사방을 메웠다. 저녁 8시쯤 돌아왔으나 아직 말끔히 개지 않았다.

5월 20일[정유/7월 7일]

비가 오고 바람이 세게 불다가 조금 그쳤다. 웅천 현감(이운룡)과 소비포 권관(이영남)이 와서 보았다. 온종일 홀로 앉아 있으니, 온갖 생각이 가슴을 치민다. 호남의 방백(관찰사)들이 나라를 저버리는 것에 유감이 많다.

---

*3 조선 중기 승려(1544~1610). 속명 임응규(任應奎). 자는 이환(離幻). 호는 사명당(四溟堂)·송운(松雲)·종봉(鍾峯). 유정은 법명(法名). 임진왜란 때에는 승병을 이끌고 왜군과 싸워 공을 세우고, 1604년 사신으로 일본에 건너가 전란 때 잡혀간 3000여 명 포로를 구해서 돌아왔음.

5월 21일[무술/7월 8일]

비가 오다. 웅천 현감과 소비포 권관이 와서 종정도 놀이를 했다. 거제 장문포(長門浦)에서 적에게 사로잡혔던 변사안(卞師顔)이 달아나 돌아와서 "적 형세는 그리 대단하지 않다" 말했다. 큰 바람이 밤낮 내내 불었다.

5월 22일[기해/7월 9일]

비가 오고 바람이 세게 분다. 29일이 장모 기일이어서 아들 회와 면, 여종들을 내보냈다. 순찰사와 순변사에게 편지를 써서 보냈다. 황득중(黃得中), 박주하(朴注河), 오수(吳水) 등은 격군을 잡아오는 일로 내보냈다.

5월 23일[경자/7월 10일]

비가 오다. 웅천 현감과 소비포 권관이 왔다. 저녁나절에 해남 현감(위대기)이 와서 술과 안주를 바치므로 충청 수사(이순신)를 불러왔다. 밤 10시쯤 헤어졌다.

5월 24일[신축/7월 11일]

잠시 맑다가 저녁에 비가 오다. 웅천 현감과 소비포 권관이 와서 종정도 놀이를 하며 겨루었다. 해남 현감도 왔다. 오후에 우수사와 충청 수사가 와서 종일 이야기했다. 구사직의 장계를 가지고 갔던 진무(鎭撫)가 들어왔다. 조카 해가 들어왔다.

5월 25일[임인/7월 12일]

비가 오다. 충청 수사가 와서 이야기하고서 돌아갔다. 소비포 권관도 왔다가 밤이 깊어서 돌아갔다. 비가 그치지 않으니, 전쟁하는 군사들 마음은 오죽 답답하랴. 조카 해가 돌아갔다.

5월 26일[계묘/7월 13일]

비가 오락가락하다. 대청에 앉았는데 서쪽 벽이 무너졌다. 바라지*4를 고쳐

---

*4 방에 햇빛을 들게 하려고 벽 위쪽에 내거나 누각 등의 벽 위쪽에 바라보기 좋게 뚫은 창.

바람이 통하니 공기가 맑아 매우 좋다. 과녁판을 정자 앞으로 옮겼다. 오늘 이인원(李仁元)과 토병(土兵) 23명을 본영으로 보내 보리를 거두라고 일렀다.

5월 27일[갑진/7월 14일]

비가 오락가락하다. 충청 수사, 사도 첨사, 발포 만호, 여도 만호, 녹도 만호와 함께 활을 쏘았다. 이날 소비포 권관이 앓아누웠다 한다.

5월 28일[을사/7월 15일]

잠깐 개다. 사도 첨사와 여도 만호가 와서 활을 쏘겠다고 했다. 그래서 우수사와 충청 수사를 초청해서 같이 활을 쏘고, 취하여 종일 이야기하다가 헤어졌다. 광양 4호선의 부정 사실을 조사했다.

5월 29일[병오/7월 10일]

아침에 비가 오다가 저녁나절에 개다. 장모 기일이므로 공무를 보지 않았다. 진도 군수(김만수)가 아뢰고 돌아갔다. 웅천 현감(이운룡), 거제 현령(안위), 적량 만호(고여우)가 와서 보고 돌아갔다. 저물녘에 정사립이 "남해 사람이 배를 가지고 와서 순천 격군을 싣고 간다"고 알려왔다. 그래서 그들을 잡아서 가두었다.

5월 30일[정미/7월 17일]

흐리되 비는 오지 않다. 아침에 왜놈들을 꾀어 달아나려고 한 광양 1호선 군사와 경상도 포작 3명을 처벌했다. 충청 수사와 경상 우후가 와서 보았다.

갑오년 6월(1594년 6월)

6월 1일[무신/7월 18일]

맑다. 배 첨사(僉使)와 함께 아침을 먹었다. 충청 수사가 와서 이야기했다. 저녁나절에 활을 쏘았다.

6월 2일[기유/7월 19일]

맑다. 배 첨사와 함께 아침을 먹었다. 충청 수사도 왔다. 저녁나절에 우수사 (이억기) 진영으로 갔더니 강진 현감(유해)이 술을 바쳤다. 활 2~3순을 쏘았다. 경상 수사 원균도 왔다. 나는 곧 몸이 불편해서 일찍 돌아가 누워서 충청 수사와 첨사 배문길(裵門吉)[*1]이 내기 장기 두는 것을 구경했다.

6월 3일[경술/7월 20일]

아침에는 맑더니 오후에 소나기가 크게 퍼부어 종일 그치지 않았다. 바닷물 빛조차 흐리게 변했으니 근래 드문 일이다. 충청 수사와 첨사 배경남이 와서 바둑을 두었다.

6월 4일[신해/7월 21일]

맑다. 충청 수사·미조항 첨사·웅천 현감이 와서 보았다. 그리고 종정도 놀이로 겨루게 했다. 저녁에 겸사복이 '수군 여러 장수들이 서로 협력하지 않으니, 다음부터는 예전 버릇을 버려라'는 임금 교지를 받들고 왔다. 황송하기 그지없다. 이는 원균이 술에 취하여 망발을 부렸기 때문이다.

---

*1 배경남(裵慶男). 조선 중기 무신. 문길(門吉)은 자. 1592년(선조 25) 임진왜란 때 부산진첨절제사 등 지방 무관직을 거친 뒤 유격대장이 되어 여러 곳에서 전공을 세웠음. 나중에 전라좌수사 이순신(李舜臣) 아래로 들어가 활약함.

6월 5일[임자/7월 22일]

맑다. 충청 수사가 와서 이야기했다. 사도 첨사와 여도 만호, 녹도 만호가 함께 와서 활을 쏘았다. 밤 10시쯤 급창(及唱)*² 김산(金山)과 그 처자 등 3명이 돌림병으로 죽었다. 세 해 동안이나 눈앞에 두고 미덥게 부리던 사람들이 하룻저녁에 죽어 가다니 몹시 참혹하다. 오늘 무밭을 갈았다. 송희립, 낙안 군수, 홍양 현감, 보성 군수가 군량을 독촉하기 위해 나갔다.

6월 6일[계축/7월 23일]

맑다. 충청 수사, 여도 만호와 함께 활 15순을 쏘았다. 경상 우수사 우후가 와서 보았다. 소나기가 내렸다.

6월 7일[갑인/7월 24일]

맑다. 충청 수사와 첨사 배경남이 와서 이야기했다. 남해 군관과 색리 등의 죄를 처벌했다. 송덕일이 돌아와서 "임금 교지가 들어온다" 전했다. 오늘 무씨 2되 5홉을 뿌렸다.

6월 8일[을묘/7월 25일]

맑다. 더워서 찌는 듯하다. 우수사 우후가 왔다. 충청 수사와 함께 활 20순을 쏘았다. 저녁에 종 한경이 들어와서 "어머니께서 평안하시다" 전하니 기쁘고 다행이다. 회령포(會寧浦) 만호(민정붕)가 진영으로 왔다. 전투 공적에 따라 포상하는 관교(官敎)*³도 왔다.

6월 9일[병진/7월 26일]

맑다. 충청 수사와 우수사 우후가 와서 활을 쏘았다. 우수사가 와서 함께 이야기하는데 밤은 깊어 해(海)의 피리 소리와 영수(永壽)의 거문고 소리를 들으며 평온히 대화하다 헤어졌다.

---

*2 조선 시대 군아에 속하여 원의 명령을 큰 소리로 전달하는 일을 맡아보던 사내종.
*3 조선 시대 임금이 벼슬을 내릴 때 4품 이상 벼슬아치에게 주던 사령장.

6월 10일[정사/7월 27일]

맑다. 더워서 찌는 듯하다. 활 5순을 쏘았다.

6월 11일[무오/7월 28일]

맑다. 더위에 쇠라도 녹을 것 같다. 아침에 아들 울이 본영으로 갔다. 작별하는 마음이 근심스럽다. 텅빈 추녀 아래 홀로 앉아 있으니 그 심정을 이겨낼 길이 없다. 저녁나절에 바람이 더 심해지니 근심이 더해졌다. 충청 수사가 와서 활을 쏘고 그대로 같이 저녁을 먹었다. 달빛 아래 함께 이야기할 때 옥피리 소리가 외롭고 쓸쓸했다. 오래도록 앉아 있다가 헤어졌다.

6월 12일[기미/7월 29일]

바람이 세게 불었으나, 비는 오지 않다. 가뭄이 너무 심하니 농사에 대한 근심이 더해진다. 이날 저녁 본영의 배 격군 7명이 달아났다.

6월 13일[경신/7월 30일]

바람이 몹시 불고 찌는 듯 덥다.

6월 14일[신유/7월 31일]

더위와 가뭄이 너무 심하여 바다의 섬도 찌는 듯하다. 농사일이 아주 걱정스럽다. 충청 수사와 사도 첨사, 여도 만호, 녹도 만호와 함께 활 20순을 쏘았다. 충청 수사가 가장 잘 적중시켰다. 이날 경상 수사가 활 쏘는 군관들을 거느리고 우수사가 있는 곳으로 왔는데 크게 지고 돌아갔다 한다.

6월 15일[임술/8월 1일]

맑다가 오후에 비가 내렸다. 신경황(申景潢)이 영의정(유성룡) 편지를 가지고 들어왔다. 나라를 근심함이 이보다 더한 이가 없을 것이다. 지사 윤우신이 죽었다니 슬프고 아까울 따름이다. 순천 부사와 보성 군수가 달려와 "명나라 총병관(摠兵官) 장홍유(張鴻儒)가 호선(號船)*4을 타고 100여 명을 거느리고 바닷

---

*4 명나라 수군의 전투배 종류. 20~30명쯤 탈 수 있는 작은 쾌속선.

길을 거쳐 벌써 진도 벽파정(碧波亭 : 진도군 고군면 벽파리)에 이르렀다" 알려왔다. 날짜를 헤아려 보면 오늘이나 내일 도착할 것이나 맞바람이 불어 능히 뜻대로 임하지 못한 것이 닷새나 이어졌다. 이날 밤 소나기가 넉넉히 내렸다. 하늘이 백성을 근심스레 여긴 것이 아니겠는가. 아들 편지가 왔다. 무사히 도착했다 한다. 또한 아내가 쓴 언문 편지에는 아들 면이 더위를 먹어 매우 아프다고 한다. 가슴이 미어지는 듯 괴롭다.

6월 16일[계해/8월 2일]
아침에 비오다가 저녁에 개다. 충청 수사와 함께 활을 쏘았다.

6월 17일[갑자/8월 3일]
맑다. 우수사와 충청 수사가 와서 조용히 이야기했다. 탐후선이 들어왔는데 어머니께서는 평안하시다 전한다. 하지만 면은 많이 아프다고 하니 몹시 걱정된다.

6월 18일[을축/8월 4일]
맑다. 원수(권율)의 군관 조추년(趙秋年)이 전령을 가지고 왔다. '원수가 두치(豆峙 : 하동읍 두곡리)에 이르러 광양 현감(송전)이 수군 중에 복병을 뽑을 적에 사사로운 정을 썼다'고 했다. 그래서 군관을 보내 그 까닭을 물으려 한다니, 놀라운 일이었다. 원수가 그 서얼 처남인 조대항(曺大恒) 말을 듣고 멋대로 행동하는 것이 이렇게 심하니 크게 통탄스럽다. 이날 경상 수사(원균)가 불렸지만 가지 않았다.

6월 19일[병인/8월 5일]
맑다. 원수의 군관과 배응록이 원수가 있는 곳으로 돌아갔다. 변존서, 윤사공(尹思恭), 하천수(河千壽) 등이 들어왔다. 충청 수사가 와서 보았는데 그의 어머니가 병중에 있었으므로 곧 머물던 곳으로 돌아갔다.

6월 20일[정묘/8월 6일]
맑다. 충청 수사가 와서 보고 활을 쏘았다. 박치공(朴致恭)이 와서 "서울로 올라간다" 말했다. 마량 첨사도 왔다. 저녁에 영등포 만호(조계종)가 본영에서 벗어나 있던 죄에 대해 판결했다. 탐후선의 이인원(李仁元)이 들어왔다.

6월 21일[무진/8월 7일]
맑다. 충청 수사가 와서 활을 쏘았다. 마량 첨사가 와서 보았다. '명나라 장수(장홍유)가 바다를 거쳐 벌써 벽파정에 이르렀다고 한 것은 잘못 전한 것'이라고 했다.

6월 22일[기사/8월 8일]
맑다. 할머님 제삿날이라 공무를 보지 않았다. 오늘 불타는 듯한 삼복 더위가 전보다 더하다. 큰 섬이 찌는 듯하여 사람이 견디기가 정말 괴롭다. 저녁에 몸이 매우 불편해서 식사를 2끼나 걸렀다. 저녁 8시쯤 소나기가 내렸다.

6월 23일[경오/8월 9일]
맑다. 늦게 소나기가 계속 내렸다. 순천 부사, 충청 수사, 우수사 우후, 가리포 첨사가 함께 와서 보았다. 좌수사 우후(이몽구)가 군량 독촉하는 일로 나갔다가 견내량에서 왜놈을 사로잡아 왔다. 왜적 동태를 묻고, 또 무엇을 잘하는지 물었더니, "화약을 굽는 일과 총쏘기를 다 잘한다" 말했다.

6월 24일[신미/8월 10일]
맑다. 순천 부사·충청 수사가 와서 활 20순을 쏘았다.

6월 25일[임신/8월 11일]
맑다. 이여념도 와서 활을 쏘았다. 종사관(정경달)의 배리(陪吏)*⁵가 편지를 가지고 들어왔는데 조도어사의 말이 놀랍다. 부채를 봉하여 보냈다. 충청 수사와 함께 활 10순을 쏘았다.

---

*5 고을 원이나 지체 높은 양반이 출입할 때 모시고 따라다니던 구실아치나 종.

6월 26일[계유/8월 12일]

맑다. 충청 수사와 순천 부사, 사도 첨사와 여도 만호, 고성 현령 등이 활을 쏘았다. 일찍이 단옷날 진상품을 올리도록 김양간(金良幹)을 보냈다. 마량 첨사와 영등포 만호가 왔다가 이내 돌아갔다.

6월 27일[갑술/8월 13일]

맑다. 활 15순을 쏘았다.

6월 28일[을해/8월 14일]

맑다. 찌는 듯이 덥다. 나라 제삿날(명종 제사)이라 온종일 홀로 앉아 있었다. 진무성(陳武晟)이 벽방 망보는 곳의 부정사실을 조사하고 와서 "적선이 없다" 고 아뢰었다.

6월 29일[병자/8월 15일]

맑다. 순천 부사가 술과 음식을 가지고 왔다. 우수사·충청 수사가 함께 와서 활을 쏘았다. 윤동구(尹東耈)의 아버지가 와서 보았다. 아들 울이 들어와서 어머니께서 평안하시다고 전했다.

갑오년 7월(1594년 7월)

7월 1일[정축/8월 16일]

맑다. 배응록이 원수 거처에서 돌아왔다. 원수가 잘못을 뉘우치는 말을 하면서 보냈다고 했다. 우스운 일이다. 이날은 나라 제삿날(인종 제삿날)이라 온종일 홀로 앉아 있었다. 저녁에 충청 수사가 와서 이야기를 나누었다.

7월 2일[무인/8월 17일]

맑다. 늦더위가 찌는 듯하다. 이날 순천 도청(都廳)*1과 색리, 광양 색리 등의 죄를 처벌했다. 전라좌도 사수들의 활쏘기를 시험하고, 적의 장물을 나누어줬다. 저녁나절에 순천 부사, 충청 수사와 함께 활을 쏘았다. 배 첨지가 휴가를 받아서 돌아갔다. 노윤발에게 흥양 군관 이심(李深), 배의 일을 맡아하는 병선색(兵船色), 군사를 모집하는 괄군색(括軍色) 등을 붙잡아 오는 일로 전령을 주어 내보냈다.

7월 3일[기묘/8월 18일]

맑다. 충청 수사와 순천 부사가 활을 쏘았다. 웅천 현감 이운룡(李雲龍)이 휴가임을 아뢰고 미조항으로 돌아갔다. 음란한 여인의 죄를 처벌했다. 각 배에서 여러 번 양식을 훔친 사람들을 형벌에 처했다. 저녁에 새로 지은 누각을 보러 나갔다.

7월 4일[경진/8월 19일]

맑다. 아침에 충청 수사가 와서 함께 아침을 먹었다. 오후에 마량 첨사, 소비포 권관도 와서 같이 점심을 먹었다. 왜적 5명과 도망병 1명을 아울러 처형하

---

*1 조선 시대에 도감(都監)에 속한 벼슬.

도록 명했다. 충청 수사와 활 10순을 쏘았다. 옥과(玉果) 지역의 군비 지원 담당인 조응복(曺應福)을 참봉에 임명했다.

7월 5일[신사/8월 20일]

맑다. 새벽에 탐후선이 들어와서 어머니께서 평안하시다고 전했다. 다행이다. 심약(審藥)이 내려 왔는데 매우 용렬하니 한심스럽다. 우수사와 충청 수사가 같이 왔다. 여도 만호는 술을 가져와 같이 마셨다. 활 10여 순을 쏘았다. 모두 취하여 수루에 올랐다가 밤이 깊어서 헤어졌다.

7월 6일[임오/8월 21일]

종일 궂은 비가 오다. 몸이 불편해서 공무를 보지 않았다. 최귀석(崔貴石)이 날뛰는 무리 3명을 잡아 왔다. 또한 박춘양(朴春陽) 등을 보내 그 무리의 왼쪽 귀가 베인 우두머리를 잡아 오도록 했다. 아침에 정원명(鄭元溟) 등에게 격군을 정비하지 않은 일로 잡아 가두었다. 저녁에 보성 군수가 들어왔다고 한다. 어머니께서 평안하다는 소식을 들었다. 밤 10시쯤 큰 소나기가 쏟아졌다. 빗줄기가 마치 삼대 같아서 비가 새지 않는 곳이 없다. 촛불을 밝히고 홀로 앉아 있으니 온갖 근심이 가슴에 치민다. 이영남이 와서 보았다.

7월 7일[계미/8월 22일]

저녁에 비가 뿌렸다. 충청 수사는 그의 어머니 병환이 깊다고 아뢰고 모이지 않았다. 우수사와 순천 부사, 사도 첨사와 가리포 첨사, 발포 만호와 녹도 만호가 함께 활을 쏘았다. 이영남이 배를 거느리고 올 일로 곤양으로 나간다고 알리고 돌아갔다. 사로잡혔다가 돌아온 고성의 보인(保人)을 문초했다. 보성 군수가 왔다.

7월 8일[갑신/8월 23일]

흐리되 비는 오지 않고, 종일 바람이 세게 불다. 몸이 고단하여 여러 장수들을 보지 않았다. 각 고을에 공문을 적어 보냈다. 오후에 충청 수사를 만나러 갔다. 저녁에 고성 사람으로 사로잡혔다가 도망쳐 온 사람을 직접 문초했다. 광양 현감 송전이 그의 장수인 병마절도사 편지를 가지고 이곳에 왔다. 낙안 군수와 충청 우후가 온다고 했다.

7월 9일[을유/8월 24일]

바람이 세게 불다. 충청 우후(원유남)가 교서에 숙배했다. 저녁나절에 순천, 낙안, 보성의 군관과 색리들이 격군에게 행동을 삼가지 않은 것과 기한을 어긴 죄를 꾸짖었다. 가리포 첨사와 임치 첨사, 소근포 첨사와 마량 첨사, 고성 현령이 함께 왔다. 낙안의 군량미 200섬을 받아서 나누었다.

7월 10일[병술/8월 25일]

아침에 맑다가 저녁에 비가 오다. 아침에 낙안의 견본으로 둔 벼를 깨끗이 찧은 것과 광양의 벼 100섬을 되질했다. 신홍헌(申弘憲)이 들어왔다. 저녁나절에 송전(宋荃)과 군관이 활 15순을 쏘았다. 아들 면의 병세가 다시 심해졌고 피를 토하는 증세까지 얻었다고 아침에 들었다. 그래서 아들 울(蔚), 심약(審藥) 신경황(申景潢), 정사립(鄭思立), 배응록(裵應祿)을 함께 보냈다.

7월 11일[정해/8월 26일]

종일 궂은 비가 오고 바람이 세게 불어 종일 그치지 않다. 울이 떠나는 길에 힘들 듯하여 걱정이 많이 되었다. 또한 면의 병세는 어떤지 걱정이 되었다. 장계 초고를 손수 고쳐 주었다. '원 수사가 불평하는 말이 많다'는 경상 순무사의 공문이 도착했다. 오후에 군관들에게 활을 쏘게 했다. 봉학(奉鶴)도 함께 활을 쏘았다. 윤언침(尹彦忱)이 점고를 받으러 이곳으로 왔다. 점심을 먹여서 돌려보냈다. 저물녘에 비바람이 크게 몰아쳐 밤새 계속되었다. 충청 수사가 와서 보았다.

7월 12일[무자/8월 27일]

아침에 소근(所斤) 첨사가 와서 보았는데 후시(帿矢) 54개를 만들어 바쳤다. 공문을 써서 나누어 주었다. 충청 수사와 순천 부사, 사도 첨사, 발포 만호, 충청 우후가 함께 와서 활을 쏘았다. 저녁에 탐후선이 들어와서 '어머니는 평안하시고 면은 병세가 중하다' 전하니 몹시 걱정하는 마음이 어느 정도이겠는가. '재상 유성룡이 죽었다는 알림이 순변사(이일)가 있는 곳에 이르렀다'고 했다.

이것은 유 재상을 시샘하는 자가 그를 비웃고 헐뜯기 위해 지어낸 말일 것이니 원통하고 분한 마음을 이길 길이 없다. 이날 저녁에는 마음이 몹시 어지러웠다. 홀로 텅 빈 동헌에 앉아 있으니 마음속 생각을 스스로 이길 수가 없다. 근심 때문에 더욱 괴로우니 밤이 깊도록 잠을 이루지 못했다. 유 재상과 뜻이 맞지 않는다면 나랏일은 어찌해야 한단 말인가.

7월 13일[기축/8월 28일]

비가 오다. 홀로 앉아 아들 면의 병세가 어떤지 글자를 짚어 점을 쳐 보았더니 임금을 뵙는 것과 같다는 점괘가 나왔다. 매우 길하다. 다시 쳐보니, 밤에 등불을 얻는 것과 같다는 점괘가 나왔다. 두 점괘 모두 길하니 마음이 조금 편해졌다. 또 유 재상의 점을 쳐보니 바다에서 배를 얻는 것과 같다는 점괘가 나왔다. 다시 쳐보니, 의심하다가 기쁨을 얻는 것과 같다는 점괘가 나왔다. 매우 길하다. 비가 저녁 내내 내렸다. 홀로 앉은 마음을 이길 길이 없다. 느지막이 송전이 돌아갈 때 소금 1곡(斛)*2을 주어 보냈다. 오후에 마량 첨사와 순천 부사가 와서 보았다. 어두워지자 돌아갔다. 비가 내릴지 갤지를 점쳤더니 뱀이 독을 토해내는 것과 같다는 점괘가 나왔다. 앞으로 큰 비가 내릴 듯하니 농사일이 매우 걱정된다. 밤에 비가 퍼붓는 듯이 내렸다. 저녁 8시쯤 발포 탐후선이 편지를 받아서 돌아왔다.

7월 14일[경인/8월 29일]

비가 계속 내려 어제 저녁부터 빗발이 삼대 같다. 지붕이 새어 마른 곳이 없다. 간신히 밤을 지냈다. 점쳤던 결과가 그대로 나타나니 매우 신기하다. 충청 수사와 순천 부사를 불렀다. 장기를 두게 하고 그것을 바라보며 하루를 보냈다. 그러나 가슴 속에는 근심이 있으니 어찌 조금이라도 편안하겠는가. 저녁에 수루 위로 걸어올라 이리저리 몇 바퀴 거닐다 돌아왔다. 탐후선이 오지 않는데 그 이유를 알 수가 없다. 자정쯤에 비가 또 왔다.

---

*2 열 말의 용량. 또는 그 용량을 되는 그릇.

7월 15일[신묘/8월 30일]

비가 오다가 저녁나절에 개다. 조카 해와 종 경(京)이 들어와서 "아들 면의 병이 차도가 있다"는 소식을 상세히 들려주니 기쁘기 그지없다. 조카 분의 편지에, '아산 고향의 선산이 아무 탈 없고, 가묘도 편안하며, 어머니께서도 평안하시다' 전하니 다행이다. 이홍종(李興宗)이 환곡(還穀) 일로 형벌을 받고 죽었으니 매우 놀랍다. 그의 삼촌인 충청 수사 이순신이 그것을 듣고 몹시 괴로워했고 또한 그의 어머니는 병세가 매우 심해졌다 들었다고 했다. 활 10여 순을 쏜 뒤에 수루에 올라 이리저리 거닐 적에 박주사리(朴注沙里)가 급히 와서 "명나라 장수 배가 이미 본영 앞에 이르러 이리로 온다" 전했다. 그리하여 곧바로 삼도(三道)에 명해서 진영을 죽도로 옮기게 하고 그곳에서 머물러 잤다.

7월 16일[임진/8월 31일]

흐리고 바람이 차다. 늦은 아침부터 비가 퍼붓듯이 종일 왔다. 경상 수사 원균, 충청 수사, 우수사가 모두 와서 보았다. 소비포 권관이 우족(牛足) 등을 보내왔다. '명나라 장수(장홍유)가 삼천진(三千鎭 : 사천시)에 이르러서 머물러 묵는다'고 했다. 여도 만호가 먼저 왔다. 저녁에 본진으로 돌아왔다.

7월 17일[계사/9월 1일]

맑다. 새벽에 포구로 나가 진을 쳤다. 오전 10시쯤 명나라 장수 파총 장홍유가 병호선(兵號船) 5척을 거느리고 돛을 달고 들어와 곧장 영문에 이르러서는 육지에 내려 이야기하자고 청했다. 그래서 나는 여러 수사들과 함께 활터 정자에 올라가서 올라오기를 청했더니, 파총이 배에서 내려서 곧 왔다. 이들과 같이 앉아서 먼저 '바닷길 만 리를 어렵게 여기까지 오신 데 대하여 감사함을 비길 데가 없다' 했더니, "지난 해 7월 절강(浙江)에서 배를 타고 요동에 이르니, 요동 사람들이 바닷길에는 돌섬과 암초가 많고, 또 앞으로 강화가 이루어질 것이니 갈 필요가 없다고 억지로 말리기에 그대로 요동(遼東)에 머물다가 시랑(侍郞) 손광(孫鑛)과 총병(總兵) 양문(楊文)에게 알리고 올 3월 초 배를 출발해 들어왔으니, 수고라고 할 것이 어디 있는가" 대답했다. 나는 차를 마시자고 청하고, 또 술잔을 권하니 감개무량하다. 또 적의 형세를 이야기하느라고 밤이 깊은 줄도 몰랐다.

7월 18일[갑오/9월 2일]

맑다. (장홍유에게) 누각 위로 올라가자고 청하여 점심을 먹고 나서 술을 3잔쯤 권했다. '대체로 내년 봄에 배를 거느리고 곧장 제주에 이를 일이 잦을 것이니, 우리 수군과 합세하여 추악한 적들을 무찌르자'고 성의를 다해 이야기했다. 초저녁에 헤어졌다.

7월 19일[을미/9월 3일]

맑다. 아침에 (장홍유에게) 환영 예물단자를 올리니, '감사를 미처 다하지 못하겠다' 하면서, '주시는 물건이 매우 풍성하다' 말했다. 충청 수사도 드렸고 늦게 우수사도 내가 드린 예물과 같이 드렸다. 점심을 먹은 뒤 경상 원 수사가 홀로 술 1잔을 드리는데 소반 위는 번잡하나 먹을 것은 하나도 없으니 우습다. 또 자(字)와 별호를 물으니 써서 주는데, 자는 중문(仲文)이요, 호는 수천(秀川)이라고 했다. 촛불을 밝히고 다시 의논하고서 헤어졌다. 비가 많이 내릴 기세여서 배에서 내려와 잤다.

7월 20일[병신/9월 4일]

맑다. 아침에 통역관이 와서 '명나라 장수(장홍유)가 남원에 있는 총병 유정이 있는 곳에는 가지 않고, 곧장 돌아갈 것'이라고 말했다. 나는 명나라 장수에게 "처음에 파총(장홍유)이 남원으로 온다는 소식이 이미 총병관 유정에게 전해졌는데, 만일 가지 않는다면 중간에 다른 이의 말들이 있을 것이니 바라건대 가서 만나보고 돌아가는 것이 좋겠다" 간절하게 말했다. 그러자 파총이 나의 말을 전해 듣고 과연 옳다고 하며 "내 말을 타고 혼자 가서 만나 본 뒤 군산(群山)으로 가서 배를 타겠다"고 했다는 것이다. 아침을 먹은 뒤에 파총이 내 배로 와서 조용히 이야기하고 이별 잔을 권했다. 파총이 7잔을 마신 뒤 닻줄을 풀고 함께 포구 밖으로 나가 거듭 애달픈 뜻으로 송별하니 마음이 서운하다. 그리고 경수(이억기), 충청 수사, 순천 부사, 발포 만호, 사도 첨사와 같이 사인암(舍人巖)으로 올라가 종일 취해서 이야기하고 돌아왔다.

7월 21일[정유/9월 5일]

맑다. 아침에 명나라 장수와의 문답 내용을 공문으로 써서 원수에게 보냈

다. 느지막이 마량 첨사와 소근포 첨사가 와서 보았다. 발포 만호가 복병을 내
보내는 일로 와서 보고하고 나갔다. 저녁에 수루에 올랐는데 순천 부사가 와
서 이야기를 나누었다. 오후에 <u>흥양의 군량선이 들어왔다.</u> 색리와 배 주인의
발바닥을 호되게 때렸다. 저녁에 소비포 권관(이영남)이 와서 "기한에 미처 대
지 못했다 하여 수사 원균에게 곤장 서른 대를 맞았다" 말한다. 매우 괴이하고
야릇한 일이다. 우수사(이억기)가 군량 20섬을 꾸어 갔다.

7월 22일[무술/9월 6일]

맑다. 아침에 장계 초고를 고쳤다. 임치 첨사와 목포 만호가 와서 보았다.
느지막이 사량 만호와 영등포 만호가 와서 보았다. 오후에 충청 수사와 순천
부사, 충청 우후와 이영남과 함께 활을 쏘았다. 저물녘 수루에 올라 밤이 되도
록 앉아 있다가 돌아왔다.

7월 23일[기해/9월 7일]

맑다. 충청 수사와 우수사, 가리포 첨사가 와서 보았다. 활을 쏘았다. 조카
해, 종 봉(奉)이 돌아갔다. 종 목년(木年)이 들어왔다.

7월 24일[경자/9월 8일]

맑다. 여러 가지 장계를 직접 봉했다. 영의정과 심 병판(심충겸)과 윤 판서(윤
근수) 앞으로 편지를 썼다. 저녁에 활 7순을 쏘았다.

7월 25일[신축/9월 9일]

맑다. 아침에 하천수(河千守)에게 장계를 가지고 가게 하여 내보냈다. 아침
을 먹고 충청 수사, 순천 부사 등과 함께 우수사가 있는 곳으로 가서 활 10순
을 쏘고 크게 취하여 돌아왔다. 밤새 토해냈다.

7월 26일[임인/9월 10일]

맑다. 아침에 각 고을에 공문을 써 보냈다. 밥을 먹은 뒤 수루 위로 자리를
옮겨 앉았다. 순천 부사와 충청 수사가 와서 보았다. 늦게 녹도 만호가 달아났
던 병사 8명을 잡아왔다. 그래서 그중 주모자 3명을 처형하고 나머지는 곤장

을 쳤다. 저녁에 탐후선이 들어왔는데 아들들 편지에, 어머니께서 평안하시고 면의 병도 나아진다고 했다. 허실(虛室)의 병세는 점차 심해진다고 하니 매우 염려된다. 유홍(兪弘)과 윤근수(尹根壽)가 세상을 떠나 윤돈(尹燉)이 종사관으로 내려온다고 한다. 신천기(申天機)도 들어왔다. 저물녘에 신제운(申霽雲)이 와서 보았다. 노윤발(盧潤發)이 흥양의 색리와 감관을 잡아 들어왔다.

7월 27일[계묘/9월 11일]

흐리고 바람 불다. 밤에 꿈을 꾸었는데 머리를 풀어헤치고 곡을 했다. 이는 매우 좋은 조짐이라고 한다. 이날 충청 수사·순천 부사와 함께 활을 쏘았다. 충청 수사가 과하주(過夏酒)라는 술을 가지고 왔다. 나는 몸이 불편해서 조금만 마셨지만 여전히 몸이 좋지 않다.

7월 28일[갑진/9월 12일]

맑다. 흥양 색리들 죄를 처단했다. 신제운이 주부로 임명되어서 갔다. 느지막이 수루에 올라 사벽(沙壁) 위를 바르는 일을 감독했다. 의능(義能)이 와서 일했다. 저물녘에 방으로 돌아왔다.

7월 29일[을사/9월 13일]

종일 가랑비 오다. 바람은 불지 않았다. 순천 부사와 충청 수사가 바둑 두는 것을 구경했다. 몸이 몹시 불편했다. 낙안 군수도 와서 함께 어울렸다. 이날 밤 새도록 앓았다.

갑오년 8월(1594년 8월)

8월 1일[병오/9월 14일]

비가 계속 오고 바람이 세게 불다. 몸이 몹시 불편해서 누각 방으로 옮겨 앉아 있다가 곧장 동헌 방으로 돌아왔다. 저녁에 낙안 군수(김준계)가 강집(姜緝)을 데려와서는 군량 독촉하는 일로 군율에 따라 문초하고 내보냈다. 비가 종일 내리더니 밤까지 그치지 않았다.

8월 2일[정미/9월 15일]

비가 퍼붓듯이 내리다. 초하룻날 자정에 꿈을 꾸었는데 부안댁이 남자아이를 얻었다. 개월 수를 따져보니 아이를 낳을 달이 아니었다. 그러므로 비록 꿈이었지만 쫓아냈다. 몸이 나아진 것 같다. 해가 저물 때 누각 위로 자리를 옮겨 충청 수사·순천 부사·마량 첨사와 함께 이야기를 하며 술을 여러 잔 돌리고 나서 멈추었다. 비가 종일 내렸다. 송희립이 와서 아뢰기를 흥양 훈도가 작은 배를 타고 달아났다고 한다.

8월 3일[무신/9월 16일]

아침에 흐렸으나 저물녘에 개었다. 충청 수사, 순천 부사와 함께 활을 쏘았다. 수루 방을 도배했다.

8월 4일[기유/9월 17일]

비가 뿌리다가 저녁나절 개다. 충청 수사, 순천 부사, 발포 만호가 함께 와서 활을 쏘았다. 수루 방의 도배가 끝났다. 경상 수사의 군관과 색리들이 명나라 장수(장홍유)를 접대할 때 여자들에게 떡과 음식물을 이고 오게 했던 일로 그 죄를 처벌했다. 화살 장인인 박옥(朴玉)이 와서 대나무를 가져갔다. 이종호(李宗浩)가 안수지(安守智) 등을 잡아오기 위해 흥양으로 갔다.

8월 5일[경술/9월 18일]

아침에 흐리다. 밥을 먹은 뒤 충청 수사, 순천 부사와 함께 활을 쏘았다. 경상 수사가 있는 곳으로 갔더니 우수사가 먼저 와 있었다. 서로 이야기하고 1시간쯤 지나서 돌아왔다. 오늘 웅천 현감과 소비포 권관, 영등포 만호와 윤동구 등이 선봉장으로서 여기에 왔다. 보성 군수가 돌아가고 장흥 부사가 돌아왔다.

8월 6일[신해/9월 19일]

아침에 맑다가 저물녘 비가 왔다. 충청 수사와 함께 활 10순을 쏘았다. 저녁에 장흥 부사가 들어오고 보성 군수가 나갔다. 탐후선이 들어와서 '어머니께서는 평안하시고 면은 차츰 나아진다'고 했다. 고성 현령, 사도 첨사, 적도 만호가 함께 왔다가 갔다. 이날 밤 수루 방에서 머물러 잤다.

8월 7일[임자/9월 20일]

종일 비가 오다.

8월 8일[계축/9월 21일]

비가 오다. 조방장 정응운이 들어왔다.

8월 9일[갑인/9월 22일]

비가 오다. 우수사, 조방장 정응운, 충청 수사, 순천 부사, 사도 첨사와 함께 이야기했다.

8월 10일[을묘/9월 23일]

비오다. 충청 수사와 순천 부사가 와서 이야기를 나누었다. 장계 초고를 고쳤다.

8월 11일[병진/9월 24일]

종일 비가 많이 내리다. 이날 밤 바람이 거세게 불고 폭우가 쏟아졌다. 지붕이 3겹이나 걷히더니 비가 새는 것이 마치 삼대 같다. 밤이 다하여 새벽이 될 때까지 앉아 있었다. 양쪽 창문은 모두 바람을 맞아 깨지고 젖었다.

8월 12일[정사/9월 25일]

흐리되 비는 오지 않다. 저녁나절에 충청 수사와 순천 부사, 웅천 현감과 소비포 권관과 함께 활을 쏘았다. 아침에 원수의 군관 심준(沈俊)이 '군사에 대한 약속을 직접 만나서 논의하자다'는 전령을 가지고 이곳으로 왔기에 '오는 17일 사천으로 나가 기다리겠다'고 했다.

8월 13일[무오/9월 26일]

맑다. 아침에 심준이 아뢰고 돌아가고, 노윤발도 돌아갔다. 오전 10시쯤 배에서 내려 여러 장수들을 거느리고 견내량으로 가서 날랜 장수들을 따로 뽑아 춘원포(春原浦 : 통영시 광도면 예승리) 등지로 가서 적을 엿보아 무찌르도록 사도 첨사에게 명하여 여러 배들을 보내도록 하고 그대로 머물러 잤다. 달빛이 삶아낸 명주실과 같고 바람은 파도를 일으키지 않았다. 해(海)로 하여금 피리를 불게 하여 밤이 깊어서야 그쳤다.

8월 14일[기미/9월 27일]

아침에 흐리다가 저물녘에 비가 오다. 사도 첨사, 소비포 권관, 웅천 현감 등이 달려와서 "왜선 한 척이 춘원포에 정박해 있으므로 불의에 엄습하였더니 왜놈들은 배를 버리고 달아나기에, 우리나라 남녀 15명과 적의 배만 빼앗아 돌아왔다" 알렸다. 오후 2시쯤 진영으로 돌아왔다.

8월 15일[경신/9월 28일]

맑다. 밥을 먹은 뒤 배를 출발하여 경상 수사 원균과 함께 월명포(月明浦 : 통영시 산양면)에 이르러 잤다.

8월 16일[신유/9월 29일]

맑다. 새벽에 출항하여 소비포에 이르러 정박했다. 아침을 먹은 뒤 돛을 달고 사천 선창(사천시 읍남면 선진리)에 이르니, 기직남(奇直男)이 곤양 군수(이광악)와 함께 와 있었다. 그대로 머물러 잤다.

8월 17일[임술/9월 30일]

흐리더니 저물녘에 비가 오다. 원수(권율)가 정오에 사천에 이르러 군관을 보내 이야기를 하자고 청해 왔다. 그래서 곤양 군수의 말을 타고 원수가 주둔하고 있는 사천 현감의 처소로 가서 교서에 정중히 절한 뒤 공사례를 마치고 그대로 함께 이야기하니 오해가 많이 풀리는 빛이다. 원균 수사를 몹시 꾸짖으니, 원균 수사는 머리를 들지 못했다. 우습다. 가지고 간 술을 마시자고 청해서 8순배를 돌렸다. 원 수사가 몹시 취해 자리를 파하고 돌아오니 박종남과 윤담이 와서 보았다.

8월 18일[계해/10월 1일]

흐리되 비는 오지 않다. 아침을 먹은 뒤 원수가 청하므로 나아가 이야기했다. 또한 술상을 간소하게 차렸는데 크게 취하여 아뢰고 돌아왔다. 경상 수사 원균은 취해 드러누워 오지 않으므로, 나만 곤양 군수(이광악), 거제 현령(안위), 소비포 권관(이영남) 등과 함께 배를 돌려 삼천포 앞바다로 와서 잤다.

8월 19일[갑자/10월 2일]

맑다가 저물녘에 잠깐 비가 왔다. 새벽에 사량(蛇梁 : 통영시 사량면) 뒤쪽에 이르니 원균 수사는 아직 오지 않았다. 칡을 60동이나 캐었는데, 원균 수사가 그제서야 왔다. 저녁나절에 배를 출발시켜 당포(唐浦 : 통영시 산양면 삼덕리)에 이르러 머물렀다.

8월 20일[을축/10월 3일]

맑다. 새벽에 배를 출발시켜 진영에 이르렀다. 우수사(이억기)와 조방장 정응운이 와서 보았다. 정 조방장은 곧바로 돌아가고 우수사와 장흥 부사·사도 첨사·가리포 첨사·충청 우후 등과 함께 활을 쏘았다. 저녁에 피리를 불며 노래를 부르다가 밤이 깊어서 헤어졌다. 미안한 일이 많았다. 충청 수사는 어머니 병환이 위중하여 아뢰고 흥양으로 돌아갔다.

8월 21일[병인/10월 4일]

맑다. 외가 제삿날이라 공무를 보러 나가지 않았다. 곤양 군수와 사도 첨사,

마량 첨사와 남도포 만호, 영등포 만호와 회령포 만호, 소비포 권관이 왔다. 양정언(梁廷彦)이 와서 보았다.

8월 22일[정묘/10월 5일]

맑다. 나라 제삿날(성종 비 정현왕후 윤씨 제사)이라 공무를 보러 나가지 않았다. 경상 우우후(右虞候)가 와서 보았다. 낙안 군수와 사도 첨사도 왔다가 갔다. 저녁에 곤양 군수와 거제 현령, 소비포 권관과 영등포 만호가 와서 이야기하다가 밤이 깊어서 돌아갔다.

8월 23일[무진/10월 6일]

맑다. 아침에 공문 초안을 잡았다. 식사를 하고 활터 정자로 옮겨 앉아 공문을 써서 보내고 활을 쏘았다. 바람이 몹시 거세게 불었다. 장흥 부사와 녹도 만호가 와서 함께 했다. 저물녘에 곤양 군수·웅천 현감·영등포 만호·거제 현령·소비포 권관 등도 왔다가 저녁 8시쯤 헤어져 돌아갔다.

8월 24일[기사/10월 7일]

맑다. 각 고을에 수군을 징발하는 일로 박언춘, 김륜, 신경황을 내보냈다. 조방장 정응운이 돌아갔다. 저물녘에 소비포 권관이 와서 보았다.

8월 25일[경오/10월 8일]

맑다. 아침에 곤양 군수와 소비포 권관을 불러와서 같이 아침을 먹었다. 사도 첨사가 휴가를 얻어 돌아가는데 '9월 7일에 돌아오라'고 일러서 보냈다. 현덕린(玄德獜)이 그의 집으로 돌아갔다. 신천기(申天紀)도 곡식 내는 일로 돌아갔다. 느지막이 흥양 현감이 돌아왔다. 활터 정자로 내려가 활 6순을 쏘았다. 정원명이 들어왔다고 한다.

8월 26일[신미/10월 9일]

맑다. 아침에 각 고을과 포구에 공문을 써서 보냈다. 흥양의 포작인 막동(莫同)이란 자가 장흥의 군사 30명을 몰래 그의 배에 싣고 달아났다. 그래서 처형하여 목을 높은 곳에 매달았다. 느지막이 활터 정자로 내려가 활을 쏘았다. 충청 우후도 와서 같이 쏘았다.

8월 27일[임신/10월 10일]

맑다. 우수사와 여러 장수들이 함께 와서 활을 쏘는데, 홍양 현감이 술을 바쳤다. 아들 울의 편지를 보니 아내 병이 위중하다고 했다. 그래서 아들 회를 내보냈다.

8월 28일[계유/10월 11일]

새벽 2시쯤부터 비는 조금 오는데 바람이 세게 분다. 비는 아침 6시쯤 그쳤지만 바람은 종일 크게 불었다. 아들 회가 잘 도착했는지 안부를 알 수 없으니 매우 걱정이 된다. 진도 군수(김만수)가 와서 보았다. 원수의 장계 때문에 추궁하여 심문하는 글이 내려왔다. 이는 급히 올린 장계에 잘못된 뜻이 많았기 때문이다. 해남 현감이 들어왔다.

8월 29일[갑술/10월 12일]

맑으나 된바람이 세게 분다. 아침에 마량 첨사와 소비포 권관이 와서 함께 밥을 먹었다. 느지막이 활터 정자로 자리를 옮겨 공문을 써서 보냈다. 도양(道陽 : 고흥군 도덕면 도덕리) 목자(牧子)*¹ 박돌이(朴乭伊) 죄를 다스렸다. 도적 3명 가운데 장손(張孫)에게 곤장 100대를 치게 하고 얼굴에 '도(盜)'라는 글자를 새기게 했다. 해남 현감이 들어왔다. 의병장 성응지가 죽었다고 하니 참으로 슬프다.

8월 30일[을해/10월 13일]

맑고 바람조차 없다. 남해 현감 현즙(玄楫)이 와서 보았다. 느지막이 우수사(이억기)와 장흥 부사(황세득)가 와서 보았다. 저물녘에 충청 우후(원유남)와 웅천 현감(이운룡), 거제 현령(안위)과 소비포 권관(이영남)이 함께 와서 보았다. 허정은(許廷誾)도 왔다. 이날 탐후선이 들어왔는데 아내 병이 몹시 위독하다고 했다. 이미 생사가 판가름 났을지도 모르겠다. 그러나 나라 사정이 이 지경이

---

*1 조선 시대 나라의 목장에서 말과 소를 먹이던 사람.

니 다른 일은 생각할 수 없다. 그러나 세 아들과 딸 하나가 어찌 살아갈지 생각하니 마음이 몹시 아프다. 김양간(金良幹)이 서울에서 영의정 편지와 심충겸(병조판서) 편지를 가지고 왔다. 분개하다는 뜻이 많이 적혀 있다. 원균 수사하는 일이 매우 이상야릇하다. 나더러 '머뭇거리며 앞으로 나아가지 않는다'고 말하니, 천년을 두고서 한탄할 일이다. 곤양 군수(이광악)가 병으로 돌아가는데, 보지 못하고 보내 너무 섭섭하다. 밤 10시쯤부터 마음이 어수선해서 잠들 수가 없었다.

갑오년 9월(1594년 9월)

9월 1일[병자/10월 14일]

앉았다 일어났다 하며 잠들지 못했다. 촛불을 밝히고 이리저리 뒤척였다. 아침 일찍 세수를 하고서 고요히 앉아 부인의 병세를 점쳤더니 중이 속세로 돌아오는 것과 같다는 점괘가 나왔다. 다시 점치니 의심하다가 기쁨을 얻는 것과 같다는 점괘가 나왔다. 매우 길하다. 또다시 병세가 덜어질 것인지와 소식이 올 것인지에 대해 점쳤더니 귀양을 갔다가 친척을 만난 것과 같다는 점괘가 나왔다. 이 또한 오늘 좋은 소식을 듣게 될 조짐이다. 순무사 서성의 공문과 장계 초안이 들어왔다.

9월 2일[정축/10월 15일]

맑다. 아침에 웅천 현감과 소비포 권관이 와서 함께 밥을 먹었다. 느지막이 낙안 군수가 와서 보았다. 저녁에 탐후선이 들어왔다. 아내 병이 좀 나아졌으나, 원기가 몹시 약하다고 하니 걱정스럽다.

9월 3일[무인/10월 16일]

비가 조금 내렸다. 새벽에 '수군과 육군의 여러 장수들이 팔짱만 끼고 서로 바라보기만 하면서 한 가지라도 계책을 세워 적을 치는 일이 없다'는 임금 밀지가 들어왔다. 세 해 동안이나 바다에 나와 있는데 그럴 리는 만무하다. 여러 장수들과 맹세하여 죽음으로써 원수를 갚을 뜻을 결심하고 나날을 보내고 있지만, 적이 험하고 수비가 단단한 곳에 굳게 막아 지키고 있으니 경솔히 나아가 칠 수 없는 것뿐이다. 하물며 나를 알고 적을 알아야만 백 번 싸워도 위태하지 않다고 하지 않았던가! 초저녁에 촛불을 밝히고 홀로 앉아 스스로 생각하니 나랏일은 어지럽건만 안으로 구해낼 길이 없으니 이를 어찌하랴! 밤 10시쯤 마침 홍양 현감이 내가 홀로 앉아 있음을 알고 들어와서 자정까지 이야기하다가 헤어졌다.

9월 4일[기묘/10월 17일]
맑다. 아침에 흥양 현감이 와서 보았다. 밥을 먹은 뒤 소비포 권관도 왔다. 느지막이 경상 수사 원균이 와서 이야기하자고 했다. 그래서 활터 정자로 내려 가서 앉았다. 활을 쏘았는데 원 수사가 9푼(分)을 지고는 술이 취해 돌아갔다. 피리를 밤까지 불다가 헤어졌는데 또 미안한 마음이 많이 드니 우습다. 여도 만호가 들어왔다.

9월 5일[경진/10월 18일]
맑다. 닭이 운 뒤에 머리가 가려워 긁었지만 시원치가 않아 사람을 시켜 긁 게 했다. 바람이 순하지 않아 나가지 않았다. 충청 수사가 들어왔다.

9월 6일[신사/10월 19일]
맑고 바람이 잔잔하다. 아침에 충청 수사, 우후, 마량 첨사와 함께 아침을 먹 고 느지막이 활터 정자로 옮겨 앉아 활을 쏘았다. 이날 저녁에 종 효대(孝代) 와 개남(介南)이 왔다. 어머니께서 평안하시다는 편지를 가지고 왔으니 기쁘기 그지없다. 듣기로 방필순(方必淳)이 세상을 떠나고 익순(益淳)이 그의 식구들 을 거느리고 왔다고 하니 우습다. 밤 10시쯤 종 복춘(福春)이 왔다. '김경로가 우도(右道)에 이르렀다'는 소식을 저녁에 들었다.

9월 7일[임오/10월 20일]
맑다. 아침에 순천 부사의 편지가 와서 '좌의정(윤두수)과 순찰사(홍세공)[*1] 가 10일께 본부로 온다'고 했다. 매우 불행하다. 순천 부사가 진영에 있을 때 사 냥하기 위해 거제로 부하들을 보냈는데 한 명도 남김없이 적에게 사로잡혔다 고 했다. 그런데 그 사정을 알리지 않았으니 매우 이상야릇하다. 그러므로 편 지를 쓸 때 그 부분을 거론하여 보냈다.

---

*1 1594년 5월 27일, 이정암이 전라 순찰사 관직에서 파면되고 다음날 전주 부윤 홍세공(洪世 恭)이 그 자리에 임명됨.

9월 8일[계미/10월 21일]

맑다. 장흥 부사(황세득)를 헌관(獻官)*²으로 삼고, 홍양 현감(배흥립)을 전사(典祀)로 삼아서 내일 둑제를 지내려고 입재(入齋)*³하도록 했다. 첨지 김경로가 왔다.

9월 9일[갑신/10월 22일]

맑다. 저물녘에 비가 오다가 그쳤다. 여러 장수들이 활을 쏘았다. 삼도(三道)가 아울러 모였는데, 원균 수사는 병으로 오지 않았다. 첨지 김경로도 같이 쏘다가 돌아갔다. 경상 진영에서 묵었다.

9월 10일[을유/10월 23일]

맑고 바람도 잔잔하다. 사도 첨사가 활쏘기 대회를 열었는데, 우수사도 모였다. 김경숙(金敬叔)이 창신도(昌信島)으로 돌아갔다.

9월 11일[병술/10월 24일]

맑다. 일찍 누각 위로 올라가 남평의 색리와 순천의 격군으로서 3번 식량을 훔친 자를 서형에 처했다. 각 고을과 포구에 공문을 써서 보냈다. 느지막이 충청 수사가 와서 보았다. 소비포 권관은 달빛을 틈타 돌아갔다. 원 수사가 지독한 모략을 꾀하려 했기 때문이다.

9월 12일[정해/10월 25일]

맑다. 김암(金巖)이 방으로 왔다. 조방장 정응운의 종이 돌아갈 때 그의 편지에 대한 답장을 써서 보냈다. 느지막이 우수사와 충청 수사가 함께 왔는데 장흥 부사가 술을 가져와 같이 이야기 하다가 심하게 취해 헤어졌다.

9월 13일[무자/10월 26일]

맑고 따뜻하다. 어제 술에 취했던 것이 아직도 깨지 않아 방에서 나가지 않았다. 아침에 충청 우후가 와서 보았다. 조도어사 윤경립(尹敬立)의 장계 두 통

---

*2 나라에서 제사를 지낼 때 임시로 임명하던 제관.
*3 제사 전날에 음식과 행동을 조심하며 부정한 일을 멀리하는 일.

을 보니, 하나는 '진도 군수를 파면해 달라'는 것이고, 나머지 하나는 '수륙 양군이 서로 침해하지 말고, 또한 수령들을 전쟁에 보내지 말라'는 것이니, 그 뜻은 자못 임시방편에 지나지 않는다. 저녁에 하천수(河千壽)가 장계 회답과 홍패(과거 합격자 명단) 97장을 가지고 왔다. 영의정(유성룡) 편지도 가지고 왔다.

9월 14일[기축/10월 27일]
맑다. 흥양 현감이 술을 바쳤다. 우수사, 충청 수사와 같이 활을 쏘았다. 방답 첨사가 공사례(公私禮)*4를 행했다.

9월 15일[경인/10월 28일]
맑다. 새벽에 충청 수사와 여러 장수들과 함께 망궐례를 행했다. 우수사는 오기로 했었으나 병을 핑계로 오지 않았으니 한심스럽다. 과거에 새로 급제한 사람들에게 홍패를 나누어 주었다. 남원 도병방(都兵房)과 향소(鄕所) 등을 잡아 가두었다. 충청 우후(원유남)가 충청도로 돌아갔다. 종 경(京)이 들어왔다.

9월 16일[신묘/10월 29일]
맑다. 충청 부사, 춘천 부사와 이야기를 나누었다. 이날 밤 꿈에 어린아이를 보았다. 이는 경(庚)의 어미가 사내아이를 낳을 조짐이다.

9월 17일[임진/10월 30일]
맑고 따뜻하다. 여러 장수들과 함께 종일 활을 쏘다가 헤어졌다. 우후 이몽구가 국둔전(國屯田)*5에서 수확하는 일로 나갔다. 효대(孝代) 등이 나갔다.

9월 18일[계사/10월 31일]
맑고 지나치게 따뜻하다. 충청 수사, 흥양 현감과 종일 활을 쏘다가 헤어졌다. 저물녘 비가 뿌리더니 밤새 내렸다. 이수원(李壽元)과 중 담화(曇花)가 들어왔다. 복춘(福春)이 들어왔다. 이날 밤 뒤척이며 잠들지 못했다.

---

*4 무관이 상관에게 처음 신고할 때 하는 공식적 인사와 개인적 인사.
*5 국경을 지키던 군사가 경작하여 그 수확을 군자(軍資)에 충당하던 토지. 왜구를 막기 위하여 바닷가 지방에 많이 두었음.

9월 19일[갑오/11월 1일]

종일 비가 오다. 흥양 현감과 순천 부사가 와서 이야기했다. 해남 현감도 왔다가 곧바로 돌아갔다. 흥양 현감과 순천 부사는 밤이 깊어져서 돌아갔다.

9월 20일[을미/11월 2일]

새벽에 바람은 잦아들지 않았지만 비는 잠깐 그쳤다. 홀로 앉아 간밤 꿈을 기억해 냈다. 꿈에 바다 가운데 외딴섬이 달려오다가 눈앞에 와서 주춤 섰는데, 소리가 우레 같아 사방에서는 모두들 놀라 달아났지만 나만은 우뚝 서서 끝까지 그것을 구경하니 참으로 장하고 통쾌했다. 이것은 왜놈들이 화친을 구걸하다가 스스로 망할 것을 나타내는 조짐이다. 또한 나는 준마를 타고 천천히 가고 있었다. 이것은 임금 부름을 받을 조짐이다. 충청 수사와 흥양 현감이 왔다. 거제 현령도 와서 보고 곧바로 돌아갔다. 체찰사가 '수군에 군량을 끊임없이 대라'는 공문을 보내왔다.

9월 21일[병신/11월 3일]

맑다. 아침에 활터 정자에 나가 앉아 공문을 써서 나누어 주었다. 느지막이 활을 쏘았다. 장흥 부사, 순천 부사, 충청 수사와 하루 내내 이야기를 했다. 저물녘에 여러 장수들에게 뛰어넘기를 시키고, 또 사병들에게는 씨름으로 겨루게 했다. 밤이 깊어서야 끝났다.

9월 22일[정유/11월 4일]

아침에 활터 정자에 앉아 있으니 우수사와 장흥 부사가 왔다. 경상 우후도 와서 명령을 듣고 갔다. '27일에는 꼭 군사들을 출동시키라'는 원수의 비밀문서가 왔다.

9월 23일[무술/11월 5일]

맑으나 바람이 사납다. 아침에 활터 정자에 올라가 공문을 써서 나누어 주었다. 경상 수사 원균이 군사 기밀을 논의하고 갔다. 낙안 군사 11명과 방답 수군 45명을 점검했다. 고성 백성들이 모여 관청에 호소했다. 진주(晉州) 강운(姜雲)의 죄를 처단했다. 보성에서 데려온 소관(召官) 황천석(黃千錫)을 추궁했다.

광주에 갇혀 있던 창평현 색리 김의동(金義同)을 처벌하라는 전령을 내보냈다. 저녁에 충청 수사, 마량 첨사가 와서 보았다. 밤이 깊어지자 돌아갔다. 저녁 8시쯤 복춘(復春)이 와서 사사로이 이야기하다가 닭이 운 뒤 돌아갔다.

9월 24일[기해/11월 6일]

맑고 종일 바람이 세게 불다. 아침에 대청에서 공무를 보았다. 충청 수사와 함께 아침을 먹었다. 오늘 더그레(號衣)*6를 나누는데, 전라좌도는 누런 옷 9벌, 전라우도는 붉은 옷 10벌, 경상도에는 검은 옷 4벌이었다.

9월 25일[경자/11월 7일]

맑다. 바람이 조금 잠잠해졌다. 첨지 김경로는 군사 70명을 거느리고, 첨지 박종남은 군사 600명을 거느리고 들어왔다. 조붕도 와서 같이 자면서 밤에 이야기했다.

9월 26일[신축/11월 8일]

맑다. 새벽에 곽재우(郭再祐)와 김덕령(金德齡) 등이 견내량에 이르렀기에 박춘양(朴春陽)을 보내 건너온 까닭을 물었더니, '수군과 합세할 일로 원수(권율)가 명령한 것'이라 했다.

9월 27일[임인/11월 9일]

아침에 맑더니 저물녘에 비가 잠깐 오다. 아침에 느지막이 배를 출발해 포구에 나가자 여러 배들도 일제히 출발하여 적도(거제시 둔덕면) 앞바다에 대었다. 그러니 첨지 곽재우, 김충용(金忠勇) 김덕령, 별장(別將) 한명련(韓明璉), 주몽룡(朱夢龍) 등이 와서 약속하고, 저마다 원하는 곳으로 갈라 보냈다. 저녁때 병사 선거이가 배에 이르렀으므로 본영 배를 타게 했다. 저물 무렵 체찰사의 군관 이천문(李天文), 임득의(林得義), 이홍사(李弘嗣), 이충길(李忠吉), 강중룡(姜仲龍), 최여해(崔汝諧), 한덕비(韓德備), 이안겸(李安謙), 박진남(朴振男) 등이

---

*6 조선 시대 각 영문(營門)의 군사, 마상재(馬上才)꾼, 의금부의 나장(羅將), 사간원의 갈도(喝道) 등이 입던 웃옷으로 옷자락이 세 갈래로 터져 있음. 소속에 따라 옷 빛깔이 달랐음. 호의(號衣).

왔다. 밤에 잠시 비가 오다.

9월 28일[계묘/11월 10일]

흐리다. 새벽에 촛불을 밝히고 홀로 앉아 적을 치는 일로 길흉을 점쳤더니 활이 화살을 얻은 것과 같다는 점괘가 나왔다. 다시 점쳤더니 산이 움직이지 않는 것과 같다는 점괘가 나왔다. 바람이 순하지 않았다. 진을 흉도 안쪽 바다로 옮겨서 머물렀다. 종사관이 임금 교서에 정중히 절했다.

9월 29일[갑진/11월 11일]

맑다. 배를 출발하여 장문포(長門浦 : 거제시 장목면 장목리) 앞바다로 마구 쳐들어 가니, 적의 무리는 험하며 높고 가파른 곳에 굳게 막아 지키고 나오지 않았다. 누각을 높이 짓고, 양쪽 봉우리에는 진지를 쌓고서 싸우러 나오지는 않았다. 선봉의 적선 2척을 무찔렀더니, 뭍으로 내려가 달아나 버렸다. 빈 배들만 쳐부수고 불태웠다. 칠천량에서 밤을 지냈다.

갑오년 10월(1594년 10월)

10월 1일[을사/11월 12일]

새벽에 배에 올라 출발하여 장문포에 이르렀다. 경상 우수사와 전라 우수사가 장문포 앞바다에 머물고 있었다. 충청 수사 등 선봉의 여러 장수들과 함께 곧장 영등포로 들어가니, 흉악한 적들은 바닷가에 배를 대어 놓고 한 놈도 나와서 싸우려고 하지 않았다. 해 질 무렵 장문포 앞바다로 돌아와서 사도(蛇渡) 2호선이 뭍에 배를 매려 할 즈음, 왜적의 작은 배가 곧장 들어와 불을 던졌다. 비록 불은 일어나지 않고 꺼졌지만 매우 분통하다. 우수사의 군관 및 경상 우수사의 군관은 그들의 실수를 간단히 꾸짖었지만, 사도 군관에게는 그 죄를 무겁게 다스렸다. 밤 10시쯤 칠천량으로 돌아와 밤을 지냈다.

10월 2일[병오/11월 13일]

맑다. 선봉선 30척으로 하여금 장문포에 있는 적 사정을 가서 보고 오게 했다.

10월 3일[정미/11월 14일]

맑다. 몸소 여러 장수들을 거느리고 일찌감치 장문포로 가서 종일 싸우려는데, 적의 무리들은 두려워하며 싸우러 나오지 않았다. 날이 저물어 칠천량으로 돌아왔다.

10월 4일[무신/11월 15일]

맑다. 곽재우, 김덕령 등과 함께 약속하고서 군사 몇백 명을 뽑아 뭍에 내려 산을 오르게 하고, 선봉을 먼저 장문포로 보내 들락날락하면서 싸움을 걸게 했다. 저녁나절 중군(中軍)을 거느리고 나아가 바다와 뭍에서 서로 호응하니, 적의 무리들은 갈팡질팡하며 기세를 잃고 동분서주한다. 육군은 왜적 하나가 칼을 휘두르는 것을 보고는 곧 배로 내려왔다. 해 질 무렵 돌아와 칠천량에 진을 쳤다. 선전관 이계명(李繼明)이 표신(標信)*¹과 선유교서(宣諭敎書)*²를 가지고 왔다. 안에는 임금님이 하사하신 잘(豹皮)*³도 있었다.

10월 5일[기유/11월 16일]
종일 바람이 세게 불다. 칠천량에 그대로 머물러 장계 초안을 고쳤다.

10월 6일[경술/11월 17일]
맑다. 일찍이 선봉을 장문포에 있는 적의 소굴로 보냈더니 왜놈들이 '일본은 명나라와 화친을 의논할 것이니 서로 싸울 것이 없다'는 패문을 써서 땅에 꽂아 두었다. 왜놈 하나가 칠천도 산기슭에 와서 항복하기에 곤양 군수가 잡아 배에 싣고 왔다. 물어보니 영등포 왜적이었다. 흉도로 진을 옮겼다.

10월 7일[신해/11월 18일]
맑고 따뜻하다. 병사 선거이, 곽재우, 김덕령 등이 나갔다. 나는 출발하지 않고 머물렀다. 띠풀 183동을 베었다.

10월 8일[임자/11월 19일]
맑고 바람조차 없다. 아침에 배를 출발하여 장문포에 있는 적 소굴에 이르니, 적들은 여전히 나오지 않았다. 군대 위세만 보인 뒤 흉도로 돌아왔다. 띠풀 260동을 베고 그대로 출발하여 한산도에 이르니, 밤은 벌써 자정이었다.

10월 9일[계축/11월 20일]
맑다. 아침에 정자로 내려오니 첨지 김경로, 첨지 박종남, 조방장 김응함(金應諴), 조방장 한명련(韓命連), 진주 목사 배설(裵楔), 김해 부사 백사림(白士霖)이 아울러 와서 아뢰고 돌아갔다. 김경로와 박종남은 종일 활을 쏘았다. 박자

---

*1 궁중에 급변을 전하거나 궁궐 문을 드나들 때 쓰던 허가증.
*2 임금 가르침을 백성에게 널리 알리는 문서.
*3 담비의 털가죽.

윤(朴子胤)은 청방(廳房)*⁴에서 춘복(春福)과 같이 잤다. 김성숙(金惺叔)은 배로 내려가서 잤다. 남해 현령, 진주 목사, 김해 부사, 하동 현감, 사천 현감, 고성 현령이 아뢰고 돌아갔다.

10월 10일[갑인/11월 21일]

맑다. 아침에 나가서 장계 초안을 고쳤다. 박자윤과 곤양 군수는 그대로 머물고 떠나지 않는다 말했다. 흥양 현감, 보성 군수, 장흥 부사는 아뢰고 돌아갔다. 이날 밤 상서로운 꿈을 두 가지나 꾸었다. 아들 울, 존서(存緒), 유헌(有憲), 정립(廷立) 등이 본영으로 돌아갔다.

10월 11일[을묘/11월 22일]

맑다. 아침에 몸이 불편했다. 충청 수사가 와서 보았다. 공문을 처리하고 일찍 들어가서 잤다.

10월 12일[병진/11월 23일]

맑다. 아침에 장계 초안을 고쳤다. 느지막이 우수사와 충청 수사가 이곳에 왔다. 경상 수사 원균이 적을 처부순 일을 스스로 직접 장계를 올리겠다고 해서 공문을 만들어 보냈다. 비변사 공문에 따르면, 원수가 쥐가죽으로 만든 남바위[耳俺]*⁵를 전라좌도에 15개, 전라우도에 10개, 경상도에 10개, 충청도에 5개를 나누어 보냈다.

10월 13일[정사/11월 24일]

맑다. 아침에 아전을 불러서 장계 초안을 썼다. 느지막이 충청 수사를 내보냈다. 본도의 우수사가 충청 수사를 보러 왔는데 나를 보지 않고 돌아갔다. 이는 매우 취했기 때문이다. 종사관(정경달)이 벌써 사천에 이르렀다고 한다. 사천 1호선을 내어 보냈다.

---

*4 구들을 놓지 않고 널을 깔아 만든 마루방.
*5 귀가리개.

10월 14일[무오/11월 25일]

맑다. 새벽꿈에 왜적들이 항복하면서 육혈포(六穴砲) 5자루와 환도를 바치는데, 그 말을 전하는 자는 김서신(金書信)이라고 했으며 왜놈들 항복을 모두 받아들이기로 했다.

10월 15일[기미/11월 26일]

맑다. 박춘양이 장계를 가지고 나갔다.

10월 16일[경신/11월 27일]

맑다. 순무어사 서성(徐渻)이 해 질 무렵 이곳에 왔다. 우수사, 원균 수사와 이야기를 했다. 밤이 깊어서 헤어졌다.

10월 17일[신유/11월 28일]

맑다. 아침에 어사가 있는 곳으로 사람을 보냈는데 밥을 먹은 뒤 찾아오겠다고 했다. 느지막이 우수사가 왔다. 어사도 와서 조용히 이야기하는데, 경상 수사 원균이 속임수를 쓴 일을 많이 말했다. 매우 이상야릇한 일이다. 원균 수사도 왔는데 하는 짓이 흉악하기로는 말로 다 할 수가 없다. 아침에 종사관이 들어왔다.

10월 18일[임술/11월 29일]

맑다. 아침에 바람이 몹시 불다가 늦게야 그쳤다. 어사가 있는 곳으로 갔더니 그는 이미 원균 수사가 있는 곳으로 갔다. 나도 그곳으로 가니 조금 뒤에 술을 내왔다. 날이 저물어 돌아왔다. 종사관이 임금님 교서에 정중하게 절하고서, 서로 인사했다.

10월 19일[계해/11월 30일]

바람이 순하지 못하다. 대청에 나가 앉아 있다가 느지막이 수루 방으로 돌아갔다. 어사가 우수사 있는 곳으로 가서 종일 취한 채로 이야기를 나누었다 한다. 아침에 종사관과 이야기했다. 저녁에 종 억지(億只) 등을 붙잡아 왔다. 박언춘(朴彦春)도 왔다. 밤 10시쯤 비가 조금 왔다.

10월 20일[갑자/12월 1일]

아침에 흐리다. 늦게 순무어사가 나갔다. 헤어진 뒤 대청에 올라가 앉아 있으니 우수사가 와서 아뢰고 돌아갔다. 내 생각에는 공문을 쓰고 나간 것 같다. 우수사가 와서 아뢰고 갔다.

10월 21일[을축/12월 2일]

맑지만 조금 흐리다. 종사관, 우후, 발포 만호가 나갔다. 느지막이 항복해 온 왜놈 3명을 원균 수사가 보내 와서 자세히 따져 물었다. 영등포 만호가 왔다가 밤이 깊어 돌아갔다. 그에게 어린 아이가 있다고 하여 거느리고 오라고 일러 보냈다. 밤에 비가 조금 오다.

10월 22일[병인/12월 3일]

흐리다. 이적(李迪)과 중 의능이 나갔다. 저녁 8시쯤 영등포 만호가 그 아이를 데리고 왔다. 심부름을 시키려고 머무르게 하여 재웠다.

10월 23일[정묘/12월 4일]

맑다. 그 아이가 아프다고 한다. 종 억(億)과 애환(愛還), 정말동(丁末同)의 죄를 다스렸다. 저녁에 그 아이를 본디 있던 곳으로 돌려보냈다.

10월 24일[무진/12월 5일]

맑다. 우수사 우후를 불러서 활을 쏘았다. 금갑도(金甲島 : 진도군 의신면 접도리) 만호(이정표)가 왔다.

10월 25일[기사/12월 6일]

맑으며 하늬바람이 세게 일다가 느지막이 그치다. 남도포 만호(강응표), 거제 현령이 왔다. 영등포 만호(조계종)도 와서 잠시 이야기했다. 전 낙안 군수 첨지 신호가 체찰사(윤두수)의 공문, 목화, 벙거지, 고급 무명 1동을 가지고 왔다. 그와 이야기하다가 밤이 되어서야 물러갔다. 순천 부사 권준이 잡혀갈 때 다시 보러 왔다. 마음이 편안하지 않다.

10월 26일[경오/12월 7일]

맑다. 장인어른 제삿날이라 공무를 보러 나가지 않았다. "김상용(金尙容)이 이조좌랑이 되어 서울로 올라갈 때 남원부 안에 들어가 머무르는데도 체찰사를 만나보지 않고 돌아갔다"고 첨지 신호에게서 들었다. 그때 일이 이러했으니 이상야릇하기가 그지없다. 체찰사가 밤에 순찰사가 머무는 방에 갔다가 밤이 깊어지고서야 자신의 숙소로 돌아왔다고 한다. 체통이 어찌 이렇단 말인가. 놀라움을 금할 수가 없다. 종 한경이 본영으로 갔다. 저녁 6시쯤 비가 내려 밤이 다하도록 그치지 않았다.

10월 27일[신미/12월 8일]

아침에 비가 오다가 저녁나절에 개다. 미조항 첨사 성윤문(成允文)이 와서 임금 교서에 절하고, 그대로 그와 이야기하다가 날이 저물어 돌아갔다.

10월 28일[임신/12월 9일]

맑다. 대청에 앉아 공무를 보았다. 금갑도 만호와 이진(梨津 : 해남군 북평면 이진리) 만호가 와서 보았다. 밥을 먹은 뒤 우수사 우후와 경상 우후가 와서 목화를 받아 갔다. 저물 무렵 침실로 들어갔다.

10월 29일[계유/12월 10일]

맑으나 하늬바람이 몹시도 차서 살을 베어내는 듯하다.

10월 30일[갑술/12월 11일]

맑다. 적을 수색하여 토벌하라고 군사를 들여보내고 싶었으나, 경상도에는 전투배가 없어서 다른 배들이 모이기를 기다렸다. 자정에 아들 회가 들어왔다.

갑오년 11월(1594년 11월)

11월 1일[을해/12월 12일]
새벽에 망궐례를 행했다. 몸이 불편해서 종일 나가지 않았다.

11월 2일[병자/12월 13일]
맑다. 전라좌도에서는 사도 첨사(김완)를, 전라우도에서는 우우후 이정충을, 경상도에서는 미조항 첨사 성윤문을 장수로 정하여 적을 수색하여 토벌하도록 들여 보냈다.

11월 3일[정축/12월 14일]
맑다. 아침에 김천석(金天碩)이 비변사 공문을 가지고, 항복해 온 왜놈 야에몬[也汝文] 등 3명을 데리고 진영에 이르렀다. 수색과 토벌을 위해 나갔던 군사들이 돌아오니 이미 밤 10시였다. 이영남이 와서 보았다.

11월 4일[무인/12월 15일]
맑다. 대청으로 나가 항복해 온 왜놈들 사정을 따져 물었다. 전문(箋文)*⁶을 가지고 갈 유생이 들어왔다.

11월 5일[기묘/12월 16일]
흐리고 가랑비 오다. 송한련(宋漢連)이 대구 10마리를 잡아왔다. 순변사(이일)가 그의 군관을 시켜 항복해 온 왜놈 13명을 보내 오게 했다. 밤새 비가 많이 왔다.

---

*6 임금이나 세자에게 올리던 글. 새해, 탄신일 등 기념일에 맞추어 축하하는 목적으로 쓰였으며, 우리나라에서는 고려 시대 이후 쓰였음.

11월 6일[경진/12월 17일]

흐리다. 따뜻하기가 봄날 같다. 이영남이 와서 보았다. 이정충도 왔다. 첨지 신호가 와서 이야기했다. 송희립이 사냥하러 갔다.

11월 7일[신사/12월 18일]

저녁나절 개다. 아침에 대청으로 나가 항복해 온 왜놈 17명을 남해로 보냈다. 느지막이 금갑도 만호와 사도 첨사, 여도 만호와 영등포 만호가 같이 왔다. 이날 오후에 첨지 신호가 "원수가 되돌아와 수군에 머물러 있다"고 알려왔다.

11월 8일[임오/12월 19일]

비가 새벽에 잠시 뿌리더니 저녁나절에 개었다. 배 재목을 실어 왔다. 새벽에 꿈을 꾸었는데 영의정이 이상한 모습을 하고 있고 나는 관을 벗고 있었다. 함께 민종각(閔宗慤) 집으로 가서 이야기를 나누다가 깼다. 이것이 무슨 조짐인지는 알 수가 없다.

11월 9일[계미/12월 20일]

맑으나 바람이 고르지 못하다.

11월 10일[갑신/12월 21일]

맑다. 이희남(李喜男)이 들어왔다. 조카 뇌도 본영에 왔다고 한다.

11월 11일[을유/12월 22일]

동짓날이라 11월임에도 새벽에 망궐례를 행했다. 군사들에게 죽을 먹였다. 우수사 우후와 정담수가 와서 보고 돌아갔다.

11월 12일[병술/12월 23일]

맑다. 일찍이 대청으로 나가 순천 색리 정승서(鄭承緖)와 역졸이 남원에서 폐를 끼친 일을 처벌했다. 첨지 신호에게 작별 술을 대접했다. 또한 견내량에서 경계선을 넘어간 고기잡이 24명을 잡아 곤장을 때렸다.

11월 13일[정해/12월 24일]

맑다. 바람이 잔잔해지니 날도 따뜻해진다. 첨지 신호와 아들 회가 이희남, 김숙현(金叔賢)과 본영으로 갔다. 종 한경에게도 명하여 은진(恩津) 김정휘(金廷輝) 집에 가도록 하고, 장계도 보냈다. 원수가 방어사(김응서)의 군관을 시켜 항복한 왜놈 14명을 데려오게 했다. 저녁에 윤련(尹連)이 왔는데 그의 누이동생이 보낸 편지를 가져왔다. 그 편지에는 망녕된 말이 많아 우스웠다. 버리고 싶어도 그러지 못하는 것은 부모 잃은 아이 셋이 끝내 기대어 돌아갈 곳이 없기 때문이다. 밤 달빛이 낮과 같으니 잠을 이룰 수가 없어 뒤척이다 밤을 샜다.

11월 14일[무자/12월 25일]

맑다. 아침에 우병사(김응서)가 항복해 온 왜놈 7명을 자기 군관을 시켜 데리고 왔다. 곧바로 그들을 남해현으로 보냈다. 이함(李瑊)이 남해에서 왔다.

11월 15일[기축/12월 26일]

맑고 따뜻하기가 봄날 같다. 음양 조화가 질서를 잃었으니 재난이라 할 만하다. 오늘은 아버지 제삿날이므로 나가지 않고 방에 홀로 앉아 있으니, 슬픈 심정을 어찌 말로 다하랴! 저물 무렵 탐후선이 들어왔다. 순천 교생(校生)*⁷이 교서 등본을 가지고 왔다. 아들 울 편지에 어머니께서 평안하시다고 하니 다행이다. 상주(尙州) 사촌누이와 그 아들 윤엽(尹曄)이 보낸 편지가 본영에 다다랐다. 그것을 읽고 나니 흐르는 눈물을 막을 수가 없었다. 영의정 편지가 왔다.

11월 16일[경인/12월 27일]

맑으나 바람이 제법 쌀쌀하다. 밥을 먹은 뒤 대청에 앉아 있으니 우수사 우후와 여도 만호, 회령포 만호와 사도 첨사, 녹도 만호와 금갑도 만호, 영등포 만호와 전 어란진 만호 정담수 등이 와서 보고 돌아갔다. 저녁에는 날씨가 매우 따뜻했다.

---

*7 조선 시대 향교에 다니던 학생. 본디 상민(常民)으로, 향교에서 오래 공부하면 유생(儒生) 대우를 받았으며, 우수한 자는 생원 초시와 생원 복시에 응할 자격을 얻었음.

11월 17일[신묘/12월 28일]

맑고 따뜻하다. 서리가 눈처럼 쌓였다. 무슨 조짐인지는 모르겠다. 느지막이 약한 바람이 온종일 불었다. 밤 10시쯤 조카 뇌와 아들 울이 들어왔다.

11월 18일[임진/12월 29일]

맑다. 바람이 저녁 내내 세게 불다가 밤까지 이어졌다.

11월 19일[계사/12월 30일]

맑다. 거센 바람이 밤새도록 그치지 않았다.

11월 20일[갑오/12월 31일]

맑다. 아침에 바람이 멎었다. 대청으로 나가니 경상 수사 원균이 와서 보고 돌아갔다. 저녁이 되자 거센 바람이 밤새도록 불었다.

11월 21일[을미/1595년 1월 1일]

맑다. 아침에 바람이 잦아들었다. 조카 뇌가 나갔다. 이설이 옳고 그름을 판단하는 장계를 가지고 갔다. 종 금선(金善), 우년(禹年), 이향(離鄕), 수석(水石), 행보(行寶) 등도 나갔다. 김교성(金敎誠)과 신경황(申景潢)이 나갔다. 남도포 만호와 녹도 만호도 나갔다.

11월 22일[병신/1월 2일]

맑다. 아침에 회령포로 나갔다. 날씨가 매우 따뜻하다. 우수사 우후와 정담수가 와서 보았다. 활 5~6순을 쏘았다. 왜놈 옷감으로 쓸 무명 10필을 가져갔다.

11월 23일[정유/1월 3일]

맑고 따뜻하다. 홍양과 순천 등지에서 군량미가 들어왔다. "순변사 등이 비난을 받았다"고 저녁에 이경복에게서 들었다.

11월 24일[무술/1월 4일]

맑다. 날씨가 따뜻하니 봄날 같다. 대청에 나가 공문을 써서 보냈다.

11월 25일[기해/1월 5일]

흐리다. 새벽꿈에 순변사 이일과 만나 내가 많은 말을 했다. "이처럼 나라가 위급한 날을 당하여 몸에 무거운 책임을 지고서도 나라 은혜에 보답하겠다는 생각은 하지 않고 뱃심좋게 음탕한 계집을 끼고서 관사에는 들어오지 않고, 성 밖 여염집에 머무르면서 남의 비웃음을 받으니 대체 어쩌자는 것이오? 또 수군 각 고을과 포구에 배정된 육전 병기를 독촉하기에만 겨를이 없으니, 이 또한 무슨 이치요?" 그러자 순변사는 말이 막혀 대답하지 못했다. 하품하며 기지개 켜다 깨니 한바탕 꿈이었다. 아침을 먹고 대청에 앉아 공무를 보았다. 공문을 써서 나누어 주었다. 잠시 후 우수사 우후와 금갑도 만호가 왔다. 피리 소리를 듣다가 해가 저물어 돌아갔다. 흥양의 총통 담당 색리들이 이곳에 와서 회계를 하고 돌아갔다.

11월 26일[경자/1월 6일]

소한. 맑고 따뜻하다. 공무를 보러 나가지 않고 방에 머물러 있었다. 메주 10섬을 만들었다.

11월 27일[신축/1월 7일]

맑다. 밥을 먹은 뒤 대청에 앉아 좌도와 우도로 갈라 보냈던 항복한 왜놈들을 모두 모아 총쏘기 연습을 시켰다. 우수사 우후와 거제 현령, 사도 첨사와 여도 만호가 아울러 왔다.

11월 28일[임인/1월 8일]

맑다.

(11월 29일부터 12월 30일까지 일기는 빠져 있음)

을미년 일기*

* 《난중일기》는 이순신 장군이 친필로 쓴 초고본(1539~1598)이 국보 제76호로 지정되어 있으나 초고본의 을미년 일기는 현재 전해지지 않는다. 을미년 일기는 충무공 사후 약 200년 뒤 (1795) 정조 어명으로 간행된 목판본 《이충무공전서》의 기록으로만 전해져 왔다.

　현충사가 소장하고 있는 '충무공유사'는 《이충무공전서》보다 100년 정도 앞선 시기에 기록된 것으로 《난중일기》 내용을 뽑아 쓴 '일기초(日記秒)' 23~60쪽에 모두 325일치의 일기가 수록되어 있으며 이 가운데 을미년을 중심으로 한 32일치가 초고본이나 《이충무공전서》에는 없는 내용이다. 새로 확인된 일기에는 너무 사적이거나 민감한 부분이 있어서 후세에 전하기가 부적절하다고 여겨 《이충무공전서》에서 의도적으로 삭제한 걸로 분석된다. 의도적으로 삭제한 것으로 의심되는 부분은 사회의 부정과 비리, 조정체제에 대한 비판적 내용, 원균에 대한 원망과 직속상관인 권율의 부당한 처사에 대하여 언급한 내용, 그리고 자신의 처절한 심경을 토로한 글귀 등이다. 이 책의 을미년 일기는 《이충무공전서》의 내용 위에, 새로 발견된 《충무공유사》의 '일기초' 부분을 보완하여 편집하였다.

을미년 정월(1595년 1월)

1월 1일[갑술/2월 9일]

맑다. 촛불을 밝히고 홀로 앉아 나랏일을 생각하니 무심결에 눈물이 흘렀다. 또 나이 80이신 병드신 어머니를 생각하며 뜬눈으로 밤을 새웠다. 새벽에 대청으로 나가니 여러 장수들과 색리와 군사들이 와서 아뢰고 세배를 했다. 원전(元㻼)과 윤언심(尹彦諶), 고경운(高景雲) 등이 와서 보았다. 여러 색리와 군사들에게 술을 대접했다.

1월 2일[을해/2월 10일]

맑다. 나라 제삿날(명종 비 인순왕후 심씨 제사)이라 공무를 보지 않았다. 장계 초안을 고쳤다.

1월 3일[병자/2월 11일]

맑다. 일찍 대청으로 나가 각 고을과 포구에 공문을 적어 보냈다.

1월 4일[정축/2월 12일]

맑다. 우수사 우후(이정충)와 거제 현령(안위), 금갑도 만호(이정표)와 소비포 권관(이영남), 여도 만호(김인영) 등이 와서 보았다.

1월 5일[무인/2월 13일]

맑다. 공문을 썼다. 조카 봉과 아들 울이 들어와서 어머니께서 평안하시다고 하니 기쁘고 다행이다. 밤새도록 온갖 회포로 잠을 이루지 못하였다.

1월 6일[기묘/2월 14일]

맑다. 어응린(魚應麟)과 고성 현령(조응도)이 왔다.

1월 7일[경진/2월 15일]

맑다. 홍양 현감(배흥립), 방언순(方彦淳)과 이야기했다. 남해로 항복해 온 왜놈 야에몬(也汝文) 등이 뵈러 왔다.

1월 8일[신사/2월 16일]

맑으나 바람이 세게 분다. 광양 현감(송전)의 공식적인 인사를 받은 뒤, 전령에게 마감 시간을 어긴 죄로 곤장을 쳤다.

1월 9일[임오/2월 17일]

맑다. 밥을 먹은 뒤 야에몬 등을 남해로 돌려 보냈다.

1월 10일[계미/2월 18일]

순천 부사 박진(朴晉)이 임금님 교서에 정중히 절했다. 경상 수사 원균이 부두에 왔다고 하여 불러들여 함께 이야기를 했다. 순천 부사와 우수사 우후, 홍양 현감과 광양 현감, 웅천 현감과 고성 현감, 거제 현령도 와서 아뢰고 돌아갔다.

〈일기초 수록〉 경상 수사 원균이 부두에 왔다고 하기에 순천 부사가 공식적인 인사를 하려는 것을 잠시 미루게 했다가 조금 뒤에 불러들였다. 이들과 함께 자리에 앉아 술을 권할 적에 말이 매우 모질고 끔찍했다.

1월 11일[갑신/2월 19일]

우박이 오고 샛바람이 분다. 밥을 먹은 뒤 순천 부사와 홍양 현감, 고성 현령과 웅천 현감, 영등포 만호가 와서 이야기했다. 고성 현감은 새 배를 만들 때 감독하기 위한 일로 아뢰고 돌아갔다.

1월 12일[을유/2월 20일]

흐리고 바람이 세게 분다. 각 고을과 포구에 공문을 적어 보냈다. 저녁나절 순천 부사가 아뢰고 돌아갔다. 영남 우후 이의득이 와서 보았다.

〈일기초 수록〉 자정쯤에 꿈을 꾸었는데 돌아가신 아버지께서 나오셔서 '13일에 회(薈)의 혼례를 치르기에는 날이 적당하지 않은 것 같다. 비록 나흘 뒤에 보낸다 해도 괜찮다'고 분부하셨다. 그 모습이 평소와 완전히 같아서 이를 생각하며 홀로 앉아 있으니, 그리움에 흐르는 눈물을 참을 수가 없었다.

1월 13일[병술/2월 21일]
아침에 맑더니 저녁에 비가 오다. 박치공이 왔다.

1월 14일[정해/2월 22일]
맑다. 샛바람이 세게 불다. 몸이 불편하여 누워서 끙끙 앓았다. 영등포 만호·사천 현감·여도 만호가 와서 보았다.

1월 15일[무자/2월 23일]
맑다. 우수사 우후 이정충을 불렀더니, 이정충은 발을 헛디뎌 물에 빠져 한참이나 허우적대는 것을 간신히 건져냈다. 그를 불러서 위로했다.

〈일기초 수록〉 우후 이몽구와 여필이 왔는데 "이천주(李天柱)가 뜻하지 않게 갑자기 죽었다"는 말을 들으니, 경악과 탄식을 금치 못했다. 천 리 밖 땅에 던져진 사람을 만나보지도 못하고 갑자기 죽으니 몹시 슬프고 마음이 아프다.

1월 16일[기축/2월 24일]
맑다. 대청으로 나가 공무를 보았다.

1월 17일[경인/2월 25일]
맑고 따뜻하며 바람도 없다. 대청으로 나가 공무를 보았다. 우수사 우후, 소비포 권관, 거제 현령, 미조항 첨사가 함께 와서 활을 쏘고 헤어졌다.

1월 18일[신묘/2월 26일]
흐리다. 공문을 결재했다. 저녁나절 활 10순을 쏘고서 헤어졌다.

1월 19일[임진/2월 27일]
맑다. 대청으로 나가 공무를 보았다. 옥구(沃溝)의 피란민 이원진(李元軫)이 왔다. 장흥 부사와 낙안 군수, 발포 만호가 들어 왔다. 마감 시기를 어긴 죄로 곤장을 쳤다. 조금 뒤에 여도 전투배에서 실수로 불을 내어 광양, 순천, 녹도의 전투배 4척에 불길이 번져 타버렸다. 통탄함을 이길 수 없다.

1월 20일[계사/2월 28일]
맑다. 아우 여필과 조카 해가 이응복(李應福)과 함께 나갔다. 아들 울은 조카 분과 함께 들어왔다. 어머니께서 평안하시다고 하니 정말로 다행이다.

1월 21일[갑오/2월 29일]
〈일기초 수록〉 오늘이 바로 맏아들 회가 혼례를 올리는 날이니, 걱정하는 마음이 어떠하겠는가. 장흥 부사가 술을 가지고 왔다.

종일 가랑비 오다. 이경명(李景明)과 함께 장기를 두었다. 장흥 부사가 와서 보았는데, '순변사 이일(李鎰)의 처사가 아주 형편없고 나를 해치려고 무척 애쓴다'는 말을 그에게서 들으니 정말로 우습다.

〈일기초 수록〉 그가 서울에 있는 첩들을 자신의 관아에 거느리고 왔다고 하니, 매우 괴상야릇하다.

1월 22일[을미/3월 2일]
맑으나 종일 바람이 세게 분다. 원수의 군관 이태수(李台壽)가 전령을 가지고 왔는데 '여러 장수들이 왔는지 안 왔는지를 알고 간다'고 말했다. 저녁나절 누각 위에 올라가 실수로 불을 낸 여러 장수들과 구실아치들을 처단했다. 저녁 8시쯤 금갑호 만호의 이웃집에 불이 나 모두 타버렸다.

1월 23일[병신/3월 3일]
종일 바람이 세게 분다. 장흥 부사(황세득), 우후(이몽구), 흥양 현감(배흥립)이 와서 이야기하고 날이 저물어 돌아갔다.

1월 24일[정유/3월 4일]
맑으나 바람이 세게 분다. 이원진을 배웅했다.

1월 25일[무술/3월 5일]

맑다. 장흥 부사와 흥양 현감, 우후와 영등포 만호, 거제 현령이 와서 보았다.

1월 26일[기해/3월 6일]

맑다. 흐리고 바람 불다. 탐후선이 들어 와서 '흥양 현감(배흥립)을 잡아 갈 의금부 나장(羅將)이 들어왔다' 전했다. 이희(李禧)도 왔다.

1월 27일[경자/3월 7일]

맑다. 마치 한겨울 같이 춥다. 대청으로 나가 영암 군수(박홍장), 강진 현감(이극신) 등의 공식 인사를 받았다.

〈일기초 수록〉 가리포 첨사에게서 여옥(汝沃) 형의 부고를 들었다. 분하고 슬픈 마음을 이길 수가 없다.

1월 28일[신축/3월 8일]

맑다. 바람이 세게 불고 춥다. 황승헌(黃承憲)이 들어왔다.

1월 29일[임인/3월 9일]

흐리나 비는 오지 않다.

1월 30일[계묘/3월 10일]

맑고 샛바람이 세게 불다. 보성 군수 안홍국(安弘國)이 들어왔다.

을미년 2월(1595년 2월)

2월 1일[갑진/3월 11일]

맑고 바람이 불다. 일찍 대청으로 나가서 보성 군수가 마감 시한을 어긴 죄를 다스리고, 도망치던 왜놈 2명을 처형했다. 의금부 나장이 와서 '홍양 현감을 잡아 갈 것'이라고 전했다.

2월 2일[을사/3월 12일]

흐리고 바람이 세게 불다. 홍양 현감(배흥립)이 잡혀갔다. 대청으로 나가 공무를 보았다.

2월 3일[병오/3월 13일]

맑다. 일찍 대청으로 나가 홍양 배에 불을 던졌다는 신덕수(申德壽)를 심문했으나 증거는 얻지 못하고 가두었다.

2월 4일[정미/3월 14일]

맑다. 몸이 불편하다. 장흥 부사, 우수사 우후가 왔다. 원수부의 회답 공문과 종사관의 회답 편지도 왔다. 조카 봉, 아들 회, 오종수(吳從壽)가 들어왔다.

2월 5일[무신/3월 15일]

맑다. 충청 수사(이순신)가 왔다. 천성보(天城堡 : 부산시 강서구 가덕도) 만호 윤흥년이 임금님 교서에 정중히 절했다.

2월 6일[기유/3월 16일]

맑고 바람이 세게 불다. 장흥 부사, 우수사 우후 등과 함께 활을 쏘았다.

2월 7일[경술/3월 17일]

맑다. 보성 군수가 술을 가져와 종일 이야기를 나누었다.

2월 8일[신해/3월 18일]

흐리다.

2월 9일[임자/3월 19일]

비가 오다.

〈일기초 수록〉 꿈속에서 서남쪽 사이에 붉고 푸른 용이 한쪽에 걸려 있는데 그 형상이 굴곡졌다. 내가 홀로 바라보다가 이를 가리키며 남들에게도 보게 했지만, 남들은 볼 수 없었다. 머리를 돌린 사이에 그 용은 벽 사이로 들어와 그림이 되어 있었다. 내가 한참 동안 어루만지며 즐거이 감상하는데 그 빛과 형상이 움직이니 이채롭고 웅장하다 할 만했다.

2월 10일[계축/3월 20일]

비가 뿌리고 바람도 세게 불다. 황숙도와 함께 종일 이야기를 나누었다.

2월 11일[갑인/3월 21일]

비가 오더니 저녁나절 잠깐 갰다. 황숙도, 조카 분, 허주(許宙), 변존서가 돌아갔다. 온종일 공무를 보았다. 저물 무렵 '둔전을 검열하라'는 임금님 교지가 내려왔다.

2월 12일[을묘/3월 22일]

맑으며 바람은 일지 않다. 윤엽이 들어왔다. 저녁나절 활 10여 순을 쏘았다. 장흥 부사, 우수사 우후도 와서 활을 쏘았다.

2월 13일[병진/3월 23일]

맑다. 일찍 대청으로 나갔다. 도양(道陽)의 둔전에서 벼 300섬을 실어 와서 포구마다 나누어 주었다. 우수사(이억기)와 진도 군수(박인룡), 무안 현감(남언상)과 함평 현감(조발), 남도포 만호(강응표)와 마량 첨사(강응호), 회령포 만호

(민정붕) 등이 들어왔다.

2월 14일[정사/3월 24일]

맑고 따뜻하다. 밥을 먹은 뒤 진도 군수와 무안 현감, 함평 현감이 임금 교
서에 절하고 나서, 방비처에 수군을 일제히 징발해 보내지 않은 것과, 전투배
를 만들어 오지 않은 일로 처벌했다. 영암 군수의 죄도 논했다. 조카 봉과 해,
분과 방응원(方應元)이 함께 나갔다.

2월 15일[무오/3월 25일]

맑고 따뜻하다. 새벽에 망궐례를 행했다. 우수사, 가리포 첨사(이응표), 진도
군수가 아울러 와서 참가했다. 상선(上船)을 연기로 그을렸다.

2월 16일[기미/3월 26일]

맑다. 대청으로 나가니 함평 현감 조발(趙撥)이 논박을 당하여 돌아가려고
하므로 술을 대접해서 보냈다. 조방장 신호(申浩)가 진영에 들어와 임금의 교서
에 절하고서 함께 이야기했다. 저녁에 배를 타고 바다 가운데로 옮기어 정박했
다. 밤 10시쯤 출발하여 춘원도(春院島 : 통영시 광도면)에 이르니 날은 밝아오
는데도 경상도 수군은 오지 않았다.

2월 17일[경신/3월 27일]

맑다. 아침에 군사들을 다그쳐서 밥을 먹이고, 곧장 우수영 앞바다에 이르
렀다. 성 안에 있던 왜놈 700명은 우리 배를 보고는 달아나므로, 배를 돌려 나
와서 장흥 부사 및 조방장 신호를 불러 온종일 대책을 논의하고서 진으로 돌
아왔다. 저물 무렵 임영(林榮) 및 조방장 정응운(丁應運)이 들어왔다.

2월 18일[신유/3월 28일]

맑다. 탐후선이 들어왔다.

2월 19일[임술/3월 29일]

맑다. 아침에 대청으로 나가 공무를 보았다. 거제 현령과 무안 현감, 평산포

만호와 회령포 만호, 허정은(許廷誾)도 왔다. 송한련이 와서 "고기를 잡아 군량을 산다"고 말했다.

2월 20일[계해/3월 30일]

맑다. 우수사와 장흥 부사, 조방장 신호가 와서 이야기하는데, 원균이 저지른 악하고 못된 짓을 많이 전했다. 실로 놀라운 일이다.

2월 21일[갑자/3월 31일]

비가 조금 오다가 저녁나절 개었다. 보성 군수와 웅천 현감, 우수사 우후와 소비포 권관, 강진 현감과 평산포 만호 등이 와서 보았다.

2월 22일[을축/4월 1일]

맑다. 대청으로 나가 장계를 봉했다. 저녁나절 우후와 낙안 군수, 녹도 만호를 불러 떡을 대접했다.

2월 23일[병인/4월 2일]

맑다. 조방장 신호, 장흥 부사가 와서 이야기했다.

2월 24일[정묘/4월 3일]

흐리고 우레와 번개가 많이 치면서도 비는 오지 않다. 몸이 불편하다. 원전(元琠)이 아뢰고 돌아갔다.

2월 25일[무진/4월 4일]

흐리고 바람도 고르지 않다. 아들 회와 울이 들어왔는데 어머니께서 평안하시다고 들었다. 장계를 받들고 온 이전(李荃)이 들어왔다. 조정 소식과 영의정(유성룡)의 편지를 가지고 왔다.

2월 26일[기사/4월 5일]

흐리다. 아침에 편지와 장계 16통을 봉하여 정여흥(鄭汝興)에게 부쳤다.

2월 27일[경오/4월 6일]

한식. 맑다. 원균이 포구에서 수사 배설(裵楔)과 교대하려고 이곳에 이르렀다. 임금의 교서에 절하라고 했더니 불평하는 빛이 많더라고 전한다. 2~3번 타일러 억지로 행하게 했다고 하니, 그렇게나 무식한 것이 우습기만 하다.

〈일기초 수록〉 나 또한 임시로 손으로 셈하며 방비책을 묻다가 해가 저문 뒤 헤어져 돌아왔다. 그가 하는 꼬락서니는 말로 다 할 수가 없었다.

2월 28일[신미/4월 7일]

맑다. 대청으로 나가 장흥 부사, 우수사 우후와 이야기했다. 광양 현감, 목포 만호도 왔다.

2월 29일[임신/4월 8일]

맑다. 고여우가 창신도로 갔다. 수사 배설이 와서 둔전 치는 일을 논의했다. 조방장 신호도 왔다. 저녁에 옥포 만호 방승경(方承慶), 다경포(多慶浦 : 무안군 운남면 성내리) 만호 이충성(李忠誠) 등이 교서에 정중히 절했다.

2월 30일[계유/4월 9일]

비가 오다. 대청으로 나가 공무를 보았다.

을미년 3월(1595년 3월)

3월 1일[갑술/4월 10일]

맑다. 삼도(三道)에서 겨울을 지낸 군사들을 모아 임금께서 하사하신 무명을 나누어 주었다. 조방장 정응운이 들어왔다.

3월 2일[을해/4월 11일]

흐리다.

3월 3일[병자/4월 12일]

맑다.

3월 4일[정축/4월 13일]

맑다. 조방장 박종남이 들어왔다.

3월 5일[무인/4월 14일]

비가 오다. 노대해(盧大海)가 왔다.

3월 6일[기묘/4월 15일]

맑다.

3월 7일[경진/4월 16일]

맑다. 조방장 박종남과 조방장 신호, 우후(이몽구)와 진도 군수(박인룡)가 와서 보았다.

3월 8일[신사/4월 17일]

맑다. 밥을 먹은 뒤 대청으로 나갔다. 전라 우수사(이억기)와 경상 수사(배설), 두 조방장(박종남·신호), 우후(이몽구)와 가리포 첨사(이응표), 낙안 군수와 보성 군수, 광양 현감과 녹도 만호가 모두 함께 와서 이야기를 나누었다.

3월 9일[임오/4월 18일]

맑다. 저녁나절 대청으로 나갔다. 방답에 새로 부임한 첨사 장린(張麟), 옥포에 새로 부임한 만호 이담(李曇)이 공사례를 올렸다. 진주의 이곤변(李坤忭)이 와서 보고 돌아갔다.

3월 10일[계미/4월 19일]

흐리고 가랑비가 오다. 조방장 박종남과 이야기했다. 보성 군수 안홍국이 아뢰고 돌아갔다.

3월 11일[갑신/4월 20일]

흐리고 바람이 세게 불다. 사도시(司導寺)*¹ 주부(主簿) 조형도(趙亨道)가 와서 전라좌도에 머물고 있는 왜적 정세를 말하고, '도요토미 히데요시가 3년 동안이나 군대를 내보냈지만 끝내 효과가 없으므로 군사를 더 내어서 바다 건너 부산에 진영을 설치하려고 한다. 3월 11일 바다를 건너 오기로 벌써 정해졌다'는, 항복해 온 왜놈들의 말을 전했다.

3월 12일[을유/4월 21일]

흐리다. 조방장 박종남과 우후 이몽구가 장기를 두었다.

3월 13일[병술/4월 22일]

흐리고 바람이 세게 불다. 아침에 자윤(子胤) 박종남 영감을 불러 같이 밥을 먹었다. 저녁을 먹은 뒤 조형도가 와서 보고 돌아갔다.

---

*1 대궐 안의 쌀·간장 등을 맡은 부서.

3월 14일[정해/4월 23일]

비는 오고 바람은 그치다. 남해 현령이 진영에 이르렀다.

3월 15일[무자/4월 24일]

비가 잠깐 그치고 바람도 잔잔하다. 저녁을 먹은 뒤 조형도가 아뢰고 돌아갔다. 저녁나절 활을 쏘았다.

3월 16일[기축/4월 25일]

비가 오다. 사도 첨사 김완이 들어왔다. "전 충청 수사 입부(立夫) 이순신(李純信)이 군량미 200여 섬으로 조도어사 강첨(姜籤)에게 발각되어 그 때문에 잡혀 심문을 받았으며, 새로 부임한 충청 수사 이계훈(李繼勛)은 배에서 불을 냈다"는 소식을 그에게서 들으니 정말로 놀랄 일이다. "동지사(同知事)*² 권준이 본영에 왔다"고 말했다.

3월 17일[경인/4월 26일]

비가 걷힐 듯하다. 아들 면과 허주(許宙), 박인영(朴仁英) 등이 함께 돌아갔다. 오늘 군량을 계산하여 딱지를 붙였다. 충청 우후(원유남)가 달려와 "수사 이계훈이 불을 내고 자신은 물에 빠져 죽었으며, 군관과 격군 140여 명이 불타 죽었다"고 알리니, 정말로 놀랍다. 저녁나절 우수사가 달려와 "견내량의 복병한 곳에서 온 항복한 왜인 심안은이(沈安隱已)를 심문했더니, 그놈은 본디 영등포에 있던 왜놈이고, 그의 장수 심안돈(沈安頓 : 시마즈 요시히로[島津義弘])은 그의 아들 시마즈 다다쓰네[島津忠恒]를 대신 두고 가까운 시일 내에 본국으로 돌아갈 것이라 한다"고 알렸다.

3월 18일[신묘/4월 27일]

맑다. 권언경(權彦卿 : 권준)과 아우 여필, 조카 봉과 이수원 등이 들어왔다. 그 편에 어머니께서 평안하시다는 말을 들으니 천만다행이다. 우수사가 와서 이야기했다.

---

*2 조선 시대 돈녕부·의금부·경연청·성균관·춘추관·삼군부 따위에 둔 종2품 벼슬. 소속 관아명 앞에 동지(同知), 뒤에 사(事)를 붙여서 불렀음.

3월 19일[임진/4월 28일]

맑다. 권언경 영감과 함께 활을 쏘았다.

3월 20일[계사/4월 29일]

비가 오다. 밥을 먹은 뒤 우수사에게로 가다가 길에서 수사 배설을 만나 배 위에서 잠깐 이야기했다. 그는 밀포(密浦)의 둔전 치는 곳을 살펴볼 일로 아뢰고 돌아갔다. 그 길로 우수사에게로 갔다가 몹시 취하여 저물어서야 돌아왔다.

3월 21일[갑오/4월 30일]

맑다. 저녁나절 아우 여필과 조카 봉, 이수원이 돌아갔다. 나주 반자(半刺)*3 원종의(元宗義)와 우후 이몽구가 와서 보았다. 정오에 조방장 박종남에게 가서 바둑을 두었다.

3월 22일[을미/5월 1일]

샛바람이 세게 불다. 날씨가 일찍 흐리다가 저녁나절 개었다. 세 조방장(권준·박종남·신호)과 함께 활을 쏘았다. 우수사가 이곳으로 와서 같이 쏘았다. 날이 저물어 헤어져 돌아왔다.

3월 23일[병신/5월 2일]

맑다. 아침을 먹은 뒤 세 조방장 및 우후와 함께 걸어서 앞산 봉우리에 오르니, 삼면에서 바라보이는 앞이 막히지 않고, 길은 북쪽으로 트여 있다. 과녁을 세우고, 자리를 닦고, 거기에 앉아 있다가 종일토록 돌아올 것을 잊었다.

3월 24일[정유/5월 3일]

흐리고 바람이 없다. 공문을 결재했다. 저녁나절 세 조방장과 함께 활을 쏘았다.

〈일기초 수록〉 전라 우수사 이억기는 공무를 볼 때 앉을 대청을 새로 고

---

*3 감영이나 유수영 및 큰 고을에 두었던 종5품 벼슬로 판관(判官)을 말함.

쳐 세우는 것을 나쁘게 여기고는 헛소리를 많이 하며 보고하러 왔다. 매우 놀랍다.

3월 25일[무술/5월 4일]

종일 비가 오다. 동지(同知) 권준과 우후, 남도포 만호와 나주 판관이 와서 보았다. 영광 군수 정연(丁淵)도 왔다. 동지 권준과 장기를 두었는데 권준이 이겼다. 저녁에 몸이 몹시 불편했는데, 닭이 울어서야 열이 조금 내리고 땀은 흐르지 않았다.

3월 26일[기해/5월 5일]

맑다. 영광 군수가 나갔다. 저녁나절 조방장 신호와 박종남, 우후와 함께 활 15순을 쏘았다. 저녁에 수사 배설과 이운룡, 안위가 와서 새 감사(監司) 맞이할 일을 아뢰고, 사량(蛇梁 : 통영시 사량면)으로 갔다. 밤 10시쯤 동쪽이 어둡다가 밝아지니 무슨 상서로운 조짐인지 모르겠다.

3월 27일[경자/5월 6일]

맑다. 밥을 먹은 뒤 우수사(이억기)가 이곳에 와서 종일 활을 쏘았다. 어두울 무렵 조방장 박종남에게로 가서 발포 만호와 사도 첨사, 녹도 만호를 불러서 같이 이야기하다가 헤어졌다. 탐후선이 들어왔다. 표마(表馬)와 종 금이(金伊)가 들어와서 "어머니께서 평안하시다" 말했다.

3월 28일[신축/5월 7일]

맑다. 활 10순을 쏘았다. 저녁나절 사도 첨사가 와서 "각 포구의 병부(兵符)를 순찰사(서성) 공문에 따라 각 포구에 직접 나누어 주었다" 보고했다. 그 까닭을 알 수 없다.

3월 29일[임인/5월 8일]

맑다. 밥을 먹은 뒤 두 조방장과 이운룡, 조계종이 활 23순을 쏘았다. 수사 배설이 순찰사 처소에서 오고, 미조항 첨사(성윤문)도 진영으로 왔다.

을미년 4월(1595년 4월)

4월 1일[계묘/5월 9일]
맑으며 바람이 세게 불다. 듣기로는 남원 유생 김굉(金軚)이 수군에 관한 일로 진영으로 왔다고 한다. 그와 이야기를 나누었다.

4월 2일[갑진/5월 10일]
맑다. 종일 공무를 보았다.

4월 3일[을사/5월 11일]
맑다. 세 조방장이 우수영 진영으로 가고, 나는 사도 첨사와 함께 활을 쏘았다.
〈일기초 수록〉 도리를 얹었다.

4월 4일[병오/5월 12일]
맑다. 아침에 경상 수사(배설)가 활을 쏘자고 청하므로 권·박 두 조방장과 함께 배를 타고 경상 수사에게 갔더니, 전라 수사(이억기)가 먼저 와 있었다. 같이 활을 쏘고 종일 이야기하다가 돌아왔다.

4월 5일[정미/5월 13일]
맑다. 선전관 이찬(李燦)이 임금의 비밀 명령을 받들고 진영으로 왔다.

4월 6일[무신/5월 14일]
종일 가랑비가 오다. 동지 권준과 함께 이야기했다.

4월 7일[기유/5월 15일]

맑다. 저물 무렵 바다로 내려가 어두울 때 견내량에 이르러 잤다. 선전관(이찬)이 돌아갔다.

4월 8일[경술/5월 16일]

맑으나 샛바람이 세게 불다. 왜적들이 밤에 달아났다고 하므로 들어가 치지 않았다. 저녁나절 침도(砧島)에 이르러 우수사(이억기), 경상 수사 배설과 함께 활을 쏘았다. 여러 장수들도 모두 와서 참여했다. 저녁에 본진으로 돌아왔다.

4월 9일[신해/5월 17일]

맑다. 조방장 박종남과 함께 활을 쏘았다.

4월 10일[임자/5월 18일]

맑다. 구화역(仇化驛 : 구허역(九墟驛)) 역졸이 와서 "적선 3척이 또 역 앞(통영시 광도면 노산리)에 이르렀다" 알려왔다. 그래서 삼도의 중위장들에게 각각 5척씩 배를 거느리고 견내량으로 달려가 형세를 엿보다가 무찌르게 했다.

4월 11일[계축/5월 19일]

맑다. 우수사가 와서 보고는 그대로 활을 쏘고 종일 이야기하다가 돌아갔다. 정여홍이 들어왔다. 또 변존서 편지를 보니 무사히 집으로 돌아간 것을 알 수 있었다. 기쁘다.

4월 12일[갑인/5월 20일]

맑다. 장계의 회답 18통과 영의정(유성룡)·우의정(정탁)의 편지와 자임(子任 : 李軸) 영감의 답장이 왔다. 군량을 독촉할 일로 아병(牙兵)[*1] 양응원을 순천과 광양으로, 배승련을 광주와 나주로, 송의련을 흥양과 보성으로, 김충의를 구례와 곡성으로 정하여 보냈다. 삼도 중위장 성윤문, 김완, 이응표가 견내량에서 돌아와 "적이 물러갔다" 알렸다. 경상 수사 배설은 밀포(密浦)로 나갔다.

---

*1 군사의 일종.

4월 13일[을묘/5월 21일]

흐리고 비가 오다. 세 조방장이 같이 왔다. 장계와 편지 4통을 봉하여 거제 군관 편에 올려 보냈다. 저녁에 고성 현령 조응도가 와서 왜적의 사정을 말하고, 또한 거제의 왜적을 말하면서 "웅천에 군사를 청하여 야간에 습격을 하려 한다"고 했다. 비록 믿을 만하지는 않으나 그럴 염려가 없지도 않다.

4월 14일[병진/5월 22일]

잠깐 비가 오다. 아침에 흥양 현감이 임금의 교서에 정중히 절했다.

4월 15일[정사/5월 23일]

흐리다. 여러 가지 장계와 단오절 진상품을 봉해 올렸다.

4월 16일[무오/5월 24일]

종일 큰 비가 왔다. 비가 만족하게 오니, 올해 농사는 큰 풍년임을 점칠 수 있겠다.

4월 17일[기미/5월 25일]

맑으나 높새바람이 세게 불다. 밥을 먹은 뒤 대청으로 나가 세 조방장과 활 15순을 쏘았다. 경상 수사 배설이 여기에 왔다가 해평장(海平場)의 논밭 일구는 곳으로 갔다. 미조항 첨사도 와서 활을 쏘고 갔다.

4월 18일[경신/5월 26일]

맑다. 밥을 먹은 뒤 대청으로 나가 우수사(이억기)와 경상 수사(배설), 가리포 첨사(이응표)와 미조항 첨사(성윤문), 웅천 현감(이운룡)과 사도 첨사(김완), 경상 우후(이의득)와 발포 만호(황정록) 등 삼도의 장수가 모두 와서 모여 활을 쏘았다. 권준과 신호 두 조방장도 모였다.

4월 19일[신유/5월 27일]

맑다. 조방장 박종남이 적을 찾아서 쳐 없애는 일로 배를 탔다.

〈일기초 수록〉 아침에 납폐 문서를 쓰고 아울러 조카 해의 혼례 물품을 갖추었다.

4월 20일[임술/5월 28일]

맑다. 저녁나절 우수사에게 가서 조용히 이야기하고 돌아왔다. 이영남이 장계 답장을 가지고 내려 왔는데, 남해 현령을 목 베어 매달아 놓으라고 했다.

4월 21일[계해/5월 29일]

맑으나 바람이 세게 분다. 대청에 나갔다가 활 10순을 쏘았다.

4월 22일[갑자/5월 30일]

맑다. 오후에 미조항 첨사(성윤문)·웅천 현감(이운룡)·적량 만호(고여우)·영등포 만호 조계종과 두 조방장이 같이 왔다. 그래서 정사준(鄭思竣 : 판관 정승복의 아들)이 보낸 술과 고기를 같이 먹으면서, '남해 현령이 군령을 어겼으니 효시하라'는 글을 보았다.

4월 23일[을축/5월 31일]

맑다. 마파람이 세게 불어 배를 움직일 수 없으므로 수루 위에 앉아 공무를 보았다.

4월 24일[병인/6월 1일]

맑다. 이른 아침에 아들 울, 조카 뇌·완을 어머니 생신 때 상을 차릴 일로 내보냈다. 정오에 강천석이 달려와서 "달아났던 왜놈 망기시로(望己時老 : 마고시로[孫四郎])가 우거진 풀숲 속에 엎드려 있다가 잡혀 왔고, 다른 한 놈은 물에 빠져 죽었다" 아뢰었다. 곧 그놈을 압송해 오게 하고, 삼도에 나누어 맡겼던 항복한 왜놈들을 모두 불러 모아 곧 목을 베라고 했더니, 망기시로는 조금도 두려워하는 빛이 없이 죽으러 나왔다. 참으로 독한 놈이었다.

4월 25일[정묘/6월 2일]

맑고 바람도 없다. 구화역 역졸 득복(得福)이 '왜적의 대선·중선·소선을 아울러 50여 척이 웅천에서 나와 진해(창원시 마산합포구 진동면 진동리)로 향한다'는 경상 우후(이의득) 보고를 가지고 왔다. 그래서 오수(吳水) 등을 내보내어 몰래 알아내도록 했다. 홍양 현감이 와서 보았다. 사량 만호 이여념이 아뢰고 돌아갔다. 아들 회와 조카 해가 들어와서 어머니께서 평안하시다고 전하니 다행이다.

4월 26일[무진/6월 3일]

맑다. 새벽에 우수사가 조방장 신호와 함께 자기 소속 배 20여 척을 거느리고 적을 찾으러 나갔다. 저녁나절 동지 권준, 홍양 현감(배흥립), 사도 첨사(김완), 여도 만호(김인영)와 함께 활 20순을 쏘았다.

4월 27일[기사/6월 4일]

맑으며 바람도 없다. 몸이 불편하다. 동지 권준, 미조항 첨사(성윤문), 영등포 만호(조계종)가 와서 같이 활 10순을 쏘았다. 자정에 우수사가 적을 찾아 쳐 없애고 진영으로 돌아와서 "어느 곳에도 적의 흔적은 없다"고 말했다.

4월 28일[경오/6월 5일]

맑다. 밥을 먹은 뒤 대청으로 나가 공무를 보았다. 우수사와 경상 수사가 와서 활을 쏘았다. 송덕일이 하동 현감(성천유)을 잡으러 왔다.

4월 29일[신미/6월 6일]

새벽 2시쯤 비가 오더니, 아침 6시쯤 깨끗이 개었다. 해남 현감(최위지)이 공사례를 마친 뒤에, 하동 현감은 2번이나 기약한 날에 오지 않았으니 그 죄로 곤장 90대를 때렸고, 해남 현감에게는 곤장 10대를 때렸다. 미조항 첨사는 아뢰고 휴가를 갔다. 세 조방장과 같이 이야기했다. 노윤발이 미역 99동을 따서 가지고 왔다.

4월 30일[임신/6월 7일]

맑다. 활 10순을 쏘았다.

〈일기초 수록〉 아침에 원수(권율)의 계본(啓本)*² 과 기(奇)씨와 이(李)씨 등 두 사람의 공초(供招)*³ 한 초안을 보니 원수가 근거도 없이 망령되게 아뢴 일들이 매우 많았다. 반드시 그 실수에 대한 문책이 있을 것이다. 이런 지경인데도 원수 지위에 있을 수 있단 말인가. 이상야릇한 일이다.

---

*2 임금에게 아뢸 때 올리는 문서 양식.
*3 죄인의 진술.

을미년 5월(1595년 5월)

5월 1일[계유/6월 8일]
바람이 세게 불고 비가 오다.

5월 2일[갑술/6월 9일]
아침에 바람이 몹시 사납게 불었다. 웅천 현감(이운룡)과 거제 현령(안위), 영등포 만호(조계종)와 옥포 만호(이담)가 와서 보았다. 밤 10시쯤 탐후선이 들어와서 '어머니께서는 평안하시며, 종사관(유공진)이 벌써 본영에 이르렀다' 전했다.

5월 3일[을해/6월 10일]
맑다. 활 15순을 쏘았다. 해남 현감이 와서 보았다. 금갑도 만호가 진영에 도착했다.

5월 4일[병자/6월 11일]
맑다. 오늘이 어머니 생신이다. 몸소 나아가 잔을 올리지 못하고 홀로 멀리 바다에 앉았으니, 이 회포를 어찌 말로 다 하랴! 저녁나절 활 15순을 쏘았다. 해남 현감이 아뢰고 돌아갔다. 아들 편지를 보니, '요동(遼東)의 왕작덕(王爵德)이 고려(왕씨) 후예로서 군사를 일으키고자 한다'고 했다. 참으로 놀랄 일이다.

5월 5일[정축/6월 12일]
비가 오다. 저녁 6시쯤 잠깐 개다. 활 3순을 쏘았다. 우수사, 경상 수사와 여러 장수들이 모두 모였다. 오후 5시에 종사관 유공진(柳拱辰)이 들어왔다. 이충일과 최대성, 신경황이 같이 이르렀다. 몸이 춥고 불편하고 아파서 토하고 나서 잠이 들었다.

5월 6일[무인/6월 13일]

맑으며 바람도 없다. 아침에 종사관이 임금의 교서에 정중히 절한 뒤 공사례를 받고 함께 이야기했다. 저녁나절 활 20순을 쏘았다.

5월 7일[기묘/6월 14일]

맑다. 아침에 종사관(유공진)·우후(이몽구)와 이야기했다.

5월 8일[경진/6월 15일]

흐리되 비는 오지 않다. 아침을 먹은 뒤 출항하여 삼도(三道)의 수사가 함께 선인암(仙人巖)으로 돌아가서 이야기하고 구경도 하며, 활도 쏘았다. 오늘 방답 첨사 장린(張麟)이 아들들이 보낸 편지를 가지고 들어왔는데 '초나흘에 종 춘세(春世)가 실수로 낸 불이 번져 집 10여 채가 타버렸지만 어머니께서 계신 집에는 불이 붙지 않았다' 전한다. 이야말로 다행이다. 어둡기 전에 배를 돌려 진영에 이르렀다. 종사관과 우후는 방을 붙이는 일로 뒤처졌다.

5월 9일[신사/6월 16일]

맑다. 아침을 먹은 뒤 종사관이 돌아갔다. 우후도 같이 갔다. 활 20순을 쏘았다.

5월 10일[임오/6월 17일]

맑다. 활 20순을 쏘았는데, 많이 적중했다. 종사관 등이 진영 문에 이르렀다고 했다.

5월 11일[계미/6월 18일]

저녁나절 비가 뿌렸다. 두치(豆峙 : 하동읍 두곡리) 군량과 남원·순창·옥과 등에서 모두 합하여 68섬을 실어 왔다.

5월 12일[갑신/6월 19일]

궂은비가 그치지 않더니 저녁에 잠깐 개었다. 대청에 나가 공무를 보았다. 동지 권준과 조방장 신호가 함께 왔다.

5월 13일[을유/6월 20일]

비가 퍼붓듯이 오는데 종일 그치지 않다. 홀로 대청 가운데 앉아 있으니 온갖 회포가 떠올라 끝이 없다. 배영수(裵永壽)를 불러 거문고를 타게 했다. 또 세 조방장을 불러 오도록 하여 같이 이야기했다. 하루 걸릴 탐후선이 엿새나 지나도 오지 않으니 어머니 안부를 알 수 없다. 애가 타고 몹시 걱정된다.

5월 14일[병술/6월 21일]

궂은비가 그치지 않고 종일토록 내리다. 아침을 먹은 뒤 대청으로 나가 공무를 보았다. 사도 첨사가 와서 "흥양 현감이 받아 간 전투배가 암초에 걸려 뒤집어졌다"고 아뢰었다. 그래서 대장(代將) 최벽(崔璧)과 10호선 장수와 도훈도(都訓導)를 잡아다가 곤장을 쳤다. 동지 권준이 왔다.

5월 15일[정해/6월 22일]

궂은비가 그치지 않아 아주 가까운 거리도 분간할 수 없다. 새벽에 꾼 꿈이 어수선했다. 어머니 소식을 못 들은 지 이레나 되니 몹시 속이 타고 걱정된다. 조카 해가 잘 갔는지도 궁금하다. 아침을 먹은 뒤 나가 공무를 보자니, 광양의 김두검(金斗劍)이 복병으로 나갈 적에 순천과 광양의 두 수령에게서 이중으로 월급을 받아 그 벌로써 수군으로 나왔는데, 칼과 활도 안 차고 나온 데다가 무척 오만하여 곤장 70대를 쳤다. 저녁나절 우수사가 술을 가지고 왔다가 몹시 취하여 돌아갔다.

5월 16일[무자/6월 23일]

흐리되 비는 오지 않다. 아침에 탐후선이 들어와서 어머니께서는 평안하시다 전했지만, 아내는 불이 난 뒤로 가슴이 많이 상하여 가래와 기침이 더 심해졌다고 하니 몹시 걱정이 된다. 비로소 조카 해 등이 잘 갔다는 것을 알게 되었다. 활 20순을 쏘았는데, 동지 권준이 잘 맞추었다.

5월 17일[기축/6월 24일]

맑다. 아침에 나가 본영 각 배의 사부와, 급료 받은 격군들을 점고(點考)*1했다. 저녁나절 활 20순을 쏘았는데, 박·권 두 조방장이 잘 맞추었다. 오늘 소금 굽는 가마솥 하나를 쇳물 부어 만들었다.

5월 18일[경인/2월 25일]

맑다. 아침에 충청 수사가 진영으로 왔는데 결성(結城) 현감(손안국)과 보령(保寧) 현감, 서천 만호(소희익)만 거느리고 왔다. 충청 수사가 임금의 교서에 정중히 절한 뒤 세 조방장과 이야기했다. 저녁에 활 10순을 쏘았다. 거제 현령이 와서 보고 그대로 잠이 들었다.

5월 19일[신묘/6월 26일]

맑으나 샛바람이 차게 불다. 아침을 먹은 뒤 권·박·신 세 조방장과 사도와 방답 두 첨사와 함께 활 30순을 쏘았다. 수사 선거이도 와서 참여했다. 저녁에 소금 굽는 가마솥 하나를 쇳물 부어 만들었다.

5월 20일[임진/6월 27일]

비바람이 저녁 내내 오고 밤새도록 멎지 않았다. 아침을 먹은 뒤 공무를 보았다. 수사 선거이, 조방장 권준과 장기를 두었다.

5월 21일[계사/6월 28일]

흐리다. 오늘은 꼭 본영에서 누가 올 것 같은데도, 당장 어머니 안부를 알 수 없으니 답답하다. 종 옥이(玉伊)와 무재(武才)를 본영으로 보내고, 전복과 밴댕이젓, 물고기알 몇 점을 어머니께 보냈다. 아침에 나가 공무를 보는데, 항복해 온 왜놈들이 와서 "같은 무리 중에 산소(山素)란 놈이 흉측한 짓거리를 많이 하니 죽이겠다"고 보고했다. 그래서 왜놈을 시켜 그놈의 목을 베게 했다. 활 20순을 쏘았다.

---

*1 명부에 하나하나 점을 찍어 가며 사람 수를 조사함.

5월 22일[갑오/6월 29일]

맑고 화창하다. 동지 권준 등과 함께 활 20순을 쏘았다. 이수원이 서울에 올라갈 일 때문에 들어왔다. 비로소 어머니께서 평안하시다는 것을 알았으니 정말로 다행이다.

5월 23일[을미/6월 30일]

맑다. 세 조방장과 함께 활 15순을 쏘았다.

5월 24일[병신/7월 1일]

맑다. 아침에 이수원이 장계를 가지고 나갔다. 조방장 박종남, 충청 수사 선거이를 시켜 활을 쏘게 했다. 소금 굽는 가마솥을 쇳물 부어 만들었다.

5월 25일[정유/7월 2일]

맑다가 저녁나절 비가 오다. 경상 수사와 우수사, 충청 수사가 모여서 같이 활 9순을 쏘았다. 충청 수사가 술을 내어와 몹시 취하여 헤어졌다. "김응서(金應瑞)가 거듭해서 대간(臺諫)*²들 탄핵을 받고 있고, 원수도 거기에 끼었다"는 말을 경상 수사 배설에게서 들었다.

5월 26일[무술/7월 3일]

저녁나절 개다. 홀로 대청에 앉아 있었다. 충청 수사, 세 조방장과 함께 종일 이야기했다. 저녁에 현덕린이 들어왔다.

5월 27일[기해/7월 4일]

맑다. 활 10순을 쏘았다. 수사 선거이와 두 조방장이 취하여 돌아갔다. 정철(丁哲)이 서울에서 와 진영에 이르렀다. 장계 회답 내용에 '김응서가 함부로 강화에 대해 한 말이 죄가 되었다'는 말이 많았다. 영의정(유성룡), 좌의정(김응남)의 편지가 왔다.

---

*2 조선 시대 사헌부(司憲府) 대관(臺官)과 사간원(司諫院) 간관(諫官)을 통틀어 이르는 말.

5월 28일[경자/7월 5일]

흐리다가 마침내 저녁에 비가 많이 왔다. 밤에 바람이 세게 불어 전투배를 안정시킬 수가 없었는데, 간신히 구해냈다. 밥을 먹은 뒤 수사 선거이, 세 조방장과 이야기했다.

5월 29일[신축/7월 6일]

비바람이 그치지 않고 종일 퍼붓는다. 사직의 위엄과 영험에 힘입어 겨우 조그마한 공로를 세웠을 뿐인데, 임금 총애를 받은 영광이 너무 커서 분에 넘친다. 장수 직책을 띤 몸으로 티끌만 한 공로도 바치지 못했으며, 입으로는 교서를 외우지만 얼굴에는 군사들에 대한 부끄러움만 있을 뿐이다.

을미년 6월(1595년 6월)

6월 1일[임인/7월 7일]

저녁나절 개다. 권·박·신 세 조방장과 웅천 현감, 거제 현령과 함께 활 15순을 쏘았다. 충청 수사 선거이는 이질에 걸려 쏘지 않았다. 새로 번드는 군영 서리가 들어왔다.

6월 2일[계묘/7월 8일]

종일 가랑비가 내리다. 밥을 먹은 뒤 대청에서 공무를 보았다. 한비(韓棐)가 돌아갈 때 어머니께 편지를 써서 보냈다. 군영 서리 강기경과 조춘종, 김경희와 신홍언이 모두 당직을 마치고 나왔다. 오후에 가덕진 첨사, 천성보 만호, 평산포 만호, 적량 만호 등이 와서 보았다. 천성보 만호 윤홍년이 와서 청주 이계(李繼)의 편지와 서숙부(庶叔父)의 편지를 전하며, "김개(金介)가 지난 3월에 죽었다" 말했다. 비통함을 이길 수가 없다. 저물 무렵 권언경 영감이 와서 이야기를 나누었다.

6월 3일[갑진/7월 9일]

흐리되 비는 오지 않다. 밥을 먹은 뒤 나가 공무를 보았다. 여러 보고문서를 처리하고 하달 공문을 내보냈다. 느지막이 가리포 첨사와 남도포 만호가 왔다. 권·신 두 조방장과 방답 첨사, 사도 첨사와 여도 만호, 녹도 만호가 와서 활 15순을 쏘았다. 아침에 남해 현령이 급히 달려와서 "해평군(海平君) 윤두수(尹斗壽)*¹가 남해에서 우리 군영으로 건너온다" 보고했다. 그 까닭을 알 수 없었지만 곧 배를 정비하고 현덕린을 우리 군영으로 보냈다. 사량 만호가 와서 양식이 떨어졌음을 아뢰고 돌아갔다.

＊1 원문에는 '해평군 윤두수'라고 되어 있으나, 그의 동생인 윤근수(尹根壽)가 '해평부원군(海平府院君)'에 봉해졌으며 윤두수는 '해원부원군(海原府院君)'에 봉해졌음.

6월 4일[을사/7월 10일]

날이 개다. 진주 서생 김선명(金善鳴)이라는 자가 계원유사(繼援有司)*2가 되고 싶다 하여, 보인(保人) 안득(安得)이라는 자가 그를 데리고 왔다. 그 말을 들으면서 살펴보니, 그 속을 보장하기 어려울 것 같아서 아직 좀 지켜보자 하고는 공문을 만들어 주었다. 세 조방장과 사도 첨사, 방답 첨사, 여도 만호, 녹도 만호가 와서 활 15순을 쏘았다. 탐후선이 오지 않아 어머니 안부를 알 수 없다. 걱정되고 눈물이 난다.

6월 5일[병오/7월 11일]

맑다. 이(李) 조방장 등과 함께 아침을 먹는데, 자윤 박종남(조방장)은 병으로 오지 않았다. 저녁나절 우수사와 웅천 현감, 거제 현령이 와서 온종일 함께 이야기했다. 정오 때부터 비가 내려서 활을 쏘지 못했다. 나는 몸이 몹시 불편하여 저녁도 먹지 않고, 온종일 앓았다. 종 경(京)이 들어와서 어머니께서 평안하시다 전하니 다행이다.

6월 6일[정미/7월 12일]

온종일 비오다. 몸이 몹시 불편하다. 송희립이 들어 왔다. 그 편에 도양장(道陽場) 농사 형편을 들으니, "흥양 현감(배흥립)이 무척이나 애를 쓴 덕분에 추수가 잘 될 것이며, 계원유사 임영(林英)도 힘을 많이 쓴다." 말했다. 정항(鄭沆)이 이곳에 왔으나, 나는 몸이 불편하여 온종일 앓았다.

6월 7일[무신/7월 13일]

온종일 비가 오다. 몸이 몹시 불편하여 앓는 소리를 내며 앉았다 누웠다 했다.

6월 8일[기유/7월 14일]

비가 오다. 몸이 좀 나은 것 같다. 저녁나절 세 조방장이 와서 보았는데 "곤양 군수는 자기 아버지가 세상을 떠나 급히 집으로 돌아갔다." 전했다. 매우

---

*2 군수 지원 업무를 맡아 보는 직무.

한탄스럽다.

6월 9일[경술/7월 15일]

맑다. 몸이 아직도 상쾌하지 않다. 답답하고 걱정된다. 조방장 신호, 사도 첨사·방답 첨사가 편을 갈라서 활쏘기를 했는데, 신호 편이 이겼다. 저녁에 원수의 군관 이희삼(李希參)이 "조형도가 수군 한 사람에 양식 5홉씩, 물 7홉씩이라 거짓으로 꾸며 장계를 올렸다"는 임금 교지를 받들고 이곳으로 왔다. 인간 일이란 참으로 놀랍다. 천지에 어찌 이처럼 속이는 일이 있단 말인가. 저물녘 탐후선이 들어왔다. 어머니께서 이질이 걸리셨다고 하니 걱정이 되어 눈물이 난다.

6월 10일[신해/7월 16일]

맑다. 새벽에 탐후선을 우리 군영으로 보냈다. 저녁나절 세 조방장, 충청 수사, 경상 수사가 와서 보았다. 광주의 군량 39섬을 받았다.

6월 11일[임자/7월 17일]

가랑비가 오고 바람이 세게 불다. 아침에 원수의 군관 이희삼이 돌아갔다. 저녁에 나가 공무를 보고 광주의 군량을 훔친 도둑놈을 가두었다.

6월 12일[계축/7월 18일]

가랑비가 오고 바람이 불다. 새벽에 아들 울이 돌아왔다. 어머니 병환이 좀 덜하다고 했다. 그러나 연세가 90인지라 이런 위험한 병에 걸리셨으니 걱정이 많고 또 눈물이 난다.

6월 13일[갑인/7월 19일]

흐리다. 새벽에 경상 수사 배설을 잡아 오라는 명령이 내려왔다. 그 대신 권준이 새로 임명되었다. 남해 현령 기효근은 그대로 머물러 있게 되었다고 한다. 놀라운 일이다. 저녁나절 경상 수사 배설에게 가서 보고 돌아왔다. 어두울 무렵 탐후선이 들어왔다. "금오랑이 이미 영 안에 와 있다."고 했다. 또 별좌(別

坐)*³의 편지를 보니 "어머니 병환이 차차 나아간다."고 했다. 아주 다행이다.

6월 14일[을묘/7월 20일]

새벽에 큰 비가 오다. 사도 첨사가 활을 쏘자고 청하여 우수사와 여러 장수들이 다 모였는데, 느지막이 날이 개어 활 12순을 쏘았다. 저녁에 금오랑이 경상 수사 배설을 잡아갈 일로 들어왔다. 권준을 수사로 임명한다는 조정 공문과 유서(諭書)*⁴와 밀부(密符)*⁵도 함께 왔다.

6월 15일[병진/7월 21일]

맑다. 새벽에 망궐례를 행했다. 밥을 먹은 뒤 포구로 나가 배설을 떠나 보내니 마음이 편하지는 않았다. 아들 울이 돌아갔다. 오후에는 조방장 신호와 함께 활 10순을 쏘았다.

6월 16일[정사/7월 22일]

맑다. 나가서 공무를 보았다. 순천 7호선의 장수 장일(張溢)이 군량을 훔치다가 잡혀 왔으므로 처벌했다. 오후에 두 조방장, 미조항 첨사 등과 활 7순을 쏘았다.

6월 17일[무오/7월 23일]

맑으나 바람이 종일 분다. 경상 수사(권준), 충청 수사(선거이), 두 조방장과 활을 쏘았다.

6월 18일[기미/7월 24일]

비가 오락가락하다. 진주의 유생 유기룡(柳起龍) 및 하응문(河應文)이 양식을 대어 달라고 해서 쌀 5섬을 보냈다. 저녁나절 조방장 박종남과 함께 활 15순을 쏘고 헤어졌다.

---

*3 조선 시대 각 관아에 둔 정·종5품 벼슬.
*4 관찰사, 절도사, 방어사 들이 부임할 때 임금이 내리던 명령서.
*5 병란에 즉시 군사를 동원할 수 있도록 유수(留守), 감사(監司), 병사(兵使), 수사(水使), 방어
　사(防禦使) 등에게 내리던 나무패.

6월 19일[경신/7월 25일]

비가 오다. 홀로 누각 위에 앉아 있다가 어슴푸레 잠이 든 사이에 아들 면이 윤덕종(尹德種)의 아들 윤운로(尹雲輅)와 같이 왔는데, 가지고 온 어머니 편지를 보니 병환이 완쾌하셨다고 하니 천만다행이다. 신홍헌 등이 들어와서 보리 76섬을 바쳤다.

6월 20일[신유/7월 26일]

비가 오락가락하다. 종일 누각에 앉아 있는데, 충청 수사가 말을 하는 것이 분명치 않다는 소식을 들었다. 저녁에 몸소 가 보니 중태에 이르지는 않았으나 풍습(風濕)*6이라는 병으로 많이 상했다. 무척 걱정스럽다.

6월 21일[임술/7월 27일]

맑다. 몹시 덥다. 밥을 먹은 뒤 나가 공무를 보았다. 신홍헌이 돌아갔다. 거제 현령이 또 왔다. 경상 수사(권준)가 "평산포 만호(김축)가 병에 걸려 심각하다." 아뢰었다. 그래서 그를 내보내라고 적어 보냈다.

6월 22일[계해/7월 28일]

할머니 제삿날이라 공무를 보지 않았다. 경상 수사가 와서 보았다.

6월 23일[갑자/7월 29일]

맑다. 두 조방장과 함께 활을 쏘았다. 저녁에 배영수가 돌아갔다.

6월 24일[을축/7월 30일]

맑다. 우도(右道) 각 고을과 포구의 부정 사실을 조사했다. 음탕한 계집 12명을 잡아다가 그 대장(隊長)을 아울러 처벌했다. 저녁나절 침을 맞아 활을 쏘지 않았다. 허주, 조카 해가 들어왔다. 전마(戰馬)도 왔다. 기성백(奇誠伯)의 아들 기징헌(奇澄憲)이 그의 서숙부 기경충(奇景忠)과 함께 왔다.

---

*6 바람과 습기 때문에 생긴 병.

6월 25일[병인/7월 31일]

맑다. "세 위장(衛將)을 세 패로 갈라 보내며, 고니시 유키나가〔小西行長〕*7가 일본에서 와서 화친하기로 이미 결정했다."는 원수의 공문이 들어왔다. 저녁에 조방장 박종남과 함께 충청 수사 선거이에게 가서 그의 병세를 살펴 보니 이상한 점이 많았다.

6월 26일[병인/8월 1일]

맑다. 밥을 먹은 뒤 공무를 보고 활 15순을 쏘았다. 경상 수사가 와서 보았다. 오늘이 권언경 영감의 생일이라고 말했다. 그래서 국수를 만들어 먹고 술도 몹시 취하도록 마셨다. 거문고도 듣고 피리도 불다가 저물어서야 헤어졌다.

6월 27일[무진/8월 2일]

맑다. 허주, 조카 해, 기운로(奇雲輅)*8 등이 돌아갔다. 나는 조방장 신호, 거제 현령과 함께 활 10순을 쏘았다.

6월 28일[기사/8월 3일]

맑다. 나라 제삿날(명종 제사)이라 공무를 보지 않았다.

6월 29일[경오/8월 4일]

맑다. 아침에 대청으로 나갔다. 우수사가 와서 활 10여 순을 쏘았다.

6월 30일[신미/8월 5일]

맑다. 문어공(文語恭)이 날삼(生麻)을 사들이기 위해 나갔다. 이상록(李祥祿)도 돌아갔다. 저녁나절 거제 현령과 영등포 만호가 와서 보았다. 방답 첨사, 녹도 만호, 조방장 신호가 활 15순을 쏘았다.

---

*7 도요토미 히데요시의 부하 장수.
*8 윤운로(尹雲輅)는 윤덕종(尹德種)의 아들이며(6월 19일 일기), 기징헌(奇澄憲)은 기성백(奇誠伯)의 아들이다(6월 24일 일기). 조카 해와 함께 온 사람은 기징헌이므로 이날 간 사람은 기운로(奇雲輅)가 아닌 기징헌일 것임.

을미년 7월(1595년 7월)

7월 1일[임신/8월 6일]

잠깐 비가 왔다. 나라 제삿날(인종 제사)이라 공무를 보지 않고 홀로 누각 위에 기대고 있었다.

〈일기초 수록〉 내일은 돌아가신 아버지 생신인데, 슬픔과 그리움을 가슴에 품고 생각하니, 나도 모르게 눈물이 흘렀다.

나라 돌아가는 꼴을 생각하니 위태롭기가 마치 아침 이슬과 같다. 안으로는 정책을 결정할 만한 기둥 같은 인재가 없고, 밖으로는 나라를 바로잡을 주춧돌 같은 인물이 없으니 나라 운명이 어떻게 되어갈지 알 수가 없다. 마음이 괴롭고 어지러워서 종일 엎치락뒤치락 했다.

7월 2일[계유/8월 7일]

맑다. 오늘은 돌아가신 아버지의 생신이다. 슬픈 마음이 들어 나도 모르게 눈물이 흘렀다. 저녁나절 활 10순을 쏘고, 또 무쇠로 만든 철전(鐵箭)으로 5순, 편전(片箭)으로 3순을 쏘았다.

7월 3일[갑술/8월 8일]

맑다. 아침에 충청 수사를 문병하러 가니 많이 나았다고 말했다. 저녁나절 경상 수사가 이곳에 와서 서로 이야기한 뒤 활 10순을 쏘았다. 밤 10시쯤 탐후선이 들어왔다. 어머니께서는 평안하지만 입맛이 없으시다고 했다. 몹시 걱정이다.

7월 4일[을해/8월 9일]

맑다. 나주 판관 원종의(元宗義)가 배를 거느리고 진영으로 돌아왔다. 이전(李荃) 등이 산 일터에서 노 만들 나무를 가지고 와서 바쳤다. 밥을 먹은 뒤 대청으로 나갔다. 미조항 첨사·웅천 현감이 와서 활을 쏘았다. 군관들이 내기로 향각궁(鄕角弓)을 상품으로 걸고서 활쏘기를 겨루었는데, 노윤발이 으뜸이었다. 저녁에 임영과 조응복이 왔다. 양정언은 휴가를 얻어 돌아갔다.

7월 5일[병자/8월 10일]
맑다. 대청으로 나가 공무를 보았다. 저녁나절 조방장 박종남, 조방장 신호가 왔다. 방답 첨사는 활을 쏘았다. 임영이 돌아갔다.

7월 6일[정축/8월 11일]
맑다. 정항과 금갑도 만호, 영등포 만호가 와서 보았다. 저녁나절 나가 공무를 보고 활 8순을 쏘았다. 종 목년이 곰내(여수시 웅천)에서 와서 어머니께서 평안하시다고 전했다.

7월 7일[무인/8월 12일]
흐리되 비는 오지 않다. 경상 수사, 두 조방장, 충청 수사가 왔다. 방답 첨사, 사도 첨사 등이 편을 갈라 활을 쏘았다. 경상 우병사(김응서)에게는 다음과 같은 임금 교지가 내려왔다.

"재앙이 나라를 참혹하게 만들고 원수놈은 나라 안에 있어 귀신도 부끄러워하고 사람도 원통해 함이 천지에 사무쳤건만, 아직도 요망한 기운을 빨리 쓸어버리지 못하고, 원수놈과 한 하늘을 함께 이고 있으니 원통하고 분하다. 그러나 무릇 혈기가 있는 자라면 누구라도 팔을 부르걷고 이를 갈면서 원수놈의 그 살점을 저미고 싶지 않겠는가! 그런데 그대는 적과 마주 진치고 있는 장수로서 조정 명령도 없이 함부로 적과 대면하여 감히 도리를 벗어난 말을 지껄이고, 또 몇 번이나 사사로이 편지를 통하여 적의 기세를 높이고 적에게 아첨하였을 뿐더러, 수호·강화 이야기가 명나라에까지 미쳐 부끄럽게 하여 사이를 갈라놓음에 조금도 거리낌이 없도다. 생각건대 군율로 다스려도 아까울 것이 없지만, 오히려 너그러이 용서하고 돈독히 타이르고 경계하도록 꾸짖기로 했다. 그런데도 오히려 고집을 부리고, 스스로 죄의 구렁텅이로 빠져 들어가니 내가 보기에는 몹시 해괴하고 그 까닭을 알 수가 없다. 이에 비변사의 낭청(郎廳) 김용(金涌)을 보내 구두로 나의 뜻을 전하니, 경은 그 마음을 고쳐서 정신을 가다듬어 후회할 일을 하지 말라."

이것을 보니 놀랍고도 황송스러움을 가눌 길이 없다. 김응서가 어떤 사람이기에 스스로 뉘우쳐 다시 힘쓴다는 말이 들리지 않는가. 만일 쓸개라도 있는 자라면 반드시 스스로 목숨을 끊을 것이다.

7월 8일[기묘/8월 13일]

맑다. 밥을 먹은 뒤 나가 공무를 보았다. 영등포 만호, 조방장 박종남이 와서 보았다. 우수사의 군관 배영수가 그 장수 명령을 받고 와서 군량 20섬을 꾸어주고 갔다. 동래 부사 정광좌(鄭光佐)가 와서 부임했다고 아뢰었다. 활 10순을 쏘고 헤어졌다. 종 목년이 돌아갔다.

7월 9일[경진/8월 14일]

맑다. 오늘은 말복이다. 가을 기운이 서늘해지니 가슴속에 여러 생각이 일어난다. 미조항 첨사가 와서 보고 갔다. 웅천 현감, 거제 현령이 활을 쏘고 갔다. 밤 10시쯤 바다 위 달이 누각에 가득 차니, 여러 생각이 번잡하여 누각 위를 어슬렁거렸다.

7월 10일[신사/8월 15일]

맑다. 몸이 몹시 불편하다. 저녁나절 우수사와 만나 서로 이야기했다. 양식이 몹시 모자란 것에 대해 이야기를 많이 했으나 아무런 계책이 없어 무척 답답하고 괴롭다. 조방장 박종남도 왔다. 2~3잔 마셨더니 몹시 취했다. 밤이 깊어 누각 위에 누웠더니 초승달 빛이 누각에 가득하여 마음을 억누를 수 없다.

7월 11일[임오/8월 16일]

맑다. 아침에 어머니 앞으로 편지를 쓰고, 여러 곳에도 편지를 써 보냈다. 무재(武才) 박영(朴永)이 직접 일하러 나갔다. 나가서 공무를 보고 활 10순을 쏘았다.

7월 12일[계미/8월 17일]

맑다. 아침을 먹은 뒤 경상 우수사(권준)가 와서 보았다. 그와 함께 활 10순,

철전 5순을 쏘았다. 해질 무렵 서로 회포를 풀고 물러갔다. 가리포 첨사도 와서 함께 했다.

7월 13일[갑신/8월 18일]
맑다. 가리포 첨사, 우수사가 같이 왔으며, 가리포 첨사가 술을 바쳤다. 활 5순, 철전 2순을 쏘았는데, 나는 몸이 몹시 불편했다.

7월 14일[을유/8월 19일]
저녁나절 개었다. 군사들에게 휴가를 주었다. 녹도 만호 송여종에게 죽은 군졸들에게 제사를 지낼 쌀 2섬을 주었다. 이상록, 태구련(太九連), 공태원(孔太元) 등이 들어왔다. 어머니께서 병이 나아 평안하시다고 알려왔다. 이 얼마나 다행인가.

7월 15일[병술/8월 20일]
맑다. 저녁나절 대청으로 나가니 박·신 두 조방장과 방답 첨사, 여도 만호, 녹도 만호, 보령 현감, 결성 현감 및 이언준(李彦俊) 등이 활을 쏘고 술을 마셨다. 경상 수사도 와서 같이 이야기하고, 그에게 씨름으로 승부를 겨루도록 했다. 정항이 들어왔다.

7월 16일[정해/8월 21일]
맑다. "김대복의 병세가 몹시 위태롭다."는 소식을 아침에 들었다. 매우 걱정스럽다. 곧 송희립과 유홍근을 시켜 간호하고 치료하게 했으나, 무슨 병인지 알 수 없어 무척 답답하다. 저녁나절 나가 공무를 보았다. 순천의 정석주(鄭石柱)와 영광 도훈도 주문상(朱文祥)을 처벌했다. 저녁에 원수에게 보낼 공문과 병사(김응서)에게 보낼 공문 초안을 작성해 주었다. 미조항 첨사(성윤문)와 사도 첨사(김완)가 휴가신청서를 제출하므로 성 첨사에게는 열흘, 김 첨사에게는 사흘을 주어 보냈다. 녹도 만호를 그대로 그 자리에 계속 있도록 결정했다는 병조 공문이 내려왔다.

7월 17일[무자/8월 22일]

비가 오다. 거제 현령이 달려와서 "거제에 있던 왜적이 벌써 철수하여 돌아 갔다" 아뢰었다. 그래서 곧 정항을 시켜 보냈다. 대청으로 나가 공무를 보았다. 내일 배를 출발하여 나갈 일을 명령으로 전하여 보냈다.

7월 18일[기축/8월 23일]

맑다. 아침에 대청으로 나가 박·신 두 조방장과 같이 아침을 먹었다. 오후에 배를 출발하여 지도(紙島 : 통영시 용남면)에 이르러 배를 대고 밤을 지냈다. 자정에 거제 현령이 와서 "장문포(長門浦 : 거제시 장목면 장목리)의 왜적 소굴이 이미 텅텅 비어 버렸으며, 30명 남짓 남아 있다. 사냥하는 왜놈을 만나 활을 쏘아서 한 놈은 목을 베고, 한 놈은 사로잡았다" 말했다. 새벽 2시쯤 배를 출 발하여 견내량으로 돌아왔다.

7월 19일[경인/8월 24일]

맑다. 우수사(이억기)와 경상 수사(권준), 충청 수사(선거이), 두 조방장(박종 남·신호)과 함께 이야기하고서 헤어졌다. 오후 4시쯤 진영으로 돌아왔다. 당포 만호가 죄인을 붙잡아 와서는 나타나지 않은 죄로써 곤장을 쳤다. 김대복의 병세를 가서 살펴보았다.

7월 20일[신묘/8월 25일]

흐리다. 두 조방장과 함께 아침을 먹었다. 느지막이 거제 현령 및 전임 진해 현감인 정항이 들어왔다. 오후에 나가 공무를 보고, 활 5순, 철전 4순을 쏘았 다. 좌병사(고언백)의 군관이 편지를 가지고 왔다.

7월 21일[임진/8월 26일]

바람이 세게 불고 비가 오다. 우후가 들어온다고 들었다. 밥을 먹은 뒤 태구 련과 언복(彦福)이 만든 환도를 충청 수사와 두 조방장에게 각각 한 자루씩 나누어 주었다. 저물 무렵 아들 울, 회와 우후가 같은 배로 섬 밖에 이르렀는 데 아들만 들어왔다.

7월 22일[계사/8월 27일]

흐리고 바람이 세게 불다. 이충일이 그의 아버지가 죽은 소식을 듣고 나갔다.

7월 23일[갑오/8월 28일]

맑다. 느지막이 말달리는 일로 원두구미(元頭龜尾 : 통영시 한산면 안)로 갔더니 두 조방장과 충청 수사도 왔다. 저녁에 작은 배를 타고 돌아왔다.

7월 24일[을미/8월 29일]

맑다. 나라 제삿날(태조 이성계의 할아버지 도조 제사)이라 공무를 보지 않았다. 충청 수사가 와서 이야기했다.

7월 25일[병신/8월 30일]

맑다. 충청 수사 생일이라 음식을 마련하여 왔다. 우수사와 경상 수사, 조방장 신호 등과 함께 술에 취해 마구 이야기했다. 저녁에 조방장 정응운이 들어왔다.

7월 26일[정유/8월 31일]

맑다. 아침에 정영동과 윤엽, 이수원과 홍양 현감이 들어왔다. 밥을 먹은 뒤 우수사와 충청 수사도 와서 조용히 이야기했다.

7월 27일[무술/9월 1일]

맑다. 어사 공문이 들어와서 내일 진영으로 온다고 했다.

7월 28일[기해/9월 2일]

맑다. 아침을 먹은 뒤 배로 내려가 삼도(경상·전라·충청) 수군을 모아 포구 안에 진을 쳤다. 오후 2시쯤 어사 신식(申湜)이 진영으로 왔다. 곧 대청으로 내려가 마주하여 한참 이야기하고, 각 수사(권준·이억기·선거이) 및 세 조방장(박종남·신호·정응운)을 불러와 같이 이야기했다.

7월 29일[경자/9월 3일]

흐리고 바람이 세게 불다. 어사가 좌도에 소속된 다섯 포구*¹의 부정 사실을 낱낱이 조사했다. 저녁에 이곳에 와서 조용히 이야기했다.

---

*1 사도진, 방답진, 여도진, 녹도진, 발포진.

을미년 8월(1595년 8월)

8월 1일[신축/9월 4일]

비바람이 세게 분다. 어사와 같이 밥을 먹고, 곧 배로 내려가 순천 등 다섯 고을 배를 점검했다. 저물어서 어사 있는 곳으로 내려가 같이 이야기했다.

8월 2일[임인/9월 5일]

흐리다. 우도 전투배를 점검한 뒤 그대로 남도포 막사에서 머물렀다. 나는 나가 앉아 충청 수사와 이야기했다.

8월 3일[계묘/9월 6일]

맑다. 어사가 저녁나절 경상도 진영으로 가서 점검했다. 저녁에 경상도 진영으로 가서 같이 이야기하는데, 몸이 불편하여 곧 돌아왔다.

8월 4일[갑진/9월 7일]

비가 오다. 어사가 이곳으로 왔기에 여러 장수들을 모아 온종일 이야기하고서 헤어졌다.

8월 5일[을사/9월 8일]

흐리되 비는 오지 않다. 아침에 어사와 작별하러 충청 수사가 있는 곳에 이르러 잔치를 베풀어 어사와 헤어졌다.

〈일기초 수록〉 그는 안무어사(安撫御史) 통훈대부(通訓大夫) 행사헌부집의겸지제교(行司憲府執義兼知製敎)인 신식(申湜)으로 자(字)는 숙정(叔正)이다. 신해생(辛亥生)으로 본관은 고령(高靈)이며 서울에 산다고 했다.

조방장 정응운이 아뢰고 돌아갔다.

8월 6일[병오/9월 9일]

비가 흠뻑 쏟아졌다. 우수사와 경상 수사, 두 조방장이 모여 함께 온종일 이 야기하고서 헤어졌다.

8월 7일[정미/9월 10일]

비가 오다. 아침에 아들 울과 허주, 현덕린, 우후(이몽구)가 같이 배를 타고 나갔다. 저녁나절 두 조방장, 충청 수사와 같이 이야기했다. 저녁에 표신(標信) 을 가진 선전관 이광후(李光後)가 "원수가 삼도 수군을 거느리고 바로 적 소굴 로 들어가라."는 임금 교지를 받들고 왔다. 그와 함께 이야기하며 밤을 새웠다.

8월 8일[무신/9월 11일]

비가 오다. 선전관이 나갔다. 경상 수사, 충청 수사 및 두 조방장과 함께 이 야기하다가 같이 저녁을 먹었다. 날이 저물어서 저마다 돌아갔다.

8월 9일[기유/9월 12일]

하늬바람이 세게 불다.

8월 10일[경술/9월 13일]

맑다. 몸이 불편한 것 같다. 홀로 누각 위에 앉아 있으니 온갖 생각이 다 일 어난다. 저녁나절 대청으로 나가 공무를 보고 난 뒤에 활 5순을 쏘았다. 정제 (鄭霽)와 결성 현감(손안국)이 같이 배를 타고 나갔다.

8월 11일[신해/9월 14일]

비가 오락가락하다. 종 한경도 본영으로 갔다. 배영수와 김응겸이 활쏘기를 겨루어서 김응겸이 이겼다.

8월 12일[임자/9월 15일]

흐리다. 일찍 나가 공무를 보았다. 저녁나절 두 조방장과 함께 활을 쏘았다. 김응겸이 경상 우수사에게 갔다가 돌아올 때 우수사(이억기)에게 들러서 뵙고 활쏘기를 겨루었는데, 배영수가 또 졌다고 했다.

8월 13일[계축/9월 16일]

종일 비가 오다. 장계 초안을 고치고 공문을 결재했다. 독수(禿水)가 와서 "도양장(고흥군 도덕면)의 둔전에서 이기남(李奇男)이 하는 짓에 괴상한 점이 많다" 말했다. 그래서 우후가 달려가 부정 사실을 조사할 수 있도록 공문을 만들어 보냈다.

8월 14일[갑인/9월 17일]

온종일 비가 오다. 진해 현감 정항, 영등포 만호 조계종이 와서 이야기했다.

8월 15일[을묘/9월 18일]

새벽에 망궐례를 행했다. 우수사(이억기)와 가리포 첨사(이응표), 임치 첨사(홍견) 등 여러 장수들이 함께 왔다. 오늘 삼도의 수사와 본도 잡색군에게 음식을 먹이고, 온종일 여러 장수들과 함께 취했다. 오늘밤 으스한 달빛이 누각을 비추니, 잠을 이룰 수 없어 밤새도록 휘파람 불며 시를 읊었다.

8월 16일[병진/9월 19일]

굳은비가 걷히지 않고 종일 부슬부슬 내리다. 생각이 몹시 어지럽다. 두 조방장과 같이 이야기했다.

8월 17일[정사/9월 20일]

가랑비 오고 샛바람 불다. 새벽에 김응겸을 불러 일에 대해 물었다. 저녁나절 나가 공무를 보았다. 두 조방장과 이야기하고 활 10순을 쏘았다.

8월 18일[무오/9월 21일]

굳은비가 걷히지 않다. 신·박 두 조방장이 들어와서 같이 이야기했다.

8월 19일[기미/9월 22일]

날씨가 활짝 개다. 두 조방장 및 방답 첨사와 함께 활을 쏘았다. 밤 10시쯤 조카 봉, 아들 회와 울이 들어와서 "체찰사(이원익)가 21일 진주성에 이르러 군사에 관한 일을 묻고자 체찰사의 군관이 들어왔다." 말했다.

8월 20일[경신/9월 23일]

맑다. 온종일 체찰사의 전령을 기다렸으나 오지 않았다. 경상 수사(권준), 우수사(이억기), 발포 만호(황정록)가 들어와서 보고 돌아갔다. 밤 10시쯤 전령이 들어왔다. 자정에 배를 타고 곤이도(昆伊島 : 통영시 산양면)에 이르렀다.

8월 21일[신유/9월 24일]

흐리다. 저녁나절 소비포(경상남도 고성군 하일면 춘암리) 앞바다에 이르니 전라 순찰사(홍세공)의 군관 이준이 공문을 가지고 왔다. 강응호와 오계성이 같이 와서 함께 한 시간 남짓 이야기했다. 이억기와 권언경, 박종남과 신호에게 편지를 썼다. 저물 무렵에 사천 땅 침도(針島)에 이르러 갔다. 밤 기운이 몹시 차갑고 마음과 생각이 편하지 않았다.

8월 22일[임술/9월 25일]

맑다. 이른 아침 온갖 공문을 만들어 체찰사에게 보냈다. 아침을 먹은 뒤 나가 사천현(泗川縣)에 이르렀다. 오후에 진주 남강 가에 이르니 '체찰사는 벌써 진주에 들어왔다'고 했다.

〈일기초 수록〉 강 건너 주인집에 갔다가 그 길로 체찰사의 임시 숙소로 가니 "먼저 사천현에 와서 묵고 있었기 때문에 맞이하라는 명령을 내리지 못했다"는 변명을 한다. 우습다.

8월 23일[계해/9월 26일]

맑다. 체찰사 있는 곳으로 가서 조용히 이야기하는 사이 백성을 위해서 고통을 덜어주어야겠다는 생각이 자주 들었다. 호남 순찰사는 헐뜯어 말하는 기색이 많으니 한탄스럽다. 저녁나절 나는 김응서와 같이 촉석루에 이르러 우리 장병들이 패하여 죽은 곳을 보았는데, 비통함을 이길 수가 없었다. 이윽고 체찰사가 나더러 먼저 돌아가라고 하므로 배를 타고 소비포로 돌아와 머물렀다.

8월 24일[갑자/9월 27일]

맑다. 새벽에 소비포 앞에 이르니 고성 현령 조응도가 와서 만나보고서, 소비포 앞바다에서 잤다. 체찰사와 부사(김륵), 종사관(노경임)도 왔다.

8월 25일[을축/9월 28일]

맑다. 일찍 밥을 먹은 뒤 체찰사와 부사, 종사관은 함께 내가 탄 배를 타고 오전 8시쯤 출발하여 배 위에 같이 서서 여러 섬들과 여러 진을 합병할 곳과, 또 접전할 곳 등을 손가락으로 가리켜 보이면서 온종일 의논했다. 곡포(남해군 이동면 화계리)는 평산포(남면 평산리)에 합하고, 상주포(상주면 상주리)는 미조항(삼동면 미조리)에 합하고, 적량(창선면 진동리 적량)은 삼천진(사천시)에 합하고, 소비포(고성군 하일면 춘암리)는 사량(통영시 사량면 금평리)에 합하고, 가배량(거제시 도산면 노전동)은 당포(통영시 산양면 삼덕리)에 합하고, 지세포(일운면 지세포리)는 조라포(일운면 구조라리)에 합하고, 제포(창원시 진해구 웅천1동 제덕동)는 웅천에 합하고, 율포(거제시 장목면 대금리)는 옥포(거제시 옥포동)에 합하고, 안골포(창원시 진해구 안골동)는 가덕진(부산시 강서구 천가동)에 합치기로 결정했다. 저녁 나절 진중에 이르러 여러 장수들이 임금 교서에 정중히 절하고 공사례를 한 다음 헤어졌다.

8월 26일[병인/9월 29일]

맑다. 저녁에 부사(김륵)와 서로 만나 은밀히 이야기했다.

8월 27일[정묘/9월 30일]

맑다. 군사 5480명에게 밥을 먹였다.*² 저녁에 상봉에 이르러 적진과 적이 다니는 길을 손가락으로 가리켜 보였다. 바람이 몹시 사납다. 밤을 틈타 도로 내려왔다.

8월 28일[무진/10월 1일]

맑다. 이른 아침 체찰사 및 부사·종사관이 같이 다락 위에 앉아 고치기 힘

---

*2 이순신의 조카 이분(李芬)이 쓴 《이순신행록》 을미년 8월조에는 "내가 상공을 위해 벌써 갖추어 두었으니 상공께서 허락만 하신다면 마땅히 상공의 명으로 그들에게 잔치를 열겠습니다. 상공이 크게 기뻐하며 큰 잔치를 여니 온 군졸들이 아주 기뻐했다(吾爲相公己辦了相公若許之則當以相公之命饋之相公大喜遂大犒之一軍踴躍)"라고 나와 있음.

든 폐단에 대해 의논했다. 밥을 먹기 전에 배로 내려와서 배를 타고 나갔다.

8월 29일[기사/10월 2일]
맑다. 일찍 나가 공무를 보았다. 경상 수사가 체찰사 있는 곳으로부터 왔다.

을미년 9월(1595년 9월)

9월 1일[경오/10월 3일]
맑다. 새벽에 망궐례를 행했다. 탐후선이 들어왔다. 우후가 도양장에서 와서 진영에 이르러 공문을 가지고 와 바쳤는데, 정사립을 해치려는 뜻이 많이 있으니 우습다. 종사관(유공진)이 병 때문에 돌아가서 몸조리하겠다고 하므로 결재하여 보냈다.

9월 2일[신미/10월 4일]
맑다. 새벽에 상선을 출발시켰다. 재목을 끌어내릴 군사 1283명에게 밥을 먹이고서 끌고 내려왔다. 충청 수사와 우수사, 경상 수사, 두 조방장이 함께 이르러 온종일 이야기하고서 헤어졌다.

9월 3일[임신/10월 5일]
맑으며 샛바람이 세게 분다. 아우 여필과 아들 울, 유헌이 돌아갔다. 강응호가 도양장에서 가을걷이하기 위해 같이 돌아갔다. 정항(鄭沆)과 우수(禹壽), 이섬(李暹)이 정찰하고 들어와서 "영등포에 있는 적진은 초이튿날에 소굴을 비우고, 누각과 모든 소굴을 불살라 버렸다" 말했다. 웅천의 적에게 항복했던 사람인 공수복(孔守卜) 등 17명을 달래어 데리고 왔다.

9월 4일[계유/10월 6일]
맑다. 경상 수사가 와서 보기를 청하여 온종일 이야기하고 돌아갔다. 아우 여필, 아들 울 등이 잘 갔는지 알 수 없어 몹시 궁금하다.

9월 5일[갑술/10월 7일]
맑다. 아침에 경상 수사 권준이 쇠고기를 조금 보냈다. 충청 수사, 조방장 신호와 같이 밥을 먹은 뒤 신 조방장, 충청 수사 선거이와 함께 같은 배로 경상 수사가 있는 곳으로 가서 온종일 이야기하고 저물어서 돌아왔다. 이날 순천, 광양, 낙안, 흥양의 갑오년(1594) 전세(田稅)를 실어 오라는 체찰사 공문이 왔다. 그래서 곧바로 답장했다.

9월 6일[을해/10월 8일]
맑으나 바람이 세게 불다. 충청 수사가 술을 바치므로 우수사와 두 조방장이 와서 같이 마셨다. 송덕일이 들어왔다.

9월 7일[병자/10월 9일]
맑다. 밥을 먹은 뒤 경상 우수사가 왔다. 충청도 병영의 배와 서산, 보령의 배를 내보냈다.

9월 8일[정축/10월 10일]
맑다. 나라 제삿날(세조 제사)이라 공무를 보지 않았다. 밥을 먹은 뒤 아들 회와 송덕일이 같은 배로 나갔다. 충청 수사와 두 조방장이 와서 이야기했다.

9월 9일[무인/10월 11일]
맑다. 우수사 및 여러 장수들이 모두 모여서 진영 안 군사들에게 떡 1섬을 나누어 주고 초저녁에 헤어져 돌아갔다.

9월 10일[기묘/10월 12일]
맑다. 오후에 충청 수사, 두 조방장과 함께 우수사 있는 곳으로 가서 이야기를 나누다 밤에 돌아왔다.

9월 11일[경진/10월 13일]
흐리다. 몸이 몹시 불편해서 공무를 보지 못했다.

9월 12일[신사/10월 14일]
흐리다. 아침에 충청 수사 및 두 조방장을 불러와 같이 아침을 먹고 늦게 헤어져 돌아갔다. 저녁에 경상 수사와 우후 및 정항이 술을 가지고 와서 같이 이야기하고 밤늦게 헤어졌다.

9월 13일[임오/10월 15일]
맑다. 누각에 기대어 홀로 앉아 있으니 마음이 불편하다.

9월 14일[계미/10월 16일]
맑다. 저녁나절 나가 공무를 보았다. 우수사와 경상 우수사가 같이 와서 이별 술잔을 나누다가 밤이 깊어서 헤어졌다. 수사 선거이와 헤어질 때 짧은 시를 지어주었다.

> 북쪽에 갔을 때도 같이 일하고(北去同勤苦)
> 남쪽에 와서도 생사를 같이 하더니(南來共死生)
> 오늘 밤 이 달 아래 술 한 잔을 나누고 나면(一杯今夜月)
> 내일은 우리 서로 헤어져야만 하리(明日別離情)

9월 15일[갑신/10월 17일]
맑다. 수사 선거이가 와서 아뢰고 돌아가는데, 또 이별의 잔을 들고 나서 헤어졌다.

9월 16일[을유/10월 18일]
맑다. 나가 공무를 보았다. 장계 봉하는 것을 감시했다. 저물 무렵 월식이 일어나 밤이 되어서야 밝아졌다.

9월 17일[병술/10월 19일]
맑다. 밥을 먹은 뒤 서울로 편지를 써 보냈다. 김희번(金希番)이 장계를 가지고 나갔다. 유자 30개를 영의정에게 보냈다.

9월 18일[정해/10월 20일]
맑다. 저녁나절 조방장 정응운이 들어와서 같이 이야기했다.

9월 19일[무자/10월 21일]

맑다. 조방장 정응운이 들어왔다가 곧 돌아갔다.

9월 20일[기축/10월 22일]

맑다. 새벽 2시쯤 둑제를 지냈다. 사도 첨사 김완(金浣)이 헌관(獻官)을 맡아 행사를 치렀다. 아침에 우수사가 와서 보았다.

9월 21일[경인/10월 23일]

맑다. 박·신 두 조방장과 같이 아침을 먹었다. 박 조방장과 헤어지려 했으나, 그대로 경상 수사와 작별하러 갔다가 그만 날이 저물어서 하지 못했다. 저녁에 이종호(李宗浩)가 들어왔다. 목화만 가져왔으므로 모두 나누어 주었다.

9월 22일[신묘/10월 24일]

맑다. 샛바람이 세게 분다. 자윤(박종남) 영감이 나갔다. 경상 우수사도 와서 예를 차려 작별했다.

9월 23일[임진/10월 25일]

맑다. 나라 제삿날(태조 비 신의왕후 한씨 제사)이라 공무를 보지 않았다. 사로잡혔던 웅천 사람 박록수(朴祿守)와 김희수(金希壽)가 들어와서 만나보고 아울러 적 정세를 보고했다. 그래서 무명 1필씩 나누어 주어 보냈다.

9월 24일[계사/10월 26일]

맑다. 아침에 여러 곳에 편지 10통 남짓 썼다. 아들 울과 면이 방익순(方益純), 온개(溫介) 등과 함께 나갔다. 이날 저녁에 우수사와 경상 수사가 들어와서 만나보았다.

9월 25일[갑오/10월 27일]

맑다. 오후 2시쯤 녹도의 하인이 실수로 불을 내어 대청 다락방 등이 모두 타버렸다. 군량과 화약, 군기 등의 창고에는 불이 붙지 않았으나, 누각 아래에 있던 장전과 편전 200여 개가 모두 타버렸으니 애석하다.

9월 26일[을미/10월 28일]

맑다. 홀로 온종일 배 위에서 앉았다 누웠다 하니 마음이 편치 않다. 이언량(거북배 선장)이 재목을 깎아서 가지고 왔다.

9월 27일[병신/10월 29일]

흐리다. 왜적에 붙어 따랐던 안골포 사람 230여 명이 왔다. 우수(禹壽)가 와서 "배는 22척이다"라고 보고했다. 밥을 먹은 뒤 불이 났던 곳으로 올라가 집 지을 만한 터를 손가락으로 가리켜 보였다.

9월 28일[정유/10월 30일]

맑다. 밥을 먹은 뒤 집 짓는 곳으로 올라갔다. 우수사·경상 수사가 와서 보았다. 아들 회와 울이 기별을 듣고 들어왔다.

9월 29일[무술/10월 31일]

맑다.

9월 30일[기해/11월 1일]

맑다.

을미년 10월(1595년 10월)

10월 1일[경자/11월 2일]

맑다. 조방장 신호와 함께 같이 아침을 먹은 뒤에 그 자리에서 헤어지는 술자리를 마련했다. 저녁나절 조방장 신호가 나갔다.

10월 2일[신축/11월 3일]

맑다. 대청에 대들보를 올렸다. 또 상선(上船)을 연기로 그을렸다. 우수사, 경상 수사, 이정충이 들어와서 보았다.

10월 3일[임인/11월 4일]

맑다. '김덕령과 전주의 김윤선(金允先) 등이 죄없는 사람을 쳐 죽이고 수군 진영으로 도망하여 진영으로 들어왔다'는 해평군 윤근수의 공문을 구례의 유생이 가지고 왔다. 그래서 이들을 수색해 보니 '9월 10일께 보리씨를 바꿀 일로 진영으로 왔다가 곧 돌아갔다'고 했다.

〈일기초 수록〉 오늘은 맏아들 회(薈)의 생일이다. 그래서 술과 음식을 갖추어 줄 것을 예방(禮房)에 부탁했다.

10월 4일[계묘/11월 5일]

맑다.

10월 5일[갑진/11월 6일]

이른 아침 누각에 올라가 공사하는 것을 보고서 누각 위 바깥쪽 서까래에 흙을 치올려 발랐다. 항복해온 왜놈들에게는 물건 나르는 일을 시켰다.

10월 6일[을사/11월 7일]

밥을 먹은 뒤 우수사, 경상 수사가 와서 보았다. 저녁에 웅천 현감(이운룡)이 왔는데 그에게서 "명나라 사신 양방형(楊方亨)이 부산으로 들어갔다"는 말을 들었다. 이날 적에게 사로잡혔던 24명이 나왔다.

10월 7일[병오/11월 8일]

맑다. 화창하기가 봄날 같다. 임치 첨사(홍견)가 들어와서 보았다.

10월 8일[정미/11월 9일]

맑다. 조카 완(莞)이 들어왔다. 진원(珍原)과 조카 해의 편지도 왔다.

10월 9일[무신/11월 10일]

맑다. 각처에 답장을 써서 보냈다. 대청 짓는 일을 다 마쳤다. 우수사 우후(이정충)가 들어와서 보았다.

10월 10일[기유/11월 11일]

맑다. 저녁나절 대청으로 나가 공무를 보았다. 우수사와 경상 수사가 함께 와서 조용히 이야기했다.

10월 11일[경술/11월 12일]

맑다. 일찍 누각으로 올라가 온종일 공사하는 것을 살펴보았다.

10월 12일[신해/11월 13일]

맑다. 일찍 누각 위로 올라가 공사를 지켜보았다. 서쪽 행랑을 만들어 세웠다. 저녁에 송홍득이 들어왔는데, 미친 듯이 망령된 말을 많이 했다.

10월 13일[임자/11월 14일]

맑다. 일찍 새로 지은 다락에 올라가 대청에 흙을 바르는데, 그 일을 항복해 온 왜놈들에게 시켰다. 송홍득이 군관을 따라 나갔다.

10월 14일[계축/11월 15일]

맑다. 우수사와 경상 수사, 사도 첨사와 여도 만호, 녹도 만호 등이 들어와서 보았다.

10월 15일[갑인/11월 16일]

맑다. 새벽에 망궐례를 행했다. 저녁 달빛을 타고 우수사 이억기에게 가서 예를 차려 작별했다. 경상 수사와 미조항 첨사, 사도 첨사도 들어왔다.

10월 16일[을묘/11월 17일]

맑다. 새벽에 새로 지은 다락방으로 올라갔다. 우수사, 임치 첨사, 목포 만호 등이 나갔다. 그대로 새 누각에서 잤다.

10월 17일[병진/11월 18일]

맑다. 아침에 가리포 첨사와 금갑도 만호가 와서 같이 아침을 먹었다. 진주의 하응구(河應龜)와 유기룡(柳起龍) 등이 계원미(繼援米) 20섬을 가지고 와 바쳤다. 부안의 김성업(金成業)과 미조항 첨사 성윤문(成允文)이 와서 보았다. 정항이 아뢰고 돌아갔다.

10월 18일[정사/11월 19일]

맑다. 경상 수사 권준과 우수사 우후 이정충이 들어와서 보았다.

10월 19일[무오/11월 20일]

맑다. 아들 회와 면이 나갔다. 송두남이 장계를 가지고 서울로 갔다. 김성업도 돌아갔다. 이운룡이 들어와서 보았다. 계향유사(繼餉有司)[*3] 하응문·유기룡이 나갔다.

10월 20일[기미/11월 21일]

맑다. 저녁나절 가리포 첨사와 금갑도 만호, 남도포 만호와 사도 첨사, 여도

---

*3 양식을 대는 사무를 맡아 보는 직무.

만호가 들어와서 보고 술을 먹여서 보냈다. 저물 무렵 영등포 만호도 들어와서 저녁을 먹고 돌아갔다. 밤바람은 몹시도 싸늘하고, 차가운 달빛은 대낮 같았다. 잠을 이루지 못하고 밤새도록 뒤척거리니 온갖 생각이 가슴을 때린다.

10월 21일[경신/11월 22일]
맑다. 이설이 휴가를 신청했으나 허가하지 않았다. 저녁나절 우수사 우후 이정충, 금갑도 만호 가안책(賈安策), 이진(梨津)의 권관 등이 들어와서 보았다. 바람이 몹시 싸늘하여 잠을 이룰 수 없어 공태원을 불러 왜적 정세와 형편을 물었다.
〈일기초 수록〉 정사립(이순신의 비장)에게서 "경상 수백(慶尙水伯 : 권준)이 모함하는 말을 거짓으로 꾸미는데, 내키는 대로 문서를 작성하고, 문서로 만들고 나서는 알려지지 않게 했다"는 이야기를 들었다. 매우 놀랍다. 권 수사의 사람됨이 어찌하여 그처럼 거짓되고 망령되었단 말인가? 느지막이 미조항 첨사 성윤문이 들어와서 권준 수사가 함부로 행동하는 모양에 대해 많은 말을 했다.

10월 22일[신유/11월 23일]
맑다. 가리포 첨사와 미조항 첨사, 우후 등이 들어와서 보았다. 저녁에 송희립과 박태수, 양정언이 들어왔다. 전문을 받들고 갈 유생도 들어왔다.

10월 23일[임술/11월 24일]
맑다. 아침에 전문을 보낸 뒤 대청으로 나가 공무를 보았다.

10월 24일[계해/11월 25일]
맑다. 경상 수사가 들어와서 보았다. 하응구도 와서 온종일 이야기하고 저물어서 돌아갔다. 박태수와 김대복이 아뢰고 돌아갔다.

10월 25일[갑자/11월 26일]
맑다. 가리포 첨사와 우후, 금갑도 만호와 회령포 만호, 녹도 만호 등이 들어와서 만나보고 돌아갔다. 저녁에 정항이 아뢰고 돌아가므로 예를 차려 작별했다. 띠풀을 베어오기 위해 이상록과 김응겸, 하천수와 송의련, 양수개 등이 군사 80명을 거느리고 나갔다.

10월 26일[을축/11월 27일]
맑다. 임달영(任達英)이 들어왔다고 하여 그를 불러서 제주도 가는 일에 대해 물었다. 방답 첨사가 들어왔다. 송홍득과 송희립 등이 사냥하러 갔다.

10월 27일[병인/11월 28일]
맑다. 우우후(右虞候)와 가리포 첨사가 들어왔다.

10월 28일[정묘/11월 29일]
맑다. 경상 우후(이의득)가 들어와서 보았다. 띠풀을 베러 갔던 배가 들어왔다. 밤에 비가 오고 천둥이 여름철 같이 치니 괴상한 일이다.
〈일기초 수록〉 저녁 8시쯤 거센 바람과 폭풍우가 크게 일었다. 밤 10시쯤 천둥이 치고 비가 와서 날씨가 마치 여름철 같으니 이상야릇한 일이 이 지경에 까지 이르렀다.

10월 29일[무진/11월 30일]
맑다. 가리포 첨사(이응표)와 이진 권관이 돌아갔다. 경상 수사(권준)와 웅천 현감(이운룡), 천성보 만호(윤홍년)도 들어왔다.

을미년 11월(1595년 11월)

11월 1일[기사/12월 1일]

새벽에 망궐례를 행했다. 느지막이 나가 공무를 보았다. 사도 첨사가 나갔다. 함평과 진도, 무장의 전투배를 내보냈다. 김희번이 서울에서 내려와서 조정 공문과 영의정의 편지를 바쳤다. 조정 공문과 영의정 편지를 가지고 오면서 원흉(元兇)*¹이 보낸 답장도 가지고 왔는데 몹시도 흉악하고 거짓되어 입으로는 차마 말할 수 없었다. 그 속이는 말들이 무엇으로도 표현하기 어려우니 하늘과 땅 사이에 원균처럼 흉악하고 망령된 이는 없을 것이다. 항복해온 왜놈들에게 술을 먹였다. 오후에 방답 첨사와 활 7순을 쏘았다.

11월 2일[경오/12월 2일]

맑다. 곤양 군수 이수일(李守一)이 들어와서 보았다.

11월 3일[신미/12월 3일]

맑다. 황득중이 들어와서 "왜선 두 척이 청등(靑登 : 거제시 사등면)을 거쳐 흉도(胸島 : 거제시 동부면)에 이르렀다가 해북도(海北島 : 통영시 용남면)에 머물며 불을 지르고 돌아가서는 춘원포(春院浦 : 통영시 광도면 예승포) 등지에 이르렀다"고 전하고서 새벽에 지도(紙島)로 돌아갔다.

11월 4일[임신/12월 4일]

맑다. 새벽에 이종호와 강기경(姜起敬) 등이 들어와서 보았다. 변존서의 편지를 보니 조카 봉과 해 형제가 우리 군영에 이르렀다고 했다.

직장(直長) 이여옥(李汝沃) 형 집에서 이보(李莆) 편지가 오니 비통함을 참을

---

*1 경상 우수사 원균을 가리킴.

수가 없다. 곧 답장을 써서 보(甫)에게 보냈다. 쌀 2곡(斛), 60척의 유둔(油芚),*²
40척의 유둔, 여러 자잘한 물건들 석 단을 또한 찾아서 보내도록 명령했다. 우
리 병사들 힘이 다하여 피폐한데 이를 어찌하랴.*³

11월 5일[계유/12월 5일]
맑다. 남해 현령과 금갑도 만호, 남도포 만호와 어란포 만호, 회령포 만호 및
정담수가 와서 보았다. 방답 첨사와 여도 만호를 불러와서 이야기했다.

11월 6일[갑술/12월 6일]
맑다. 송희립이 들어왔다. 띠풀 400동, 칡 100동을 베어서 실어 왔다.

11월 7일[을해/12월 7일]
맑다. 하동 현감(최기준)이 임금의 교유서(敎諭書)에 정중하게 절했다. 경상
우수사가 순찰사 있는 곳에서 왔다. 미조항 첨사와 남해 현령도 들어왔다.

11월 8일[병자/12월 8일]
맑다. 새벽에 조카 완과 종 경이 우리 군영으로 돌아갔다. 저녁나절 김응겸,
경상도 순찰사의 군관 등이 들어왔다.

11월 9일[정축/12월 9일]
맑다. 여도 만호 김인영이 들어왔다.

11월 10일[무인/12월 10일]
맑다. 새벽에 경상도 순찰사의 군관이 돌아갔다.

11월 11일[기묘/12월 11일]
맑다. 새벽에 선조 임금 탄신 축하례를 행했다. 우리 군영 탐후선이 들어왔
다. 주부 변존서, 이수원, 이원룡 등이 들어와서, 어머니께서 평안하시다는 말

*2 비를 피하기 위해 쓰는, 이어 붙인 두꺼운 기름종이.
*3 일기초 수록 부분.

을 들으니 기쁘고 다행이다. 저녁에 이의득이 와서 보았다. 금갑도 만호와 회령포 만호가 나갔다.

11월 12일[경진/12월 12일]
맑다. 발포 가장(假將)으로 이설을 임명하여 보냈다.

11월 13일[신사/12월 13일]
맑다. 도양장에서 거둔 벼와 콩이 820섬이었다.

11월 14일[임오/12월 14일]
맑다.

11월 15일[계미/12월 15일]
맑다. 아버지 제삿날이라 공무를 보지 않았다. 홀로 앉아 있으니 그리운 마음을 달랠 길 없다.

11월 16일[갑신/12월 16일]
맑다. 항복해온 여몬레니[汝文戀已]·야지로(也時老) 등이 와서 "왜놈들이 도망가려 한다" 보고했다. 그래서 우우후(이정충)에게 잡아오게 하여 그 주모자 준시(俊時) 등 두 명의 목을 베었다. 경상 수사와 좌우후, 웅천 현감과 방답 첨사, 남도포 만호와 어란포 만호, 녹도 만호가 들어왔는데, 녹도 만호는 곧 나갔다.

11월 17일[을유/12월 17일]
맑다.

11월 18일[병술/12월 18일]
맑다. 어응린이 와서 "고니시 유키나가가 그 무리를 거느리고 바다로 나갔는데 간 곳을 알 수 없다"고 전했다. 그래서 경상 수사에게 전령하여 이를 바다와 육지로 살펴서 찾아내게 했다. 저녁나절 하응문이 와서 군량을 이어 대는 일로 아뢰었다. 조금 있으니 경상 수사와 웅천 현감 등이 들어와서 의논하고 갔다.

11월 19일[정해/12월 19일]
맑다. 이른 아침 도망갔던 왜놈이 제 발로 돌아왔다. 밤 10시쯤 조카 분과 봉, 해와 아들 회가 들어왔다. 어머니께서 평안하시다고 전하니 기쁘고 다행이다. 하응문이 돌아갔다.

11월 20일[무자/12월 20일]
맑다. 거제 현령과 영등포 만호가 들어와서 보았다.

11월 21일[기축/12월 21일]
맑다. 된바람이 온종일 불다. 새벽에 송희립을 내보내 견내량에 있는 왜적선을 찾아내게 했다. 이날 저녁에 청어 1만 3240두름을 곡식과 바꾸기 위해 이종호가 그것을 받아 갔다.

11월 22일[경인/12월 22일]
맑다. 새벽에 동짓날 하례로 북쪽을 향하여 임금께 정중히 절했다. 저녁나절 웅천 현감과 거제 현령, 안골포 만호와 옥포 만호, 경상 우후 등이 들어왔다. 변존서와 조카 봉이 모두 나갔다.

11월 23일[신묘/12월 23일]
맑으나 바람이 세게 불다. 이종호가 하직하고 나갔다. 이날 견내량 순찰하는 일에 경상 수사를 정하여 보냈으나 바람이 몹시 사나워 배가 출발하지 못했다.

11월 24일[임진/12월 24일]
맑다. 순라선이 나갔다가 밤 10시쯤 진영으로 돌아왔다. 변익성(邊翼星)이 곡포(曲浦) 권관이 되어서 왔다.

11월 25일[계사/12월 25일]

맑다. 밥을 먹은 뒤 곡포 권관의 공식 신고를 받았다. 저녁나절 경상 우후 (이의득)가 와서 항복한 왜놈 8명이 가덕도에서 왔다고 전했다. 웅천 현감(이운 룡)과 우수사 우후(이정충), 남도포 만호(강응표)와 방답 첨사(장린), 당포 만호 (하종해)가 와서 보았다. 조카 분과 이야기하다보니 밤 10시가 되었다.

11월 26일[갑오/12월 26일]

아침에는 흐리다가 저녁나절 개다. 밥을 먹은 뒤 나가 공무를 보았다. 광양 도훈도가 복병하러 나갔다가 달아났던 자들을 잡아와서 처벌했다. 정오에 경 상 수사가 왔다. 항복해온 왜놈 8명 및 그 인솔자 김탁(金卓) 등 2명이 왔다. 그 래서 술을 먹이고 김탁 등에게는 저마다 무명 1필씩 주어 보냈다. 저녁에 유척 (柳滌)과 임영(林英) 등이 들어왔다.

11월 27일[을미/12월 27일]

맑다. 김응겸이 2살 된 나무를 베어올 일로 목수 5명을 데리고 갔다.

11월 28일[병신/12월 28일]

맑다. 나라 제삿날(예종 제사)이라 공무를 보지 않았다. 유척과 임영이 돌아 갔다. 조카들과 이야기하다 보니 밤이 깊어졌다. 이날은 장인 제삿날이기도 하 여 온종일 밖으로 나가지 않았다.

11월 29일[정유/12월 29일]

맑다. 나라 제삿날(인종 비 인성왕후 박씨 제사)이라 공무를 보지 않았다.

11월 30일[무술/12월 30일]

맑다. 남해에서 항복해온 야에몬[也汝文]·신시로(信是老) 등이 왔다. 경상 수 사가 와서 체찰사를 보냈다. 체찰사의 전세(田稅) 중에서 군량 30섬을 경상 수 사가 받아갔다.

을미년 12월(1595년 12월)

12월 1일[기해/12월 31일]
맑다. 새벽에 망궐례를 행했다.

12월 2일[경자/1596년 1월 1일]
맑다. 거제 현령과 당포 만호, 곡포 권관 등이 와서 보았다. 술을 먹였더니 취하여 돌아갔다.

12월 3일[신축/1월 2일]
맑다.

12월 4일[임인/1월 3일]
맑다. 순천 2호선과 낙안 1호선의 군사를 점검하고 내보냈으나, 바람이 순하지 않아 배를 출발하지 못했다. 조카 분과 해가 본영으로 돌아갔다. 황득중과 오수 등이 청어 7000여 두름을 싣고 왔다. 그래서 김희방(金希邦)의 곡식 사러 가는 배에 계산하여 주었다.

12월 5일[계묘/1월 4일]
맑으나 바람이 순하지 못하다. 몸이 불편한 것 같아 온종일 나가지 않았다.

12월 6일[갑진/1월 5일]
맑다. 저녁나절 경상 수사가 와서 보았다. 저녁에 아들 울이 들어왔다. 어머니께서 평안하시다고 하니 기쁘고 천만다행이다.

12월 7일[을사/1월 6일]

맑으나 바람이 순하지 못하다. 웅천 현감과 거제 현령, 평산포 만호와 천성보 만호 등이 와서 보고 갔다. 청주에 있는 이희남에게 답장을 써 부쳤다.

12월 8일[병오/1월 7일]

맑다. 우수사 우후와 남도포 만호가 와서 보았다. "가까운 시일 안에 소비포에서 만나자"는 체찰사 전령이 왔다.

12월 9일[정미/1월 8일]

맑다. 몸이 불편하여 밤새 앓았다. 거제 현령(안위)과 안골포 만호 우수가 와서 "왜적들이 물러갈 뜻이 없는 모양이다"라고 말했다. 하응구도 왔다.

12월 10일[무신/1월 9일]

맑다. 충청도 순찰사(박홍로)와 충청 수사(선거이)에게 공문을 작성하여 보냈다.

12월 11일[기유/1월 10일]

맑다. 조카 해와 분이 아무 탈없이 본영에 이르렀다는 편지를 보니 기쁘고 다행이지만, 그 고생스러웠던 모습은 무엇이라 말로 나타낼 수가 없다.

12월 12일[경술/1월 11일]

맑다. 경상 수사가 들어와서 보았다. 우후도 들어왔다.

12월 13일[신해/1월 12일]

맑다. 왜놈의 옷 50벌과 연폭(連幅)……(원문에는 이 부분이 빠져있음)……저녁 8시쯤 종 돌쇠[石世]가 와서 "왜선 3척과 거룻배 1척이 등산(登山 : 창원시 마산합포구 진동면) 먼바다에서 합포로 와 머물러 있다" 말했다. 이는 아마도 사냥하는 왜놈인 듯하여 곧 경상 수사와 방답 첨사, 우수사 우후에게 찾아 보게 했다.

12월 14일[임자/1월 13일]

맑다. 경상 수사와 여러 장수들이 합포로 나아가 왜놈들을 타일렀다. 미조항 첨사 및 남해 현령, 하동 현감이 들어왔다.

12월 15일[계축/1월 14일]

맑다. 체찰사에게로 갔던 진무(鎭撫)가 와서 "18일에 삼천포에서 만나자"고 말하므로 달려가기로 했다. 초저녁에 경상 수사가 들어와서 보았다.

12월 16일[갑인/1월 15일]

맑다. 새벽 4시쯤 배를 출발하여 달빛을 타고 당포(통영시 산양면 삼덕리) 앞 바다에 이르러 아침을 먹고 사량도(통영시 사량면) 뒷바다에 이르렀다.

12월 17일[을묘/1월 16일]

비가 뿌렸다. 삼천진(三千鎭 : 성종 19년 삼천포에 둔 진) 앞에 이르니 체찰사(이원익)는 사천(泗川)에 이르렀다고 한다.

12월 18일[병진/1월 17일]

맑다. 아침을 먹은 뒤 삼천진으로 나아갔다. 정오에 체찰사가 보(堡)에 이르러 같이 조용히 이야기했다. 초저녁에 체찰사가 또 같이 이야기하자고 청하여 이야기하다가 밤 2시가 되어서야 헤어졌다.

12월 19일[정사/1월 18일]

맑다. 아침을 먹은 뒤 나가 공무를 보았다. 군사들에게 음식을 실컷 먹이고 난 뒤 체찰사가 떠나갔다. 나는 배로 내려왔는데, 바람이 몹시 사나워 출발하지 못하고 그대로 머물러 밤을 지냈다.

12월 20일[무오/1월 19일]

맑다. 바람이 세게 불다.

(12월 21일부터 12월 30일까지 일기는 빠져 있음)

병신년 일기

병신년 정월(1596년 1월)

1월 1일[무진/1월 29일]
맑다. 새벽 1시쯤 어머니 앞으로 들어가 뵈었다. 느지막이 남양 아저씨와 신(愼) 사과(司果)가 와서 이야기했다. 저녁에 어머니께 하직하고 본영으로 돌아 왔다. 마음이 몹시도 어지러워 밤새도록 잠을 자지 못했다.

1월 2일[기사/1월 30일]
맑다. 나라 제삿날(명종 비 인순왕후 심씨 제사)이다. 일찍 나가서 병기들을 검열했다. 부장(部將) 이계(李繼)가 비변사 공문을 가지고 왔다.

1월 3일[경오/1월 31일]
맑다. 새벽에 바다로 내려가니 아우 여필과 여러 조카들이 모두 배 위에 와 있었다. 날이 밝을 무렵 출발하여 서로 헤어졌다. 정오에 곡포(曲浦 : 남해군 이동면 화계리) 바다 가운데에 이르니 샛바람이 조금 불었다. 상주포(尙州浦 : 남해군 상주면 상주리) 앞바다에 이르니 바람이 잔잔했다. 노를 재촉하여 자정에 사량(蛇梁)에 이르러 묵었다.

1월 4일[신미/2월 1일]
맑다. 새벽 1시쯤 나팔을 불었다. 먼동 틀 때 배를 출발하는데 이여념이 와 서 보았다. 진중 소식을 물으니 "모두 예전과 다름없다" 말했다. 오후 4시쯤 가 랑비가 뿌렸다. 걸망포(통영시 용남면)에 이르니 경상 수사가 여러 장수들을 거 느리고 나와 기다렸다. 우후(이몽구)는 먼저 배 위로 왔으나, 몹시 취해 인사 불성이어서 곧 그의 배로 갔다고 했다. 송한련(宋漢連)과 송한(宋漢) 등이 "청 어 1000여 두름 잡아서 널어놓았는데, 통제사께서 행차하고 나서 잡은 것이 1800여 두름이나 됩니다" 말했다. 비가 몹시 내려 밤새 그치지 않았다. 여러 장수들이 날이 저물자 떠났는데, 진흙길에 넘어지는 사람이 많았다고 했다. 기효근(奇孝謹)과 김축(金軸)이 휴가를 받아 돌아갔다.

1월 5일[임신/2월 2일]

종일 비가 오다. 먼동 틀 때 우후와 방답 첨사·사도 첨사가 와서 문안했다. 나는 얼른 세수를 하고 방 밖으로 나가 그들을 불러들여 사정을 물었다. 느지막이 첨사 성윤문, 우우후 이정충, 웅천 현감 이운룡, 거제 현령 안위, 안골포 만호 우수, 옥포 만호 이담이 들어왔다가 날이 어두워지자 돌아갔다. 이몽상(李夢象)도 경상 수사 권준의 심부름으로 와서 인사하고 돌아갔다.

1월 6일[계유/2월 3일]

비가 오다. 오수(吳壽 : 吳水)가 청어 1310두름, 박춘양(朴春陽)이 780두름을 바쳤다. 하천수(河天壽)가 이를 받아 말리기로 했다. 황득중(黃得中)은 202두름을 바쳤다. 온종일 비가 내렸다. 사도 첨사가 술을 가지고 왔다. "군량 500여 섬을 마련해 놓았다" 말했다.

1월 7일[갑술/2월 4일]

맑다. 이영남의 총애를 받던 여인이 아침 일찍 와서 "권숙(權俶)이 나와 육체관계를 가지려고 해서 피해 왔는데 곧 다른 곳으로 가겠다" 말했다. 저녁나절 경상 수사 권준과 우후, 사도 첨사, 방답 첨사가 오고 권숙도 왔다. 낮 2시쯤 견내량의 복병장 삼천포 권관이 달려와서 "항복한 왜놈 5명이 부산에서 왔다" 전하기에 안골포 만호 우수 및 공태원을 보냈다. 날씨가 매우 춥다. 하늬바람이 매섭게 불었다.

1월 8일[을해/2월 5일]

맑다. 입춘인데 날씨가 마치 한겨울처럼 매섭게 춥다. 아침에 우수사 우후와 방답 첨사를 불러와 함께 약밥을 먹었다. 항복한 왜놈 5명이 아침 일찍 들어왔다. 그래서 온 까닭을 물으니 그들의 장수가 성질이 모질고 일을 또 많이 시키므로 도망하여 항복한다고 말했다. 그들의 크고 작은 칼들을 거두어 누각 위에 감추었다. 그러나 사실 그들은 부산에 있던 왜놈이 아니라, 가덕도에 있는 심안돈(沈安頓 : 島津義弘)의 부하라고 했다.

1월 9일[병자/2월 6일]

흐린 데다 살을 깎아내는 듯 춥다. 오수가 잡아온 청어 360두름을 하천수가 실어 갔다. 여러 곳에 공문을 써 보냈다. 저물 무렵 경상 수사가 들어와서 방어 대책을 논의했다. 하늬바람이 불어 온종일 배가 바다로 나가지 못했다.

1월 10일[정축/2월 7일]

맑으나 하늬바람이 세게 분다. 이른 아침에 왜적이 다시 나타날지를 점치자 바퀴 없는 수레와 같다는 점괘가 나왔다. 다시 점쳤더니 임금을 뵙는 것과 같다는 점괘가 나와 모두가 기뻐하며 길한 괘라고 하였다. 밥을 먹은 뒤 대청으로 나가 공무를 보았다. 우수사 우후와 어란포 만호가 와서 보았다. 사도 첨사도 왔다. 체찰사(이원익)가 여러 물품을 나누어 주라고 세 위장(衛將)에게 명령했다. 웅천 현감과 곡포 권관, 삼천포 권관과 적량 만호가 함께 와서 보았다.

1월 11일[무인/2월 8일]

맑다. 하늬바람이 밤새 세게 불어 한겨울보다 갑절이나 더 춥다. 몸이 몹시 불편하다. 저녁나절 거제 현령이 들어와서 보았다. 그는 수사의 도리에 어긋난 일을 상세하게 말했다. 광양 현감도 들어왔다.

1월 12일[기묘/2월 9일]

맑으나 하늬바람이 밤새 세게 부니 갑절이나 춥다. 새벽 2시쯤 꿈을 꾸었는데 꿈속에서 어느 한곳에 이르러 영의정(유성룡)과 이야기를 나누었다. 얼마 동안 둘 다 의관을 벗어놓고 앉았다 누웠다 하며 서로 나라를 걱정하는 마음을 털어놓았다. 그러다가 끝내는 가슴속에 품고 있던 억울한 사정까지 털어놓았다. 잠시 후 비바람이 쏟아졌는데도 움직이지 않았다. 조용히 이야기를 나누면서, 만일 서쪽 적이 급한데 남쪽 적까지 일어난다면 임금께서는 어디로 가야 할 것인가를 거듭 걱정했지만 뭐라고 말해야 할지를 모르겠다. 일찍이 듣기로는 영의정의 천식 증세가 위중하다고 했었는데 나았는지 모르겠다. 척자(擲字)점을 쳐보니 바람이 물결을 일으키는 것과 같다는 점괘가 나왔다. 오늘 어떤 길흉을 듣게 될지를 다시 점치니 가난한 자가 보물을 얻는 것과 같다는 점괘가 나왔다. 이 괘는 매우 길하다. 어제 저녁 종 금(金)을 우리 군영으로 내보냈는데 바람이 매우 나빠 걱정된다. 느지막이 공무를 보러 나가 각 관아마다 공문을 써서 보냈다. 낙안 군수가 들어왔다. 웅천 현감이 "왜적선 14척이 거제 금이포(金伊浦)에 머물러 있다" 아뢰었다. 그래서 경상 수사에게 삼도의 여러 장수들을 거느리고 가 보게 했다.

1월 13일[경진/2월 10일]

맑다. 아침에 경상 수사가 와서 배가 견내량으로 나가는 것을 아뢰고 갔다. 느지막이 대청으로 나가 공문을 써서 보내고 체찰사에게 드리는 공문을 보냈다. 성균관의 노비로 '유생이 다시 성균관 학문을 세운다'는 글을 가지고 온 자가 아뢰고 돌아갔다. 이날 바람이 잠잠하고 날은 따뜻했다. 이날 저녁 달빛은 낮처럼 환하고 바람 한 점 없었다. 홀로 앉아 있으려니 마음이 어지러워 잠을 이룰 수가 없었다. 신홍수(申弘壽)를 불러 피리 부는 것을 듣다가 밤 10시쯤 잠이 들었다.

1월 14일[신사/2월 11일]

맑으나 바람이 세게 분다. 저녁나절에야 바람이 잦아들며 날씨는 따뜻한 것 같다. 흥양 현감(최희량)이 들어왔다. 정사립(鄭思立)과 김대복(金大福)이 들어왔다. 조기(趙琦)와 김숙(金俶)도 함께 왔는데 그들에게서 연안옥(延安玉)의 외할머니께서 돌아가셨다는 소식을 들었다. 밤이 늦도록 이야기를 나누었다.

1월 15일[임오/2월 12일]

맑고 따뜻하다. 새벽 3시쯤 망궐례를 행했다. 아침에 낙안 군수와 흥양 현감을 불러들여 함께 아침을 먹었다. 느지막이 대청으로 나가 공문을 써 보내고 항복해온 왜놈에게 술과 음식을 먹였다. 낙안과 흥양의 전투배, 병기, 부속물 및 사수와 격군들을 점검하니 낙안의 것이 몹시 엉성하다고 했다. 이날 저녁 달빛이 몹시 밝으니 풍년 들 것을 짐작할 수 있다고 했다.

1월 16일[계미/2월 13일]

맑다. 서리가 눈처럼 내렸다. 저녁나절 나가 공무를 보았다. 경상 수사와 우우후 등이 들어와서 보았다. 웅천 현감도 들어와서 취하여 돌아갔다.

1월 17일[갑신/2월 14일]

맑다. 방답 첨사가 휴가를 받고서 변존서, 조카 분, 김숙 등과 같은 배로 나갔다. 마음이 편안하지 않다. 정오에 나가 공무를 보았다. 우후를 불러 활을 쏠 적에 성윤문과 변익성이 들어와서 보았는데 함께 활을 쏘고서 돌아갔다. 어두울 무렵 강대수 등이 편지를 가지고 들어와서 "종 금이 16일 본영에 이르렀다" 말했다. 종 경은 돌아와서 "아들 회가 오늘 은진(恩津)으로 돌아간다" 말했다.

1월 18일[을유/2월 15일]

맑다. 아침부터 온종일 군복을 마름질했다. 느지막이 곤양 군수(이수일)와 사천 현감(기직남)이 들어왔다. 동래 현령(정광좌)이 달려와서 "왜놈들이 반역하려는 모습이 많이 보이고, 유격장(遊擊將) 심유경(沈惟敬)이 고니시 유키나가(小西行長)와 함께 1월 16일 먼저 일본으로 갔다" 아뢰었다.

1월 19일[병술/2월 16일]

맑고 따뜻하다. 느지막이 나가 공무를 보았다. 사도 첨사와 여도 만호, 우후와 곤양 군수, 경상 수사가 들어왔다. 우수사 우후를 불러왔다. 곤양 군수가 술을 마련하여 조용히 이야기했다. 부산에 들여 넣었던 네 사람이 와서 "심유경과 고니시 유키나가, 겐소(玄蘇 : 일본 승려)와 데라자와 마사나리(寺澤正成), 소서비(小西飛 : 나이토 조안(內藤如安))가 함께 1월 16일 새벽에 바다를 건너갔다" 전했다. 그래서 양식 3말을 주어 보냈다. 이날 저녁 박자방(朴自方)은 순찰사 서성(徐渻)이 진영으로 온다는 말을 듣고서 여러 가지 물품을 가지러 우리 군영으로 갔다. 오늘 메주를 쑤었다.

1월 20일[정해/2월 17일]

몸이 몹시 피곤하여 잠시 낮잠을 잤다. 낮 2시 메주 만드는 일을 끝내고 부뚜막으로 들였다. 낙안 군수가 들어와서 "둔전에서 거둔 벼를 실어왔다" 보고했다.

1월 21일[무자/2월 18일]
맑다. 아침에 나가 공무를 보았다. 체찰사에게 보낼 순천 공문을 썼다. 미조항 첨사 및 흥양 현감이 들어와서 보고 술을 먹여 보냈다. 미조항 첨사는 휴가를 신청했다. 느지막이 대청으로 나가니 사도 첨사와 여도 만호, 사천 현감과 광양 현감, 곡포 권관이 들어와서 보고 돌아갔다. 곤양 군수도 왔다. 활 10순을 쏘았다.

1월 22일[기축/2월 19일]
몹시 춥고 바람도 매우 거칠어 온종일 나가지 않았다. 저녁나절 경상 우후 이의득이 들어와서 그의 수사(권준)의 경솔하고 망령된 짓을 전했다. 이날 밤 바람이 차고 매서우니, 아이들이 들어오기가 고생스러울까 걱정된다.

1월 23일[경인/2월 20일]
맑다. 바람이 차다. 둘째 형 제삿날이라 공무를 보러 나가지 않았다. 생각이 몹시 어지러웠다. 아침에 헐벗은 군사 17명에게 옷을 주고 1벌씩 더 주었다. 온종일 바람이 거세다. 저녁에 가덕에서 나온 김인복이 뵈러 왔으므로 적 정세를 물어보았다. 밤 10시쯤 아들 면, 조카 완, 최대성(崔大晟), 신여윤(申汝潤), 박자방이 본영에서 들어와서 어머니께서 평안하시다는 편지를 받아보니 기쁘기 그지없다. 종 경(京)도 들어왔다. 종 금(金)은 애수(愛壽) 및 금곡(金谷)의 노비 한성(漢城), 공석(孔石) 등과 함께 왔다. 자정쯤 잠자리에 들었다. 눈이 2치나 내렸다. 근래 없던 일이라고 했다. 이날 밤 몸이 몹시 불편하다.

1월 24일[신묘/2월 21일]
맑다. 된바람이 세게 불어 눈보라 치며 모래까지 휘날리니 사람이 감히 걸을 수가 없고, 배도 움직일 수가 없다. 새벽에 견내량 복병장이 달려와 "어제 왜놈 한 명이 복병한 곳에 와서 항복하며 들어오기를 빌었다" 보고하므로, 이곳으로 보내라고 회답했다. 저녁나절 좌·우우후(이몽구·이정충) 및 사도 첨사

(김완)가 들어와서 보았다.

1월 25일[임진/2월 22일]
맑다.

1월 26일[계사/2월 23일]
맑으나 바람이 순하지 않다. 나가 공무를 보고 활을 쏘았다.

1월 27일[갑오/2월 24일]
맑고 따뜻하다. 아침을 먹은 뒤 공무를 보러 나가 장흥 부사(배흥립)의 죄를 물은 뒤에 흥양 현감(최희량)과 함께 이야기했다. 느지막이 경상우도 순찰사(서성)가 들어왔기에 오후 4시쯤 우수사(이억기)의 진영으로 가서 보고 자정쯤 돌아왔다. 사도(蛇渡)의 진무(鎭撫)가 화약을 훔치다가 붙잡혔다.

1월 28일[을미/2월 25일]
맑다. 느지막이 나가 공무를 보았다. 정오에 순찰사가 왔다. 활을 쏘고 함께 이야기했다. 순찰사가 나와 활쏘기를 겨루다가 7푼을 졌는데, 무안스러운 빛이 없지 않았으니 우습다. 군관 3명도 모두 졌다. 밤이 되자 술에 취해 돌아가니 우스웠다.

1월 29일[병신/2월 26일]
온종일 비가 오다. 일찍 아침을 먹은 뒤 경상도 진영으로 가서 순찰사와 조용히 이야기했다. 오후에 활을 쏘았는데, 순찰사가 9푼을 졌고 김대복 홀로 즐겁게 활을 쏘았다. 피리 소리를 듣다가 자정에 진영으로 돌아왔다. 저녁에 사도에서 화약을 훔쳤던 자가 달아났다.

1월 30일[정유/2월 27일]
비가 오다가 저녁나절 개다. 공무를 보러 나갔다. 군관이 활을 쏘았다. 천성보 만호(윤홍년), 여도 만호(김인영), 적량 만호(고여우)가 와서 보고 돌아갔다. 저녁에 청주 이희남의 노비 4명과 준복(俊福)이 들어왔다.

병신년 2월(1596년 2월)

2월 1일[무술/2월 28일]
아침에 흐리다가 저녁나절 개다. 여러 장수들과 함께 활을 쏘았다. 권숙이 이곳에 왔다가 취해서 갔다.

2월 2일[기해/2월 29일]
맑고 따뜻하다. 아들 울과 조기(趙琦)가 같은 배로 나갔다. 우후도 갔다. 저녁에 사도 첨사가 와서 어사 장계에 따라 파면되었다고 전했다. 그래서 곧바로 장계 초안을 썼다.

2월 3일[경자/3월 1일]
맑고 바람이 크게 분다. 홀로 앉아 자식 떠난 것을 생각하니 마음이 편하지 않다. 아침에 장계를 고쳐 썼다. 경상 수사가 와서 보았는데, 적량 만호 고여우가 장담년(張聃年)에게 소송을 당하여 순찰사가 장계를 올려 파면시키려 한다는 것을 들었다. 어두울 무렵 어란포 만호가 견내량 복병한 곳에서 와 "부산 왜놈 세 명이 성주(星州)에서 항복해 온 사람들을 데리고 복병한 곳에 이르러 장사를 하려고 한다" 보고했다. 그래서 곧 장흥 부사에게 전령을 보내 내일 새벽에 가서 타일러 보라고 했다. 이런 왜적들이 어찌 장사를 하려는 것이겠는가. 우리 허실을 엿보기 위함이다.

2월 4일[신축/3월 2일]
맑다. 아침에 장계를 봉하여 사도 사람 진무성(陳武晟)에게 부쳤다. 영의정과 신식(申湜) 두 집안으로 보내는 문안 편지도 부쳤다. 느지막이 흥양 현감이 와서 보고 돌아갔다. 오후에 활 10순을 쏘았다. 여도 만호, 거제 현령, 당포 만호, 옥포 만호도 들어왔다. 저녁에 장흥 부사가 복병한 곳에서 돌아와 "왜놈들이 도로 들어갔다" 전했다.

2월 5일[임인/3월 3일]

아침에 흐리다가 저녁나절 개다. 사도 첨사와 장흥 부사가 일찍 왔다. 그래서 같이 아침을 먹었다. 밥을 먹은 뒤 권숙이 와서 돌아가겠다고 아뢰므로 종이와 먹 두 개, 패검(佩刀)을 주어 보냈다. 저녁나절 삼도의 여러 장수들을 불러 모아 위로하는 음식을 들게 하고, 아울러 활을 쏘고 풍악도 울리다가 취하여 헤어졌다. 웅천 현감이 손인갑(孫仁甲)이 쓰던 옛 물건을 가지고 왔다. 그래서 여러 장수들과 함께 가야금 곡조를 몇 곡 들었다. 저녁에 김기실(金己實)이 순천에서 돌아왔는데 어머니께서 평안하시다는 소식을 듣게 되니 매우 기쁘고 다행이다. 우수사 편지가 왔는데 기한을 늦추자고 하니 한탄스럽다.

2월 6일[계묘/3월 4일]

흐리다. 새벽에 목수 10명을 배 만드는 일로 거제에 보내도록 일렀다. 이날 침실 안에 바른 흙이 떨어진 데가 많아서 수리했다. 사도 첨사 김완은 조도어사 장계로 파면되었다고 다시 공문이 와서 본디의 포구(골사도)로 내보냈다. 순천 별감 유(兪) 및 군관 장응진(張應軫) 등의 죄를 처벌하고 곧 수루로 들어갔다. 송한련(宋漢連)이 숭어를 잡아왔기에 여도 첨사, 낙안 군수, 흥양 현감을 불러와 함께 나누어 먹었다. 적량 만호 고여우가 큰 매를 팔에 얹고 왔는데 오른쪽 발가락이 모두 얼어 비틀어졌으니 어찌하겠는가. 저녁 9시쯤 잠깐 땀을 흘렸다.

2월 7일[갑진/3월 5일]

흐리고 샛바람이 세게 불다. 몸이 좋지 않다. 느지막이 나가 군사들에게 음식을 먹였다. 장흥 부사, 우후, 낙안 군수, 흥양 현감을 불러들여 이야기하다가 날이 저물어서야 헤어졌다.

2월 8일[을사/3월 6일]

맑다. 이른 아침 녹도 만호가 들어와서 보았다. 아침에 벗나무 껍질을 마름질했다. 느지막이 손인갑(孫仁甲)의 총애를 받는 여인이 들어왔다. 한참 뒤 오철(吳轍)과 현응원(玄應元)을 불러서 군사에 대해 물었다. 저녁에 군량 장부를 만들었다. 홍양의 둔전에서 벼 352섬을 바쳤다. 하늬바람이 크게 불어 배가 움직일 수가 없었다. 유황(柳滉)을 내보내려고 했지만 갈 수 없었다.

2월 9일[병오/3월 7일]

맑다. 하늬바람이 세게 불어 배가 움직일 수 없었다. 느지막이 경상 수사 권준이 들어와서 이야기하고 활 10순을 쏘았다. 견내량과 부산에 있던 왜적선 2척이 나왔다는 말을 들었다. 그래서 웅천 현감 및 우후를 그곳으로 보내 찾아보게 했다.

2월 10일[정미/3월 8일]

맑고 따뜻하다. 박춘양(朴春陽)이 대나무를 싣고 왔다. 느지막이 공무를 보러 나가 태구생(太仇生) 죄를 처벌했다. 저녁에 곳간 만드는 곳으로 몸소 가서 보았다. 아침에 웅천 현감과 우수사 우후가 견내량에서 돌아와 왜놈들이 겁에 질려 두려워하던 모양을 아뢰었다. 저물녘 창녕 사람이 술을 가져왔다. 밤이 깊어서 헤어졌다.

2월 11일[무신/3월 9일]

맑다. 아침에 체찰사 앞으로 보낼 문서에 관인(官印)을 찍어 보냈다. 보성의 계향유사 임찬(林瓚)이 소금 50섬을 실어 갔다. 임달영이 제주에서 돌아오면서 제주 목사 편지와 박종백(朴宗伯), 김응수(金應綏) 편지도 가지고 왔다. 느지막이 장흥 부사와 우우후(右虞候)가 왔다. 낙안 군수와 홍양 현감도 불러 활을 쏘았다. 해 질 무렵 영등포 만호가 그의 소실을 데리고 술을 가져와서는 권했다. 어린아이도 데려와서는 두고 돌아갔다. 땀을 흘렸다.

2월 12일[기유/3월 10일]

맑다. 창녕 사람이 일찍 웅천 별장으로 돌아갔다. 아침에 화살대 50개를 경상 수사에게 보냈다. 느지막이 수사가 와서 같이 이야기했다. 저녁에 활을 쏘았다. 장흥 부사와 홍양 현감도 같이 쏘았다. 날이 저물어 헤어졌다. 어린아이가 저녁 8시쯤 돌아갔다.

2월 13일[경술/3월 11일]

맑다. 밥을 먹은 뒤 공무를 보았다. 강진 현감(이극신)이 기한을 어긴 죄를 다스렸다. 가리포 첨사(이응표)는 논보(論報)*¹ 하는 것이 기약한 것보다 늦어서 타이르고 내보냈다. 영암 군수(박홍장)를 파면시킬 장계 초안을 잡았다. 저녁에 어란포 만호가 돌아갔다. 임달영도 돌아갔다. 제주 목사(이경록)에게 답장을 보낼 때 청어와 대구, 화살대와 곶감, 삼색부채를 봉하여 보냈다.

2월 14일[신해/3월 12일]

맑다. 느지막이 나가 공무를 보고 장계 초안을 고쳤다. 동복(同福)의 계향유사 김덕린이 와서 인사했다. 경상 수사가 쑥떡과 초 한 쌍을 보내왔다. 새로 지은 곳간 지붕에 이엉을 얹고, 낙안 군수와 녹도 만호 등을 불러 떡을 먹었다. 강진 현감이 들어와서 인사하므로 위로하고 술을 먹었다. 저녁에 물을 부엌가로 끌어 들여 물 긷는 길을 편리하게 했다. 이날 밤 바다 위에 뜬 달이 낮처럼 밝았고 물결 빛은 마치 비단결 같았다. 홀로 높은 누각에 앉아 있으니 마음이 몹시 어지러워 밤이 깊어서야 잠자리에 들었다. 홍양의 계향유사 송상문(宋象文)이 와서 쌀과 벼를 합쳐 7섬을 바쳤다.

2월 15일[임자/3월 13일]

새벽에 망궐례를 행하려 했지만 비가 와서 마당이 다 젖으니 행하기가 어려워 그만두었다. 저물녘 전라우도의 항복한 왜놈들과 경상도의 항복한 왜놈들이 같이 짜고 도망갈 꾀를 낸다고 들었다. 그래서 전령을 보내 그쪽에 알렸다. 아침에 화살대를 가려냈다. 큰 살대 111개, 그 다음 살대 154개를 옥지(玉只)에게 주었다. 아침에 장계 초안을 고쳤다. 느지막이 나가 공무를 보는데, 웅천 현감과 거제 현령, 당포 만호와 옥포 만호, 우수사 우후와 경상 우후가 함께 들어와서 보고 돌아갔다. 순천 둔전에서 추수한 벼를 내 눈앞에서 바치게 했다. 동복의 계향유사 김덕린, 홍양의 계향유사 송상문 등이 돌아갔다. 저녁에 사슴과 노루를 각각 1마리씩 사냥해서 왔다. 이날 밤 달빛이 낮과 같고 물결 빛은 비단결과 같았다. 잠자리에 누워서도 잠들 수가 없었다. 하인들은 밤이 다

---

*1 하급 관아에서 자기 의견을 붙여 상급 관아에 보고하던 일.

하도록 취하여 노래를 불렀다.

2월 16일[계축/3월 14일]

맑다. 아침에 장계 초안을 고쳤다. 느지막이 나가 공무를 보았다. 장흥 부사, 우수사 우후, 가리포 첨사가 들어와서 같이 활을 쏘았다. 군관들은 전날 겨루기에서 진 쪽이 대접하여 베풀었는데 매우 취해서 헤어졌다. 이날 밤 몹시 취하여 잠들 수가 없어 앉았다 누웠다 하는 동안 날이 밝았다. 봄날의 나른한 기운이 여기에까지 이르렀다.

2월 17일[갑인/3월 15일]

흐리다. 나라 제삿날(세종 제사)이라 공무를 보지 않았다. 뒤에 아들 면이 우리 군영으로 돌아갔다. 박춘양과 오수가 석수어(石首魚 : 조기)를 잡는 곳으로 갔다. 어제 마신 술기운 때문에 기운이 몹시 편하지 않았다. 저녁에 흥양 현감이 와서 이야기하다가 저녁을 같이 먹었다. 미조항 첨사 성윤문의 문안 편지가 왔는데 "방금 관찰사[方伯] 공문을 받고 진주성으로 부임하게 되어 나아가 인사드리지 못한다. 저 대신으로 황언실(黃彦實)이 되었다"고 했다. 웅천 현감 답장이 왔다. 임금 유서(諭書)는 아직 받지 못했다고 한다. 이날 저물녘 하늬바람이 몹시 불더니 밤새도록 그치지 않았다. 떠나간 아들을 생각하니 마음을 가라앉힐 수 없다. 답답한 마음을 이루 다 말할 수 없다. 봄 기운이 사람을 괴롭히니 몹시 나른하다.

2월 18일[을묘/3월 16일]

맑다. 밥을 먹은 뒤 나가 공무를 보았다. 하늬바람이 크게 불었다. 느지막이 체찰사 비밀 공문이 3통 왔다. 하나는 제주목에 연이어 후원하라는 것이고, 나머지 하나는 영등포 만호 조계종을 심문하는 일이고, 하나는 진도의 전투배를 아직은 독촉하여 모으지 말라는 것이었다. 저녁에 김국(金國)이 서울에서 들어와서 비밀 공문 2통과 책력 한 권을 가지고 왔다. 서울 공문도 왔다. 황득중이 철을 싣고 와서 바쳤다. 절(節)이 술을 가지고 왔다. 온몸이 땀에 젖었다.

2월 19일[병진/3월 17일]

맑고 바람이 세게 분다. 아들 면이 잘 도착했는지 여부를 알지 못하니 밤새도록 걱정되었다. 저녁에 낙안 군량선이 바람 때문에 길이 막혀 사량에 배를 댔는데 바람이 멎으면 떠날 것이라고 들었다. 이날 새벽 경상도 진영에 남아 있던 항복한 왜놈을 이곳에 있는 왜놈 난에몬[亂汝文 : 南汝文] 등을 시켜서 묶어 와 목을 베게 했다. 경상 수사 권준이 왔다. 장흥 부사와 웅천 현감, 낙안 군수와 흥양 현감, 우수사 우후와 사천 현감 등과 함께 부안에서 보낸 술을 마셨다. 황득중이 가져온 총통 만들 철을 저울로 그 무게를 잰 뒤 보관했다.

2월 20일[정사/3월 18일]

맑다. 아침 일찍 조계종(趙繼宗)이 현풍(玄風) 수군 손풍련(孫風連)으로부터 소송당한 일로 대면해서 진술하기 위해 이곳에 왔다가 돌아갔다. 느지막이 공무를 보러 나가 공문을 써서 여러 곳에 나누어 보냈다. 손만세가 사사로이 입대(入隊)에 관한 공문을 만든 죄를 처벌했다. 오후에 활 7순을 쏘았다. 낙안 군수와 녹도 만호가 함께 들어왔다. 비 내릴 조짐이 있더니 새벽에 몸이 피곤했다.

2월 21일[무오/3월 19일]

흐리고 비 오다. 새벽 비가 추적추적 내리다가 느지막이 그쳤다. 공무를 보러 나가지 않고 홀로 앉아 있었다.

2월 22일[기미/3월 20일]

맑다. 아침 먹고 나가 공무를 보았다. 웅천 현감과 흥양 현감이 들어와서 보았다. 흥양 현감은 몸이 좋지 않아 먼저 돌아갔다. 우수사 우후와 장흥 부사, 낙안 군수와 남도포 만호, 가리포 첨사와 여도 만호, 녹도 만호가 들어와서 활을 쏘았다. 나도 활을 쏘았다. 손현평(孫絃平)도 들어왔다가 매우 취하여 헤어졌다. 이날 밤 땀을 흘렸다. 봄기운에 사람이 나른해진다. 강소작지(姜所作只)가 그물을 가지러 우리 군영으로 돌아갔다. 충청 수사가 화살대를 가져와서 바쳤다.

2월 23일[경신/3월 21일]

맑다. 일찍 밥을 먹고 나가 공무를 보았다. 둔전 벼를 다시 되질하여 새 곳간에 167섬을 쌓았다. 흘려서 줄어든 양이 48섬이었다. 저녁나절 거제 현령과 고성 현령, 하동 현감과 강진 현감, 회령포 만호가 들어왔다. 함께 고성에서 가져온 술을 마셨다. 웅천 현감이 저녁이 되자 크게 취했다. 밤 10시쯤 헤어져 돌아갔다. 하천수(河天水)와 이진(李進)도 들어왔다. 방답 첨사가 들어왔다.

2월 24일[신유/3월 22일]

맑다. 밥을 먹은 뒤 나가 공무를 보았다. 둔전 벼를 다시 되질하는 것을 지켜보았다. 우수사가 들어왔다. 오후 4시쯤 비바람이 세게 몰아쳤다. 둔전 벼를 다시 되질하여 170섬을 곳간에 넣었다. 흘려서 줄어든 양은 30섬이었다. 낙안 군수(선의경)가 바뀌었다는 소식이 들어왔다. 방답 첨사와 홍양 현감이 와서 모였다. 우리 군영으로 배를 보내려고 하는데 비바람이 몰아쳐서 가는 것을 그만두었다. 밤이 다하도록 비바람이 그치지 않았다. 매우 피곤하였다.

2월 25일[임술/3월 23일]

비가 오다가 정오에 개다. 장계 초안을 고쳤다. 느지막이 우수사가 들어왔고 나주 판관(원종의)도 왔다. 장흥 부사가 와서 "수군을 다스리기 어려운 것은 관찰사가 방해하기 때문이다" 말했다. 이진이 둔전으로 돌아갔다. 춘절(春節), 춘복(春福), 사화(土花)가 우리 군영으로 돌아갔다.

2월 26일[계해/3월 24일]

아침에 맑다가 저물녘 비가 오다. 느지막이 대청으로 나갔다. 여도 만호와 홍양 현감이 와서 관아 서리 등이 침해하는 폐단을 말하는데 매우 놀랍다. 양정언(梁廷彦)과 서리 강기경(姜起敬), 이득종(李得宗), 박취(朴就) 등을 중죄로 다스리고 즉시 전령을 보내 경상·전라우도 수사가 있는 곳의 아전 서리들을 잡아들이도록 했다. 경상 수사가 와서 보았다. 조금 있으니 견내량 복병이 달려와서 "왜적선 한 척이 견내량을 거쳐 들어와 해평장에까지 이를 즈음 머물지 못하게 했다"고 아뢰었다. 둔전에서 거둔 벼 230섬을 다시 되질하여 198섬이 되었으니 32섬이 줄어들었다고 한다. 낙안 군수와 인사하고 헤어졌다.

2월 27일[갑자/3월 25일]

흐리다가 느지막이 개다. 이날 녹도 만호 등과 함께 활을 쏘았다. 흥양 현감이 휴가를 받아 돌아갔다. 둔전에서 거둔 벼 220섬을 다시 되질해서 담으니 몇 섬이 줄어들었다.

2월 28일[을축/3월 26일]

맑다. 아침 일찍 침을 맞았다. 느지막이 나가 앉아 있으려니 장흥 부사와 체찰사의 군관이 이곳에 이르렀다. 장흥 부사는, 종사관이 전령을 보내고 자기를 잡으러 온 일 때문에 왔다고 말했다. 또 전라도 수군 안에서 우도의 수군이 전라좌·우도를 왔다갔다 하면서 진도와 제주를 성원한다고 하니 우습다. 조정 계책이 어찌 이렇단 말인가. 체찰사에게서 나온 계책이 이렇게 제대로 된 것이 없는가. 나랏일이 이러하니 어찌할 것인가. 저녁에 거제 현령을 불러 와서 일을 물어 본 뒤 돌려 보냈다.

2월 29일[병인/3월 27일]

맑다. 아침에 공문 초안을 고쳤다. 밥을 먹은 뒤 나가 공무를 보았다. 우수사 및 경상 수사, 장흥 부사, 체찰사의 군관이 들어왔다. 경상우도 순찰사의 군관이 편지를 가지고 왔다.

2월 30일[정묘/3월 28일]

맑다. 아침에 정사립으로 하여금 보고문을 써서 체찰사에게 보내게 했다. 장흥 부사도 체찰사에게 갔다. 해가 뉘엿할 때 우수사가 "벌써 바람이 따뜻해졌으니 계책에 응해야 할 때가 시급하여 소속 부하를 거느리고 본도(전라우도)로 가고자 한다" 알려왔다. 그 마음가짐이 아주 괴상야릇하여 그의 군관 및 도훈도에게 곤장 70대를 때렸다. 수사가 소속 병사들을 견내량에 복병시키는 일이 분하다고 말했지만 그 말 또한 가소롭다. 저녁에 송희립·노윤발·이원룡 등이 들어왔다. 송희립이 또 술을 가지고 왔다. 몸이 몹시 불편하여 밤새도록 식은땀을 흘렸다.

병신년 3월(1596년 3월)

3월 1일[무진/3월 29일]

맑다. 새벽에 망궐례를 행했다. 아침에 경상 수사가 와서 이야기하고 돌아갔다. 저녁나절 해남 현감 유형(柳珩), 임치 첨사 홍견(洪堅), 목포 만호 방수경(方守慶)을 정해진 날짜를 어긴 죄로 처벌했다. 해남현감은 새로 부임해 왔으므로 곤장을 치지는 않았다.

3월 2일[기사/3월 30일]

맑다. 아침에 장계 초안을 고쳤다. 보성 군수가 들어왔다. 몸이 몹시 불편하여 공무를 보지 않았다. 몸이 나른하고 땀에 흠뻑 젖었다. 이는 병의 근원이다.

3월 3일[경오/3월 31일]

맑다. 새벽에 이원룡이 본영으로 돌아갔다. 저녁나절 반관해(潘觀海)가 왔다. 정사립 등을 시켜 장계를 썼다. 이날은 명절(삼짇날)이라 방답 첨사, 여도 만호, 녹도포 만호 및 남도포 만호 등을 불러 술과 떡을 들게 했다. 일찍이 송희립을 우수사에게 보내 뉘우치는 뜻을 전하니, 은근하게 대답하더라고 했다. 땀을 흘렸다.

3월 4일[신미/4월 1일]

맑다. 아침에 장계를 봉했다. 느지막이 보성 군수 안홍국을 정한 날짜를 어긴 죄로 처벌했다. 오후에 배를 출발하여 곧바로 소근두(所斤頭) 끝을 거쳐 경상 우수사가 있는 곳에 이르러 그를 불렀다. 좌수사 이운룡도 왔다. 조용히 이야기하고서 그대로 좌리도(佐里島 : 창원시 진해구 웅천동) 바다 가운데서 같이 잤다. 땀이 아무 때나 늘 났다.

3월 5일[임신/4월 2일]

맑다가 구름이 끼다. 새벽 3시쯤 해 뜰 무렵 견내량의 우수사가 복병한 곳에 이르니, 마침 아침 먹을 때였다. 그래서 밥을 먹고 난 뒤 서로 만나 다시 그 잘못된 부분을 말하니 우수사는 진심으로 사과했다. 그리하여 술자리를 만들고는 매우 취하여 돌아왔다. 이정충(李廷忠)의 장막 안으로 들어가 조용히 이야기하다가 나도 모르는 사이 취기에 엎어졌다. 큰 비가 내려서 먼저 배로 내려가니 우수사는 취해서 드러누워 정신이 없었으므로 말도 못한 채 왔다. 우습다. 배에 이르니 회(薈), 해(荄), 면(葂), 울(蔚)과 수원(壽元)이 함께 와 있었다. 비를 맞으며 진영 안으로 돌아왔다. 김혼(金渾)도 와 있었다. 함께 이야기하다가 자정쯤 잠들었다. 여종 덕금(德今), 한대(漢代), 효대(孝代)와, 은진(恩津)의 여종이 들어왔다.

3월 6일[계유/4월 3일]

흐리나 비는 오지 않다. 새벽에 한대(漢代)를 불러 일의 까닭을 물었다. 아침에 몸이 불편하다. 밥을 먹은 뒤 하동 현감(신진)과 고성 현령(조응도)이 아뢰고 돌아갔다. 느지막이 함평 현감(손경지)과 해남 현감(유형)이 아뢰고 돌아갔다. 남도포 만호(강응표)도 돌아갔는데, 마감시한을 5월 10일로 정했다. 우수사우후(이정충)와 강진 현감(이극신)에게는 이달 8일이 지난 뒤 나가도록 했다. 함평 현감(손경지)과 남해 현령(박대남), 다경포 만호(윤승남) 등이 칼을 시험했다. 아직까지 땀이 흐른다. 사슴 3마리를 사냥해 왔다.

3월 7일[갑술/4월 4일]

맑다. 새벽에 땀을 흘렸다. 느지막이 나가 공무를 보았다. 가리포 첨사, 방답 첨사, 여도 만호가 들어와서 보고 돌아갔다. 머리카락을 잠깐 빗었다. 녹도 만호가 노루 2마리를 사냥해 왔다.

3월 8일[을해/4월 5일]

맑다. 아침에 안골포 만호(우수)와 가리포 첨사(이응표)가 저마다 큰 사슴을 1마리씩 보내 왔다. 밥을 먹은 뒤 나가 공무를 보았다. 우수사(이억기)와 경상수사(권준), 좌수사(이운룡)와 가리포 첨사, 방답 첨사와 평산포 만호, 여도 만호와 전라 우수사 우후, 경상 우후와 강진 현감 등이 와서 함께 온종일 이야기했다. 몹시 취해서 헤어졌다. 저녁때 비가 잠깐 왔다.

3월 9일[병자/4월 6일]

아침에 맑다가 저물녘 비가 오다. 우수사 우후(이정충) 및 강진 현감(이극신)이 돌아가겠다고 하여 술을 먹였더니 몹시 취했다. 우우후는 취하여 쓰러져 돌아가지 못했다. 저녁에 좌수사가 들어왔기에 작별의 술잔을 나누었더니 취해서 대청에서 엎어져 잤다. 개(介 : 여종 이름)와 같이 잤다.

3월 10일[정축/4월 7일]

비오다. 아침에 다시 좌수사를 초청해 와서 이별의 술잔을 나누고 전송했다. 온종일 무척 취해서 나가지 못했다. 수시로 땀이 흘렀다.

3월 11일[무인/4월 8일]

흐리다. 해, 회, 완 및 수원이 여종 3명과 함께 나갔다. 이날 저녁 방답 첨사(장린)가 성낼 일도 아닌 것으로 괜히 성을 내어 상선(上船)의 무상(無上)*¹에게 곤장을 쳤다니 놀랄 일이다. 곧 군관과 이방을 불러 군관에게는 곤장 20대, 이방에게는 곤장 50대를 쳤다. 저녁나절 전 천성보 만호 윤홍년이 작별을 아뢰며 돌아가고, 새로 온 천성보 만호는 체찰사(이원익) 공문으로 경상 우병사(김응서)에게 잡혀갔다. 나주 판관(어운급)도 왔기에 술을 먹여서 보냈다.

3월 12일[기묘/4월 9일]

맑다. 아침을 먹은 뒤 몸이 노곤하여 잠깐 잠을 잤다. 비로소 쉰 듯하다. 경상 수사(권준)가 와서 같이 이야기했다. 여도 만호(김인영), 금갑도 만호(이정표), 나주 판관도 들어왔다. 군관들이 술을 내왔다. 저녁에 소국진(蘇國秦)이 체찰사가 있는 곳에서 돌아왔는데, '우도 수군을 합쳐서 본도로 보내라는 것은 본뜻이 아니다'라는 답을 받았다. 우습다. 그에게서 듣기로는 원균은 곤장 40대, 장흥 부사(배흥립)는 곤장 20대를 맞았다 한다.

---

*1 돛대를 조정하는 직책인 무상(舞上)을 말함.

3월 13일[경진/4월 10일]

온종일 비가 오다. 저녁에 견내량 복병이 달려와 "왜적선이 연이어 나오고 있다" 아뢰니 여도 만호와 금갑도 만호 등을 뽑아 보냈다. 봄비가 내리는데 몸이 노곤하여 누워서 앓았다.

3월 14일[신사/4월 11일]

궂은 비가 걷히지 않는다. 새벽에 삼도에서 "견내량 근처 거제땅 세포(細浦 : 사등면 성포리)에 왜적선 5척과 고성땅에 5척이 머물고 뭍에 내렸다"는 급한 보고가 왔다. 그래서 삼도의 여러 장수들에게 배 5척을 더 뽑아 보내도록 전령했다. 느지막이 공무를 보러 나가 여러 곳에 공문을 써 보냈다. 아침에 군량 회계를 끝냈다. 방답 첨사와 녹도 만호가 와서 보았다. 체찰사에게 공문을 보내려고 서류를 만들었다. 봄날의 나른함이 이와 같으니 밤새도록 땀이 흘렀다.

3월 15일[임오/4월 12일]

맑다. 새벽에 망궐례를 행했다. 가리포 첨사, 방답 첨사, 녹도 만호가 들어와서 참석했다. 그러나 우수사와 다른 이들은 오지 않았다. 느지막이 경상 수사가 들어와서 함께 이야기하다가 취해서 돌아갈 때 곁채에서 덕이와 사사로이 이야기했다고 한다. 이날 저녁 바다의 달빛은 맑고 밝다. 몸이 나른하고 밤새 식은땀이 흘렀다. 낮에도 노곤하여 머리 빗질을 했는데 땀이 시도 때도 없이 흘러내렸다.

3월 16일[계미/4월 13일]

비가 퍼붓듯이 내리며, 온종일 그치지 않는다. 오전 8시쯤 된마파람이 세게 불어 지붕이 뒤집힌 곳이 많고, 창문 창호지도 찢어져 비가 방 안으로 새어들어와 사람들이 괴로움을 견딜 수가 없었다. 정오 때 바람이 멎었다. 저녁에 군관을 불러 와서 술을 먹였다. 새벽 1시쯤 비가 잠간 그쳤다. 어제처럼 땀이 아무 때나 흘러내렸다.

3월 17일[갑신/4월 14일]

흐리다. 종일 가랑비가 내리더니 밤새 그치지 않았다. 나주 판관이 들어와서 보고 취하도록 술을 먹여서 보냈다. 어두울 무렵 박자방(朴自邦)이 들어왔다. 이날 밤 식은땀이 등까지 흠뻑 적셔 2겹 옷이 흠뻑 다 젖었고 이불과 베개도 젖었다. 몸이 불편하다.

3월 18일[을유/4월 15일]
맑으나 온종일 샛바람이 불고 날이 매우 쌀쌀하다. 느지막이 공무를 보러 나가 소장을 써서 나누어 보냈다. 방답 첨사, 금갑도 만호, 회령포 만호, 옥포 만호 등이 와서 보았다. 활 10순을 쏘았다. 이날 밤 바다 달빛이 맑게 비치니 밤기운이 더욱 서늘하다. 잠자리에 들었으나 잠을 이루지 못했다. 앉아도 누워도 편하지 않고 몸이 다시 불편해진다.

3월 19일[병술/4월 16일]
맑고 샛바람이 크게 분다. 날씨가 매우 서늘하다. 아침에 새 아쟁 줄을 맸다. 느지막이 보성 군수가 씨 뿌리는 일을 감독할 일로 휴가를 받았다. 김혼(金渾)이 같은 배로 나갔다. 종 경(京)도 함께 돌아갔다. 정량(丁良)이 일 때문에 이곳으로 들어왔다가 돌아갔다. 저녁에 가리포 첨사와 나주 판관이 보러 왔기에 취하도록 술을 먹여서 돌려보냈다. 날이 저물자 바람이 몹시 험하게 불었다.

3월 20일[정해/4월 17일]
바람이 험하게 불고 비가 온종일 오다. 몸이 몹시 불편했다. 바람막이 2개를 만들어 걸어두었다. 밤새 비가 내렸다. 땀이 옷과 이불을 적셨다.

3월 21일[무자/4월 18일]
온종일 큰 비가 오다. 초저녁에 체하여 한참 토하다가, 자정이 되니 조금 가라앉았다. 뒤척이며 앉았다 누웠다 했다. 논하지 않아도 될 일을 감히 하는 듯하니 몹시 한스럽다. 이날은 매우 심심하여 군관 송희립, 김대복, 오철 등을 불러 종정도(從政圖) 놀이로 내기를 했다. 바람막이 3개를 만들어 걸어두었다. 이언량과 김응겸이 그것을 만드는 일을 감독했다. 자정이 지나자 비가 잠깐 그쳤다. 새벽 3시가 되니 흐릿하던 달이 밝아지기 시작했다. 방 밖으로 나가 천천히 걸어다녔으나 몸은 매우 고단하다.

3월 22일[기축/4월 19일]

맑다. 아침에 종 금(今)을 시켜 머리 빗질을 하게 했다. 우수사와 경상 수사가 들어와서 보았다. 그래서 술을 먹여 보냈다. 소문에 작은 고래가 섬 위로 떠밀려 와서 죽었다고 하므로 박자방을 보냈다. 이날 저녁 땀이 수시로 흘러내렸다.

3월 23일[경인/4월 20일]

맑다. 새벽에 정사립이 들어와서 "어유(魚油)를 많이 가지고 왔다" 알렸다. 새벽 3시쯤 몸이 불편하여 종 금(今)을 불러 머리를 주무르게 했다. 느지막이 공무를 보러 나가 여러 곳에 공문을 써서 나누어 보냈다. 활 10순을 쏘았다. 조방장 김완(金浣)이 들어왔다. 충청 수군 배 8척도 들어왔고 우후도 도착했다. 종 금(金)이 편지를 가져왔는데 어머니께서는 평안하시다고 전했다. 밤 9시쯤 영등포 만호가 그의 어린 딸을 데리고 술을 가져왔다고 했지만 나는 그를 만나지 않았다. 밤 11시쯤 돌아갔다. 이날 처음 미역을 캤다. 자정에 비로소 잠이 들었는데 땀을 흘려 옷이 젖어서 갈아입고 잤다.

3월 24일[신묘/4월 21일]

맑다. 새벽에 미역을 캐러 나갔다. 오래된 활집은 베로 만든 것 8개와 면으로 만든 것 2개였는데 활집 하나를 고치고 씻어서 다시 만들라고 내주었다. 아침을 먹고 나서 공무를 보러 나갔다. 마량 첨사 김응황(金應璜), 파지도(波知島 : 서산시 팔봉면 고파도) 송 권관, 결성 현감 손안국(孫安國) 등의 죄를 다스렸다. 느지막이 우후가 가져온 술을 마실 때 방답 첨사와 평산포 만호, 여도 만호와 녹도 만호, 목포 만호 등과 함께 마셨다. 나주 판관 어운급(魚雲汲)에게 휴가를 주어 내보냈다. 돌아올 날짜는 4월 15일까지로 약속했다. 저물녘에 몸이 몹시 고단하고 늘 땀이 흘렀다. 이 또한 비가 내릴 징조이다.

3월 25일[임진/4월 22일]

새벽부터 비가 종일 내려 그치지 않는다. 누각에 기대어 저녁 내내 앉아 있는데 가슴속 생각이 악화되었다. 머리를 한참 빗었다. 낮에 땀을 흘려 옷이 젖었는데 밤에도 옷을 두 벌이나 흠뻑 적셨다. 땀이 흘러 옷을 적셨다.

3월 26일[계사/4월 23일]

맑다. 마파람이 불었다. 느지막이 나가 공무를 보았다. 조방장, 방답 첨사, 녹도 만호가 와서 활을 쏘았다. 경상 수사도 와서 이야기했다. '전날(12일) 우도의 수군을 돌려 보내라고 한 것은 회계(回啓)를 잘못 보았기 때문이다'라는 체찰사의 전령이 왔다. 우습다.

3월 27일[갑오/4월 24일]

맑다. 마파람이 불었다. 느지막이 나가 활을 쏘았다. 우후와 방답 첨사, 충청 우후와 마량 첨사, 임치 첨사와 결성 현감, 파지도 권관이 함께 왔기에 술을 먹여 보냈다. 저녁에 신 사과와 아우 여필이 들어왔다. 그 편에 어머니께서 평안하시다는 말을 들으니 무척 기쁘고 다행이다.

3월 28일[을미/4월 25일]

궂은 비가 몹시 오고 종일 개지 않는다. 공무를 보러 나가 공문을 작성하여 나누어 보냈다. 충청도 각지의 뱃사람들이 다시 울타리를 만들었다.

3월 29일[병신/4월 26일]

궂은 비가 걷히지 않는다. 부찰사(한효순)가 성주(星州)에서 진영으로 온다는 공문이 왔다.

병신년 4월(1596년 4월)

4월 1일[정유/4월 27일]

큰 비가 오다. 신 사과와 이야기했다. 비가 종일 내렸다.

4월 2일[무술/4월 28일]

맑다. 경상 수사가 부찰사를 마중하러 나갔다. 신 사과는 같은 배로 갔다. 이날 밤 몸이 매우 불편했다.

4월 3일[기해/4월 29일]

맑고 샛바람이 종일 불다. 어제 저녁에 견내량 복병이 달려와 "왜놈 4명이 부산에서 장사하며 이익을 늘리러 나왔다가 바람에 표류되었다"고 보고했다. 그래서 새벽에 녹도 만호 송여종을 보내 그 까닭을 캐묻고 그 사정을 살펴보니, 정탐하러 온 것이었다. 그래서 이들의 목을 베었다. 우수사를 보러 가려고 했으나 몸이 불편하여 가지 않았다.

4월 4일[경자/4월 30일]

흐리다. 아침에 오철(吳轍)이 나갔다. 종 금이(金伊)도 함께 갔다. 체찰사의 공문을 서류로 만든 다음 벽에 붙여두었다. 여러 장수들의 문표(門標)*1를 일일이 고쳤다. 충청도의 군영에 울타리를 설치했다. 느지막이 우수사를 보러 가서는 취하여 이야기하다가 돌아왔다. 밤 9시쯤에 저녁을 먹었다. 가슴에 열이 나고 땀이 났다. 밤 10시쯤 잠깐 비가 오더니 그쳤다.

---

*1 궁궐, 병영 따위의 문에 드나드는 것을 허락하여 주던 표.

4월 5일[신축/5월 1일]

맑다. 부찰사(한효순)가 들어왔다.

4월 6일[임인/5월 2일]

흐리지만 비는 오지 않다. 부찰사가 활쏘기를 시험했다. 저녁에 나는 우수사 등과 함께 들어가 앉아 군사들을 대하며 술을 마셨다.

4월 7일[계묘/5월 3일]

맑다. 부찰사가 나가서 공무를 보며 상을 나누어 주었다. 새벽에 부산 사람이 들어와서 "명나라 사신(이종성)이 달아났다"고 하는데 무슨 일인지 모르겠다. 부찰사가 입봉(立峯)에 올라갔다. 점심을 먹은 뒤 두 수사(이억기·권준)와 이야기를 나누었다.

4월 8일[갑진/5월 4일]

종일 비가 오다. 저녁나절 부찰사와 마주 앉아 술을 마셨더니 몹시 취했다. 초파일 등불을 켜 달고 헤어졌다.

4월 9일[을사/5월 5일]

맑다. 아침 일찍 부찰사가 나가므로 같이 배를 타고 포구로 나가며 이야기 나눈 뒤 헤어졌다.

4월 10일[병오/5월 6일]

맑다. 암행어사가 들어온다고 아침에 들었다. 그래서 수사 아래 모든 이들이 포구로 나가 기다렸다. 조붕(趙鵬)이 와서 보았는데 그 모습이 당학(唐瘧)*² 을 오래 앓아서 몹시 야위었다. 매우 안쓰럽다. 저녁나절 암행어사가 들어와서 같이 이야기했다. 촛불을 밝혀주고 헤어졌다.

---

*2 학질의 하나로 쉽게 회복되지 않음. 이틀을 걸러 발작하여 이틀거리라고도 함.

4월 11일[정미/5월 7일]

맑다. 아침을 먹은 뒤에 어사와 함께 마주하여 조용히 이야기 나누었다. 장병들에게 음식을 먹였다. 활 10순을 쏘았다.

4월 12일[무신/5월 8일]

맑다. 어사가 밥을 지어 군사들에게 먹인 뒤에 활 10순을 쏘고 종일 이야기했다.

4월 13일[기유/5월 9일]

맑다. 어사와 함께 아침을 먹었다. 느지막이 포구로 나갔더니 마파람이 세게 불어 출항하지 못했다. 선인암(仙仁巖)으로 가서 종일 이야기하고 어두워져서야 서로 헤어졌다. 저물녘에 걸망포에 닿았는데 어사는 잘 갔는지 모르겠다.

4월 14일[경술/5월 10일]

흐리고 비가 종일 오다. 아침을 먹고 나가 공무를 보았다. 홍주 판관 박륜(朴崙)과 당진포 만호 조효열(趙孝悅)이 교서에 숙배한 뒤 충청 우후 원유남(元裕男)에게 곤장을 쳤다. 당진 만호도 같은 벌을 받았다.

4월 15일[신해/5월 11일]

맑다. 단오절 진상품을 봉하는 것을 감독하고 곽언수에게 주어 보냈다. 영의정(유성룡), 영부사(領府事)*³ 정탁(鄭琢),*⁴ 판서 김명원(金命元), 지사 윤자신(尹自新), 조사척(趙士惕), 신식(申湜), 남이공(南以恭) 앞으로 편지를 썼다.

4월 16일[임자/5월 12일]

맑다. 아침을 먹은 뒤 나가서 공무를 보았다. 난에몬〔亂汝文〕 등을 불러와 불을 지른 왜놈 3명이 누구인지를 캐묻고, 그들을 잡아와 처형했다. 우수사, 경상 수사와 한자리에 앉아 여필이 가져온 술을 함께 마시고 취했다. 가리포 첨

---

*3 영중추부사. 조선 시대 중추부의 으뜸 벼슬. 정1품 무관직.
*4 정탁(1526~1605)은 1594년 의금부사, 1596년 지중추부사, 1600년 좌의정, 1603년 영중추부사였으므로 지부사(知府事)를 잘못 쓴 기록임.

사와 방답 첨사도 함께 했다. 밤이 되어서야 헤어졌다. 이날 밤 바다에는 달빛이 차게 비치고 잔물결 하나 일지 않았다. 또 땀을 흘렸다.

4월 17일[계축/5월 13일]

맑다. 아침을 먹은 뒤 아우 여필과 아들 면이 종을 데리고 돌아갔다. 느지막이 공문을 작성해 각처에 나누어 보냈다. 이날 저녁 울이 안위(安衛)를 보러 갔다가 왔다.

4월 18일[갑인/5월 14일]

맑다. 밥 먹기 전에 각 고을과 포구에 공문을 써 나누어 보내고 체찰사 앞으로 갈 공문도 내보냈다. 느지막이 충청 우후와 경상 우후, 방답 첨사와 조방장 김완과 함께 활 20순을 쏘았다. 마도(馬島)의 군관이 숨어 있던 곳으로 항복해 온 왜놈 1명을 잡아 왔다.

4월 19일[을묘/5월 15일]

맑다. 습열(濕熱)로 생긴 병 때문에 20여 군데에 침을 맞았다. 그러자 몸에 열이 나고 답답하여 종일 방에서 지냈다. 저물녘에 영등포 만호가 와서 보고 돌아갔다. 종 목년(木年)과 금화(今花), 풍진(風振) 등이 뵈러 왔다. 이날 아침 난에몬에게서 '도요토미 히데요시(豊臣秀吉)가 죽었다'는 소식을 들었다. 너무 기뻐서 뛸 지경이지만 아직 믿을 수는 없다. 이 말은 일찍부터 퍼져 있었지만 아직 정확한 기별이 온 적은 없다.

4월 20일[병진/5월 16일]

맑다. 경상 수사가 와서 내일 모임에 초청했다. 활 10순을 쏘고 헤어졌다.

4월 21일[정사/5월 17일]

맑다. 아침을 먹고 경상 수사의 진영으로 가는 길에 우수사의 진영에 들렀다가 경상 수사의 부름을 받고 함께 갔다. 종일 활을 쏜 뒤 취해서 돌아왔다. 조방장 신호는 병으로 본가로 돌아갔다. 영인(永人)이 들어왔다.

4월 22일[무오/5월 18일]

맑다. 부산 허내만이 '명나라 사신(이종성)이 달아나고 부사(양방형)는 여전히 왜놈의 진영에 있는데 4월 초파일에 달아난 까닭을 상부에 아뢰었다'는 공문을 보내왔다. 김 조방장이 와서 "노천기(盧天紀)가 술에 취해 망녕된 짓을 하여 본영 진무 황인수(黃仁壽)와 성복(成卜) 등으로부터 모욕을 당했다"고 아뢰었다. 그래서 곤장 30대를 치도록 했다. 활 10순을 쏘았다.

4월 23일[기미/5월 19일]

흐리다가 느지막이 개다. 아침에 첨지 김경록이 들어왔다. 아침을 먹은 뒤에 함께 술을 마셨다. 느지막이 군사들 가운데에서 힘센 자들을 뽑아 씨름판을 벌였더니, 성복이란 자가 판을 독차지하여 그에게 쌀 1말을 상으로 주었다. 충청 우후 원유남과 마량 첨사, 당진 만호와 홍주 판관, 결성 현감과 파지도 권관, 옥포 만호 등과 같이 활 10순을 쏘았다. 영인이 자정에 돌아갔다.

4월 24일[경신/5월 20일]

맑다. 밥을 먹은 뒤에 목욕을 하고 나와 여러 장수들과 이야기했다.

4월 25일[신유/5월 21일]

맑다. 마파람이 세게 분다. 일찍 목욕탕 속에 잠깐 들어갔다. 저녁에 우수사가 와서 이야기했다. 다시 목욕탕에 들어갔는데 물이 너무 뜨거워 오래 있지 못하고 이내 나왔다.

4월 26일[임술/5월 22일]

맑다. 아침에 체찰사의 군관이 경상 수사에게 간다는 말을 들었다. 밥을 먹은 뒤에 목욕을 했다. 느지막이 경상 수사가 와서 보았다. 체찰사의 군관 오(吳)도 왔다. 김양간이 소를 실어 오는 일로 본영으로 갔다.

4월 27일[계해/5월 23일]

맑다. 저녁에 목욕을 한 번 했다. 체찰사의 공문 회답이 왔다.

4월 28일[갑자/5월 24일]

맑다. 아침과 저녁 두 번 목욕했다. 여러 장수들이 모두 와서 보았다. 경상 수사는 뜸을 뜨느라 오지 않았다.

4월 29일[을축/5월 25일]

맑다. 저녁에 한 번 목욕했다. 항복한 왜놈 사코무도우(沙古汝音)의 목을 베도록 난에몬에게 시켰다.

4월 30일[병인/5월 26일]

맑다. 저녁에 한 번 목욕했다. 우수사가 와서 보았다. 충청 우후가 와서 보고는 돌아갔다. 부산 허내만이 '고니시 유키나가가 군사를 철수하려는 것 같다'는 공문을 느지막이 보내왔다. 김경록이 돌아갔다. 어머니께서 평안하다는 반가운 편지가 왔다.

병신년 5월(1596년 5월)

5월 1일[정묘/5월 27일]
흐리나 비는 오지 않다. 경상 수사가 와서 보고 돌아갔다. 한 번 목욕했다.

5월 2일[무진/5월 28일]
맑다. 일찍 목욕하고 진영으로 돌아왔다. 쇠를 부어 총통 두 자루를 만들었다. 조방장 김완 및 조계종이 와서 보았다. 우수사가 김인복의 목을 베어 효시했다. 이날은 공무를 보러 나가지 않았다.

5월 3일[기사/5월 29일]
맑다. 가뭄이 너무나도 극심하다. 근심되고 괴로운 맘을 어찌 말로 다하랴! 공무를 보러 나갔다. 경상 우후가 와서 활 15순을 쏘았다. 총통 2자를 쇠를 부어 만들었다.

5월 4일[경오/5월 30일]
맑다. 이날은 어머니 생신인데 장수를 비는 술 한 잔도 올려 드리지 못하여 마음이 그리 편안하지 않다. 오후에 우수사가 접견 업무를 보던 공관에 불이 나서 다 타버렸다. 이날 저녁 문촌공(文村公)이 부요(富饒 : 밀양시 산내면 남양리와 삼양리 일대)에서 왔다. 그는 조종(趙琮)이 보낸 편지를 가지고 왔는데 '조정(趙玎)이 4월 1일 세상을 떠났다'고 했다. 매우 애통하다. 우후가 앞산 산마루에서 제사를 못 받는 떠돌이 귀신들에게 제사 지냈다.

5월 5일[신미/5월 31일]
맑다. 이날 새벽 여제(厲祭)를 지냈다. 아침을 일찍 먹은 뒤에 나와서 공무를 보았다. 회령포 만호가 교서에 숙배한 뒤에 여러 장수들이 와서 모였다. 그대로 들어가 앉아 위로하며 술을 4순배 돌렸다. 경상 수사가 술을 한창 돌리고 있을 때 그에게 씨름을 시켰는데, 낙안 군수 임계형(林季亨)이 으뜸이었다. 밤이 깊도록 이들에게 즐겁게 마시고 뛰놀게 한 것은 즐겁게만 하려고 한 것이 아니라, 오랫동안 고생한 장병들의 노고를 풀어 주고자 함이었다.

5월 6일[임신/6월 1일]

아침에 흐리더니 느지막이 큰 비가 왔다. 농사짓는 이들의 바람을 흡족하게 채워주니 기쁘고 다행한 마음 이루 말할 수 없다. 비가 오기 전에 활 5~6순을 쏘았다. 비가 오더니 밤새 그치지 않았다. 초저녁에 총통과 숯을 보관하는 곳간에서 불이 나 모조리 타버렸다. 이것은 감독관 무리들이 새로 받은 숯을 넣어둘 때 묵은 불씨가 있는지 제대로 살피지 않았기 때문이다. 이런 재난까지 이르게 되었으니 매우 한탄스럽다. 아들 울과 김대복이 같은 배를 타고 나갔다. 비가 몹시 내리는데 잘 갔는지 알 수가 없어 밤새 앉아 걱정했다.

5월 7일[계유/6월 2일]

비가 줄곧 내리다 느지막이 개다. 이날의 걱정은 울이 떠난 데에 있었다. 잘 도착했는지 도무지 알 수 없었기 때문이다. 밤에 앉은 채로 걱정하고 있는데 사람이 문을 두드리는 소리가 났다. 문을 열고 누군지 물으니 이영남이 들어왔다. 불러들여 조용히 지난 일을 이야기했다.

5월 8일[갑술/6월 3일]

맑다. 아침에 이영남과 이야기했다. 느지막이 나가 공무를 보았다. 경상 수사가 와서 보았다. 활 10순을 쏘았다. 몸이 몹시 불편하여 두 번이나 토했다. 이날 영산(靈山)에서 이중(李中)의 무덤을 파낸다고 했다. 저녁에 조카 완이 들어왔다. 김효성(金孝誠) 및 비인(庇仁) 현감 신경징(申景澄)도 들어왔다.

5월 9일[을해/6월 4일]

맑다. 몸이 몹시 불편하여 나가지 않았다. 이영남과 함께 서관(西關 : 황해도·평안도)의 일을 이야기했다. 초저녁에 비가 흩뿌리더니 새벽까지 이어졌다. 부안의 전투배에 불이 났는데 심하게 타지는 않았으니 그나마 다행이다.

5월 10일[병자/6월 5일]

맑다. 나라 제삿날(태종 제사)이라 공무를 보지 않았다. 몸도 불편하여 종일 신음했다.

5월 11일[정축/6월 6일]

맑다. 새벽에 앉아 이정(李正)과 이야기를 나누었다. 밥을 먹은 뒤 나가 공무를 보았다. 기한을 어긴 죄로 비인 현감 신경징에게 곤장 20대를 쳤다. 또 순천 격군과 감관 조명(趙銘)의 죄에 대해서도 곤장을 쳤다. 몸이 불편하여 일찍 들어와 앓았다. 거제 현령, 영등포 만호, 이영남과 같이 잤다.

5월 12일[무인/6월 7일]

맑다. 이영남이 돌아갔다. 몸이 불편하여 종일 앓았다. '부산에서 왜놈에게 붙었던 김필동의 보고서도 왔는데, 도요토미 히데요시가 비록 없다 해도 명나라 정사(正使)와 부사(副使)가 그대로 있으니, 곧 화친하고 군사를 철수하려고 한다'는 김해 부사(백사림)의 긴급 보고가 들어왔다.

5월 13일[기묘/6월 8일]

맑다. 부산 허내만의 보고서에 '가토 기요마사(加藤淸正)이란 놈이 이미 초열흘에 그의 군사를 거느리고 바다를 건넜고, 각 진의 왜놈들도 앞으로 철수해 갈 것이며, 부산의 왜놈은 명나라 사신(양방형·심유경)을 모시고 바다를 건너기 위해 그대로 머물고 있다'고 했다. 활 9순을 쏘았다.

5월 14일[경진/6월 9일]

맑다. 아침에 김해 부사 백사림의 긴급 보고도 허내만의 보고서와 같다. 그래서 순천 부사에게 알려 그에게 각 관청으로 통보하게 했다. 활 10순을 쏘았다. 결성 현감 손안국이 나갔다.

5월 15일[신사/6월 10일]

맑다. 새벽에 망궐례를 행했다. 우수사는 오지 않았다. 밥을 먹은 뒤 나가서 공무를 보았다. 한산도 뒤쪽 상봉에서 5개 섬과 대마도를 바라볼 수 있다고 들었다. 그래서 홀로 말을 타고 올라가서 보니 과연 5섬과 대마도가 보였다. 해가 저물어 작은 개울가로 돌아와 조방장, 거제 현령과 점심을 먹었다. 날이 저물어 진영으로 돌아온 뒤 저녁에 따뜻한 물로 목욕을 하고 잤다. 밤바다의 달빛은 또렷하고 바람 한 점 없었다.

5월 16일[임오/6월 11일]

맑다. 아침에 송한련 형제가 물고기를 잡아 왔다. 충청 우후(원유남)와 홍주 판관(박륜), 비인 현감(신경징)과 파지도 권관(송세응), 우수사(이억기)가 와서 보았다. 이날 밤 비가 올 조짐이 많아 보이더니 자정 즈음에야 비가 오기 시작했다. 이날 밤 정화수를 마시고 싶은 생각이 들었다.

5월 17일[계미/6월 12일]

종일 비가 오다. 농사의 앞날에 아주 흡족하다. 풍년이 들 것임을 점칠 수 있었다. 느지막이 영등포 만호 조계종이 들어와서 보았다. 홀로 시를 읊으며 누각 위에 기대었다.

5월 18일[갑신/6월 13일]

비가 잠깐 개었으나, 바다 안개는 걷히지 않는다. 체찰사의 공문이 들어왔다. 느지막이 경상 수사가 와서 보았다. 나가서 공무를 본 뒤 활을 쏘았다. 저녁에 탐후선이 들어와서, 어머니께서는 평안하시지만 드시는 양이 줄었다고 전했다. 걱정이 되어 눈물이 난다. 춘절(春節)이 누비옷을 가져왔다.

5월 19일[을유/6월 14일]

맑다. 방답 첨사(장린)가 모친상을 입었으므로 우후를 가장(假將)으로 정하여 보냈다. 활 10순을 쏘았다. 땀이 온몸을 적셨다.

5월 20일[병술/6월 15일]

맑고 바람도 없다. 기둥을 대청 앞에 세웠다. 느지막이 나갔는데 웅천 현감 김충민이 와서 보았다. "양식이 떨어졌다"고 아뢰기에 벼 2곡(斛)을 주도록 증명서를 써 주었다. 사도 첨사가 돌아왔다.

5월 21일[정해/6월 16일]

맑다. 공무를 보러 나갔다. 우후 등과 함께 활을 쏘았다.

5월 22일[무자/6월 17일]

맑다. 충청 우후 원유남, 좌수영 우후 이몽구, 홍주 판관 박륜 등과 함께 활을 쏘았다. 홍우(洪祐)가 장계를 가지고 관찰사에게 갔다.

5월 23일[기축/6월 18일]

흐리지만 비는 오지 않다. 충청 우후 등과 함께 활 15순을 쏘았다. 아침에 미조항 첨사 장의현(張義賢)이 교서에 숙배한 뒤에 장흥으로 부임하여 갔다. 춘절이 본영으로 돌아갔다. 밤 10시쯤 땀이 자주 흘렀다. 이날 저녁, 새 누각의 지붕 잇는 일을 다 마치지 못했다.

5월 24일[경인/6월 19일]

아침에 흐려서 비가 올 조짐이 많이 보인다. 나라 제삿날(문종 제사)이라 공무를 보지 않았다. 저녁에 나가서 활 10순을 쏘았다. '좌도 각 진의 왜놈들이 몽땅 물러갔고 부산의 왜군만 머물러 있다'는 부산 허내만의 보고서가 들어왔다. 명나라 수석 사신이 나가서 새로 정해진 자가 온다는 소식이 22일 부사에게 왔다고 했다. 허내만에게 술 만들 쌀 10말, 소금 1곡을 보내고는 온 힘을 다하여 정탐하라고 했다. 저물녘에 비가 오더니 밤새 쏟아졌다. 박옥(朴玉), 옥지(玉只), 무재(武才) 등이 화살대 150개를 비로소 만들었다.

5월 25일[신묘/6월 20일]

종일 비가 오다. 저녁 내내 홀로 다락 위에 앉아 있으니, 온갖 생각이 물밀듯 일어난다. 우리나라 역사를 읽어 보니 개탄스런 생각이 많이 든다. 무재 등이 흰 굽을 톱질하여 만든 화살이 1000개, 흰 굽 그대로인 것이 800개였다.

5월 26일[임진/6월 21일]

음침한 안개가 걷히지 않고 마파람이 세게 불다. 느지막이 나가 공무를 보았다. 충청 우후 및 우후 등과 함께 활을 쏘는데 경상 수사도 와서 활 10순을 함께 쏟았다. 이날 저물녘에는 날씨가 찌는 듯 더위 땀이 그치지 않았다.

5월 27일[계사/6월 22일]

종일 가랑비가 오다. 충청 우후와 좌우후가 이곳에 와서 종정도 놀이를 겨루었다. 이날 저물녘에도 찌는 듯이 더워 온몸이 땀에 절었다.

5월 28일[갑오/6월 23일]

궂은비가 걷히지 않다. "전라 감사(홍세공)가 파면되어 교체되어 갔으며, 가토 기요마사가 부산으로 도로 왔다"는 소문을 들었다. 모두 믿을 수 없다.

5월 29일[을미/6월 24일]

궂은비가 저녁때까지 계속 오다. 장모의 제삿날이어서 공무를 보러 나가지 않았다. 고성 현령과 거제 현령이 와서 보고는 돌아갔다.

5월 30일[병신/6월 25일]

흐리다. 곽언수가 들어왔다. 영의정(유성룡) 및 사재(四宰) 김명원, 영부사 정탁,*¹ 지사 윤자신,*² 조사척, 신식, 남이공(南以恭)의 편지가 왔다. 느지막이 우수사에게 가서 보고 종일 끝까지 즐기다가 돌아왔다.

---

*1 병신년 4월 15일자 일기 주석 참조. '지중추부사'의 잘못된 기록임. 초서본 《난중일기》의 판부사는 윤두수였고, 영부사는 이산해였음. 《선조실록》 권84에는 "선조 30년 1월 27일(무오) 지중추부사 정탁"이라 기록되어 있음.
*2 윤자신(1526~1601)은 호조참판, 자헌, 정헌을 거쳐 이때는 지돈녕부사였음.

병신년 6월(1596년 6월)

6월 1일[정유/6월 26일]

종일 궂은비가 오다. 느지막이 충청 우후(원유남) 및 본영 우후(이몽구), 박륜, 신경징을 불러와서 이야기했다. 윤련(尹連)이 그의 포구로 간다고 했다. 그래서 도양장에 씨앗이 모자라면 김덕록(金德祿)한테서 씨앗을 가져갈 수 있도록 증명서를 써주고 보냈다. 남해 현령(박대남)이 부임장을 가지고 와서 바쳤다.

6월 2일[무술/6월 27일]

비가 그치지 않는다. 아침에 우후가 방답 첨사에게 갔다. 비인 현감 신경징이 나갔다. 이날 가죽 치마를 만들었다. 느지막이 나가 공무를 보고 활 10순을 쏘았다. 편지를 써서 본영으로 보냈다.

6월 3일[기해/6월 28일]

흐리다. 아침에 제포 만호 성천유(成天裕)가 임금의 교서에 정중히 절했다. 김양간이 농사짓는 소를 싣고 나갔다. 새벽꿈에 태어난 지 대여섯 달밖에 안된 어린애를 몸소 안았다가 내려놓았다. 금갑도 만호가 와서 보았다.

6월 4일[경자/6월 29일]

맑다. 밥을 먹은 뒤에 나가 공무를 보았다. 가리포 첨사, 임치 첨사, 목포 만호, 남도포 만호, 충청 우후, 홍주 판관 등이 왔다. 활 17순을 쏘았다. 우수사가 왔기에 다시 과녁을 그려 붙인 뒤 활 12순을 쏘고 나서 취하여 헤어졌다.

6월 5일[신축/6월 30일]

흐리다. 아침에 박옥, 무재, 옥지 등이 과녁에 쏠 화살 150개를 만들어 바쳤다. 나가 공무를 보았다. 활 10순을 쏘았다. 경상우도 감사(서성)의 군관이 편지를 가져왔는데 감사가 혼례를 치르는 일로 서울에 갔다고 한다.

6월 6일[임인/7월 1일]
맑다. 사도(四道)의 여러 장수들이 모두 모였다. 활을 쏜 뒤 술과 음식을 먹었다. 또다시 활쏘기 내기를 해서 승부를 가린 다음 헤어졌다.

6월 7일[계묘/7월 2일]
아침에 흐리다가 저녁나절 개다. 느지막이 나가서 충청 우후 등과 함께 활 10순을 쏘았다. 이날 왜군의 조총 값을 주었다.

6월 8일[갑진/7월 3일]
맑다. 일찍 나가 활 15순을 쏘았다. 남도포 만호의 소실인 본포(本浦) 사람이 갑자기 허씨네 집으로 들어가 질투로 인한 싸움을 벌였다고 했다.

6월 9일[을사/7월 4일]
맑다. 일찍 나가 충청 우후와 당진포 만호, 여도 만호와 녹도 만호 등이 활을 쏠 때에 경상 수사가 와서 활 20순을 함께 쏘았는데 경상 수사가 적중을 잘 시켰다. 이날 일찍 종 금이(金伊)가 본영으로 갔다. 옥지(玉只)도 갔다. 이날 저물녘에 매우 덥더니 땀이 수시로 흘렀다.

6월 10일[병오/7월 5일]
종일 비가 오다. 정오에 부산에서 보고서가 올라왔는데 "대마도주 소 요시토시가 9일 이른 아침에 대마도로 들어갔다"고 했다.

6월 11일[정미/7월 6일]
비가 오다가 느지막이 개다. 활 10순을 쏘았다.

6월 12일[무신/7월 7일]
맑다. 더위가 심하여 마치 찌는 것 같다. 충청 우후 등을 불러 활 15순을 쏘았다. 남해 현령의 편지가 왔다.

6월 13일[기유/7월 8일]

맑으나 몹시 덥다. 경상 수사가 술을 가지고 왔다. 활 15순을 쏘았다. 경상 수사가 적중을 잘 시켰지만 김대복이 으뜸이었다.

6월 14일[경술/7월 9일]

맑다. 일찍 나가 활 15순을 쏘았다. 아침에 아들 회와 이수원이 같이 왔다. '어머니께서 평안하시다'는 말을 들었다.

6월 15일[신해/7월 10일]

맑다. 새벽에 망궐례를 행했다. 우수사, 가리포 첨사, 나주 판관 등은 병이 났다. 느지막이 나가 공무를 보았다. 충청 우후와 조방장 김완 등 여러 장수들을 불러 활 15순을 쏘았다. 이날 일찍 부산의 허내만이 와서 왜놈의 정보를 전하기에 군량을 주어 돌려보냈다.

6월 16일[임자/7월 11일]

맑다. 느지막이 경상 수사가 와서 이야기했다. 나가서 공무를 본 뒤 활 10순을 쏘았다. 저녁에 김붕만과 배승련(裵承連) 등이 돗자리를 사 들고 진영으로 왔다.

6월 17일[계축/7월 12일]

맑다. 느지막이 우수사가 와서 활 15순을 쏘고 헤어졌다. 우수사는 술을 마시지 않았다. 충청 수사는 아버지 제삿날이라 걸망포로 돌아간다고 아뢰었다.

6월 18일[갑인/7월 13일]

맑다. 저녁나절 나가 활 15순을 쏘았다.

6월 19일[을묘/7월 14일]

맑다. 체찰사에게 공문을 써 보냈다. 느지막이 나가 공무를 본 뒤 활 15순을 쏘았다. 이설에게서 황정록(黃廷祿)이 버릇없는 언행을 했으며, 발포의 보리밭에서 26섬을 거두었다고 들었다.

6월 20일[병진/7월 15일]

맑다. 어제 아침 곡포 권관 장후완(蔣後琓)이 교서에 숙배한 뒤에 평산포 만호에게 진작 진영에 도착하지 않은 까닭을 꾸짖으니, 날짜를 정해 주지 않았으므로 50여 일이나 물러나 있었다고 답했다. 하도 괴상야릇하여 곤장 30대를 쳤다. 정오에 남해 현령이 들어와서 교서에 정중하게 절한 뒤 함께 이야기하고 활을 쏘았다. 충청 우후도 와서 활 15순을 쏜 뒤에 안으로 들어가 남해 현감 박대남과 상세히 이야기를 나누었다. 밤이 되어서야 헤어졌다. 임달영도 들어왔는데 소를 사들인 목록과 제주 목사의 편지를 가지고 왔다.

6월 21일[정사/7월 16일]

아침에 남해 현령을 불러 아침을 함께 먹었다. 남해 현령은 경상 수사에게 갔다가 저녁에 돌아와서 이야기를 나누었다.

6월 22일[무오/7월 17일]

맑다. 할머니 제삿날이라 공무를 보지 않았다. 남해 현령과 온종일 이야기했다.

6월 23일[기미/7월 18일]

새벽 2시쯤부터 종일 비가 오다. 남해 현령과 이야기한 뒤 느지막이 남해 현령은 경상 수사에게 갔다. 조방장과 충청 우후, 여도 만호와 사도 첨사 등을 불러 남해 현령이 가져온 술과 고기를 먹었다. 곤양 군수 이극일(李克一)도 와서 보았다. 저녁에 남해 현령이 경상 수사가 있는 곳에서 왔는데 너무 취하여 인사불성이었다. 하동 현감도 왔는데 자신의 고을로 도로 보냈다.

6월 24일[경신/7월 19일(초복)]

맑다. 아침에 나가 충청 우후와 함께 활 15순을 쏘았다. 경상 수사도 와서 함께 쏘았다. 남해 현감이 그의 고을로 돌아갔다. 항복한 왜놈 야에몬[也汝文] 등이 그의 무리인 신시로(信是老 : 信次郎)를 죽이자고 청하므로 죽이라고 명령했다. 남원 김굉(金軫)이 군량이 줄어든 일에 대해 상세히 검토하기 위해 이곳으로 왔다.

6월 25일[신유/7월 20일]

맑다. 아침에 나가 공무를 본 뒤 공문을 써서 나누어 보냈다. 조방장 및 충청 우후, 임치 첨사와 목포 만호, 마량 첨사와 녹도 만호, 당포 만호와 회령포 만호, 파지도 권관 등이 와서 활을 쏘는데 철전 5순, 편전 3순, 활 5순을 쏘았다. 남원의 김굉이 아뢰고 돌아갔다. 이날 저물녘에 몹시 더워 땀을 많이 흘렸다.

6월 26일[임술/7월 21일]

비가 오다. 느지막이 나가 공무를 보았다. 철전 및 편전을 각 5순씩 쏘았다. 왜놈 난에몬〔亂汝文〕 등이 아뢰었던 목수의 아내를 곤장으로 다스렸다. 이날 낮에 망아지 2마리의 발굽 편자 4개가 떨어졌다.

6월 27일[계해/7월 22일]

맑다. 나가서 공무를 보았다. 조방장 김완과 충청 우후, 가리포 첨사와 당진포 만호, 안골포 만호 등과 함께 철전 5순, 편전 3순, 활 7순을 쏘았다. 이날 저녁에 송구(宋述)를 잡아 가두었다.

6월 28일[갑자/7월 23일]

맑다. 나라 제삿날(명종 제사)이라 공무를 보지 않았다. 아침에 고성 현령이 달려 와서 "순찰사 행차가 어제 벌써 사천에 이르렀다"고 보고했다. 그러니 오늘은 마땅히 소비포에 이를 듯하다. 수원(壽元)이 돌아갔다.

6월 29일[을축/7월 24일]

아침에 흐리다가 늦게 개다. 저녁나절 나가 공무를 본 뒤에 조방장, 충청 우후, 나주 판관과 함께 철전과 편전, 활을 모두 18순을 쏘았다. 무더위가 찌는 듯하다. 초저녁에 흐르는 땀이 마치 물이 쏟아지는 것 같다. 남해 현령의 편지가 왔다. 야에몬이 돌아갔다.

병신년 7월(1596년 7월)

7월 1일[병인/7월 25일]

맑다. 나라 제삿날(인종 제사)이라 공무를 보지 않았다. 경상우도 순찰사(서
성)가 진영에 이르렀으나, 이날은 서로 만나지 않았다. 그의 군관 나굉(羅浤)이
자기 장수의 말을 전하러 이곳까지 왔다.

7월 2일[정묘/7월 26일]

맑다. 아침을 먹은 뒤 경상 우수사 진영으로 가 순찰사(서성)와 이야기를 나
누었다. 한참 지나 새 정자로 올라가 앉았다. 편을 갈라 활을 쏘았다. 경상 우
순찰사 쪽이 162발을 졌다. 하루 내내 아주 즐거이 놀다가 촛불을 밝히고 돌
아왔다.

7월 3일[무진/7월 27일]

맑다. 순찰사와 도사(都事)가 이 진영으로 와서 활을 쏘았다. 순찰사 편이
또 졌는데 96푼 뒤졌다. 밤이 깊어서야 돌아갔다. 아침에 체찰사의 공문이 도
착했다.

7월 4일[기사/7월 28일]

맑다. 경상 진영으로 가서 순찰사와 만나 이야기를 나누었다. 조금 있다가
배로 내려가 함께 타고 포구로 나가니, 여러 배들이 밖으로 줄지어 있었다. 종
일 이야기를 나눈 뒤 선암(仙巖 : 통영시 한산면) 앞바다에 이르러 닻을 걸고
출항하여 헤어져 가면서 서로 바라보며 허리를 숙이고 인사했다. 그길로 우수
사, 경상 수사와 함께 같은 배로 돌아왔다.

7월 5일[경오/7월 29일]

맑다. 느지막이 나가 활을 쏘았다. 충청 우후도 와서 같이 쏘았다.

7월 6일[신미/7월 30일]

맑다. 일찍 나가 공무를 보고 여러 곳에 공문을 써서 보냈다. 해가 질 때쯤 거제 현령과 웅천 현감, 삼천포 권관이 와서 보았다. 이곤변(李鯤變)의 편지도 왔다. 그 사연 속에는 입석(立石)의 잘못이 많이 들어 있었으니 우스웠다.

7월 7일[임신/7월 31일]

맑다. 경상 우수사 및 전라 우수사와 여러 장수들이 함께 와서 활을 쏘았는데 세 번을 관통했다. 하루 내내 비는 내리지 않았다. 활 장인 지이(智伊)와 춘복(春卜)이 저녁에 본영으로 돌아갔다.

7월 8일[계유/8월 1일]

맑다. 충청 우후와 함께 활 10순을 쏘았다. 체찰사의 비밀 표험(標驗)을 받아 갔다고 했다.

7월 9일[갑술/8월 2일]

맑다. 아침에 체찰사에게 보내는 여러 공문에 관인을 찍어 이것을 이전(李田)이 받아 갔다. 느지막이 경상 수사가 이곳에 와서 통신사가 탈 배에 풍석(風席)*¹을 마련하기가 어렵다는 말을 많이 했는데, 우리의 것을 빌려 쓰려고 하는 뜻이 그의 말 속에 은근히 비쳤다. 물을 끌어다 쓰는 데 필요한 대나무와, 서울 가는 사람이 요구하는 부채 만드는 일로 박자방을 남해로 보냈다. 오후에 활 10순을 쏘았다.

7월 10일[을해/8월 3일]

맑다. 새벽꿈에 어떤 사람이 먼 곳으로 화살을 쏘았다. 또 어떤 사람은 발로 갓을 차서 부수었다. 스스로 이 꿈을 점쳐 보니 활을 멀리 쏜 것은 적이 멀리

---

*1 돛을 만드는 돗자리.

달아나는 것이고, 발로 갓을 부순 것은 머리 위에 있어야 할 갓을 발로 찼으니 이는 적의 우두머리를 말하는 것으로, 모두 왜적을 소탕할 징조이다. 느지막이 체찰사가 '첨지 황신(黃愼)이 이제 명나라 사신을 따라가는 정사(正使)가 되고, 권황(權滉)이 부사(副使)가 되어 가까운 시일 안에 바다를 건너 갈 것이니, 타고 갈 배 3척을 정비하여 부산에 대어 놓으라'는 전령을 보냈다. 경상 우후가 이곳에 와서는 돗자리 150장을 빌려 갔다. 충청 우후와 사량 만호, 지세포(知世浦) 만호와 옥포 만호, 홍주 판관과 전(前) 적도(赤島) 만호 고여우 등이 와서 보았다. 경상 수사가 달려와 "춘원포(통영시 광도면)에 왜선 1척이 도착하여 정박했다"고 보고했다. 그래서 여러 장수들을 뽑아 보내 샅샅이 찾아내라고 명했다.

7월 11일[병자/8월 4일]

맑다. 아침에 체찰사에게 통문을 전하는 행정선(通文船)의 일로 공문을 써 보냈다. 느지막이 경상 수사가 와서 바다를 건너갈 격군에 대해 의견을 나누었다. 그들이 떠나는 길에 가져갈 양식으로 23섬을 다시 찧었더니 21섬으로 줄어들었다. 나가서 공무를 보았다. 활을 쏘아 3번 관통한 것을 몸소 보았다.

7월 12일[정축/8월 5일]

맑다. 새벽에 잠시 비가 뿌리다가 곧 그치더니 무지개가 잠시 떴다. 느지막이 경상 우후 이의득이 와서 거적 15장을 빌려갔다. 부산으로 실어서 보낼 격군의 군량 흰쌀 20섬, 중미(中米) 40섬을 차사원(差使員) 변익성(邊翼星)과 수사 군관 정존극(鄭存克)이 받아갔다. 조방장이 왔다. 충청 우후도 와서 활을 쏘았다. 나이가 동갑인 남치온(南致溫)도 왔다.

7월 13일[무인/8월 6일]

맑다. 명나라 사신을 따라갈 우리 사신들이 탈 배 3척을 정비하여 오전 10시쯤 떠나 보냈다. 느지막이 활 13순을 쏘았다. 저물녘에, 항복해온 왜놈들이 광대놀음을 많이 했다. 장수된 자로서 이를 그냥 내버려둘 수는 없는 일이지만 귀순해 온 왜인들이 이 마당놀이를 간절히 원하므로 막지 않았다.

7월 14일[기묘/8월 7일]

아침에 비가 오다. 저녁에 고성 현령 조응도가 와서 이야기했다.

7월 15일[경진/8월 8일]

새벽에 비가 뿌리다. 망궐례를 행하지 못했다. 느지막이 맑게 갰다. 경상 수사·전라 우수사가 함께 모여 활을 쏜 뒤 헤어졌다.

7월 16일[신사/8월 9일]

새벽에 비가 오다가 느지막이 개다. 북쪽에 툇마루 3칸을 만들었다. 이날 충청도 홍주 격군으로 신평(新平 : 충남 당진군 신평면)에 사는 사삿집 종 엇복이 달아나다 붙잡혔으므로 목베어 내다 걸었다. 하동 현감·사천 현감이 왔다. 저녁나절 활을 3번 쏘았다. 이날 저물녘에 바다 위의 달이 하도 밝아 홀로 수루에 기대었다. 밤 10시쯤 잠자리에 들었다.

7월 17일[임오/8월 10일]

비가 뿌렸다. 충청도 홍산(鴻山)에서 큰 도둑들이 일어나 홍산 현감 윤영현(尹英賢)이 잡히고, 서천 군수 박진국(朴振國)도 잡혀 갔다고 했다. 나라 밖 도둑도 없애지 못한 이 마당에 나라 안 도둑들이 이러하니, 정말로 놀랍고도 놀라운 일이다. 남치온, 고성 현령, 사천 현감이 아뢰고 돌아갔다.

7월 18일[계미/8월 11일]

맑다. 각처로 공문을 써 보냈다. 충청 우후 및 홍주 판관이 충청도 도둑들의 일을 듣고 와서 아뢰었다. '투항해 온 왜놈 레나기[戀隱己], 사이여문(沙耳汝文) 등이 난에몬[南汝文]을 해치려고 흉모를 꾸미고 있다'는 말을 저녁에 들었다.

7월 19일[갑신/8월 12일]

맑고 바람이 종일 크게 불다. 난에몬이 레나기, 사이여문 등의 목을 베었다. 우수사가 와서 보고 돌아갔다. 경상 우후 이의득, 충청 우후 원유남, 다경포 만호 윤승남(尹承男)이 왔다.

7월 20일[을유/8월 13일]

맑다. 경상 수사가 와서 보았다. 본영 탐후선이 들어와서 어머니께서 평안하시다고 하니 기쁘고 다행이며 뒤이어 '충청도 토적 이몽학(李夢鶴)이 순안어사(巡按御使)*² 이시발의 포수에게 총맞아 즉사했다*³'는 소식을 들었다. 다행이다.

7월 21일[병술/8월 14일]

맑다. 느지막이 나가 공무를 보았다. 거제 현령과 나주 판관, 홍주 판관과 옥포 만호, 웅천 현감과 당진포 만호가 함께 왔다. 옥포에 배를 만들 때 써야 할 양식이 없다 하므로 체찰사가 상관하는 군량 20말을 주었다. 웅천과 당진포에는 배 만드는 데 쓸 쇠 15근을 주었다. 이날 아들 회가 방자(房子)인 수(壽)를 곤장으로 때렸다고 한다. 그래서 아들을 뜰 아래로 부른 뒤 타일렀다. 밤 10시쯤 땀이 매우 흘렀다. 통신사가 청하는 표범 가죽을 가져 오려고 배를 본영으로 보냈다.

7월 22일[정해/8월 15일]

맑으나 바람이 몹시 불다. 종일 밖으로 나가지 않고 홀로 누각 위에 앉아 있었다. 종 효대(孝代)와 팽수(彭壽)가 나가서 홍양의 양식을 실은 배를 타고 돌아갔다. '충청도 도둑들이 홍산에서 일어났다가 곧 잡혀서 죽었다고 하는데, 홍주 등 세 고을이 포위를 당했다가 겨우 벗어났다'는 순천 관리의 보고문이 저녁에 왔다. 참으로 통탄스럽다. 자정쯤에 큰 비가 내렸다. 낙안의 교대할 배

---

*2 여러 곳으로 돌아다니면서 각 방면에 걸쳐 조사하는 어사.

*3 이몽학의 난을 말한다. 이 즈음에 전국에 기근이 들어 양식을 거두어, 가토 기요마사가 다시 오면 그들을 친다는 핑계로 전쟁에 염증난 군졸들을 모아 '동갑계회'를 결성하여, 김경창, 이귀, 중 능운, 사삿집 종 김팽종 등과 밀회하고 홍산땅 쌍방축에서 600~700명을 모아 난을 일으켜, 병신년 7월 6일 새벽에 현감 윤영현을 잡고. 서천군수 박진국을 잡아 정산·청양·대흥을 함락했음. 7월 10일 저녁에 홍주에서 목사 홍가신은 순찰사 종사관 신경행과 의논하고 그 고을의 박명현·임득의 장군과 방어하고, 수사 최호, 남포현감 박동선, 보령현감 황응성도 일어섬. 병사 이시완은 온양에서 홍주를 거쳐 예산 무한성에 가고, 순안어사 이시발은 유구역에서 진을 침. 그러나 이몽학의 부하 김경창과 임억명 등이 이몽학의 머리를 베어 와서 11일에 항복함. 그러므로 이몽학은 이시발의 포수가 아닌 자기의 부하에게 총맞아 즉사한 것이며, 본문의 내용은 잘못 전해진 것임.

가 들어왔다.

7월 23일[무자/8월 16일]

큰 비가 오다. 오전 10시쯤 개더니 가끔씩 비가 뿌렸다. 느지막이 홍주 판관 박륜이 아뢰고 돌아갔다.

7월 24일[기축/8월 17일]

맑다. 나라 제삿날(문종 비 현덕왕후 권씨 제사)이다. 이날 우물을 고쳐 파는 데로 갔다. 경상 수사도 왔다. 거제 현령과 금갑도 만호, 다경포 만호가 뒤따라 왔다. 샘 줄기가 깊이 들어가 있고 물의 근원도 길다. 점심을 먹고 돌아와 활을 쏘았는데 3번 관통했다. 저녁에 곽언수가 표범 가죽을 가지고 들어왔다. 이날 밤 마음이 답답하여 잠을 잘 이루지 못했다. 앉았다 누웠다 하다가 밤늦게 잠이 들었다.

7월 25일[경인/8월 18일]

맑다. 아침에는 사냥했던 것의 수를 셌는데 사슴뿔 10개는 창고에 넣어두고 표범 가죽 및 꽃돗자리를 통신사에게 보냈다.

7월 26일[신묘/8월 19일]

맑다. 이전(李荃)이 체찰사에게서 표험(標驗) 3벌을 받아왔다. 하나는 경상 수사에게 보내고, 하나는 전라 우수사에게 보냈다. 의금부 나장이 윤승남(다경포 만호)을 잡아가려고 내려왔다.

7월 27일[임진/8월 20일]

맑음. 느지막이 활터로 달려가 길 닦는 일을 녹도 만호에게 일러 주었다. 다경포 만호 윤승남이 잡혀갔다. 종 경이 아프다.

7월 28일[계사/8월 21일]

맑다. 종 무학(武鶴), 무화(武花), 박수매(朴壽每), 우노음금(于老音金) 등이 26일에 이곳에 도착했다가 오늘 돌아갔다. 충청 우후와 함께 활을 쏘았는데 3번 관통했다. 철전(鐵箭)으로 36푼, 편전(片箭)으로 60푼, 일반 화살로 26푼을 쏘았다. 종 경이 매우 아프다고 하니 몹시 걱정된다. 추석 때 아산으로 제사 물품을 보낼 때 편지를 써서 홍(洪), 윤(尹), 이(李) 등 4곳으로 보냈다. 밤 10시쯤 꿈을 꾸면서도 연신 땀을 흘렸다.

7월 29일[갑오/8월 22일]

맑다. 경상 수사 및 우후가 와서 보았다. 충청 우후도 와서 활을 쏘았는데 3번 관통했다. 내가 쓰던 활은 활고자*⁴ 부분이 떠서 움직이므로 곧바로 수리하라고 했다. 체찰사로부터 과거시험장을 설치한다는 공문이 왔다. 점 보는 집의 수직(守直)*⁵ 아이가 그 집의 여러 물건들을 모조리 훔쳐 달아났다는 소식을 저녁에 들었다.

7월 30일[을미/8월 23일]

맑다. 새벽에 칡 베는 일로 들어왔다. 밤에 꿈을 꿨는데 영의정과 함께 조용히 이야기를 나누었다. 아침에 이진(李珍)이 본영으로 돌아갔다. 춘화(春花) 등도 돌아갔다. 김대인(金大仁)이 담제(禪祭)*⁶를 지내기 위해 휴가를 받아 돌아갔다. 느지막이 조방장이 와서 활을 쏘았는데 3번 관통했다. 저녁에 탐후선이 들어와서 어머니께서는 평안하시다고 전했다. 임금의 교지가 2통 내려왔다. 싸움에 쓸 군마와 아들 면의 말도 들어왔고 지이(智伊)와 무재(武才)도 함께 왔다.

---

*4 활의 양 끝 머리. 시위를 메게 된 부분.
*5 건물이나 물건 따위를 맡아서 지키는 사람. 또는 그런 일.
*6 대상(大祥 : 사람이 죽은 지 2년째에 치르는 제사)을 치른 다음다음 달 하순의 정일(丁日)이나 해일(亥日)에 지내는 제사. 초상(初喪) 치른 날로부터 27개월 만에 지내나, 아버지가 생존한 모상(母喪)이나 처상(妻喪)일 때에는 초상일로부터 15개월 만에 지냄.

병신년 8월(1596년 8월)

8월 1일[병신/8월 24일]

맑다. 새벽에 망궐례를 행했다. 충청 우후, 금갑도 만호, 목포 만호, 사도 첨사, 녹도 만호도 와서 행했다. 느지막이 파지도 권관 송세응(宋世應)이 돌아갔다. 오후에 활터로 가서 말을 달리다가 저물어서 돌아왔다. 부산에 갔던 곽언수가 돌아와 통신사의 답장을 전했다. 저물녘이 되자 비가 올 조짐이 많이 보이므로 비가 내리기 전에 갖추어야 할 일들을 일러주었다.

8월 2일[정유/8월 25일]

큰 비가 내리다. 지이(智伊) 등을 시켜 새 활을 당겨보도록 했다. 느지막이 바람이 몹시 거칠게 일어났고 비는 삼대처럼 굵었다. 대청에 걸어두었던 바람막이가 방에 걸린 바람막이 있는 데로 날아가 동시에 두 바람막이가 부딪쳐 부서졌으니 매우 아깝다.

8월 3일[무술/8월 26일]

가끔씩 비가 뿌렸다. 지이(智伊)를 시켜 새 활을 당겨보도록 했다. 조방장과 충청 우후가 와서 보고, 활을 쏘았다. 아들들이 무게 6냥인 활을 쏘았다. 이날 저녁 송희립(宋希立)과 아들들을 시켜 황득중(黃得中)과 김응겸(金應謙)의 이름을 적어 허통(許通)[*1] 문서를 만들어 주게 했다. 저녁 8시쯤 비가 내렸는데 새벽 2시쯤에야 그쳤다.

8월 4일[기해/8월 27일]

맑고 샛바람이 세게 불다. 아들 회와 면, 조카 완 등이 아내의 생일에 술잔

---

*1 조선시대 서얼(庶孼)들에게 과거에 응시하도록 허락하여 벼슬길을 터준 제도.

을 올리기 위해 나갔다. 정선(鄭愃)도 나갔다. 정사립은 휴가를 받아서 갔다. 늦게까지 수루에 앉아 아이들을 보내며 바라보느라 몸이 상하는 것도 미처 깨닫지 못했다. 느지막이 대청으로 나가 활 몇 순을 쏘았더니 몸이 매우 불편해져서 그만두고 안으로 들어왔더니 몸이 마치 꽁꽁 언 거북이 같아 곧바로 두꺼운 옷을 입고 땀을 냈다. 저물녘에 경상 수사가 와서 문병을 하고 돌아갔다. 밤에는 그 고통이 낮보다 곱절이나 되어 밤새 앓았다.

8월 5일[경자/8월 28일]
맑다. 몸이 불편하여 공무를 보지 않았다. 가리포 첨사가 와서 보았다.

8월 6일[신축/8월 29일]
흐리되 비는 오지 않다. 아침에 조방장 김완, 충청 우후, 경상 우후 등이 문병을 왔다. 당포 만호는 그 어머니의 병환이 심하다고 와서 알렸다. 경상 수사 및 우수사가 와서 보았다. 조방장 배홍립이 들어왔다가 날이 저문 뒤 돌아갔다. 밤에 큰 비가 내렸다.

8월 7일[임인/8월 30일]
비 오다가 저녁나절 개다. 몸이 불편하여 공무를 보지 않았다. 서울에 편지를 썼다. 이날 밤 땀이 옷 2벌을 적셨다.

8월 8일[계묘/8월 31일]
흐리되 비는 오지 않다. 박담동(朴淡同)이 서울로 올라가기에 승지 서성(徐渻)에게 보낼 혼수 물품을 보냈다. 느지막이 강희로(姜熙老)가 이곳으로 와서 남해 현령의 병이 차츰 나아진다고 했다. 그와 함께 밤이 되도록 이야기했다. 중 의능(義能)이 날삼(生麻) 120근을 가져와서 바쳤다.

8월 9일[갑진/9월 1일]
흐리나 비는 오지 않다. 아침에 중 수인(守仁)에게서 날삼(生麻) 320근을 받아들였다.

하동(河東)에서 찧어 만든 도련지(搗鍊紙)*² 20권, 주지(注紙)*³ 32권, 장지(狀紙)*⁴ 30권을 김응겸과 곽언수 등에게 주어 보내게 했다. 마량 첨사 김응황(金應璜)이 직무평가에서 최하점(居下)을 받고 나갔다. 느지막이 나가 공무를 본 뒤 공문을 작성해 나누어 보냈다. 활 10순을 쏘았다. 몸이 몹시 불편했다. 밤 10시쯤 땀을 흘렸다.

8월 10일[을사/9월 2일]

맑다. 아침에 충청 우후(원유남)가 문병을 왔다가 그대로 조방장과 함께 아침을 먹었다. 송한련에게 그물을 만들 날삼 40근을 주어서 보냈다. 몸이 몹시 불편하여 한참 동안이나 베개를 베고 누워 있었다. 느지막이 두 조방장(김완·배흥립) 및 충청 우후를 불러다가 상화떡*⁵을 같이 맛보았다. 저녁에 체찰사에게 갈 공문에 관인을 찍었다. 어두워지니 달빛은 비단 같고, 나그네 회포는 만 갈래여서 잠을 이루지 못하며 뒤척였다. 밤 10시쯤 방으로 들어갔다.

8월 11일[병오/9월 3일]

맑으나 바람이 세게 분다. 아침에 체찰사에게 갈 여러 공문을 보냈다. 조방장 배흥립과 함께 아침을 먹은 뒤에 그와 같이 활터 정자에 가서 말달리는 것을 구경하고서 진영으로 돌아왔다. 초저녁에 거제 현령이 달려와 "왜적선 한 척이 등산(登山 : 창원시 마산합포구 진동면)에서 송미포(松美浦 : 거제시 장목면 송진포)로 들어온다"고 보고했다. 밤 10시쯤 "아자포(阿自浦 : 거제시 둔덕면 아지랑으로 추정)로 옮겨 대었다"고 보고했다. 배를 정하여 내보낼 즈음에 다시 "견내량을 넘어갔다"고 보고했다. 그래서 복병장에게 붙잡으라고 명령했다.

8월 12일[정미/9월 4일]

맑다. 샛바람이 세게 불어 동쪽으로 가는 배는 도저히 오갈 수가 없었다. 오

---

*2 다듬이질을 하여 반드럽게 한 종이.
*3 주서(注書)나 승지(承旨)가 임금 앞에서 임금의 명령을 받아 적는 데에 쓰던 종이.
*4 지방 벼슬아치들이 임금에게 보고하는 글을 쓰는 종이.
*5 밀가루를 누룩이나 막걸리 따위로 반죽하여 부풀려 꿀과 팥으로 만든 소를 넣고 빚어 시루에 찐 떡. 보통 유월 유둣날이나 칠월칠석날 먹음.

랫동안 어머니의 안부를 알지 못했으니 몹시도 답답하다. 우수사가 와서 보았다. 땀이 흘러 옷 2벌을 적셨다.

8월 13일[무신/9월 5일]

맑다가 흐리며 샛바람이 세게 분다. 충청 우후와 함께 활을 쏘았다. 이날 밤 땀이 흘러 등이 흠뻑 젖었다. 아침에 우(禹)씨가 곤장을 맞고 죽었다는 말을 듣고 장례 치를 물건을 조금 보냈다.

8월 14일[기유/9월 6일]

흐리고 바람이 크게 분다. 샛바람이 연신 불어 벼가 상했다고 한다. 조방장 배홍립과 충청 우후와 함께 이야기를 나누었다. 땀이 나지 않았다.

8월 15일[경술/9월 7일]

새벽에 비가 계속 내려 망궐례 행하는 것을 그만두었다. 느지막이 우수사와 경상 수사, 두 조방장과 충청 우후, 경상 우후와 가리포 첨사, 평산포 만호 등 19명의 여러 장수들이 모여 이야기했다. 비가 종일 그치지 않더니 초저녁이 지나자 마파람이 불고 큰 비가 내렸다. 새벽 2시가 되도록 땀을 3번이나 흘렸다.

8월 16일[신해/9월 8일]

잠깐 갰다가 마파람이 세게 분다. 강희로가 남해로 돌아갔다. 몸이 몹시 불편하여 종일 누워 앓았다. 저녁에 체찰사가 진주성에 왔다는 공문이 왔다. 새로이 갠 하늘의 달빛이 아주 밝아 잠을 이룰 수가 없었다. 밤 10시쯤 누우니 가랑비가 잠깐 내리다가 그쳤다. 땀을 흘렸다.

8월 17일[임자/9월 9일]

맑았다 흐렸다 하며 비가 오락가락하다. 경상 수사, 충청 우후, 거제 현령이 와서 보았다. 샛바람이 멈추지 않았다. 체찰사 앞으로 사람을 찾으러 내보냈다.

8월 18일[계축/9월 10일]

비가 오락가락하다. 자정에 죄인에게 특별사면을 내리는 사면장을 가지고 온 차사원 구례 현감(이원춘)이 들어왔다. 땀을 수시로 흘렸다.

8월 19일[갑인/9월 11일]

흐리다 맑다 하다. 새벽에 우수사와 여러 장수들과 함께 사문(赦文)*6에 숙배한 뒤 그대로 그들과 함께 아침을 먹었다. 구례 현감이 아뢰고 돌아갔다. 송의련이 본영에서 아들 울의 편지를 가지고 들어왔는데, 어머니께서 평안하시다고 하니 다행이다. 느지막이 거제 현령과 금갑도 만호가 이곳에 와서 이야기를 나누었다. 저녁 8시부터 자정까지 땀에 흠뻑 젖었다. 저물녘에 목수 옥지가 재목에 깔려 아주 심하게 다쳤다는 보고를 들었다.

8월 20일[을묘/9월 12일]

샛바람이 세게 불다. 새벽에 전투배를 만들 재목을 끌어내리는 일로 우도 군사 300명, 경상도 군사 100명, 충청도 군사 300명, 전라좌도 군사 390명을 송희립이 거느리고 갔다. 늦은 아침에 조카 봉과 해, 아들 회와 면, 조카 완, 최대성, 윤덕종, 정선 등이 들어왔다.

8월 21일[병진/9월 13일]

맑다. 밥을 먹은 뒤에 활터 정자에 앉아 아들들에게 활쏘기 연습과 말달리며 활쏘기를 시켰다. 조방장 배흥립, 조방장 김완, 충청 우후가 함께 왔다. 같이 점심을 먹고 저물어서 돌아갔다.

8월 22일[정사/9월 14일]

맑다. 외할머니 제삿날이라 공무를 보러 나가지 않았다. 경상 수사가 와서 보았다.

8월 23일[무오/9월 15일]

맑다. 활터에 가 보았다. 경상 수사도 함께 왔다.

---

*6 나라에 경사가 있어 죄인을 석방할 때에 임금이 내리던 글.

8월 24일[기미/9월 16일]
맑다.

8월 25일[경신/9월 17일]
맑다. 우수사와 경상 수사가 와서 보고 돌아갔다.

8월 26일[신유/9월 18일]
맑다. 새벽에 출항하여 사천항에 이르러 머물러 잤다. 충청 우후와 함께 종일 이야기를 나눈 뒤 헤어졌다.

8월 27일[임술/9월 19일]
맑다. 일찍 출항하여 사천에 이르렀다. 점심을 먹은 뒤 그대로 진주성으로 가 체찰사(이원익)를 뵙고 종일 의논했다. 저물 무렵에 진주 목사(나정언)의 처소로 돌아와 잤다. 김응서(金應瑞)도 왔다가 금세 돌아갔다. 이날 저녁 이용제(李用濟)가 들어왔는데 역적 무리의 편지를 가지고 왔다.

8월 28일[계해/9월 20일]
맑다. 이른 아침에 체찰사 앞으로 가서 종일 여쭙고 의논해서 결정하고, 초저녁이 지나서야 진주 목사의 처소로 돌아왔다. 진주 목사와 함께 밤늦게까지 이야기를 나눈 뒤 헤어졌다. 청생(靑生)도 왔다.

8월 29일[갑자/9월 21일]
맑다. 일찍 떠나 사천에 이르러 아침을 먹은 뒤 그대로 가서 선소(船所 : 사천시 용현면 선진리)에 이르렀다. 고성 현령(조응도)도 왔다. 삼천포 권관과 이곤변(李鯤變)이 뒤따라 도착했다. 밤늦도록 이야기하고, 구라량(仇羅梁 : 사천시 대방동)에서 잤다.

병신년 윤8월(1596년 윤8월)

윤8월 1일[을축/9월 22일]

맑다. 일식(日食)이 있었다. 이른 아침에 비망(飛望) 나루에 이르러 이곤변 등과 함께 아침을 먹은 뒤 서로 헤어졌다. 저물어서 진중에 이르니, 우수사와 경상 수사가 나와 기다리고 있었다. 우수사와는 서로 만나 이야기했다.

윤8월 2일[병인/9월 23일]

맑다. 여러 장수들이 와서 보았다. 느지막이 경상 수사와 우수사가 와서 이야기했다. 경상 수사와 함께 활터 정자로 갔다.

윤8월 3일[정묘/9월 24일]

맑다.

윤8월 4일[무진/9월 25일]

비가 계속 오다. 밤 10시쯤 땀을 흘렸다.

윤8월 5일[기사/9월 26일]

맑다. 활터 정자에 가서 아들들이 말달리고 활 쏘는 것을 구경했다. 하천수가 체찰사가 있는 곳으로 갔다.

윤8월 6일[경오/9월 27일]

맑다. 아침을 먹은 뒤에 경상 수사 및 우수사와 함께 활터 정자로 가서 말달리고 활 쏘는 것을 구경한 뒤 저물어서 돌아왔다. 방답 첨사가 진영에 이르렀다. 이날 땀을 잠깐 흘렸다.

윤8월 7일[신미/9월 28일]

맑다. 아산의 종놈 백시(白是)가 들어왔다. 거둔 가을보리가 43섬이고, 봄보리는 35섬, 어미(魚米)는 모두 12섬 4말이다. 또 7섬 10말, 또 4섬이 났다고 한다. 이날 느지막이 나가 공무를 본 뒤 소장을 작성해서 보냈다.

윤8월 8일[임신/9월 29일]

맑다. 밥을 먹은 뒤에 활터 정자로 가서 말달리며 활쏘기 구경했다. 광양 현감(이함림)과 고성 현령(조응도)이 시험관으로 들어왔다. 하천수가 진주에서 왔다. 아병(牙兵)*¹ 임정로(林廷老)가 휴가를 받아 나갔다. 이날 밤에 땀이 났다.

윤8월 9일[계유/9월 30일]

맑다. 아침에 광양 현감이 교서에 숙배했다. 조카 봉, 아들 회, 김대복이 교서에 숙배한 뒤 그대로 이들과 함께 이야기했다. 이날 밤에 우수사와 경상 수사가 와서 이야기했다.

윤8월 10일[갑술/10월 1일]

맑다. 이날 새벽 과거 시험장을 열었다. 면(葂)이 활을 쏜 것은 모두 55보(步), 봉(菶)이 쏜 것은 모두 35보, 해(荄)가 쏜 것은 모두 30보, 회(薈)가 쏜 것은 모두 35보, 완(莞)이 쏜 것은 25보였다. 진무성(陳武晟)은 모두 55보를 쏘고 합격했다. 저물녘에 우수사, 경상 수사, 조방장 배흥립이 함께 왔다가 밤 10시쯤 헤어져 돌아갔다.

윤8월 11일[을해/10월 2일]

맑다. 체찰사를 기다릴 일로 출항해서 당포에 이르니, 초저녁에 체찰사에게 문안갔던 사람이 돌아와서 14일에 떠난다고 했다.

윤8월 12일[병자/10월 3일]

맑다. 종일 노를 바삐 저어 밤 10시쯤에 어머니 앞에 이르니, 어머니께서는

---

*1 본영(本營)에서 대장을 수행하던 병사.

흰 머리카락이 무성하신데 나를 보고 놀라 일어나신다. 숨쉬는 기력이 매우 약하니 아침저녁을 보전하기가 힘드시겠다. 눈물을 머금고 서로 붙들고 밤새 위로하며 기쁘게 해 드렸더니 그 마음이 풀어지셨다.

윤8월 13일[정축/10월 4일]

맑다. 곁에서 어머니를 모시고 아침 진지를 드시게 하니 대단히 기뻐하시는 빛이다. 하직 인사를 한 뒤 본영으로 왔다. 오후 6시쯤 작은 배를 타고 밤새도록 노를 바삐 저었다.

윤8월 14일[무인/10월 5일]

맑다. 새벽에 두치(하동읍 두곡리)에 이르니, 체찰사와 부찰사가 어제 벌써 도착하여 묵었다고 했다. 뒤미처 점검하는 곳으로 가서 소촌(召村)찰방을 만나고 일찍 광양현에 이르렀다. 지나온 지역이 하나같이 다 쑥대밭이 되어 그 참상을 차마 눈 뜨고는 볼 수 없었다. 임시로나마 전투배 정비하는 작업을 면제해 주어 군사와 백성들의 피로를 풀어주어야겠다.

윤8월 15일[기묘/10월 6일]

맑다. 일찍 떠나 순천에 이르니 '체찰사 일행이 순천부 청사 안으로 들어갔다'고 했다. 그래서 나는 정사준의 집에서 묵었다. 순찰사도 와서 같이 이야기했다. 아들 모두가 시험 감독을 했다며 저녁에 들었다.

윤8월 16일[경진/10월 7일]

맑다. 이날은 그대로 정사준의 집에서 머물렀다.

윤8월 17일[신사/10월 8일]

맑다. 느지막이 낙안군으로 가는데 이호문(李好問)·이지남(李智男) 등이 와서 보고 "고치기 어려운 폐단이 오로지 수군에 있다"고 진술했다.

윤8월 18일[임오/10월 9일]

맑다. 일찍 떠나서 양강역(陽江驛)에 닿았다. 종사관 김용(金涌)은 서울로 갔다. 점심을 먹은 뒤 산성(山城)으로 올라가 멀리 바라보며 각 포구와 여러 섬들을 손가락으로 짚어 보았다. 그리고 그길로 흥양(고흥읍)으로 향했다. 저물 무렵 흥양현에 이르러 향소청(鄉所廳 : 유향소)에서 잤다. 어두워지자 이지화(李至和)가 자신의 거문고를 가지고 왔고 영(英)도 와서 보았다. 밤새 이야기를 나누었다.

윤8월 19일[계미/10월 10일]

맑다. 떠나서 녹도(고흥군 도양면)로 가는 길에 도양(도덕면 도덕리)의 둔전을 살펴 보았다. 체찰사는 매우 기뻐하는 빛이었다. 녹도에 이르러 묵었다.

윤8월 20일[갑신/10월 11일]

맑다. 일찍 떠나 배를 타고 체찰사와 부찰사와 함께 앉아 종일 군사(軍事)에 대해 이야기했다. 느지막이 백사정(白沙汀)에 이르러 점심을 먹은 뒤 그길로 장흥부에 이르렀다. 나는 동헌(東軒)에서 머물러 잤다. 김응남(金應男)이 와서 보았다.

윤8월 21일[을유/10월 12일]

맑다. 그대로 머물러 자는데 정경달이 와서 보았다.

윤8월 22일[병술/10월 13일]

맑다. 느지막이 병영(강진군 병영면)에 이르렀다. 병사(兵使)와 서로 만나 보았다. 병사는 원균이다.

윤8월 23일[정해/10월 14일]

맑다. 그대로 병영에 머물렀다.*2

윤8월 24일[무자/10월 15일]

나는 부찰사(한효순)와 함께 가리포(완도군 완도읍 군내리)로 갔는데 우우후

＊2 초서본 《난중일기》의 이 날짜에는 날씨 '晴'(맑다)만 적혀 있고, '仍留兵營'(그대로 병영에 머물렀다), 곧 이순신 장군이 원균의 병영에 머물렀다는 기록은 없음.

(右虞候) 이정충이 먼저 와 있었다. 남쪽 망대로 같이 올라가니 좌우의 적들이 다니는 길과 여러 섬들을 역력히 헤아릴 수 있었다. 참으로 한 도(道)의 요충지이다. 그러나 형세가 외롭고 험하여 하는 수 없이 이진(梨津 : 해남군 북평면 이진리)으로 옮겨 합치기로 했다. 병영에 도착했다. 원 공(公)의 흉악한 행동은 기록하지 않겠다.

윤8월 25일[기축/10월 16일]

일찍 떠나 이진에 이르러 점심을 먹은 뒤 곧바로 해남으로 갔다. 가는 길에 김경록이 술을 가지고 와서 보았다. 어느새 날이 저물어 횃불을 밝히고 가니, 밤 10시께 해남현에 이르렀다.

윤8월 26일[경인/10월 17일]

맑다. 일찍 떠나 우수영(해남군 문내면)에 이르렀다. 나는 곧 태평정(太平亭)에서 자며 우우후 이정충과 이야기했다.

윤8월 27일[신묘/10월 18일]

맑다. 체찰사가 진도에서 우수영으로 들어왔다.

윤8월 28일[임진/10월 19일]

비가 조금 내리다. 우수영에 머물렀다.

윤8월 29일[계사/10월 20일]

비가 조금 내렸다. 이른 아침에 남여역(男女驛 : 해남군 황산면 남이리)에 이르렀다. 오후에 해남현에 이르렀다. 소국진(蘇國進)을 본영으로 보냈다.

병신년 9월(1596년 9월)

9월 1일[갑오/10월 21일]
비가 잠시 뿌렸다. 새벽에 망궐례를 행했다. 일찍 떠나 석제원(石梯院 : 강진군 성전면 성전리)에 이르러 점심을 먹었다. 밤 10시쯤 영암(靈岩)에 이르러 향사당(鄕社堂)에서 잤다. 정랑(正郞) 조팽년(趙彭年)이 와서 보았다. 최숙남(崔淑男)도 와서 보았다.

9월 2일[을미/10월 22일]
맑다. 영암에서 머물렀다.

9월 3일[병신/10월 23일]
맑다. 아침에 떠나 나주의 신원(新院 : 나주시 왕곡면 신원리)에 이르렀다. 점심을 먹은 뒤 나주 판관을 불러 고을의 일을 이야기했다. 저물 무렵 나주 별관(別館)에 이르렀다. 종 억만(億萬)이 알현하러 신원에 왔다.

9월 4일[정유/10월 24일]
맑다. 나주에서 머물렀다. 저물녘에 나주 목사(이복남)가 술을 가져와서 권했다. 일추(一秋)도 잔을 가지고 왔다. 이날 아침에 체찰사와 함께 문묘(공자를 모신 사당)에 절했다.

9월 5일[무술/10월 25일]
맑다. 나주에서 머물렀다.

9월 6일[기해/10월 26일]
맑다. 먼저 무안(務安)의 일로 가겠다고 체찰사에게 보고하고 길을 떠났다.

고막원(古莫院 : 나주군 문평면 고막리)에 이르러 점심을 먹은 뒤에 나주 감목관 나덕준(羅德駿)이 뒤따라 와서 서로 만났다. 이야기를 나누다 보니 원통하고 슬픈 일이 많았다. 그와 오랫동안 이야기하다가 저물어서 무안에 이르러 묵었다.

9월 7일[경자/10월 27일]

맑다. 감목관 나덕준 및 무안 현감(남언상)과 함께 민폐에 대해 의논했다. 한참 있다가 정대청(鄭大淸)이 들어왔다고 하므로 그를 불러 함께 앉아 이야기했다. 느지막이 떠나 다경포(多慶浦 : 무안군 망운면 성내리)에 이르러 영광 군수와 밤 10시까지 이야기했다.

9월 8일[신축/10월 28일]

맑다. 아침상에 고기 반찬이 나왔으나 나라 제삿날(세조 제사)이라 먹지 않았다. 아침을 먹은 뒤에 길을 떠나 감목관이 있는 곳으로 갔더니 감목관은 영광 군수와 함께 있었다. 무더기로 핀 국화꽃 사이에서 술을 마셨다. 날이 저물어 동산원(東山院 : 무안군 현경면 동산리)에 이르러 말을 먹였다. 말을 재촉하여 임치진(臨淄鎭 : 해제면 임수리)에 이르니, 이공헌(李公獻)의 8살배기 딸 아이와 그 사촌의 계집종 수경(水卿)이 함께 와서 배알했다. 이공헌을 생각하니 참혹한 마음을 이길 수가 없었다. 수경은 곧 이염(李琰)의 집에 버려졌는데, (이공헌이) 얻다가 기른 아이이다.

9월 9일[임인/10월 29일]

맑다. 일찍 일어나 임치 첨사 홍견(洪堅)을 불러 방비책을 물었다. 아침을 먹은 뒤에 뒷성으로 올라가 형세를 살펴보고 동산원으로 돌아왔다. 점심을 먹고 나서 함평현에 이르렀다. 도중에 한여경(韓汝璟)을 만났으나 말 위에서 이야기를 나누기가 어려우므로 타일러서 함평으로 들어가게 했다. 함평 현감은 경차관(敬差官)*1을 마중하러 나갔다고 했다. 김억창(金億昌)도 함께 함평에 왔다.

---

*1 조선 시대 지방에 파견하는 임시 벼슬. 주로 전곡(田穀)의 손실을 조사하고 민정을 살피는 일을 했음.

9월 10일[계묘/10월 30일]

맑다. 몸이 피곤하고 말도 피로가 쌓였을 듯하여 함평에 머물러 잤다. 아침을 먹기 전에 무안의 정대청이 왔기에 함께 이야기했다. 고을 유생들이 많이 들어와 폐단을 진술했다. 저녁에 도사(都事)가 들어와서 함께 이야기하고 밤 10시쯤 헤어졌다.

9월 11일[갑진/10월 31일]

맑다. 아침을 먹은 뒤에 영광으로 갔다. 도중에 신경덕(辛慶德)을 만나 잠깐 이야기했다. 영광에 이르니, 영광 군수(김상준)가 교서에 숙배한 뒤 들어와 함께 이야기했다.

9월 12일[을사/11월 1일]

바람이 불고 비가 많이 오다. 느지막이 길을 떠나 10리쯤 되는 냇가에 이르니, 이광보(李光輔)와 한여경이 술을 가지고 와서 기다리고 있었다. 그래서 말에서 내려 같이 이야기를 나누었다. 안세희(安世熙)도 왔다. 저물 무렵에 무장(茂長 : 전북 고창)에 이르렀다.

9월 13일[병오/11월 2일]

맑다. 이중익(李仲翼) 및 이광축(李光軸)도 와서 함께 이야기했다. 이중익이 궁색하다는 말을 자주 해서 내 옷을 벗어 주고 종일 이야기했다.

9월 14일[정미/11월 3일]

맑다. 하루 더 묵었다.

9월 15일[무신/11월 4일]

맑다. 체찰사의 행차가 현(무장현)에 이르렀다고 하므로 들어가 절하고 대책을 의논했다.

9월 16일[기유/11월 5일]

맑다. 체찰사 일행이 고창(高敞)에 이르렀다. 점심을 먹고 나서 장성(長城)에 이르렀다.

9월 17일[경술/11월 6일]

맑다. 체찰사와 부찰사는 입암산성(立嚴山城 : 장성군 북상면 성내리)으로 가고, 나는 홀로 진원현(珍原縣 : 장성군 진원면)에 이르러 진원 현감(심론)과 함께 이야기했다. 종사관도 왔다. 저물어서 관청 안으로 들어가니 두 조카딸이 나와 앉아 있었다. 오랫동안 보지 못했던 감회를 풀고, 도로 작은 정자로 나가 진원 현감 및 여러 조카들과 밤 늦도록 함께 이야기했다.

9월 18일[신해/11월 7일]

비가 조금 오다. 밥을 먹은 뒤에 광주에 이르러 광주 목사(최철견)와 이야기 했다. 큰 비가 내렸는데 자정쯤에는 달빛이 마치 대낮 같았다. 새벽 2시쯤 비바람이 몹시 거셌다.

9월 19일[임자/11월 8일]

바람이 불고 비가 많이 오다. 아침에 행적(行迪)이 와서 보았다. 진원(珍原) 종사관의 편지와 윤간, 조카 봉, 해의 문안 편지도 왔다. 이날 아침 광주 목사가 와서 함께 아침을 먹는데 술을 마시니 밥도 먹지 않고 취했다. 광주 목사의 별실로 들어가 종일 크게 취해 있었다. 오후에 능성(綾城) 현령(이계명)이 들어와서 곳간을 봉했다. 체찰사가 광주 목사를 파면시켰다고 했다. 최철견의 딸 귀지(貴之)가 와서 잤다.

9월 20일[계축/11월 9일]

비가 많이 오다. 아침에 각 항목 담당 색리들의 죄를 논했다. 느지막이 광주 목사를 보고 난 뒤 길을 떠나려 할 즈음 명나라 사람 2명이 이야기하자고 청하므로 취하도록 술을 먹었다. 종일 비가 내려 멀리 갈 수가 없었으므로 화순 (和順)에 이르러 잤다.

9월 21일[갑인/11월 10일]

개다가 비 오다가 하다. 일찍 능성(화순군 능주면)에 이르러 최경루(最景樓)

에 올라가 연주산(連珠山)을 바라보았다. 고을 수령이 술을 청하여 잠깐 취하고 헤어졌다.

9월 22일[을묘/11월 11일]

맑다. 아침에 각 항목 담당 색리들의 죄를 논했다. 느지막이 나가 이양원(李楊院 : 화순군 이양면 이양리)에 이르니 해운 판관(海運判官)이 먼저 와 있었다. 내가 가는 것을 보고 이야기하기를 청하므로 그와 함께 이야기를 나누었다. 저물어서 보성군에 이르러 몸이 매우 피곤하여 잠들었다.

9월 23일[병진/11월 12일]

맑다. 계속 머물렀다. 나라 제삿날(태조 비 신의왕후 한씨 제사)이라 공무를 보지 않았다.

9월 24일[정사/11월 13일]

맑다. 일찍 떠나 병사 선거이의 집에 이르니, 선거이가 매우 위독했다. 염려된다. 저물어서 낙안에 이르러 잤다.

9월 25일[무오/11월 14일]

맑다. 색리와 선중립(宣仲立)의 죄를 논했다. 순천에 이르러 순천 부사와 함께 이야기했다.

9월 26일[기미/11월 15일]

맑다. 일 때문에 순천에서 더 머물렀다. 순천부 백성들이 쇠고기와 술을 차려 놓고 나오기를 청했다. 굳이 사양했으나 부사가 간청하여 잠깐 나가 마시고서 헤어졌다.

9월 27일[경신/11월 16일]

맑다. 일찍 떠나 어머니를 뵈러 갔다.

9월 28일[신유/11월 17일]

맑다. 남양(南陽) 아저씨의 생신이라 본영으로 왔다.

9월 29일[임술/11월 18일]

맑다. 밥을 먹은 뒤에 동헌으로 나가 공문에 관인을 찍었다. 종일토록 관아에 앉아 있었다.

9월 30일[계해/11월 19일]

맑다. 아침에 옷장을 살펴보다가 두 통은 곰내(古音川)로 보내고 한 통은 본영에 남겨두었다. 선유사(宣諭使)의 군관 신탁(申拆)이 와서 군사들을 위하여 위로연을 베풀 날짜를 말했다.

병신년 10월(1596년 10월)

10월 1일[갑자/11월 20일]
비가 오고 바람이 세게 분다. 새벽에 망궐례를 행했다. 밥을 먹은 뒤에 어머니를 뵈러 갔다. 가는 길에 신사과(愼司果)가 잠시 머물고 있는 곳에 갔다가 크게 취해 돌아왔다.

10월 2일[을축/11월 21일]
맑으나 바람이 세게 불어 배를 다니게 할 수가 없었다. 청어 잡는 고깃배가 들어왔다.

10월 3일[병인/11월 22일]
맑다. 새벽에 배를 돌려 어머니를 모신 뒤 일행과 더불어 배를 타고 본영으로 돌아와 종일토록 즐거이 받드니 다행이다. 흥양 현감이 술을 가지고 왔다.

10월 4일[정묘/11월 23일]
맑다. 밥을 먹은 뒤 동헌에 나가 종일 공무를 보았다. 저녁에 남해 현령이 그의 첩을 데리고 왔다.

10월 5일[무진/11월 24일]
흐리다. 남양 아저씨 댁에 제사가 있다고 일찍 부르기에 다녀왔다. 남해 현령과 함께 이야기했다. 비가 올 조짐이 많이 보인다. 순천 부사는 석보창(石堡倉)에서 잤다.

10월 6일[기사/11월 25일]
바람 불고 비가 많이 오다. 이날 잔치를 베풀지 못하여 다음날로 미루었다.

느지막이 흥양 현감과 순천 부사가 들어왔다.

10월 7일[경오/11월 26일]
맑고 따뜻하다. 일찍 생신잔치를 열고 종일토록 즐기니 참으로 다행이다. 남해 현령은 집에 제사가 있어서 먼저 돌아갔다.

10월 8일[신미/11월 27일]
맑다. 어머니께서 몸이 평안하시다고 하니 정말 다행이다. 순천 부사와 작별의 술잔을 나누고 나서 보냈다.

10월 9일[임신/11월 28일]
맑다. 공문을 작성하여 보냈다. 종일 어머니를 모셨다. 다음날 진중으로 들어가야 하니 어머니께서는 심기가 매우 불편하신 듯했다.

10월 10일[계유/11월 29일]
맑다. 새벽 1시쯤 뒷방으로 갔다가 새벽 2시쯤 머리를 돌려 누각의 방으로 왔다. 정오에 어머니께 절하고 하직했다. 오후 2시쯤 배를 타 바람 따라 돛을 달았다. 밤새도록 노를 재촉하면서 갔다.

10월 11일[갑술/11월 30일]
맑다.

(10월 12일부터 12월 그믐까지 일기는 빠져 있음)

정유년 일기

정유년 4월(1597년 4월)

(1월 1일부터 3월 말까지의 일기는 빠져 있음)

4월 1일[신유/5월 16일]

맑다. 옥문을 나왔다.*¹ 남문(숭례문) 밖 윤간(尹侃)의 종의 집에 이르니, 조카 봉(菶)과 분(芬), 아들 울(蔚)이 윤사행(尹士行), 원경(遠卿)과 더불어 앉아 오래도록 이야기했다. 지사 윤자신(尹自新)이 와서 위로하고 비변랑 이순지(李純智)가 와서 보았다.

지사가 돌아갔다가 저녁을 먹은 뒤에 술을 가지고 다시 왔다. 윤기헌(尹耆獻)도 왔다. 정으로 권하며 위로하니 마다할 수가 없어 억지로 마시고 매우 취해버렸다. 영공(令公) 이순신(李純信)이 술병째로 가지고 와서 함께 취하며 위로해 주었다. 영의정 유성룡, 판부사 정탁, 판서 심희수, 이상(二相)*² 김명원, 참판 이정형, 대사헌 노직, 동지 최원, 동지 곽영이 사람을 보내 문안했다. 술에 취해 온몸에 땀이 흘렀다.

4월 2일[임술/5월 17일]

종일 비가 오다. 여러 조카들과 이야기했다. 방업(方業)이 음식을 매우 푸짐하게 차려 왔다. 붓 만드는 자를 불러 붓을 매도록 했다. 저물녘에 성으로 들어가 영의정과 이야기하다가 닭이 울고서야 헤어지고 나왔다.

---

*1 원균의 모함과 왜인의 이간책으로 이순신은 2월 26일 한산도에서 포박되어 3월 4일 서울에서 하옥되었음. 선조는 이순신을 국문하여 죽여야 한다고 했지만 여러 대신들이 상소문을 올려 이순신 구명운동에 나섬. 4월 1일 이순신이 옥에서 풀려나왔고 이날부터 다시 일기를 쓰기 시작함.
*2 조선 시대에 우찬성(右贊成)을 달리 이르던 말로, 의정부에 속한 종1품 문관 벼슬.

4월 3일[계해/5월 18일]

맑다. 일찍 남쪽으로 길을 떠났다. 금오랑*³ 이사빈, 서리 이수영, 나장 한언향은 먼저 수원부(水原府)에 이르렀다. 나는 인덕원(仁德院 : 경기도 과천시 인덕원)에서 말을 쉬게 한 뒤 조용히 누워 쉬었다. 저물녘에 수원에서 경기(京畿) 체찰사의 아병으로, 이름도 모르는 자의 집에 들어갔다. 신복룡(愼伏龍)이 우연히 내가 지나가는 걸 보고는 술을 마련해 와서 나를 위로했다. 수원 부사 유영건(柳永健)이 나와서 보았다.

4월 4일[갑자/5월 19일]

맑다. 일찍 길을 떠나 독성(禿城 : 오산시 양산동) 아래에 이르니, 반자(半刺) 조발(趙撥)이 술을 준비해 놓고 장막을 친 채 기다리고 있었다. 취하도록 마시고 곧장 진위(振威 : 평택시 진위면) 옛길을 따라가다 냇가에서 말을 쉬게 했다. 오산(吾山 : 烏山(오산)의 오기로 여겨짐)의 황천상(黃天祥) 집에 이르러 점심을 먹었다. 황천상은 내 짐이 무겁다고 말을 내어 실어 보내니 고마울 뿐이다. 수탄(水灘)을 거쳐 평택현 이내은손(李內隱孫)의 집에서 묵었는데, 대접이 매우 극진했다. 잠자는 방이 매우 좁았는데 불까지 따뜻하게 때주어 땀을 흘렸다.

4월 5일[을축/5월 20일]

맑다. 해가 뜨자 길을 떠나 바로 선산에 이르렀다. 초목은 거듭 일어난 들불을 겪더니 불에 타고 말라서 차마 눈 뜨고 볼 수가 없다. 무덤 아래서 절하고 곡하다가 한참 동안 일어나지 못했다. 저녁에 내려와 외가로 가서 사당에 절하고, 조카 뇌(蕾)의 집으로 가서 조상의 사당에 곡하며 절했다. 또한 남양 아저씨가 세상을 떠나셨다고 들었다. 저녁에 본가에 도착하여 장인과 장모의 신위(神位) 앞에서 절했다. 그리고 작은 형(이요신)과 아우 여필(이우신) 부인의 사당에도 갔다. 잠자리에 들었으나 마음이 평온하지가 않았다.

4월 6일[병인/5월 21일]

맑다. 가깝고 먼 친척과 친구들이 모두 모였다. 오랫동안 막혔던 회포를 풀

---

*3 조선 시대 의금부에 속한 도사(都事)를 이르던 말.

고 갔다.

4월 7일[정묘/5월 22일]
맑다. 금오랑(이사빈)이 아산현에서 왔으므로 나는 나가서 극진히 대접했다. 홍 찰방과 이 별좌, 윤효원(尹孝元)이 와서 보았다. 금오랑은 변홍백(卞興伯)의 집에서 잤다.

4월 8일[무진/5월 23일]
맑다. 아침에 자리를 마련하여 남양 아저씨 영전에 곡하고 상복을 입었다. 느지막이 변홍백의 집으로 가서 이야기를 나누었다. 강계장(姜稧長)이 세상을 떠났다고 하여 나는 조문하러 갔다가 홍석견(洪石堅)의 집에 들렀다. 저녁에 변홍백의 집에 이르러 도사(都事 : 금오랑)를 접대했다.

4월 9일[기사/5월 24일]
맑다. 동네 사람들이 저마다 술병째 들고 와서 멀리 가는 심정을 위로해 주니 차마 거절하지도 못해 받아 마시니 매우 취해서 헤어졌다. 홍군우(洪君遇)가 노래를 불렀고 이 별좌도 노래했다. 나는 그것을 들어도 즐겁지가 않았다. 도사는 술을 잘 마시면서도 실수함이 없었다.

4월 10일[경오/5월 25일]
맑다. 아침을 먹은 뒤 변홍백의 집에 이르러 도사와 이야기했다. 느지막이 홍 찰방과 이 별좌 형제와 윤효원 형제가 와서 보았다. 이언길(李彦吉)과 허제(許霽)가 술을 가지고 왔다.

4월 11일[신미/5월 26일]
맑다. 새벽꿈이 매우 어지러워 말로 다 할 수가 없다. 덕이를 불러 짧게 이야기하고 또 아들 울을 불러 이야기했다. 마음이 너무 좋지 않아 취한 것도 같고 미친 것도 같아 마음을 바로 잡을 수가 없었다. 이것이 무슨 조짐이란 말인가. 편찮으신 어머니를 생각하고 그리워하느라 눈물이 흐르는 줄도 몰랐다. 종을 보내 어머니의 소식을 듣고 오도록 했다. 도사는 온양으로 돌아갔다.

4월 12일[임신/5월 27일]

맑다. 종 태문(太文)이 안흥량(安興梁 : 태안군 근흥면 안흥리)에서 들어와 '어머니의 숨이 끊어질 듯하고, 9일 위아래 모든 사람이 모두 무사히 안흥량에 도착했다'는 편지를 전했다. 법성포(法聖浦)에 이르러 배를 대고 묵을 때, 닻이 끌려 떠내려가 배에 엿새 동안 머물러 있어 서로 떨어져 있다가 만났는데 아무 탈없이 편안하다고 했다. 아들 울을 먼저 바닷가로 보냈다.

4월 13일[계해/5월 28일]

맑다. 일찍 아침을 먹은 뒤 어머니를 마중하러 가려고 바닷가로 나가는 길에 홍 찰방의 집에 들러 잠깐 이야기하는 동안 아들 울이 종 애수(愛壽)를 보냈을 적에는 배가 도착했다는 소식은 없었다. 황천상이 술병을 들고 변홍백의 집에 왔다고 한다. 홍 찰방과 작별하고 변홍백의 집에 이르렀다. 조금 있으니 종 순화(順花)가 배에서 와서 어머니의 부고를 전했다. 뛰쳐나가 가슴을 치며 발을 동동 굴렀다. 하늘이 캄캄했다. 곧 갯바위(蟹巖 : 아산시 인주면 해암리)로 달려가니 배는 벌써 와 있었다. 가슴 찢어지는 듯한 애통함을 이루 다 적을 수가 없다.

4월 14일[갑술/5월 29일]

맑다. 홍 찰방, 이 별좌가 들어와 곡하고 관을 장만했다. 관의 재목은 본영에서 마련해 온 것인데, 흠이 난 곳은 조금도 없다고 했다.

4월 15일[을해/5월 30일]

맑다. 느지막이 입관했다. 오종수(吳從壽)가 직접 온갖 일을 도맡아 초상 치르는 것을 도와주니, 뼈가 가루 될지언정 잊지 못하겠다. 천안 군수가 들어와 상여를 준비해 주고, 전경복(全慶福) 씨가 날마다 마음을 다하여 상복 만드는 일 등을 돌보아 주니, 슬픈 가운데서도 고마운 마음을 어찌 말로 다하랴!

4월 16일[병자/5월 31일]

궂은 비가 오다. 배를 끌어 중방포(中方浦 : 아산시 염치읍 중방리)로 옮겨 대고 영구를 상여에 올려 실은 뒤 집으로 돌아오며 마을을 바라보니, 찢어지는 듯 아픈 마음이야 어찌 말로 다 할 수 있으랴. 집에 와서 빈소를 차렸다. 비는 퍼붓는데 나는 기력이 다한 데다가 남쪽으로 갈 날은 다가오니, 울부짖으며 다만 어서 죽기만을 바랄 따름이다. 천안 군수가 돌아갔다.

4월 17일[정축/6월 1일]
맑다. 금오랑의 서리 이수영(李壽永)이 공주에서 와서 어서 가자고 다그쳤다.

4월 18일[무인/6월 2일]
종일 비가 오다. 몸이 몹시 불편하여 다만 빈소 앞에서 곡만 하다가 종 금수(今守)의 집으로 물러 나왔다. 저녁나절 계원(楔員)들이 모여서 내가 있는 곳으로 왔다가 계에 대한 일을 의논하고 헤어졌다.

4월 19일[기묘/6월 3일]
맑다. 일찍 길을 떠나며 어머니 영전에 울며 하직했다. 어찌할꼬 어찌할꼬! 천지에 나 같은 운명이 어디 또 있으랴! 일찍 죽느니만 못하다. 조카 뇌의 집에 이르러 먼저 조상의 사당에 아뢰고, 금곡(金谷)의 강선전(姜宣傳) 집 앞에 이르러 강정(姜晶)과 강영수(姜永壽) 씨를 만나 말에서 내려 곡을 했다. 보산원(寶山院 : 천안시 광덕면 보산원리)에 이르니 천안 군수가 먼저 냇가에 와서 말에서 내려 쉬고 떠났다. 임천 군수 한술(韓述)이 서울로 중시(重試)를 보러 갔다 왔는데 앞길을 지나다가 내가 간다는 말을 듣고서 들어와 조문하고 갔다. 아들 회와 면, 조카 봉과 해, 분과 완, 주부 변존서가 함께 천안까지 따라 왔다. 원인남(元仁男)도 와서 보고 작별한 뒤에 말에 올랐다. 일신역(日新驛 : 공주시 신관동)에 이르러 잤다. 저녁에 비가 뿌렸다.

4월 20일[경진/6월 4일]
맑다. 아침에 공주(公州) 정천동(定天洞)에서 밥을 먹고 저녁에는 이성(尼城 : 논산시 노성면 읍내리)에 가니, 이 고을 수령이 반갑게 맞아주었다. 김덕장(金德章)이 우연히 왔다가 서로 만났다. 도사도 와서 만나 보았다.

4월 21일[신사/6월 5일]

맑다. 일찍 떠나 은원(恩院 : 논산시 은진면 연서리)에 이르니 김익(金瀷)이 우연히 왔다고 한다. 임달영(任達英)이 곡식을 사러 은진포로 왔다고 하는데, 그 꼴이 몹시 간사하고 수상쩍다. 저녁에 여산(礪山 : 익산시 여산면) 관노의 집에서 자는데, 한밤에 홀로 앉아 있으니 비통한 생각에 견딜 수가 없다.

4월 22일[임오/6월 6일]

맑다. 오전에 삼례역(參禮驛 : 완주군 삼례읍 삼례리) 수령의 집에 이르렀다. 저녁에 전주 남문 밖 이의신(李義臣)의 집에서 잤다. 판관 박근(朴勤)이 와서 보았다. 부윤(府尹)도 도탑게 대접해주었다. 판관이 유둔(油芚)*4과 생강 등의 물건을 보냈다.

4월 23일[계미/6월 7일]

맑다. 일찍 떠나 오원역(烏原驛 : 임실군 관촌면 관촌리)에 이르러 아침을 먹고 말을 쉬게 했다. 얼마 뒤에 도사가 도착했다. 저물녘에 임실현(任實縣)으로 가니 임실 현감이 예를 다해 대접했다. 현감은 홍순각(洪純慤)이다.

4월 24일[갑신/6월 8일]

맑다. 일찍 출발하여 남원 15리쯤 되는 곳에서 정철(丁哲) 등을 만났다. 남원부 5리 안까지 와서 나를 송별해 보냈다. 곧바로 10리 밖에 있는 이희경(李喜慶)의 종 집으로 갔다. 가슴속 이 애통한 심정을 어찌 하겠는가.

4월 25일[을유/6월 9일]

비가 많이 올 듯하다. 아침을 먹은 뒤 길을 떠나 운봉(남원시 운봉읍)의 박산취(朴山就)의 집에 들어가니, 비가 많이 퍼부어 나갈 수가 없다. 여기서 '원수(권율)가 벌써 순천으로 떠났다'는 소식을 들었다. 그래서 곧바로 사람을 금오랑(이사빈)이 있는 곳으로 보내 머물도록 했다. 운봉 현감(남간)은 병으로 나오지 않았다.

---

*4 비를 피하기 위해 쓰는, 이어 붙인 두꺼운 기름종이.

4월 26일[병술/6월 10일]

흐리고 개지 않다. 일찍 아침을 먹은 뒤 길을 떠나 구례현(求禮縣)에 도착하니 금오랑이 먼저 와 있었다. 손인필(孫仁弼)의 집에 머물기로 했는데, 구례 현감이 급히 나와서 보고는 금오랑도 와서 보았다. 내가 현감을 시켜 금오랑에게 술을 권하게 했는데 현감이 정성스레 했다고 한다. 밤에 앉아 있으니 비통한 마음 어찌 말로 다 할 수 있을까.

4월 27일[정해/6월 11일]

맑다. 일찍 떠나 순천 송치(松峙 : 순천시 서면 학구리 신촌) 밑에 다다르니 구례 현감이 사람을 보내 와서 점심을 지어 먹이고서 전송하도록 했다. 순천 송원(松院 : 서면 운평리)에 닿자 이득종(李得宗)과 정선(鄭瑄)이 문안하러 왔다. 저녁에 정원명(鄭元溟)의 집에 이르니, 원수(권율)는 내가 온 것을 알고 군관 권승경(權承慶)을 보내 조문하고 또 안부도 묻는데, 그 위로하는 말이 아주 간곡했다. 저녁에 순천 부사(우치적)가 와서 보았다. 정사준(鄭思竣)도 와서 원균의 망령되고 거꾸로 된 상황을 많이 말했다.

4월 28일[무자/6월 12일]

맑다. 아침에 원수가 또 군관 권승경을 보내 문안하고, "상중에 몸이 피곤할 것이니 기운을 되찾는 대로 나오라. 통제사(원균)와 친하게 지내는 군관이 있다 하니 편지와 공문을 보내 나오게 하였으며, 데리고 가서 돌보게 하라"는 편지와 공문을 만들어 왔다. 부사(우치적)의 첩이 세상을 떠났다고 한다.

4월 29일[기축/6월 13일]

맑다. 신 사과(愼司果)와 방응원(方應元)이 와서 보았다. 병사(이복남)도 원수와 의논할 일이 있다고 하여 순천부로 들어왔다고 했다. 신 사과와 이야기를 나누었다.

4월 30일[경인/6월 14일]

아침에 흐리고 저물 무렵에 비가 오다. 아침을 먹은 뒤 신 사과와 이야기를 나누었다. 그는 병사가 남아서 술을 마시도록 했다고 했다. 병사 이복남이 아침 먹기 전에 보러 와서는 원균에 대한 일을 많이 이야기했다. 전라 감사(박홍로)도 원수에게 왔다가 군관을 보내 안부를 물었다.

정유년 5월(1597년 5월)

5월 1일[신묘/6월 15일]

비가 오다. 신 사과가 머물러서 이야기를 나누었다. 전라 순찰사(박홍로)와 병사(이복남)는 원수가 거처하고 있는 정사준의 집에 함께 모여 머무르며 술을 마시고 매우 즐기고 있다고 했다.

5월 2일[임진/6월 16일]

느지막이 개다. 원수(권율)는 보성으로 가고, 병사(이복남)는 본영으로 갔다. 순찰사(박홍로)는 담양으로 가는 길에 와서 보고는 돌아갔다. 순천 부사(우치적)가 와서 보았다. 진흥국(陳興國)이 좌수영에서 와서는 눈물을 뚝뚝 흘리며 원균의 일을 말했다. 이형복(李亨復), 신홍수(申弘壽)도 왔다. 남원의 종 끝돌이가 아산에서 와서 '어머니 영연(靈筵)*¹이 평안하고, 변유헌은 식구들을 거느리고 아무 일없이 금곡(金谷)에 도착했다'고 전했다. 홀로 빈 동헌에 앉아 있으니 그 비통함을 어찌 참을 것인가!

5월 3일[계사/6월 17일]

맑다. 신 사과와 응원, 진흥국이 돌아갔다. 이기남이 와서 보았다. 둘째 아들 울(蔚)의 이름을 열(莈)로 고쳤다. '열(莈) 자는 '기쁠 열(悅)'과 그 소리가 같으며, 뜻은 '움이 돋아나다, 초목이 무성하게 자란다'는 것으로 매우 좋은 글자이다. 느지막이 강소작지(姜所作只)가 와 보고서 곡을 했다. 오후 4시쯤 비가 뿌렸다. 저녁에 순천 부사가 와서 보았다.

---

*1 죽은 사람의 영궤(靈几)와 그에 딸린 모든 것을 차려 놓는 곳. 궤연(几筵).

5월 4일[갑오/6월 18일]

비가 오다. 오늘은 어머니 생신날이다. 슬프고 애통함을 어찌 참으랴! 닭이 울 때 일어나 눈물만 흘릴 뿐이다. 오후에 비가 많이 내렸다. 정사준이 와서는 종일 돌아가지 않았다. 이수원도 왔다.

5월 5일[을미/6월 19일]

맑다. 새벽꿈이 매우 어지러웠다. 아침에 순천 부사가 와서 보았다. 느지막이 충청 우후 원유남이 한산도에서 와서는 원균의 못된 짓을 많이 전하고, 또 진중의 장병들이 군무에서 이탈하여 반역질을 하니 앞으로 일이 어찌 될지 짐작도 못 하겠다고 했다. 오늘은 단오절인데 천 리나 떨어진 땅끝 모퉁이에서 종군하느라고 어머니 영연을 멀리 떠나 장례도 못 지내고 곡도 마음대로 할 수 없으니 이 무슨 죄를 지었기에 이토록 갚음을 당하는가! 가슴이 갈가리 찢어지는 듯하다. 다만 때를 잘못 만난 것을 한탄할 뿐이다.

5월 6일[병신/6월 20일]

맑다. 꿈에 돌아가신 두 형님을 보았다. 서로 붙잡고 통곡을 하며 "장례를 다 치르기도 전에 천 리 밖에서 종군하고 있으니 이 일은 누가 주관하겠는가. 통곡한들 어찌한단 말이냐"고 말하셨다. 두 형님의 넋이 천 리까지 따라와 이렇게 걱정하고 계시니 비통한 마음이 끊임없다. 또한 남원의 추수 감독하는 일을 염려하시니 이게 무슨 뜻인지 모르겠다. 날마다 꿈이 어지럽도록 이 영혼들이 말없이 걱정해주고 있으니 그 애통함 더욱 깊다. 아침저녁으로 그립고도 애통한 마음에 눈물이 굳어 피가 될 지경이지만 하늘은 아득하기만 하고 나의 외로움은 돌보지 않는다. 어찌 한시라도 빨리 죽지 못하는 것인가. 느지막이 능성 현령 이계명이 와서 보고 돌아갔는데, 그 또한 상중에 벼슬한 사람이다. 홍양의 종 우롬금(禹老音金), 박수매(朴守每), 조택(趙澤)이 순화(順花)의 아내와 함께 와서 보았다. 이기윤(李奇胤)과 몽생(夢生)이 왔다. 송정립(宋廷立)과 송득운(宋得運)도 왔다가 곧 돌아갔다. 저녁에 정원명(鄭元溟)이 한산도에서 돌아와 원균의 흉악한 소행을 많이 이야기했다. 또한 '부찰사가 좌수영으로 나가서 병 때문에 몸조리를 하며 머물러 있다'고 들었다. 우수사가 편지를 보내 조문했다.

5월 7일[정유/6월 21일]

맑다. 아침에 정혜사(定惠寺) 승려 덕수(德修)가 와서 미투리 한 켤레를 바쳤다. 거절하며 받지 않으니, 거듭 받으라고 간곡히 청하므로 값을 쳐 주고 보냈다. 그 미투리는 곧바로 정원명에게 주었다. 느지막이 송대기(宋大器), 유몽길(柳夢吉)이 와서 보았다. 서산 군수 안괄(安适)도 한산도에서 왔다. 그도 원균의 흉악한 일을 많이 이야기했다. 저녁에 이기남(李奇男)도 왔다. 이원룡(李元龍)이 수영에서 돌아왔다. 안괄이 구례에 갔을 때 수절하고 있는 조사겸(趙士謙)의 아내를 사사로이 탐하려 했으나 그러지 못했다고 하니 놀랍기 그지없다.

5월 8일[무술/6월 22일]

맑다. 아침에 승군(僧軍)의 장수인 수인(守仁)이 밥 지을 승려 두우(杜宇)를 데리고 왔다. 종 한경(漢京)을 일 때문에 보성(寶城)으로 보냈다. 흥양의 종 세충(世忠)이 녹도에서 망아지를 끌고 왔다. 활 만드는 장인인 이지(李智)가 돌아갔다. 이날 새벽에 사나운 호랑이를 잡아 죽여서 그 가죽을 휘두르는 꿈을 꾸었다. 이것이 무슨 조짐인지는 모르겠다. 조종(趙琮)이 연(瑌)으로 이름을 바꾸고 와서 보았다. 조덕수(趙德秀)도 왔다. 오후에 망아지 등에 안장을 올리고 정상명(鄭翔溟)이 타고 갔다. 원균이 편지를 보내 조문했는데 이는 원수(권율)의 명령이었다. 이경신(李敬信)이 한산도에서 왔으며, 원균의 흉악한 일을 많이 이야기했다. 또한 "원균은 자신이 데려온 서리를 곡식 사오라는 구실로 육지에 보내놓고 그 서리의 아내를 사사로이 탐하려 했는데, 그 아내가 악을 쓰며 따르지 않고 밖으로 나와 큰소리를 질렀다"고 말했다. 원균이 온갖 계략으로 나를 함정에 빠뜨리려 하니 이 또한 운수이다. 뇌물을 실은 그의 짐이 서울 가는 길에 끝없이 이어지고, 나를 헐뜯는 일은 날마다 심해지니 때를 못 만난 것을 내 스스로 한탄할 뿐이다.

5월 9일[기해/6월 23일]

흐리다. 아침에 이형립(李亨立)이 와서 보고 바로 돌아갔다. 이수원이 광양에서 돌아왔다. 순천 과거에서 급제한 강승훈(姜承勳)이 모집에 응모해 왔다. 순천 부사가 좌수영에서 돌아왔다. 종 경(京)이 보성에서 말을 끌고 왔다.

5월 10일[경자/6월 24일]

궂은 비가 내리다. 이날은 태종(太宗)의 제삿날로, 예부터 이날에는 비가 내린다더니 느지막이 큰 비가 내렸다. 박줄생(朴注叱生)이 인사하러 왔다. 주인이 보리밥을 지어와 바쳤다. 맹인인 임춘경(任春景)이 운수를 뽑아 보고 왔다. 부찰사(한효순)도 조문하는 글을 보내왔다. 녹도 만호 송여종(宋汝悰)이 삼으로 만든 종이〔麻紙〕2종류를 보내왔다. 전라 순찰사(박홍로)는 '흰쌀과 중미(中米) 각 1곡(斛), 콩과 소금을 구해서 군관에게 보내겠다'고 말했다.

5월 11일[신축/6월 25일]

맑다. 김효성(金孝誠)이 낙안에서 왔다가 곧바로 돌아갔다. 전(前) 광양 현감 김성(金惺)이 체찰사의 군관을 거느리고서 화살대를 구하기 위해 순천에 왔다가 나를 보러 와서는 떠도는 소문을 많이 전해주었다. 그 소문이란 것이 모두 흉악한 원균의 이야기였다. 부찰사가 올 것이라는 공문이 도착했다. 장위(張渭)가 편지를 보냈다. 정원명이 보리밥을 지어와 바쳤다. 맹인 임춘경이 와서 운수를 뽑아 본 이야기를 했다. 부찰사가 순천부에 도착했다. 정사립과 양정언이 "부찰사가 와서 만나 보고자 한다" 전했는데, 나는 몸이 불편하다 하여 거절했다.

5월 12일[임인/6월 26일]

맑다. 새벽에 이원룡을 보내 부찰사에게 문안했다. 그러자 부찰사도 김덕린을 보내 문안했다. 느지막이 이기남과 이기윤이 와서 보았는데, "도양장(道陽場)으로 돌아간다"고 아뢰었다. 아침에 아들 열(㤠)을 부찰사 있는 곳으로 보냈다. 신홍수가 와서 보았는데 원균에 대한 점을 쳤더니 첫 점괘가 수뢰둔(水雷屯)*²인데 천풍구(天風姤)*³로 변했으니 그 쓰임이 본체를 이기는 것이어서 매우 흉하다. 남해 현령이 조문하는 편지를 보내왔다. 또 여러 가지 물건을 보냈는데, 쌀 둘과 참기름 둘, 꿀 다섯과 좁쌀 하나, 미역 둘 등이다. 저녁에 향사당으로 가서 부찰사와 함께 밤늦도록 이야기한 뒤, 자정에 숙소로 돌아왔다. 정

---

*2 상괘 坎(감), 하괘 震(진). 비가 내리고 천둥이 진동하는 상. 널리 형통하나 험난함.
*3 상괘 乾(건), 하괘 巽(손). 하나의 음이 다섯 개의 양을 떠받치고 있는 상. 여자가 지나치게 거센 괘로서 흉함.

사립과 양정언 등이 왔다가 닭이 울고 난 뒤에 돌아갔다.

5월 13일[계묘/6월 27일]

맑다. 어젯밤 부찰사가 "상사(上使)가 보낸 편지에 영공(令公 : 원균)에 대한 일을 많이 탄식했다"고 말했다. 저녁나절 정사준이 떡을 만들어 왔다. 순천 부사(우치적)가 노자를 보내왔는데 너무나 미안하다.

5월 14일[갑진/6월 28일]

맑다. 아침에 순천 부사가 와서 보고 돌아갔다. 부찰사는 부유(富有 : 순천시 주암면 창촌리)로 향했다. 정사준과 정사립, 양정언이 와서 모시고 가겠다고 아뢰므로 아침을 일찍 먹고 길을 떠나 송치 밑에 이르러 말을 쉬게 한 뒤 나는 홀로 바위 위에 앉아 잠시 곤히 잠을 잤다. 운봉의 박산취가 왔다. 저물녘 찬수강(粲水江 : 순천시 황전면과 구례 사이의 강)에 이르러 말에서 내려 걸어서 건넜다. 구례현 손인필의 집에 이르니 현감(이원춘)이 곧 와서 보았다.

5월 15일[을사/6월 29일]

비가 오다 개다 하다. 주인집이 너무나도 낮고 비루하여 파리가 벌떼처럼 모여드니 밥을 먹을 수조차 없었다. 관아 정자로 옮겨 오니 마파람이 바로 들어왔다. 구례 현감과 함께 종일 이야기하고 그곳에 그대로 머물렀다.

5월 16일[병오/6월 30일]

맑다. 현감과 이야기를 나누었다. 저녁에 남원의 탐후인이 돌아와서 "체찰사가 내일 곡성을 거쳐 구례현에 들어와 며칠 묵고 나서 진주로 갈 것이다"고 아뢰었다. 현감이 점심을 차려 왔는데 아주 풍성했다. 너무 미안했다. 저녁에 정상명이 왔다.

5월 17일[정미/7월 1일]

맑다. 현감과 이야기를 나누었다. 남원 탐후인이 돌아와서 "원수(권율)가 운봉(雲峯) 길로 가지 않고 명나라 총병 양원(楊元)을 영접하는 일로 완산(完山 : 전주)으로 달려갔다"고 아뢰었다. 내 여기까지 온 모양새가 헛걸음이 되었으니 몹시 민망하다.

5월 18일[무신/7월 2일]

맑고 샛바람이 세게 불다. 저녁에 김종려(金宗麗) 영감이 남원에서 바로 왔기에 만나 보았다. 충청 수영 영리 이엽(李燁)이 한산도에서 왔으므로 집으로 보낼 편지를 부쳤다. 그러나 아침까지 술에 취해 미치광이처럼 구니 매우 가증스러웠다.

5월 19일[기유/7월 3일]

맑다. 체찰사가 구례현에 들어올 것인데 성 안에 머물러 있기가 미안해서 동문 바깥 장세호(張世豪)의 집으로 옮겨 나갔다. 예협정(藥莢亭, 또는 명협정(蓂莢亭)으로 추정)에 앉아 있는데 구례 현감이 와서 보았다. 저녁에 체찰사가 현으로 들어왔다.

5월 20일[경술/7월 4일]

맑다. 느지막이 첨지 김경로가 와서 보았다. 그가 "무주 장박지리(長朴只里)의 농토가 품질이 좋다"고 말했다. 옥천에 사는 권치중(權致中)은 김 첨지의 서출처남(庶出妻男)인데 장박지리가 옥천 양산창(梁山倉) 근처라고 했다. 체찰사 이원익은 내가 머물고 있다는 소식을 듣고 먼저 공생(貢生)을 보내고 또 군관 이지각(李知覺)을 보냈다. 조금 있다가 다시 사람을 보내 "상을 당했다는 소식을 일찍이 듣지 못했다가 이제야 비로소 듣고 깜짝 놀라 애도한다"고 조문했다. 그리고 저녁에 만날 수 있는지 묻기에 나는 저녁에 마땅히 인사를 드리러 가겠다고 했다. 어두울 무렵 그를 뵈러 가니, 체찰사는 소복을 입고서 나를 기다리고 있었다. 조용히 일을 의논하면서 체찰사는 탄식을 참지 못했다. 밤이 늦도록 이야기를 하는 사이에 '일찍이 임금의 분부에 미안하다는 말이 많아서 그 심정이 어떤 것인지 의심스러우나 그 뜻을 알 수 없으며, 또한 흉악한 자(원균)의 일은 그 속임수가 매우 심하지만 임금께서 이를 살피지 못하니 나랏일이 어찌 될 것인가' 하는 말을 했다. 나와서 가려는데 남 종사(南從事)가 사람을 보내 안부를 물었다. 나는 "밤이 늦어서 인사드리러 가지 못하겠다"고 답했다.

5월 21일[신해/7월 5일]

맑다. 박천(博川 : 평안북도 박천군 박천읍) 군수 유해(柳海)가 "서울에서 내려와 한산도로 가 공을 세우겠다. 은진현(恩津縣)에 갔더니 은진 현감이 뱃길에 대한 일을 이야기했으며, 의금부 감옥에 갇힌 이덕룡(李德龍)을 고소했던 자가 형벌을 3번 받고 갇혀서 거의 죽을 운명이다"라고 말했는데, 매우 놀라운 일이다. 아울러 "과천(果川) 좌수 안홍제(安弘濟) 등이 말 20필과 20살 여종을 이상공(李尙公)에게 바치고서 풀려났다"고 말했다. 안홍제는 본디 죽을 죄를 지은 것도 아닌데 형을 몇 번 받고 나서 거의 죽을 지경이 되자 뇌물을 바치고서야 겨우 풀려났다. 안팎이 모두 뇌물의 많고 적음을 따져 죄의 경중을 따진다니 마지막이 어떻게 될지 모르겠다. 이것이 흔히 하는 말로 '돈만 있으면 죽은 사람의 혼도 살아나게 한다'는 것인가.

5월 22일[임자/7월 6일]

맑다. 마파람이 세게 불었다. 아침에 손인필 부자가 와서 보았다. 박천 군수 유해가 "승평(昇平 : 지금의 전남 순천)으로 가서 그길로 한산도로 간다"고 말했다. 그래서 전라, 경상 두 수사(이억기·배설)와 가리포 첨사(이응표) 등에게 문안 편지를 써 보냈다. 느지막이 체찰사의 종사관 김광엽(金光燁)이 진주에서 구례현으로 들어오고, 배흥립 영감도 왔다는 소식을 보내 왔으니 그간의 정회를 풀 수 있어서 참으로 다행이다. 홀로 앉아 있으니 비통한 마음 견디기 힘들다. 저녁에 동지(同知) 배흥립과 구례 현감 이원춘이 와서 보았다.

5월 23일[계축/7월 7일]

아침에 정사룡(鄭士龍), 이사순(李士順)이 와서 보았는데 원균의 일을 많이 전했다. 동지 배흥립이 느지막이 한산도로 돌아갔다. 체찰사가 사람을 보내 부르므로 가서 뵙고 조용히 의논하는데, 시국의 그릇된 일에 대하여 많이 분개하고 다만 죽을 날만 기다린다고 했다. 나는 내일 초계(草溪 : 합천군 초계면)로 간다고 아뢰었더니, 체찰사가 이대백(李大伯)이 모은 쌀 2섬을 보내 주기에 이를 성 밖 주인인 장세휘(張世輝)의 집으로 보냈다.

5월 24일[갑인/7월 8일]

맑다. 샛바람이 종일 세게 불었다. 아침에 광양 고응명(高應明)의 아들인 고언선(高彦善)이 와서 보았는데 한산도의 일을 많이 전했다. 체찰사가 군관 이지각을 보내 안부를 묻고는 "경상 우도의 바닷가에 가까운 지역 지도를 그리고 싶으나 도리가 없으니 본 대로 지도를 그려 보내주면 고맙겠다"고 전했다. 나는 거절할 수가 없어 지도를 대강 그려서 보냈다. 저녁에 큰 비가 왔다.

5월 25일[을묘/7월 9일]

비가 오다. 아침에 길을 떠나려다가 비에 막혀 그대로 머물렀다. 시골집에 홀로 있으니 온갖 생각이 가슴속에 피어나 슬픔과 그리움을 이루 다 말할 수 없다.

5월 26일[병진/7월 10일]

종일 큰 비가 오다. 비를 무릅쓰고 길을 막 떠나려 하려는데, 사량 만호 변익성이 왔다. 심문 받을 일 때문에 이종호에게 잡혀 체찰사 앞으로 왔다. 잠시 서로 마주 보고는 그길로 석주관(石柱關 : 구례군 토지면 송정리)에 이르니, 비가 퍼붓듯이 쏟아진다. 말을 쉬게 했지만 길을 나아가기가 힘들어 엎어지고 자빠지며 겨우 악양(岳陽 : 하동군 악양면 평사리) 이정란(李廷鸞)의 집에 이르렀으나 문을 닫고 거절한다. 그 집 뒤쪽에는 기와집이 있어 종자들이 사방으로 흩어져 찾았지만 모두 만나지 못해서 잠깐 쉬다가 돌아왔다. 이정란의 집은 김덕령의 아우 김덕린(金德獜)이 빌려 살고 있는 집이다. 나는 아들 열을 시켜 억지로 청하게 하여 들어가 잤다. 행장이 흠뻑 다 젖었다.

5월 27일[정사/7월 11일]

흐렸다가 개다. 아침에 어제 젖었던 옷을 널어 바람에 말렸다. 느지막이 떠나 두치에 있는 최춘룡(崔春龍)의 집에 이르렀는데 사량 만호 이종호가 먼저 와 있었다. 변익성은 곤장 20대를 맞고 움직이지도 못한다고 했다. 유기룡이 와서 보았다.

5월 28일[무오/7월 12일]

흐리되 비는 오지 않다. 느지막이 길을 떠나 하동에 이르니, 하동 현감(신진)이 서로 만나는 것을 기뻐하며 성안 별채로 맞아들여 매우 정성껏 대접하면서 "원균의 행동에 미치광이 같은 것이 많다"고 말했다. 날이 저물 때까지 이야기를 나누었다. 변익성도 왔다.

5월 29일[기미/7월 13일]

흐리다. 몸이 너무 불편해서 떠날 수가 없어서 그대로 머물러서 몸조리했다. 하동 현감이 정다운 이야기를 많이 했다. 황 생원이라는 자는 나이가 71세로 하동에 와 있는데 일찍이 서울에 살다가 지금은 떠돌아다닌다고 했다. 나는 만나볼 수 없었다.

정유년 6월(1597년 6월)

6월 1일[경신/7월 14일]]

비가 오다. 일찍 떠나 청수역(淸水驛 : 하동군 옥종면 정수리) 시냇가 정자에서 말을 쉬게 했다. 저물녘에 단성(丹城 : 산청군 단성면 성내리) 땅과 진주 땅 경계에 있는 박호원(朴好元)의 농노 집에 묵으려고 들르니 주인이 기쁘게 맞이했으나 잠자는 방이 썩 좋지 못하여 겨우 밤을 지냈다. 밤새도록 비가 내렸다. 유둔 하나, 장지(狀紙) 둘, 흰쌀 하나, 참깨와 들깨 다섯 또는 셋, 꿀 다섯, 소금 다섯을 가지고 왔는데 모두 하동 현감이 보낸 것이다.

6월 2일[신유/7월 15일]

비가 오다 개다 하다. 일찍 떠나 단계(丹溪 : 산청군 신등면 단계리) 냇가에서 아침을 먹었다. 저물녘에 삼가(三嘉)에 이르니, 삼가 현감(신효업)은 산성으로 이미 가버렸기에 빈 관사에서 잤다. 고을 사람들이 밥을 지어 와서 먹으라고 했으나, 종들에게 이를 먹지 말라고 일러두었다. 삼가현에서 5리 밖으로 떨어진 곳에 홰나무 정자가 있어 그 아래 앉아 있는데, 근처에 사는 노순(盧淳)·노일(盧鎰) 형제가 와서 보았다.

6월 3일[임술/7월 16일]

비가 오다. 아침에 떠나려 했으나 비가 이렇게 오니 쭈그려 앉아 걱정하고 있을 때 홍양에서 도원수 군관 유홍(柳泓)이 와서는 길이 떠나지 못할 정도라고 해서 그대로 머물렀다. 아침에 종들이 고을 사람들의 밥을 얻어먹었다는 말을 듣고 종들을 매로 때리고 나서 밥 지은 쌀을 돌려주었다.

6월 4일[계해/7월 17일]

맑다. 일찍 떠나려는데, 삼가 현감이 문안의 글을 보내면서 노잣돈까지 보내왔다. 오후에 합천 땅에 이르렀는데 고을에서 10리쯤 떨어진 곳에 괴목정(槐木亭)이 있어 그곳에서 아침을 먹었다. 너무 더워서 잠시 말을 쉬게 하고 5리쯤 가니 갈림길이 나왔다. 한 길은 곧바로 합천군으로 들어가는 길이요, 또 한 길은 초계(草溪)로 가는 길이다. 그래서 강을 건너지 않고 가다가 10리쯤 가니, 원수(권율)의 진영이 보였다. 어릴 적 친구 문보(文珤)가 살고 있는 집에 들어가 잤다. 고개를 끼고 넘어 오는데, 기암절벽이 천 길이나 되고 강물은 굽이돌며 깊고, 길은 험하고 다리는 위태롭다. 만약 이 험한 곳을 눌러 지킨다면 1만 명의 병사들도 지나가지 못하겠다. 모여곡(毛汝谷)이라는 곳이다.

6월 5일[갑자/7월 18일]

맑다. 하늬바람이 세게 불었다. 아침에 초계 군수가 급히 달려왔다. 곧 그를 불러 이야기했다. 밥을 먹은 뒤에 중군(中軍) 이덕필(李德弼)도 달려왔으므로 함께 옛 이야기를 했다. 조금 있으니 심준(沈俊)이 와서 보았다. 저녁에 이승서(李承緖)가 와서 파수병과 복병이 도피했던 일을 말했다. 이날 아침 구례 사람과 하동 현감이 보내온 종과 말을 모두 돌려보냈다.

6월 6일[을축/7월 19일]

맑다. 잠자는 방을 새로 도배하고 군관들이 쉴 곳을 두 칸 만들었다. 느지막이 모여곡 주인집의 이웃에 사는 윤감(尹鑑), 문익신(文益新)이 와서 보았다. 종 경을 이대백이 있는 곳으로 보냈는데 색리가 출타 중이어서 받아오지 못했으며, 이대백도 나를 보러 오고 싶다고 했다. 저물녘에 주인집으로 들어갔는데 그 집에 홀어미가 있어 곧 다른 집으로 옮겼다.

6월 7일[병인/7월 20일]

맑고 몹시 덥다. 원수(권율)의 군관 박응사(朴應泗)와 유홍 등이 와서 보았다. 원수의 종사관 황여일(黃汝一)이 사람을 보내 문안하므로 곧 사례하는 답장을 보냈다. 방 안으로 들어가 잤다.

6월 8일[정묘/7월 21일]

맑다. 아침에 정상명을 종사관 황여일이 있는 곳으로 보내 문안했다. 느지막이 이덕필과 심준이 와서 보았고, 현감과 그의 아우가 와서 보았다. 원수(권율)를 마중하러 갔는데 원수를 따르던 자 10여 명도 와서 보았다. 점심을 먹은 뒤에 원수가 진영에 도착했으므로 나는 곧바로 나가서 보았다. 종사관이 원수의 앞에 있었다. 원수와 함께 이야기했다. 1시간쯤 지나서 원수가 박성(朴惺)이 써 올린 사직서 초고를 보여 주었다. 박성이 '원수가 일처리를 허술하게 한다'고 여러 번 말했기에, 원수는 스스로 편안하지 않아 체찰사(이원익) 앞으로 글을 올렸다고 했다. 또한 복병을 보내는 일에 대한 서류를 보다가 저물어서 돌아왔다. 몸이 불편하여 저녁을 먹지 않았다.

6월 9일[무진/7월 22일]

흐리고 개지 않다. 느지막이 정상명을 원수에게 보내 문안하고 다음으로 종사관에게도 문안했다. 종과 말을 먹일 비용을 처음으로 받았다. 숫돌을 캐왔는데 연일석(延日石)[1]보다 더 좋다고 했다. 윤감과 문익신, 문보 등이 와서 보았다. 이날은 여필의 생일인데 나는 홀로 나라를 지키는 곳에 앉아 있으니 그 품은 생각이 어떠하겠는가.

6월 10일[기사/7월 23일]

맑다. 아침에 가라말〔加羅馬〕과 워라말〔月羅馬〕, 간자말〔看者卜馬〕, 월따말〔騮卜馬〕[2] 등의 말편자가 떨어져 다시 덧대었다. 원수의 종사관이 삼척 사람 홍연해(洪漣海)를 보내 문안하면서 느지막이 보러 오겠다고 했다. 홍연해는 홍견(洪堅)의 조카이다. 죽마고우 서철(徐徹)이 합천 땅 동면(東面) 율진(栗津)에 사는데, 내가 왔다는 소식을 듣고서 왔기에 만나 보았다. 아이 때 그의 이름은 서갈박지(徐乫朴只)였다. 그에게 음식을 대접해서 보냈다. 저녁에 원수의 종사관 황여일이 와서 조용히 이야기를 나누며 임진년 토벌에 대해 크게 칭찬을 했다. 또한 산성에 험하고 높게 요새를 쌓지 않은 것을 한탄하고, 현재 당면한 토벌과 방비의 허술함 등에 대해 말했다. 밤이 깊은 것도 깨닫지 못하고 돌아갈 일도 까맣게 잊은 채 이야기를 나누었으며, 내일 원수가 산성을 살피러 간

---

*1 경상북도 포항시 연일읍에서 나는 숫돌로 돌이 곱고 아름다움.
*2 고려 말 원간섭기에 말의 종류에 관련된 몽골어가 많이 들어와 쓰였음. 가라말은 검은 말, 워라말은 얼룩말, 간자말은 이마와 뺨이 흰 말, 월따말은 몸은 붉고 갈기가 검은 말.

다"고 말했다.

6월 11일[경오/7월 24일]

맑다. 중복(中伏)이어서 쇠와 구슬마저 녹일 듯이 땅 위가 찌는 것 같다. 느지막이 명나라 차관 경략군문(唐差官經略軍門) 이문경(李文卿)이 와서 보았으며, 부채를 선물로 주어서 보냈다. 엊저녁에 종사관과 이야기할 때 변흥백의 종이 집안 편지를 가지고 와서 전하므로 어머니의 영연이 평안한 줄은 알겠으나, 애통한 마음은 어찌 말로 다 하랴! 다만 변흥백이 나를 만나볼 일로 여기까지 왔다가 그냥 청도(淸道)로 돌아갔다고 하니 정말로 유감이다. 이날 아침 변흥백에게 편지를 써 보냈다. 아들 열이 곽란을 일으켜 밤새도록 앓았다. 끊어지는 듯 괴로운 마음을 어찌 다 말하랴. 닭이 울 때쯤 조금 나아져서 잠들었다. 이날 아침 한산도 여러 곳으로 보낼 편지 14장을 썼다. 경(庚)의 어머니가 보낸 편지에는 '말을 꺼내기가 매우 곤란하고 괴롭다'고 하며 '도둑이 또 일어났다'고 했다. 워라말 작은 놈이 통 먹지를 않으니 이는 더위를 먹었기 때문이다.

6월 12일[신미/7월 25일]

맑다. 아침 일찍 종 경과 인(仁)을 한산도 진영으로 보냈다. 전라 우수사(이억기)와 충청 수사(최호), 경상 수사(배설)와 가리포 첨사(이응표), 녹도 만호(송여종)와 여도 만호(김인영), 사도 첨사(황세득)와 동지 배흥립, 조방장 김완과 거제 현령(안위), 영등포 만호(조계종)와 남해 현령(박대남), 하동 현감(신진)과 순천 부사(우치적)에게 편지를 보냈다. 느지막이 승장 처영(處英)이 와서는 부채와 미투리를 바치므로 다른 물건으로 갚아 보냈다. 또한 적의 사정과 원 공의 일도 말했다. '중군장(이덕필)이 군사를 거느리고 적에게 갔다'는 소식을 낮에 들었다. 어떤 일인지 몰랐는데 원수(권율)에게 가 보니, 우병사(김응서)의 보고에 '부산의 적은 창원 등지로 떠나려 하고, 서생포의 적은 경주로 진을 옮긴다'고 하니 복병군을 보내 길을 막고 적에게 위세를 뽐내려고 한 것이라 했다. 병사 우후 김자헌(金自獻)이 일이 있어서 원수에게 인사를 하러 왔다. 나도 김자헌을 보고 난 뒤 달빛을 머리에 이고 돌아왔다.

6월 13일[임신/7월 26일]

맑다가 느지막이 비가 조금 뿌리더니 그쳤다. 느지막이 병사의 우후 김자헌이 와서 한참 서로 이야기한 뒤 점심을 대접해서 보냈다. 이날 오후 왕골을 쪄서 말렸다. 저물녘에 청주에 있는 이희남의 종이 들어와 '주인이 우병사(右兵使)의 부대로 들어와 방어하러 와서 지금 원수의 진영 근처로 왔는데 날이 저물어 그곳에 묵고 있다'고 전했다.

6월 14일[계유/7월 27일]

흐리되 비는 오지 않다. 이른 아침에 이희남이 들어와서 그의 누이가 보낸 편지를 전해 주며 '아산의 어머니 영연과 위아래 사람들이 두루두루 무사하다'고 했다. 쓰리고 그리운 마음을 어이 말로 다 하랴! 아침을 먹은 뒤에 이희남이 편지를 가지고 우병사(김응서)에게 갔다.

6월 15일[갑술/7월 28일]

맑고 흐린 것이 반반이다. 오늘은 보름인데, 이 몸이 군중에 있어 어머니 영전에 잔을 올리고 곡하지 못하니 그리운 마음 어이 말로 다 하랴! 초계 군수가 떡을 준비해서 보냈다. 원수의 종사관 황여일이 군관을 보내 "원수가 산성으로 가려고 한다"고 전했다. 나도 뒤를 따라 큰 냇가에 이르렀는데 혹시 다른 계획이 있을까 염려되어 냇가에 앉은 채로 정상명을 보내 '병에 걸렸다'고 아뢰게 하고서 그대로 돌아왔다.

6월 16일[을해/7월 29일]

맑다. 종일 홀로 앉아 있는데 문안하러 오는 사람이 한 명도 없었다. 아들 열과 이원룡을 불러 책을 만들어 변씨(卞氏 : 이순신의 어머니와 할머니 집안인 초계 변씨) 집안 족보를 쓰게 했다. 저녁에 이희남이 편지를 보냈는데 '병사가 보내주지 않는다'고 했다. 변광조(卞光祖)가 와서 보았다. 아들 열은 정상명과 함께 큰 내로 가서 전쟁에 쓸 말을 씻기고 왔다.

6월 17일[병자/7월 30일]

흐리되 비는 오지 않다. 서늘한 기운이 들어 공허하고 밤의 경치는 쓸쓸하기만 하다. 새벽에 홀로 앉아 있으니 애통하고 그리운 마음 어찌 말로 다 하겠는가. 아침을 먹은 뒤 원수(권율)에게 가니, 원균의 정직하지 못한 일을 많이 말했다. 또 비변사에서 내려온 공문을 보여주는데, 원균의 장계에 '수군과 육군이 함께 나가서 먼저 안골포(安骨浦)의 적을 무찌른 다음에 수군이 부산 등지로 진군하겠다고 하니, 안골포의 적을 먼저 칠 수 없겠는가' 했다. 또 원수는 장계에서 '통제사 원균이 전진하려고는 하지 않고 오직 안골포만 먼저 쳐야 한다고 하는데, 수군의 여러 장수들이 대개 딴 마음을 품고 있을 뿐더러 원균은 안으로 들어가서 나오지 않으니, 절대로 여러 장수들과 대책을 합의하지 못할 것이므로 일을 망쳐버릴 것이 뻔하다'고 했다. 원수에게 아뢰어 이희남과 변존서, 윤선각 등에게 공문을 보내 독촉하여 이곳으로 오도록 했다. 돌아오다가 종사관 황여일을 만나 한참 동안 이야기하다가 임시로 머물고 있는 집으로 돌아와 이희남의 종을 의령산성(宜寧山城)으로 보내고, 청도에는 파발로 공문을 보냈다. 초계 군수를 만나 보니 양심이 없는 자라 할 만하다.

6월 18일[정축/7월 31일]

흐리되 비는 오지 않다. 아침에 종사관 황여일이 종을 보내 문안했다. 느지막이 윤감이 떡을 만들어 보내왔다. 명나라 사람 섭위(葉威)가 초계에서 와서는 "명나라 사람 주언룡(朱彦龍)이 일찍이 일본에 사로잡혔다가 이번에야 비로소 나왔는데, 적병 10만 명이 벌써 사자마(沙自麻 : 쓰시마) 또는 대마도에 이르렀을 것이며, 고니시 유키나가는 의령을 거쳐 곧장 전라도를 침범할 것이요, 가토 기요마사는 경주와 대구 등지로 옮겨 갔다가 안동으로 갈 것이다"라고 말했다. 저물 무렵 원수가 '사천에 갈 일이 있다'고 알려 왔다. 그래서 사복(司僕) 정상명을 보내 무슨 일로 가는지 물어보았더니 '수군에 대한 일 때문에 간다'고 했다.

6월 19일[무인/8월 1일]

새벽에 닭이 세 번 울 때 문을 나서 원수의 진영으로 가는데 새벽빛이 이미 밝아왔다. 진영에 이르니 원수와 종사관 황여일이 공무를 보고 있었다. 내가 들어가서 뵈니 원수는 원균에 대한 일을 내게 말했다. "통제사(원균)가 하는 일의 흉악함이 이루 말로 다 할 수 없다. 안골포와 가덕도의 적을 모조리 무찌른 뒤에 수군이 나아가 토벌해야 한다고 하는데, 이게 무슨 무슨 뜻이겠는가? 질질 끌다가 끝내 나아가지 않으려는 뜻이다. 그러니 내가 사천으로 가서 세 수사(경상 우수사 배설, 전라 우수사 이억기, 충청 수사 최호)들을 독촉하겠으며, 통제사는 지휘하지 않겠다"고 했다. 조정에서 내려 온 유지를 보니 '안골포의 적은 가벼이 들어가 칠 것이 못 된다'고 했다. 원수가 나간 뒤에 종사관 황여일과 이야기를 나누었다. 한참이 지나서 초계 군수가 왔다. 작별할 때 초계 군수에게 "진찬순(陳贊順)에게 일을 시키지 말라"고 말하니 원수부(元帥府)의 병방 군관과 군수가 모두 '그렇게 하겠다'고 답했다. 내가 올 때, 붙잡혀서 달아났다가 돌아온 사람들이 따라왔다. 이날 땅이 찌는 듯했다. 저녁 때 작은 워라말에게 풀을 조금 먹였다. 낮에 군사(軍士) 변덕기(卞德基)와 우영리(右營吏) 덕장(德章), 늙어서 군역이 면제된 영리 변경완(卞慶琬), 18살인 경남(敬男)이 와서 보았다. 진사(進士) 이신길(李信吉)의 아들인 진사 이일장(李日章)도 와서 보았다. 밤에 큰 소낙비가 내렸는데 마치 처마의 물이 쏟아지는 듯했다.

6월 20일[기묘/8월 2일]

종일 비가 오다. 아침 늦게 서철(徐徹)이 와서 보았다. 윤감과 문익신, 문보와 변유(卞瑜) 등이 와서 보았다. 오후에 말을 돌볼 비용을 받아왔다. 병든 말이 조금 차도가 있다.

6월 21일[경진/8월 3일]

비가 오다 개다 하다. 새벽꿈에서 덕이와 율온(栗溫)을 보았다. 대(臺)도 함께 보았는데 기쁘게 인사하는 빛이 많이 보인다. 아침에 영덕(盈德) 현령 권진경(權晉慶)이 원수를 뵈러 왔다가 원수는 이미 사천으로 갔으므로 나를 보러 왔다. 그는 좌도의 일을 많이 전했다. 좌병사 군관이 편지를 가지고 와서 나는 곧장 답장을 써 보냈다. 종사관 황여일이 사람을 보내 문안했다. 저녁에 변존서와 윤선각이 들어와서 밤까지 이야기했다.

6월 22일[신사/8월 4일]

비가 오다 개다 하다. 아침에 초계 군수가 연포탕(맑은 장국에 무와 두부, 다시마와 고기를 넣어 끓인 국)을 마련하여 와서 권하는데, 오만한 빛이 많이 있었다. 그 실례되는 처사를 어찌 말로 다 하겠는가. 느지막이 이희남이 들어와서 우병사의 편지를 전했다. 정오쯤 정순신(鄭舜信)과 정사겸(鄭思謙), 윤감과 문익신, 문보 등이 와서 보았다. 이선손(李先孫)도 와서 보았다.

6월 23일[임오/8월 5일]
비가 오다. 아침에 대전(大箭)을 다시 다듬었다. 느지막이 우병사(김응서)가 편지를 보내면서 크고 작은 환도(環刀)를 함께 보냈다. 그런데 그것을 가지고 오던 사람이 물에 빠뜨려서 장식과 칼집이 떨어졌으니 안타깝다. 나굉(羅宏)의 아들 나재흥(羅再興)이 그 아버지의 편지를 가지고 와서 보았다. 또 쪼들리는 데도 노잣돈까지 보내 주니 미안스럽다. 오후에 이방(李芳)이 와서 보았다. 이방은 아산에 있는 이몽서(李夢瑞)의 둘째 아들이다.

6월 24일[계미/8월 6일]
오늘은 입추(立秋)이다. 새벽에 안개가 사방에 자욱해서 골짜기를 분별할 수 없었다. 아침에 수사 권언경의 종 세공(世功)과 감손(甘孫)이 와서 무밭에 대한 일을 아뢰었다. 또 생원 안극가(安克可)가 와서 세상 정세에 대해 이야기했다. 무밭을 갈고 씨 뿌리는 일을 감독할 사람으로 이원룡과 이희남, 정상명과 문임수(文林守) 등을 정해서 보냈다. 오후에 합천 군수가 보낸 조언형(曺彦亨)이 안부를 물었다. 심하게 더워서 마치 찌는 듯했다.

6월 25일[갑신/8월 7일]
맑다. 다시 무씨를 뿌리도록 명령했다. 아침 먹기 전에 종사관 황여일이 와서 보고 해전(海戰)에 대한 일을 많이 말하면서 '원수가 오늘 내일 중에 진영으로 돌아올 것'이라 했다. 군사에 대해 토론하다가 밤이 되어 돌아왔다. 저녁에 종 경이 한산도에서 돌아왔는데 '보성 군수 안홍국이 적탄에 맞아 죽었다'고 했다. 놀랍고 슬픈 마음을 이길 수가 없다. 적은 한 놈도 잡지 못했는데 먼저 장수를 둘이나 잃었으니 통탄할 일이다. 거제 현령(안위)이 사람을 시켜 미역을 실어 보내왔다.

6월 26일[을유/8월 8일]

맑다. 새벽에 순천의 종 윤복(允福)이 인사를 하기에 곧장 50대를 때렸다. 거제에서 온 사람이 돌아갔다. 느지막이 중군장 이덕필과 변홍달, 심준 등이 와서 보았다. 종사관 황여일이 개벼루(犬硯) 강가의 정자로 갔다가 돌아갔다. 어응린(魚應獜)과 박몽삼(朴夢參) 등이 와서 보았다. 아산의 종 평세(平世)가 들어와서 '어머니 영연이 평안하고, 집집마다 위아래 사람들이 다 평안하며, 장삿날은 7월 27일이나 8월 4일 중에서 잡는'고 했다. 그리운 생각에 슬픈 정회를 어찌 말로 다 하랴! 저녁에 우병사(김응서)가 체찰사(이원익)에게 "아산의 이방(李昉)과 청주의 이희남이 복병하기 싫어 원수(권율)의 진영 곁으로 피해 있다"고 아뢰어 체찰사가 원수에게 공문을 보내니 원수는 크게 성을 내며 공문을 다시 작성해서 보냈다. 이는 병사 김응서의 뜻을 몰랐기 때문이다. 이날 작은 워라말이 죽어서 버렸다.

6월 27일[병술/8월 9일]

맑다. 아침에 어응린과 박몽삼이 와서 보았다. 이희남과 이방이 체찰사의 행차가 도착하는 곳으로 갔다. 느지막이 황여일이 와서 보고 한참동안 이야기를 나누었는데 "오후 3시쯤 소나기가 크게 쏟아져 잠깐 사이에 물이 넘쳤다"고 했다.

6월 28일[정해/8월 10일]

맑다. 황해도 배천(白川)에 사는 별장 조신옥(趙信玉)과 홍대방(洪大邦)이 와서 보았다. 초계 아전의 보고문에 '원수(권율)가 내일 남원으로 간다'고 했다. 이날 새벽에 꾼 꿈이 몹시 어지러웠다. 종 경이 물건을 사러 갔다가 돌아오지 않았다.

6월 29일[무자/8월 11일]

맑다. 변 주부가 마흘방(馬訖坊)으로 갔다. 종 경이 돌아왔다. 이희남과 이방 등이 돌아왔다. 중군장 이덕필과 심준이 함께 와서 "유격 심유경이 잡혀가는데, 총병관 양원이 삼가에 이르러서는 그를 꽁꽁 묶어 보냈다"고 전했다. 문임수가 의령에서 와서 "체찰사가 이미 초계역에 도착했다"고 전했다. 과거에 새로 급제한 양간(梁諫)이 황천상(黃天祥)의 편지를 가지고 왔다. 변 주부가 마흘방에서 돌아왔다.

6월 30일[기축/8월 12일]

맑다. 새벽에 정상명을 시켜 체찰사에게 문안하러 가게 했다. 이날 몹시 더워 땅이 찌는 것 같다. 저녁에 홍양의 신여량(申汝樑)과 신제운(申霽雲) 등이 와서 "바닷가 지역에는 비가 적당히 내렸다"고 전했다.

정유년 7월(1597년 7월)

7월 1일[경인/8월 13일]

새벽에 비가 오더니 저녁나절에야 개었다. 명나라 사람 3명이 왔는데 부산으로 가는 길이라 했다. 송대립(宋大立)과 송득운(宋得運)이 함께 왔다. 안각(安瑊)도 와서 보았다. 저녁에 서철과 방덕수(方德壽)가 아들과 함께 와서 묵었다. 이날 밤 가을 기운이 몹시 서늘하니 슬프고 그리운 마음을 어찌하겠는가. 송득운이 원수의 진영에 갔다 온 데에 따르면 종사관(황여일)이 대천(大川)*1 가에서 피리 소리를 듣고 있었다 하니 매우 놀라운 일이다. 이날은 인종 제삿날이다.

7월 2일[신묘/8월 14일]

맑다. 아침에 변덕수(卞德壽)가 돌아왔다. 느지막이 신제운과 평해(平海)에 사는 정인서(鄭仁恕)가 종사관을 문안하러 이곳에 왔다. 이날 선친의 생신이신데 나는 멀리 천 리 밖 군영에 와 있으니 사람의 일이 어찌 이렇단 말인가.

7월 3일[임진/8월 15일]

맑다. 새벽에 앉아 있으니 서늘한 기운이 뼛속까지 스민다. 비통한 마음이 더욱 심하다. 제사에 쓸 조과(造果)*2와 밀가루를 준비해 두었다. 느지막이 정읍(井邑)의 군사인 이량(李良)과 최언환(崔彦還), 건손(巾孫) 등 3명을 심부름꾼으로 쓰라고 보내 왔다. 늦게 장준완(蔣俊琬)이 남해에서 와서 보았는데 "남해현령의 병이 위중하다"고 전하니 마음이 매우 답답하다. 조금 뒤에 합천 군수 오운(吳澐)이 와서 산성에 대한 일을 많이 말했다. 점심을 먹고 나서 원수의 진

---

*1 나라에서 신성시하여 봄가을이나 가물 때에 제사를 지내던 큰 내.
*2 유밀과나 과자 따위를 이르는 말.

영으로 가 종사관 황여일과 이야기를 나누었다. 종사관은 전적(典籍)*³ 박안의(朴安義)와 활을 쏘았다. 이때 좌병사가 그의 군관을 시켜 항복한 왜놈 2명을 압송하여 보내왔는데 이들은 가토 기요마사의 부하들이라 했다. 날이 저물어 돌아왔다. 고령 현감이 성주(星州)에서 감옥에 갇혔다고 했다.

7월 4일[계사/8월 10일]

맑다. 아침에 종사관 황여일이 정인서를 보내 문안했다. 느지막이 이방과 유황이 왔다. 자원입대하는 흥양의 양점(梁霑)과 찬(纘), 기(紀) 등이 방어하기 위해 왔다. 변여량(卞汝良)과 변회보(卞懷寶), 황언기(黃彦己) 등이 모두 무과에 급제하고서 보러 왔다. 변사증(卞師曾)과 변대성(卞大成)도 와서 보았다. 점심을 먹은 뒤에 비가 뿌렸다. 아침을 먹을 때 안극가(安克可)가 와서 보았다. 저물녘에는 큰 비가 내려 밤새 그치지 않았다.

7월 5일[갑오/8월 17일]

비오다. 아침에 초계 군수가 '체찰사의 종사관 남이공(南以恭)이 경내(境內)를 지나간다'고 했다. 그러고는 산성에서부터 문 앞을 지나갔다. 느지막이 변덕수가 왔다. 변존서가 마흘방으로 갔다.

7월 6일[을미/8월 18일]

맑다. 꿈에 윤삼빙(尹三聘)을 보았는데 나주로 귀양가게 되었다고 했다. 느지막이 이방이 와서 보았다. 빈 집에 홀로 앉아 있으니 그립고 비통한 마음을 어찌 말로 다 하겠는가. 저녁에 바깥 행랑채로 나가 앉아 있는데 변존서가 마흘방에서 돌아와서 안으로 들어왔다. 안각 형제도 변홍백(卞興伯)을 따라 왔다. 이날 제사에 쓸 중박계(中朴桂)*⁴ 5말을 꿀로 만들어 봉한 뒤 시렁 위에 올려 두었다.

7월 7일[병신/8월 19일]

맑다. 오늘은 칠석날이다. 슬프고 그리운 마음을 어찌 말로 다 하겠는가. 꿈

---

*3 조선 시대 성균관에 속하여 성균관 학생을 지도하던 정6품 관직.
*4 유밀과의 하나로 밀가루를 꿀과 기름으로 반죽하여 네모지게 잘라 기름에 지져 만듦.

에 원 공(원균)과 함께 모여서 나는 원 공의 윗자리에 앉아 음식상을 받았는데 원 공이 기뻐하는 듯했다. 무슨 징조인지는 모르겠다. 박영남(朴永男)이 한산도로부터 와서는 "주장(主將: 원균)이 저지른 과오 때문에 죗값을 받으려고 원수에게 잡혀 갔다"고 했다. 초계 군수가 제철 물건들을 갖추어 보냈다. 아침에 안각 형제가 와서 보았다. 저물녘에 흥양의 박응사(朴應泗)가 와서 보았다. 심준 등도 와서 보았다. 의령 현감 김전(金銓)이 고령에서 와서 우병사(김응서)가 일처리를 잘 못하고 있다고 많이 말했다.

7월 8일[정유/8월 20일]

맑다. 아침에 이방(李芳)이 와서 보았다. 그에게 음식을 대접해서 보냈다. 원수가 구례에서 와서 이미 곤양(昆陽)에 도착했다'고 한다. 느지막이 집주인인 이어해(李漁海)와 최태보(崔台輔)가 와서 보았다. 변덕수가 또 왔다. 저녁에 송대립과 유홍, 박영남이 왔는데, 송대립과 유홍 두 사람은 밤이 되어 돌아갔다.

7월 9일[무술/8월 21일]

맑다. 내일 아들 열을 아산으로 내려 보내고자 하여 제사에 쓸 과일을 봉하도록 했다. 느지막이 윤감과 문보 등이 술을 가져와서 열과 주부 변존서 등이 돌아가는 것을 전별했다. 이날 밤 달빛이 대낮처럼 밝았다. 어머니를 생각하니 슬픔이 사무쳐 울었다. 밤늦도록 잠을 이룰 수가 없었다.

7월 10일[기해/8월 22일]

맑다. 열과 변존서를 보내는 일 때문에 앉아서 날이 새기만을 기다렸다. 일찍 아침을 먹고 나서 정회를 스스로 억누르지 못해 통곡하며 보냈다. 내가 무슨 죄를 지었기에 이 지경에 이르게 되었는가, 구례에서 구한 말을 타고 가니 더욱 염려된다. 열 등이 떠나고 난 뒤 종사관 황여일이 와서 한동안 이야기했다. 느지막이 서철이 와서 보았다. 정상명이 종이로 말혁(馬革)*5을 만드는 일을 끝냈다. 저녁에 홀로 빈 집에 앉아 있으니 품은 생각이 괴로워 밤늦도록 잠들지 못한 채 밤새 뒤척였다.

───────────────

*5 말안장 양쪽에 장식으로 늘어뜨린 고삐.

7월 11일[경자/8월 23일]

맑다. 아들 열이 간 것을 걱정하고 있으니 그 마음을 어찌 견디랴. 더위가 매우 심하여 근심하는 것이 그치지 않는다. 느지막이 변홍달(卞弘達)과 신제운, 임중형(林仲亨) 등이 와서 보았다. 홀로 빈 집에 앉아 있으니 마음에 품은 그리움은 어찌하겠는가. 정말로 비통하다. 종 태문(太文)과 종이(終伊)가 순천으로 갔다.

7월 12일[신축/8월 24일]

맑다. 아침에 합천 군수가 햅쌀과 수박을 보냈다. 점심을 차릴 때 방응원과 현응진(玄應辰), 홍우공(洪禹功)과 임영립(林英立) 등이 박명현(朴名賢)이 있는 곳에서 와서 함께 밥을 먹었다. 종 평세(平世)가 아들 열과 함께 갔다가 돌아왔다. 잘 갔다고 하니 다행이다. 그래도 슬픔과 탄식은 말로 다 할 수가 없다. 이희남이 사철쑥 100묶음을 베어 왔다.

7월 13일[임인/8월 25일]

맑다. 아침에 남해 현령이 편지를 보내 '음식물도 많이 보냈으며, 전투말을 몰고 가라'고 해서 답장을 써서 보냈다. 저녁나절 이태수와 조신옥, 홍대방이 와서 적을 칠 일에 대해 말했다. 송대립과 장득홍도 왔는데, 장득홍은 스스로 대비한다고 아뢰어서 양식 2말을 주었다. 이날 칡을 캐어 왔다. 이방도 와서 보았다. 남해 관아의 아전이 심부름꾼 2명과 함께 왔다.

7월 14일[계묘/8월 26일]

맑다. 아침 일찍 정상명과 종 평세, 귀인(貴仁)과 짐말 2필을 남해로 보냈다. 전투말을 몰고 올 일로 정상명을 남해로 보냈다. 새벽에 꿈을 꾸었는데 나와 체찰사가 한곳에 함께 이르렀더니 주검이 수없이 널려 있어 그것을 밟기도 하고 목을 베기도 했다. 아침을 먹을 때 문인수(文獜壽)가 와가채(蛙歌菜)*6와 동과전(東瓜饘)*7을 가지고 왔다. 방응원과 윤선각, 현응진과 홍우공 등과 이야기했다. 홍우공은 그의 아버지 병환 때문에 종군하고 싶지 않아 팔이 아프다

---

*6 대합, 모시조개, 재첩 등으로 만드는 요리.

*7 동과(또는 동아)는 박과에 속하는 한해살이 식물이며, 이것을 꿀로 조리해서 만드는 과자.

펑계를 대니 매우 놀랍다. 오전 10시쯤 종사관 황여일은 정인서를 보내 문안하고, 또 김해 사람으로 왜놈에게 붙었던 김억(金億)의 보고문을 보여주는데 '7일에 왜선 500여 척이 부산에서 나오고, 9일에 왜선 1,000척이 합세해서 우리 수군과 절영도(부산시 영도구 영도) 앞바다에서 싸웠는데, 우리 전투배 5척은 떠다니다가 두모포(豆毛浦)에 닿았고, 또 7척은 간 곳이 없다'고 했다. 그 말을 듣자 분함을 이기지 못하여 종사관 황여일이 군사 점고하는 곳으로 달려가 그와 의논했다. 그리고 그대로 앉아서 활 쏘는 것을 구경했다. 얼마 뒤에 타고 갔던 말을 홍대방(洪大邦)에게 타고 달리도록 시켰는데 매우 잘 달린다. 날씨가 비올 조짐이 많아 보여 돌아와 집에 도착하니 비가 몹시 내리다가 밤 10시쯤 갰다. 달빛이 대낮보다 곱절이나 밝으니 이 회포를 어찌 말로 다 나타내랴.

7월 15일[갑진/8월 27일]
비가 오다 개다 하다. 느지막이 조신옥(趙信玉)과 홍대방(洪大邦), 이곳에 있는 윤선각(尹先覺) 등 9명을 불러 떡을 먹였다. 가장 늦게 중군 이덕필(李德弼)이 왔다가 저물어서 돌아갔는데 "우리 수군 20여 척이 적에게 패했다"는 소식을 그에게서 들었다. 정말로 원통하고 분하다. 막아낼 방도가 없는 것이 정말로 한탄스럽다. 저녁에 비가 많이 내렸다.

7월 16일[을사/8월 28일]
종일 흐리고 개지 않다. 아침을 먹은 뒤에 손응남(孫應男)을 중군(이덕필)이 있는 곳으로 보내 수군의 사정을 알아오도록 했다. 그가 돌아와 "좌병사의 긴급 보고를 보니 불리한 일이 많다"는 중군의 말을 전했다. 그러나 상세히 말하지 않으니 유감스럽다. 느지막이 변의정(卞義禎)이란 사람이 수박 2덩이를 가지고 왔다. 그의 모습이 어수룩하고 모자라 보였는데, 궁벽한 시골에 사는 사람이라 배우지 못하고 가난하여 그럴 수밖에 없다. 이 또한 순박한 모습이다. 이날 낮에 이희남에게 칼을 갈도록 했다. 그 칼날이 매우 예리하니 적의 우두머리를 벨 수 있겠다. 갑작스레 소나기가 내렸다. 아들 열이 가는 길이 고생길이 되겠구나 걱정은 많지만 그저 걱정만 할 수밖에 없다. 저녁에 영암 송진면(松進面)에 사는 사노비 세남(世男)이 서생포(西生浦)에서 알몸으로 이곳에 왔다. 그 이유를 물으니 "7월 4일 전(前) 병사 우후(이의득)가 타고 있던 배의 격군이 되어 5일 칠천량에 이르고 6일 옥포(玉浦)에 들어갔다가, 7일 새벽에 말곶(末串)을 거쳐 다대포에 이르니 왜선 8척이 정박해 있었습니다. 우리의 여러 배들이 곧장 돌격하니, 왜놈들은 몽땅 뭍으로 올라가고 빈 배만 걸려 있어 우리 수군이 그것들을 끌어내어 불질러 버리고, 그길로 부산 절영도 난바다로 나아가다가 마침 왜선 1,000여 척이 대마도에서 건너와 서로 싸우려는데, 왜선이 흩어져 달아나는 바람에 끝까지 섬멸할 수가 없었습니다. 제가 탔던 배와 다른 배 6척은 배를 제어할 수가 없어 떠다니다가 서생포 앞바다에 이르러 뭍에 내리려다가 모두 살육당하고, 저 혼자 숲속으로 기어 들어가 겨우 목숨을 보존해 여기까지 왔습니다" 했다. 듣고 보니 정말로 놀라운 일이다. 우리나라에서 믿는 것은 오직 수군뿐인데, 수군마저 이와 같으니 희망이 없게 되었다. 생각할수록 분하고 가슴이 찢어지는 듯하다. 더욱이 선장 이엽(李曄)이 왜적에게 묶여 갔다고 하니 더더욱 원통하다. 손응남이 집으로 돌아갔다.

7월 17일[병오/8월 29일]

비가 오다. 이희남을 종사관 황여일에게 보내 세남의 말을 전했다. 느지막이 초계 군수가 벽견산성(碧堅山城)에서 와서 만나고 돌아갔다. 송대립과 유황, 유홍과 장득홍 등이 와서 보았으며, 날이 저물자 돌아갔다. 변대헌(卞大獻)과 정운룡(鄭雲龍), 득룡(得龍)과 구종(仇從) 등은 초계 아전들로 어머니 성씨의 같은 파 사람이어서 와서 보았다. 큰 비가 종일 내렸다. 신여길(申汝吉)이 이름을 적지 않은 임명장을 바다 가운데서 잃어버린 일로 심문을 받으러 갔다. 경상 순찰사(이용순)가 그 기록을 가지고 갔다.

7월 18일[정미/8월 30일]

맑다. 새벽에 이덕필과 변홍달이 와서 "16일 새벽에 수군이 기습을 받아 통제사 원균과 전라 우수사 이억기, 충청 수사 최호 및 여러 장수와 많은 사람들이 해를 입고 수군이 크게 패했다"고 전했다. 이를 듣고서 통곡을 참지 못했다. 조금 있으니 원수(권율)가 와서 "일이 이 지경으로 된 이상 어쩔 수 없다"고 말하고, 오전 10시까지 이야기를 했으나 뜻을 정하지 못했다. 나는 "내가 직접 바닷가 지방으로 가서 보고 듣고 난 뒤에 결정하는 것이 어떻겠는가?"라고 말하니, 원수가 매우 기뻐했다. 나는 송대립과 유황, 윤선각과 방응원, 현응진과 임영립, 이원룡과 이희남, 홍우공과 함께 길을 떠나 삼가현에 이르니 삼가 현감이 새로 부임하여 나를 기다리고 있었다. 한치겸(韓致謙)도 와서 오래도록 이야기를 나누었다.

7월 19일[무신/8월 31일]

비가 오다. 오는 길에 단성(丹城)의 동산산성(東山山城)에 올라가 형세를 살펴보니, 매우 험해서 적이 엿볼 수가 없겠다. 그대로 단성에서 묵었다.

7월 20일[기유/9월 1일]

종일 비가 오다. 아침에 권문임(權文任)의 조카인 권이청(權以淸)이 와서 보았다. 단성 현감도 와서 보았다. 낮에 진주 정개산성(定介山城) 아래 강정(江亭 : 하동군 옥종면 문암리)에 이르니, 진주 목사가 와서 봤다. 굴동(屈洞 : 옥종면 문암리)에 있는 이희만(李希萬)의 집에서 잤다.

7월 21일[경술/9월 2일]

맑다. 일찍 떠나 곤양군(昆陽郡)에 이르니 군수 이천추가 고을에 있었고, 백성들도 본업에 많이 힘써 일찍 곡식을 거두어 들이거나 보리밭을 갈기도 했다. 오후에 노량에 이르니 거제 현령 안위와 영등포 만호 조계종 등 10여 사람이 와서 통곡하고, 피하여 나온 군사와 백성들이 울부짖지 않는 이가 없었다. 경상 수사(배설)는 도망가 보이지 않고, 우후 이의득이 보러 왔기에 패하던 때의 상황을 물었더니 사람들이 모두 울면서 "대장(원균)이 적을 보고는 먼저 달아났고 여러 장수들도 그를 따라 뭍으로 달아나서 이렇게 되었다. 대장의 잘못은 말로 다 할 수가 없고, 그의 살점을 먹고 싶은 지경이다"라고 말했다. 거제의 배 위에서 자며 거제 현령 안위와 함께 이야기하다가 새벽 2시가 지나도록 전혀 눈을 붙이지 못했다. 그 바람에 눈병이 생겼다.

7월 22일[신해/9월 3일]

맑다. 아침에 경상 수사 배설이 와서 보고 원균이 패망하던 일을 많이 말했다. 밥을 먹고 남해 현령 박대남이 있는 곳에 이르렀는데, 그의 병세는 거의 구할 수 없는 상태가 되었다. 전투마를 서로 바꿀 일을 다시 이야기했다. 종 평세와 군사 1명을 거느리고 오라고 했다. 오후에 곤양에 이르니 몸이 불편하여 졌다.

7월 23일[임자/9월 4일]

비가 오다 개다 하다. 아침에 노량에서 작성했던 공문을 송대립에게 부쳐 먼저 원수부에 보내고, 뒤따라 떠나 십오리원(十五里院 : 사천시 곤명면 봉계리)에 이르니 백기(伯起) 배홍립의 부인이 먼저 와 있었다. 말에서 내려 잠깐 쉬었다. 진주 굴동의 예전에 묵었던 곳에 이르러 잤다. 배홍립도 왔다.

7월 24일[계축/9월 5일]

비가 계속 오다. 한치겸과 이안인(李安仁)이 부찰사에게 돌아갔다. 정씨의 종 예손(禮孫)과 손씨의 종이 함께 돌아갔다. 밥을 먹은 뒤에 이홍훈(李弘勛)의 집으로 옮겼다. 방응원이 정개산성에서 와서 "종사관 황여일이 정개산성에 이르러 바닷가의 사정을 보고 들은 대로 전했다"고 전했다. 군량미 2섬, 말에게 먹일 콩 2섬, 다갈*8 7부를 가져왔다. 이날 저녁 조방장 배경남이 와서 보고, 술을 차려서 위로했다.

7월 25일[갑인/9월 6일]

맑다. 종사관 황여일이 편지를 보내 문안했다. 조방장 김언공(金彦恭)이 와서 보고는 곧장 원수부로 갔다. 배수립과 이곳 주인 이홍훈이 와서 보았다. 남해 현령 박대남이 그의 종 용산(龍山)을 보내 '내일 들어오겠다'고 아뢰었다. 저녁에 배홍립의 병문안을 가서 보니 그 고통이 매우 심하여 무척 걱정이 된다. 송득운을 종사관 황여일이 있는 곳으로 보내 문안했다.

7월 26일[을묘/9월 7일]

비가 오다 개다 하다. 일찍 밥을 먹고 정개산성 아래에 있는 송정(松亭 : 옥종면 문암리) 아래로 가서 종사관 황여일, 진주 목사와 이야기했다. 날이 늦어서야 숙소로 돌아왔다.

---

*8 대갈. 말굽에 편자를 박을 때 쓰는 징.

7월 27일[병진/9월 8일]

종일 비가 오다. 아침 일찍 정개산성 건너편 손경례(孫景禮)의 집(하동군 수곡면 원계리)으로 옮겨가 머물렀다. 동지(同知) 이천(李薦)과 판관 정제(鄭霽)가 체찰사로부터 와서 전령을 전했으며, 그들과 함께 저녁을 먹었다. 동지는 배 조방장이 있는 곳으로 가서 잤다.

7월 28일[정사/9월 9일]

비가 오다. 이희량(李希良)이 와서 보았다. 초저녁에 동지 이천과 진주 목사(나정언), 소촌 찰방 이시경(李蓍慶)이 와서 자정까지 왜적과 맞싸울 대책을 의논했다.

7월 29일[무오/9월 10일]

비가 오다 개다 하다. 아침에 이군거(李君擧 : 동지 이천) 영공과 함께 밥을 먹고 난 뒤 그를 체찰사에게 보냈다. 느지막이 냇가로 나가 군사를 점검하고 말을 달리는데, 원수가 보낸 자들은 모두 말도 없고 활과 화살도 없어서 아무 짝에도 쓸모없으니 탄식할 일이다. 저녁에 들어올 때 배 동지와 남해 현령 박대남이 와서 보았다. 밤새 큰 비가 왔다. 사람을 보내 찰방 이시경의 안부를 물었다.

정유년 8월 정유년 8월(1597년 8월)

8월 1일[기미/9월 11일]

큰 비가 와서 물이 넘쳤다. 느지막이 소촌 찰방 이시경이 와서 보았다. 조신옥과 홍대방 등도 와서 보았다.

8월 2일[경신/9월 12일]

잠시 개다. 홀로 수루 처마 아래에 앉아 있으니 그리운 마음이 어떻겠는가. 비통함을 이길 수가 없다. 이날 밤 꿈에 명을 받들 조짐이 있었다.

8월 3일[신유/9월 13일]

맑다. 이른 아침에 선전관 양호(梁護)가 교유서를 가지고 왔다. 그것은 바로 삼도수군통제사를 겸하여 임명한다는 명이다. 숙배한 뒤에 받들어 받았다는 서장을 써서 봉하고, 그날 바로 떠나 두치(豆峙 : 하동읍 두곡리)를 지나는 길로 곧바로 갔다. 초저녁에 행보역(行步驛 : 하동군 횡천면 여의리)에 이르러 말을 쉬게 하고, 자정이 넘어 길을 떠나 두치에 이르니 날이 새려 했다. 남해 현령 박대남은 길을 잘못 들어 강정(江亭)으로 들어갔으므로 말에서 내려 불러왔다. 쌍계동(雙溪洞 : 화개면 탑리)에 이르니, 바위들이 삐죽삐죽 어지러이 솟아 있고 비가 와 물이 넘쳐서 겨우 건넜다. 석주관(구례군 토지면 송정리)에 이르니, 이원춘(李元春)과 유해(柳海)가 복병해서 지키고 있다가 나를 보고 적을 토벌할 일을 많이 말했다. 저물어서 구례현에 이르니 그 지역 전체가 적막하다. 성 북문(구례읍 북봉리) 밖의 전날 묵었던 주인집으로 가서 잤는데, 주인은 이미 산골로 피란갔다고 했다. 손인필이 바로 와서 보았다. 그는 곡식을 짊어지고 왔다. 손응남이 올감(早枾)을 가져왔다.

8월 4일[임술/9월 14일]

맑다. 압록강원(鴨綠江院 : 곡성군 오곡면 압록리. 순자천(섬진강)과 대황천(보성강)이 합류하는 곳)에 이르러 말을 먹였다. 고산(高山) 현감(최진강)이 군사를 교체할 일로 와서 수군의 일을 많이 이야기했다. 정오에 곡성(谷城 : 곡성읍 읍내리)에 이르니 관청과 여염집이 하나같이 비어 있었다. 그 고을에서 잤다. 남해 현령 박대남은 곧장 남원으로 갔다.

8월 5일[계해/9월 15일]

맑다. 옥과(玉果 : 곡성군 옥과읍) 땅에 이르니 피란민이 길에 가득 찼다. 몹시 놀라 말에서 내려 타일렀다. 옥과현에 들어갈 때, 이기남 부자를 만나 현에 이르니 정사준과 정사립이 마중하러 나와서 함께 이야기했다. 옥과 현감(홍요좌)은 처음에 병을 핑계대며 나오지 않았다. 잡아다 벌을 주려 하니 그제야 나와서 보았다.

〈속정유일기(續丁酉日記)〉*¹ 거느리고 온 군사를 넘길 곳이 없다. 이제 이 압록강원에 다다르니, 병사가 경솔히 후퇴하는 꼴을 보니 아주 한탄스럽다. 낮에 점심을 먹은 뒤 곡성현에 이르니 온 일대에 말 먹일 풀도 구하기 힘들다. 그대로 머물러 잤다.

8월 6일[갑자/9월 16일]

맑다. 이날 옥과에서 머물렀다. 초저녁에 송대립 등이 적을 정탐하고 왔다.

〈속정유일기〉 맑다. 아침을 먹은 뒤 길을 떠나 옥과(玉果) 경계에 이르렀더니 순천과 낙안에서 피란해 온 사람들이 길을 가득 메운 채 남녀가 서로 부축하여 가니 눈물 없이는 못 보겠다. 그들이 울며 "사또가 다시 오셨으니 우리가 살아날 길이 있다"고 말했다. 길옆에 큰 회화나무 정자가 있어 그 아래에 앉아 말을 쉬게 했다. 순천의 군관 이기남이 와서 보았는데 '장차 구렁 속에 쓰러질 것'이라 했다. 옥과현에 이르니 현감이 병을 핑계대고 나오지 않았다. 정사준과 정사립이 먼저 도착하여 문 앞에서 내가 오는 것을 기다리고 있었다. 조응복(曺應福)과 양동립(梁東立)도 우리를 따라왔다. 나는 현감이 병을 핑계대고

---

*1 난중일기 초고본의 정유년 일기는 두 권으로 되어 있다. 뒤에 쓰인 '속(續)정유일기'에는 앞서 쓴 일기와 중복되는 날짜가 있어 추가하여 넣었다.

나오지 않는다 하여 잡아서 곤장을 치려고 했는데 현감 홍요좌(洪堯佐)가 먼저 그 뜻을 알아차리고는 급히 나왔다.

8월 7일[을축/9월 17일]

맑다. 아침 일찍 길을 떠나 곧장 순천으로 갔다. 길에서 선전관 원집(元集)을 만나 임금의 유지를 받았다. 병사의 군사들이 모두 패하여 돌아가는데 길 위에 그 줄이 끊이지 않았다. 그래서 말 3필과 활과 화살을 조금 빼앗아 왔다. 곡성 강정(江亭 : 곡성군 석곡면 능파리)에서 잤다.

〈속정유일기〉 맑다. 일찍 순천으로 가는 길로 곧장 떠났다. 현에서 10리 정도 떨어진 길에서 임금의 유지를 가지고 오는 선전관 원집을 만났다. 길가에 나뭇가지를 깔고 앉아 이야기를 나누는데 병사가 거느리는 군사들이 패하여 후퇴한다. 이날 닭이 울 때 송대립이 순천 등지를 정탐하고 왔다. 석곡강정(石谷江亭 : 곡성군 석곡면 능파리)에서 묵었다.

8월 8일[병인/9월 18일]

새벽에 떠나 부유창(富有倉 : 순천시 주암면 창촌리)에서 아침을 먹는데, 이곳은 병사 이복남이 이미 명령을 내려 일부러 불을 질러 놓았다. 광양 현감 구덕령(具德齡)과 나주 판관 원종의, 옥구 현감 김희온 등이 창고 밑에 있다가 내가 도착했다는 소식을 듣고 배경남과 함께 구치(鳩峙 : 순천시 주암면 행정리 접치)로 급히 달아났다. 내가 말에서 내려 명령을 전하자 일시에 와서 절을 했다. 내가 그들이 여기저기로 피해 다닌 사실을 꾸짖자 그들은 모두 병사 이복남의 죄로 돌렸다. 바로 길을 떠나 순천에 이르니 성 안팎은 인적이 없어 적막하다. 승려인 혜희(惠熙)가 와서 인사하기에 의병장으로 임명하는 직첩을 주었다. 또 총통 등을 옮겨 땅에 묻도록 일렀다. 장전과 편전은 군관들이 나누어 가지게 하고 그곳 관사에서 머물러 잤다.

〈속정유일기〉 맑다. 새벽에 출발했다. 곧바로 부유(富有)로 가는 길에 이형립(李亨立)을 병사 있는 곳으로 보냈다. 부유에 도착하니 병사 이복남이 이미 그의 부하들에게 명을 내려 불을 질렀고, 타고 남은 재만 있으니 보기가 참혹했다. 낮에 점심을 먹고 구치(鳩峙)에 이르니 조방장 배경남, 나주 판관 원종의, 광양 현감 구덕령이 복병해 있었다. 저물녘에 순천부에 도착하니 관사와 곳간의 곡식이 예전처럼 그대로 있었지만 군기 등의 물건은 병사가 처리하지 않고 달아났으니 정말로 놀랍다. 상동(上東) 땅으로 들어가니 사방이 적막하다. 다만 승려 혜희가 와서 배알하기에 승병의 직첩을 주었다. 군기 가운데 장전과 편전은 군관 등에게 짊어지게 하고 총통과 나르기 어려운 잡다한 것들은 깊게 묻고 표를 세우라고 시켰다. 그대로 상방(上房)에서 묵었다.

8월 9일[정묘/9월 19일]

맑다. 일찍 떠나 낙안(순천시 낙안읍)에 이르니, 많은 사람들이 5리까지나 나와 반갑게 맞이했다. 백성들이 달아나고 흩어진 까닭을 물으니 "병사가 적이 쳐들어 온다고 겁을 먹고 창고에 불을 지르고 물러갔다. 그래서 백성들도 뿔뿔이 흩어졌다"고 말했다. 관사에 이르니 인기척도 없이 적막했다. 순천 부사 우치적, 김제 군수 고봉상 등이 와서 인사했다. 저녁에 보성 조양창(兆陽倉 : 보성군 조성면 우천1리)에 이르러 김안도(金安道)의 집에서 잤다.

〈속정유일기〉 맑다. 일찍 출발하여 낙안군에 이르렀더니 관사, 곳간의 곡식, 병기가 모두 불타 사라졌다. 관리와 고을 백성들이 눈물 흘리지 않고 말하는 자가 없었다. 잠시 뒤 순천 부사 우치적, 김제 군수 고봉상이 산속에서 내려왔다. 그들은 병사의 어긋난 행태를 모두 말하면서 '그가 하는 짓을 보면 패망할 것을 알 수 있다'고 했다. 점심을 먹고 길을 떠나 10리쯤 되는 곳에 이르니 길가에 노인들이 줄지어 서서 다투어 술병을 바쳤다. 받지 않으려 했으나 울면서 억지로 준다. 저녁에 보성 조양창에 이르니 사람은 1명도 없고 곳간의 곡식은 봉해둔 그대로였다. 군관 4명에게 지키게 하고 나는 김안도의 집에서 묵었다. 집 주인은 이미 피란하여 집을 나갔다.

8월 10일[무진/9월 20일]

맑다. 몸이 몹시 불편하여 그대로 김안도의 집에 머물렀다.

〈속정유일기〉 맑다. 몸이 매우 불편해서 그대로 머물렀다. 동지 배흥립도 함께 머물렀다.

8월 11일[기사/9월 21일]

맑다. 아침에 양산항(梁山杭)의 집으로 옮겨서 묵었다. 송희립과 최대성이 와서 보았다.

〈속정유일기〉 맑다. 아침에 박곡(朴谷) 양산항(梁山杭)의 집으로 옮겼다. 이 집 주인은 이미 바다 가운데로 피란을 갔는데 곡식은 가득 쌓여 있었다. 느지막이 송희립과 최대성이 와서 보았다.

8월 12일[경오/9월 22일]

맑다. 장계 초안을 잡고 그대로 머물렀다. 거제 현령(안위)과 발포 만호(소계남)가 와서 보았다.

〈속정유일기〉 맑다. 아침에 장계 초안을 고쳤다. 느지막이 거제 현령과 발포 만호가 들어와 명령을 들었는데, 그들에게서 배설의 겁먹은 꼴을 들으니 탄식이 깊어지는 것을 이길 수 없다. 권세 있는 가문에 아첨하여 견뎌내지 못할 자리에 함부로 올라 나랏일을 크게 그르치고 있으나 조정에서는 살피지 못하니 어찌할 것인가. 보성 군수가 왔다.

8월 13일[신미/9월 23일]

맑다. 거제 현령과 발포 만호가 와서 인사하고 돌아갔다. 경상 수사와 여러 장수들, 피해 나온 사람들 등이 머물고 있다고 한다. 우후 이몽구가 왔지만 보지 않았다. "정개산성과 벽견산성(碧堅山城)은 병사가 스스로 외진(外陣)[2]을 깨뜨렸다"는 소식을 하동 현감으로부터 들으니 통탄할 일이다.

〈속정유일기〉 맑다. 거제 현령 안위, 발포 만호 소계남이 아뢰고 돌아갔다. 우후 이몽구가 전령을 받들고 들어왔는데 본영의 군기와 군량을 하나도 옮겨 실지 않아 곤장 80대를 쳐서 보냈다. 하동 현감 신진이 와서 "3일에 내가 떠난 뒤에 진주 정개산성과 벽견산성(碧堅山城)이 모두 무너져 그곳 병사들이 스스로 불을 질렀다"고 전하니 정말로 애통하다.

8월 14일[임신/9월 24일]

아침에 이몽구를 곤장 80대로 다스리도록 했다. 밥을 먹은 뒤에 장계 7통을 봉하여 윤선각에게 지니고 가게 했다. 오후에 어사(임몽정)를 만날 일로 보성

---

[2] 벽이나 기둥을 겹으로 두른 건물에서 바깥쪽 둘레에 세운 칸. 밭둘렛간.

에 이르러 잤다. 밤에 큰 비가 쏟아졌다.

〈속정유일기〉 맑다. 아침에 각 항목의 장계 7통을 써서 봉하여 윤선각 편에 올려 보냈다. 저녁에 어사 임몽정과 만날 일로 보성군에 이르렀다. 이날 밤 큰 비가 내렸다. 열선루(列仙樓)에서 묵었다.

8월 15일[계유/9월 25일]

비가 오다가 느지막이 개다. 밥을 먹은 뒤에 열선루(列仙樓) 위에 앉아 있으니 선전관 박천봉(朴天鳳)이 임금의 유지를 받들고 왔다. 8월 7일자 관인을 찍은 공문이었다. 영상(領相 : 유성룡)은 경기도로 나가 두루 살피며 돌아다니고 있다 하니 곧장 이를 받들어 받았다는 장계를 썼다. 보성의 군기(軍器)를 검열해서 말 4마리에 나누어 실었다. 저녁에 밝은 달이 누각 위를 비추니 마음이 몹시 편치 않다.

〈속정유일기〉 비가 오다가 느지막이 개었다. 선전관 박천봉이 임금의 유지를 받들고 왔는데 8월 7일자 관인을 찍은 것이었다. 곧장 이를 잘 받았다는 문서를 작성했다. 과음을 했더니 잠들 수가 없었다.

8월 16일[갑술/9월 26일]

맑다. 아침에 보성 군수와 군관 등을 굴암으로 보내 도피한 관리들을 찾아오게 했다. 선전관 박천봉이 돌아갔다. 그래서 나주 목사(배응경)와 어사 임몽정에게 보낼 답장을 써서 그의 편에 보냈다. 박사명의 집에 사람을 보냈더니, "박사명의 집은 이미 비어 있었다"고 했다. 오후에 활 만드는 장인인 지이(智伊)와 태귀생(太貴生), 선의(先衣), 대남(大男) 등이 들어왔다. 김희방과 김붕만이 왔다.

〈속정유일기〉 맑다. 박천봉이 돌아갔다. 활 만드는 장인 이지(李智)와 태귀생이 와서 보았다. 선의와 대남도 왔다. 김희방, 김붕만이 따라왔다.

8월 17일[을해/9월 27일]

맑다. 아침을 먹은 뒤에 곧장 장흥 땅 백사정(白沙汀 : 보성군 회천면 율포리 일대로 추정)에 이르렀다. 점심을 먹고 군영구미(軍營仇未 : 보성군 회천면 전일리 일대로 추정)에 이르니 그 지역은 아무도 살지 않는 폐허가 되어 버렸다. 내가 타야할 배를 수사 배설(裵楔)이 보내지 않았다. 장흥의 군량을 감독하는 감관이 군량을 모두 훔쳐서 관리들이 그것을 나누어 가지고 갈 때 마침 붙잡아서 곤장으로 엄히 다스렸다. 그대로 이곳에 머물러 잤다.

〈속정유일기〉 맑다. 새벽 일찍 길을 나서 아침을 먹고 백사정에 이르러 말을 쉬게 했다. 군영구미에 도착하니 온 일대가 이미 사람의 흔적이 없다. 수사 배설이 내가 탈 배를 보내지 않았다. 장흥 사람들이 많은 군량을 마음대로 가져가 다른 곳으로 옮겼으므로 잡아다가 곤장을 때렸다. 날이 이미 저물어서 그대로 머물러 잤다. 배설이 약속을 어긴 사실이 매우 유감이다.

8월 18일[병자/9월 28일]

맑다. 회령포(會寧浦 : 장흥군 회진면 회진리)에 갔더니 수사 배설이 뱃멀미를 핑계 대고서 와 보지 않았다. 이곳 관사에서 잤다.

〈속정유일기〉 맑다. 아침 늦게 회령포로 곧장 갔더니 배설이 뱃멀미를 핑계 대고 나오지 않았다. 다른 여러 장수들은 보았다.

8월 19일[정축/9월 29일]

맑다. 여러 장수들이 교서에 숙배하는데, 수사 배설은 교서를 받들어 숙배하지 않았다. 그 업신여기고 잘난 체 하는 꼴을 이루 말로 다 나타낼 수 없다. 그래서 그의 영리(營吏)를 곤장으로 때렸다. 회령포 만호 민정붕(閔廷鵬)이 그의 전투배에서 받은 물건을 사사로이 피란민 위덕의(魏德毅) 등에게 준 죄로 곤장 20대를 치게 했다.

〈속정유일기〉 맑다. 여러 장수들에게 교유서에 숙배하게 했다. 배설은 교유서를 받들지 않으니 그 뜻이 매우 놀라워 이방과 영리들을 곤장으로 때렸다. 회령포 만호 민정붕이 그의 전투배에서 음식을 받아와 위덕의 등에게 술과 음식을 사사로이 주었으므로 곤장 2대를 때렸다.

8월 20일[무인/9월 30일]

맑다. 앞 포구가 몹시 좁아서 진영을 이진(梨津 : 해남군 북평면 이진리)으로 옮겼다.

〈속정유일기〉 맑다. 포구가 좁아서 이진 아래의 창사(倉舍)로 진영을 옮겼더니 몸이 몹시 불편해서 먹지도 못하고 앓았다.

8월 21일[기묘/10월 1일]

맑다. 새벽에 곽란이 일어나 몹시 아팠다. 몸이 차가워서 그런 걸로 여기고 소주를 마셨더니 얼마 뒤 인사불성이 되어 깨어나지 못할 지경에까지 이르렀다. 밤새 앉아서 날을 꼬박 샜다.

〈속정유일기〉 맑다. 새벽 2시쯤 곽란이 일어났는데, 몸이 차가워서 그런 것으로 생각하여 소주를 마셔서 고치려 했더니 인사불성이 되어 깨어나지 못할 뻔했다. 10여 차례나 토하며 밤새 고통스러웠다.

8월 22일[경진/10월 2일]

맑다. 곽란이 차츰 심해져서 일어나 움직일 수가 없었다.

〈속정유일기〉 맑다. 곽란 때문에 인사불성이 되어 볼일도 제대로 보지 못했다.

8월 23일[신사/10월 3일]

맑다. 병세가 무척 심하여 배에서 머물러 있기가 불편하므로 배 타는 것을 포기하고 바다에서 나와서 머물렀다.

〈속정유일기〉 맑다. 병세가 무척 위중하여 배에 머무르는 것이 불편하다. 실제로 전쟁터도 아니니 배에서 내려와 포구 밖에서 머물렀다.

8월 24일[임오/10월 4일]

맑다. 일찍 도괘(刀掛) 땅에 이르러 아침을 먹었다. 어란 앞바다에 이르니 가는 곳마다 텅텅 비었다. 바다 위에서 머물렀다.

〈속정유일기〉 맑다. 아침에 괘도포(掛刀浦)에 이르러 아침을 먹었다. 오후에 어란 앞바다로 가니 이미 가는 곳마다 텅 비어 있었다. 바다 가운데에서 묵었다.

8월 25일[계미/10월 5일]

맑다. 그대로 그곳에 머물렀다. 아침을 먹을 때 당포(唐浦)의 어부가 풀어놓고 기르는 소를 훔쳐 끌고 가면서 "적이 쳐들어 왔다"고 헛소문을 냈다. 나는 그것이 거짓말인 줄 알아차리고 헛소문을 낸 두 사람을 잡아 곧 목을 베어 매달게 하니 군사들의 인심이 크게 안정되었다.

〈속정유일기〉 맑다. 그대로 머물렀다. 아침을 먹을 때 당포의 어부가 피란민의 소 2마리를 훔쳐서 끌고 와서는 그것을 먹으려고 "적이 쳐들어왔다"는 거짓말로 놀라게 했다. 나는 이미 그 사실을 알고 배를 붙들어 매어 움직이지 않았고 곧장 그 어부를 잡아오게 했다. 그랬더니 과연 내가 생각한 대로였다. 군사들의 인심이 안정되었지만 배설은 이미 달아나버렸다. 거짓말을 한 두 사람의 목을 베어 매달고 그것을 돌려 사람들에게 보이도록 했다.

8월 26일[갑신/10월 6일]

맑다. 그대로 어란포에 주둔했다. 임준영이 말을 타고 와서 "적병이 이진(梨津)에 이르렀다"고 급하게 아뢰었다. 전라 우수사가 왔다.

〈속정유일기〉 맑다. 그대로 어란 바다에 머물렀다. 느지막이 임준영이 말을 타고 와서 "적선이 이미 이진에 이르렀다"고 아뢰었다. 전라 우수사가 왔다. 배의 격군과 기구가 그 모양이 갖추어지지 않았다고 하니 놀랍다.

8월 27일[을유/10월 7일]

맑다. 그대로 어란포 바다 가운데에서 머물렀다.

〈속정유일기〉 맑다. 그대로 머물렀다. 배설이 와서 보았다. 두려워 흔들리는 기색이 많이 보였다. 나는 "수사는 어디 피신해 있었던 게 아닌가" 다그치듯이 말했다.

8월 28일[병술/10월 8일]

맑다. 적선 8척이 뜻하지도 않게 들어왔다. 여러 배들이 두려워 겁을 먹고, 경상 수사는 피하여 물러나려 했다. 나는 꼼짝하지 않고 호각을 불고 깃발을 휘두르며 따라잡도록 명령하니 적선이 물러갔다. 갈두(葛頭 : 해남군 송지면 갈두리, 지금의 땅끝 마을)까지 쫓아갔다가 돌아왔다. 저녁에 진영을 장도(獐島 : 노루섬)로 옮겨서 머물렀다.

〈속정유일기〉 맑다. 아침 6시쯤 적선 8척이 뜻하지도 않게 들어왔다. 여러 배들이 겁을 내어 후퇴하려고 꾀하는 듯했다. 나는 흔들리는 기색을 보이지 않고 호각을 불고 깃발을 휘둘러 지휘하며 그들을 쫓았다. 그러자 여러 배들이 회피하지 못하고 일시에 쫓아서 갈두리에 이르렀다. 적선이 멀리 달아나 끝까지 쫓아가지 않았다. 뒤따르는 배가 50여 척이라고 했다. 저녁에 장도로 진영을 옮겼다.

8월 29일[정해/10월 9일]
맑다. 아침에 벽파진(碧波津 : 진도군 고군면 벽파리)으로 건너갔다.
〈속정유일기〉 맑다. 아침에 벽파진으로 건너가서 진영을 쳤다.

8월 30일[무자/10월 10일]
맑다. 그대로 벽파진에 머물렀다.
〈속정유일기〉 맑다. 그대로 벽파진에 머물렀다. 정탐할 사람을 나누어 보냈다. 느지막이 배설은 많은 적이 올 것을 염려하여 그의 관하 여러 장수들을 거느리고 달아나려고 했다. 나는 그 뜻을 깨닫고 있었지만 그때는 뚜렷이 밝히지 않았다. 먼저 발설하는 것은 장수 된 자의 계책이 아니므로 생각을 숨기고 있었는데 배설이 그의 종을 보내 청원서를 올려 '병세가 매우 중하여 몸조리를 하고 싶다'고 말했다. 내가 '뭍으로 올라가 몸조리하라'고 처리해 보내자 배설은 우수영에서 뭍으로 올라갔다.

정유년 9월 정유년 9월(1597년 9월)

9월 1일[기축/10월 11일]

맑다. 그대로 벽파진에 머물렀다.

〈속정유일기〉 맑다. 나는 벽파정으로 내려가 그 위에 앉아 있었다. 점세(占世)가 제주에서 나와 소 5마리를 실어 와 바쳤다.

9월 2일[경인/10월 12일]

맑다. 정자로 가서 앉아 있는데 어부 점세(占世)가 제주로부터 와 배알했다. 이날 새벽에 경상 수사 배설이 도망갔다.

〈속정유일기〉 맑다. 배설이 도망갔다.

9월 3일[신묘/10월 13일]

비가 오다. 뜸*1 아래서 머리를 숙이고 있으니 품은 생각이 어떻겠는가.

〈속정유일기〉 아침에 맑다가 저녁에 비가 뿌렸다. 밤에 된바람이 불었다.

9월 4일[임진/10월 14일]

된바람이 세게 불다. 각 배들을 겨우 보전했다. 천만다행이다.

〈속정유일기〉 맑다가 된바람이 세게 불다. 배가 안정되지 않아서 여러 배를 겨우 보전했다.

9월 5일[계사/10월 15일]

된바람이 세게 불다. 각 배들을 서로 보전할 수가 없었다.

〈속정유일기〉 된바람이 크게 불다.

---

*1 초둔(草芚). 비나 바람을 막기 위해 짚, 띠, 부들 따위를 엮어 거적처럼 만든 물건.

9월 6일[갑오/10월 16일]

바람은 조금 자는 듯했으나 물결은 가라앉지 않았다.

〈속정유일기〉 맑다. 바람은 조금 잦아들었지만 차가운 기운이 사람에게 닥쳐오니 격군들이 정말로 걱정된다.

9월 7일[을미/10월 17일]

맑다. 바람이 비로소 그쳤다. 탐망군관(探望軍官) 임중형(林仲亨)이 와서 "적선 55척 가운데 13척이 이미 어란 앞바다에 도착했는데 그 뜻이 우리 수군에 있는 것 같다"고 보고했다. 그래서 각 배들에 엄중히 일러 경계했다. 오후 4시쯤 적선 13척이 곧장 우리 배들이 있는 쪽으로 향해 왔다. 우리 배들도 닻을 올려 바다로 나가 맞서 공격하니, 적들이 배를 돌려 달아나 버렸다. 뒤쫓아 먼 바다까지 나갔지만, 바람과 조수가 모두 거슬러 흐르므로 항해할 수가 없어 벽파진으로 돌아왔다. 오늘밤 아무래도 적의 습격이 있을 것 같아 각 배에 경계태세를 갖추도록 영을 내렸다. 밤 10시쯤 적선이 포를 쏘며 습격해 왔다. 우리 여러 배들이 겁먹은 것 같아 다시금 엄명을 내리고, 내가 탄 배로 곧장 적선 앞으로 가서 포를 쏘았다. 그랬더니 적들은 침범할 수 없음을 알고 자정쯤 물러갔다. 그들은 일찍이 한산도에서 승리했던 자들이다.

〈속정유일기〉 맑다. 탐망군관 임중형이 와서 "적선 55척 가운데 13척이 이미 어란 앞바다에 도착했다. 그 뜻이 반드시 우리 수군에 있다"고 아뢰었다. 여러 장수들에게 전령하여 거듭 경계하여 일렀다. 과연 오후 4시쯤 적선 13척이 이르렀다. 우리 여러 배들이 닻을 올리고 바다로 나가 쫓아가니 적선은 뱃머리를 돌려 달아났다. 먼바다까지 쫓아갔으나 바람과 파도가 모두 거슬러 흘렀고 복병선이 있을까 걱정하여 끝까지 쫓지는 않았다. 돌아와 벽파정에 이르러 여러 장수들을 불러 모아 약속하여 말했다. "오늘밤 반드시 습격이 있을 것이니 각 장수들은 미리 알고 그것에 대비하라. 조금이라도 명령을 어기면 군법에 따를 것이다." 거듭 밝혀 타이르고 끝냈다. 밤 10시쯤 과연 적선이 와서 습격하며 포탄을 많이 쏘았다. 내가 탄 배로 곧장 앞으로 나아가 지자포(地字砲)를 쏘니 강산이 진동했다. 적들은 침범하지 못할 것을 알고 4번 나왔다 물러갔다 하면서 포를 쏠 뿐이었다. 자정쯤 완전히 물러나 달아났다.

9월 8일[병신/10월 18일]

맑다. 적선이 오지 않았다.

〈속정유일기〉 맑다. 장수들을 불러 계책을 의논했다. 우수사 김억추(金億秋)는 겨우 만호 한 자리나 맡을 수 있지 대장을 맡을 자는 못 되는데, 좌의정 김응남이 그와 친분이 두텁다 하여 억지로 임명해 보냈다. 이러니 조정에 인물이 있다고 말할 수 있겠는가. 다만 때를 잘못 만났음을 한탄할 뿐이다.

9월 9일[정유/10월 19일]

맑다. 오늘이 곧 9일(중양절)이라 장병들에게 음식을 먹이려 하는데, 때마침 부찰사가 얻은 군량 가운데 제주 소 5마리가 왔다. 녹도 만호와 안골포 만호에게 명을 내려 그 소를 잡아 장병들에게 먹이고 있는데 적선 2척이 곧장 감부섬[甘甫島 : 진도군 고군면 벽파리 북서쪽]으로 들어와 우리 배의 많고 적음을 정탐했다. 영등포 만호 조계종이 끝까지 따라갔으나 잡지 못했다.

〈속정유일기〉 맑다. 오늘은 바로 9일이니 1년 중 명절이다. 비록 나는 상복(喪服)을 입고 있지만 여러 장수와 군졸들을 먹이지 않을 수는 없어서 제주에서 온 소 5마리를 녹도와 안골포 만호에게 주어 장병들에게 먹이도록 일렀다. 느지막이 적선 2척이 어란에서부터 감부섬으로 곧바로 와서 우리 수군이 많고 적음을 정탐했다. 영등포 만호 조계종이 끝까지 쫓아가자 적들은 당황하더니 형세가 급박해져서 싣고 있던 여러 물건들을 모두 바다로 던지고 달아났다.

9월 10일[무술/10월 20일]

맑다. 왜적 무리들이 멀리 달아났다.

〈속정유일기〉 맑다. 적선이 멀리 달아났다.

9월 11일[기해/10월 21일]

맑다.

〈속정유일기〉 흐리고 비가 올 조짐이 있다. 홀로 배 위에 앉아 있으니 그리운 마음에 눈물이 흘렀다. 천지간에 나 같은 사람이 어찌 또 있을까. 아들 회가 내 심정을 알고서 몹시 언짢아했다.

9월 12일[경자/10월 22일]

비가 계속 오다.

〈속정유일기〉 비가 종일 뿌렸다. 뜸 아래에 있으니 품은 마음을 스스로 끊어 내지 못하겠다.

9월 13일[신축/10월 23일]

맑고 된바람이 세게 불다.

〈속정유일기〉 맑고 된바람이 세게 불다. 배를 안정시킬 수 없었다. 꿈이 이상했는데 임진년 대첩 때와 대략 같았다. 이것이 무슨 징조인지 알 수가 없다.

9월 14일[임인/10월 24일]

맑다. 임준영이 육지를 정탐하고 달려와서 "적선 55척이 이미 어란 앞바다에 들어왔다. 적에게 사로잡혔다가 달아난 김중걸(金仲乞)이 전하는 말이, 그가 이달 6일 달마산으로 피란갔다가 왜놈에게 붙잡혀 묶여서는 왜선에 실렸는데, 김해에 사는 이름 모르는 한 사람이 왜장에게 빌어서 묶인 것을 풀어 주었다. 그날 밤 김해 사람이 김중걸의 귀에다 대고 '왜놈들이 말하길 조선 수군 10여 척이 왜선을 추격하여 사살하고 불태웠으므로 보복할 수밖에 없다. 그러니 여러 배들을 모아 조선 수군들을 몰살한 뒤 한강으로 올라가자'고 몰래 말했다"고 보고했다. 이 말을 비록 모두 믿기는 어려우나 그럴 수도 없지 않으므로, 전령선을 우수영으로 보내 피란민들을 타일러 곧 뭍으로 올라가라고 했다.

〈속정유일기〉 맑다. 된바람이 세게 불다. 벽파정 건너편에서 연기가 피어올랐다. 배를 보내 실어 왔더니 임준영이다. 그가 "적선 200여 척 가운데 55척이 먼저 어란으로 들어왔다. 사로잡혔다가 달아난 김중걸이 전하는 말이, 그가 이달 6일 달마산에서 왜적에게 붙잡혀 묶여서 왜선에 실렸는데 다행이도 김해에서 임진년에 잡혀 포로가 된 사람을 만나 왜장에게 빌어서 묶인 것을 풀고 배에서 함께 지냈다고 했다. 한밤중에 왜놈들이 깊이 잠들었을 때 그가 귀에 대고, 왜놈들이 의논하는 말이 '조선의 수군 10여 척이 왜선을 쫓아와 사살하거나 불태웠으니 아주 원통하고 분하다. 각처의 배를 불러 모아 힘을 합하여 조선 수군을 모두 멸한 뒤에 바로 서울로 올라가자'고 말했다"면서, 정탐하고 온 것을 아뢰었다. 이 말을 비록 모두 다 믿을 수는 없으나 그럴 수도 없지 않으므로 곧장 전령선을 보내 피란민들에게 일러서 급히 뭍으로 올라가게 했다.

9월 15일[계묘/10월 25일]

맑다. 조수(潮水)를 따라 여러 배를 거느리고 우수영 앞바다로 들어가 거기서 머물러 잤다. 밤에 꿈을 꾸었는데 이상한 조짐이 많았다.

〈속정유일기〉 맑다. 조수를 타고 여러 장수를 거느리고서 우수영 앞바다로 진영을 옮겼다. 벽파정 뒤에 울돌목이 있어 적은 수의 수군으로는 울돌목을 등 뒤에 두고 진을 칠 수 없었기 때문이다. 여러 장수들을 불러 모아 약속하며 말하길, "병법에 이르기를, 반드시 죽고자 하면 살 것이고 반드시 살고자 하면 죽는다고 했다. 또한 한 사람이 길목을 맡아 지키면 1,000명을 두렵게 할 수 있다고 했다. 이는 지금 우리를 두고 이른 말이다. 너희 각각의 여러 장수들이 조금이라도 명을 어긴다면 곧장 군율에 따라 다스려 조금도 용서하지 않을 것이다" 하며 거듭 엄히 약속했다. 이날 꿈에 신선이 나타나 "이렇게 하면 크게 이길 것이고 이렇게 하면 질 것이다"고 일러주었다.

9월 16일[갑진/10월 26일]

맑다. 망을 보던 군사가 아침 일찍 나와서 "적선 무려 200여 척이 울돌목을 거쳐 곧장 우리 진영 쪽으로 오고 있다"고 보고했다. 여러 장수들을 불러 모아 상세히 밝혀 약속하고서 닻을 올린 뒤 바다로 나가니 적선 133척이 우리의 여러 배를 에워쌌다. 상선(上船)이 홀로 적선 가운데에서 대포와 화살을 비바람처럼 쏘았지만 여러 배들은 바라만 볼 뿐 나아가지 않으니 일이 앞으로 어찌될지 헤아릴 수가 없었다. 배에 있는 사람들은 서로 돌아보며 얼굴빛을 잃었다. 나는 침착하게 타이르며 "적의 배가 비록 1,000척이라도 우리 배에는 맞서 싸우지 못할 것이니 마음을 동요치 말고 힘을 다하여 적선을 쏘아라" 하고서, 여러 배들을 돌아보니 물러나 1마장*²쯤 떨어져 있었다. 우수사 김억추(金億秋)가 탄 배는 멀리 떨어져 간 곳이 묘연했다. 나는 배를 돌려 바로 중군장 김응함(金應諴)의 배로 가서 먼저 그 목을 베어 높이 매달아 보이고 싶었으나, 내 배가 뱃머리를 돌리면 여러 배들이 차츰 멀리 물러날 것이요, 적선이 차츰

---

*2 거리의 단위. 오 리나 십 리가 못 되는 거리를 이름.

가까이 다가오면 일은 아주 낭패가 된다. 중군의 영하기(令下旗 : 군령을 내리는 깃발)를 올리고 또 초요기(招搖旗 : 신호용 군기)를 올리니, 중군장 미조항 첨사 김응함의 배가 차츰 내 배에 가까이 오고, 거제 현령 안위의 배도 왔다. 내가 배 위에 서서 몸소 안위를 불러 말했다. "네가 군법에 죽고 싶으냐." 다시 불러 말했다. "안위 네가 군법에 죽고 싶으냐. 도망간다고 해서 어디 가서 살 것 같으냐." 그러자 안위가 황급히 적선 속으로 돌입하여 싸울 때, 적장의 배와 다른 적선 2척이 안위의 배에 개미처럼 붙었다. 안위의 격군 7~8명이 물속에 뛰어들어 헤엄을 치는데 구해낼 수가 없었다. 나는 배를 돌려 안위의 배가 있는 곳으로 들어갔다. 안위의 배 위에 있는 자들이 죽음을 각오하고 어지러이 싸웠다. 내가 탄 배 위에 있는 군관 무리들도 빗발처럼 화살을 쏘아대니 적선 2척이 흔적도 없이 무너졌다. 매우 다행이다. 에워싸고 있던 적선 30척도 부딪쳐 부서지니 모든 적들이 저항하지 못하고 다시는 쳐들어오지 않았다. 그곳에 배를 대려고 했으나 물이 빠져서 배를 대기에 알맞지 않았으므로 건너편 포구가로 진영을 옮겼다가 달빛을 타고 당사도(唐笥島 : 신안군 암태면)로 옮겨가 배를 대고 밤을 보냈다.

〈속정유일기〉 맑다. 아침 일찍 별망군이 와서 "적선들이 그 수를 알 수 없을 만큼 울돌목을 거쳐 곧바로 진영을 향해 온다"고 아뢰었다. 곧장 여러 배에 명을 내려 닻을 올리고 바다로 나갔더니 적선 130여 척이 우리 배들을 에워쌌다. 여러 장수들은 적은 수로써 많은 적들과 싸우는 형세임을 알고 회피할 계책만 생각해 내고 있었다. 우수사 김억추가 탄 배는 이미 2마장 밖에 있었다. 나는 노를 재촉하여 앞으로 돌진했다. 지자포와 현자포 각 총통을 어지러이 쏘아대니 그 발사하는 것이 마치 바람과 우레 같다. 군관들이 배 위에 삼대처럼 늘어서서 비처럼 화살을 어지럽게 쏘니 적들은 맞서지 못하고 나왔다가 물러났다 했지만 적에게 겹겹이 둘러싸여서 앞으로의 형세를 예측할 수가 없었다. 배에 탄 모든 사람이 서로 돌아보며 놀라서 얼굴빛이 달라졌다.

나는 부드럽게 타일러 "적선이 비록 많지만 곧장 우리를 침범하기는 어려우니 조금도 흔들리지 마라. 다시 온 힘과 마음을 다해 적을 쏘고 또 쏘아라."고 말했다. 여러 장수들의 배를 돌아보니 먼 바다로 나가 있었다. 배를 돌려서 군령을 내리려 했으나 물러간 때를 틈타 적들이 더욱 달려들 것 같으니 진퇴유곡이다. 호각을 불어 중군에게 명령을 내리는 기와 초요기를 올리게 하니 중군장 미조항 첨사 김응함의 배가 차츰 내 배 가까이 다가왔다. 거제 현령 안위의 배가 먼저 이르렀다.

내가 배 위에 서서 몸소 안위를 불러 말했다. "안위 네가 군법에 죽고 싶으냐? 정녕 안위 네가 군법에 죽고 싶으냐? 달아나면 어디에서 살 것이냐?" 그러자 안위는 황망히 적선 가운데로 돌입했다. 또 김응함을 불러 말했다. "너는 중군장이 되어서는 멀리 달아나 대장을 구하지 않으니 그 죄를 어찌 벗을 것인가? 형에 처하고 싶지만 당장 적의 형세가 위급하니 먼저 공을 세우도록 해 주겠다." 배 2척이 앞장서 나아갈 때 적장이 탄 배가 그 지휘 아래의 배 2척에 지령을 내렸다. 그러자 일시에 개미처럼 안위의 배에 붙어 다투어 올라가니 안위와 그 배에 타고 있던 사람들이 저마다 죽을힘을 다해 몽둥이를 들거나 긴 창을 쥐거나 물결에 닳아서 반들반들해진 돌덩이로 수없이 어지럽게 공격했다. 배 위의 군사들이 힘이 다하여 나는 뱃머리를 돌려 곧장 들어가 비처럼 어지러이 화살을 쏘아 적의 배 3척이 거의 다 뒤집혔다. 녹도 만호 송여종과 평산포 대장(代將) 정응두(丁應斗)의 배가 잇따라 도착했다.

힘을 합해 활을 쏘아 죽이니 살아 움직이는 적군은 하나도 없다. 항복한 왜인인 준사(俊沙)라는 자는 안골포 적진에서 투항해 왔다. 내 배 위에서 굽어보며 "무늬를 수놓은 붉은 비단옷을 입은 자가 안골포 진영의 적장인 마다시(馬多時 : 구루지마 미치후사)이다"라고 말했다. 내가 무상*3 김돌손(金乭孫)을 시켜 갈고랑이로 건져서 뱃머리 위로 올리게 하자 준사가 날뛰며 "바로 이자가 마다시다"라고 말한다. 그래서 곧장 명을 내려 토막을 내니 적의 기세가 크게 꺾였다. 여러 배들이 이제 적이 침범하지 못할 것을 알고 한꺼번에 북을 치고 고함을 치며 모두 나아가 저마다 지자포와 현자포를 쏘아대니 그 소리가 온 강산을 뒤흔들었고 화살도 비처럼 쏘았다. 적선 31척을 부수자 적선은 물러나 달아났고, 다시는 우리 수군에 접근하지 않았다. 싸우던 그 바다에서 머무르려 했으나 물살이 몹시 험하고 바람도 거꾸로 불어 형세 또한 외롭고 위태로우니 당사도(唐笥島 : 암태면 당사리)로 진영을 옮겨서 밤을 지냈다. 이번 일은 실로 하늘이 주신 행운이다.

---

*3 돛대를 조정하는 직책. 무상(舞上)을 말함.

9월 17일[을사/10월 27일]

맑다. 어외도(於外島 : 무안군 지도면)에 이르니 피란해 온 사람들이 아주 많이 와 있었다. 임치 첨사는 배에 격군이 없어서 나오지 못했다.

〈속정유일기〉 맑다. 어외도에 이르니 피란해 온 배가 무려 300여 척이나 먼저 와 있었다. 나주 진사 임선(林愃), 임환(林懽), 임업(林業) 등이 와서 보았다. 그들은 우리 수군이 크게 이긴 것을 알고 서로 다투어 치하하고 또 많은 양식을 가져와서 관군들에게 전했다.

9월 18일[병오/10월 28일]

맑다. 그대로 그곳에서 머물렀다. 임치 첨사가 왔다.

〈속정유일기〉 맑다. 그대로 어외도에 머물렀다. 내 배에서는 순천 감목관 김탁(金卓)과 본영의 종 계생(戒生)이 탄환에 맞아 죽었다. 박영남(朴永男), 봉학(奉鶴), 강진 현감 이극신(李克新)도 탄환에 맞았지만 중상에까지 이르지는 않았다.

9월 19일[정미/10월 29일]

일찍 출발하여 칠산도(七山島 : 낙월면)를 건넜다. 바람은 약하고 하늘은 맑아 배를 움직이기에 매우 좋았다. 법성포(法聖浦 : 법성면) 선창에 이르니 이미 왜적이 침범하여 인가에 불을 질러 놓기도 했다. 해가 질 때쯤 홍룡곶(洪龍串 : 홍농읍 계마리)으로 돌아가 바다 가운데서 잤다.

〈속정유일기〉 맑다. 일찍 떠나 출항했다. 바람도 순하고 물살도 순조로워 무사히 칠산 바다를 건넜다. 저녁에 법성포에 이르니 흉악한 적들이 육지로 들어와 집과 곳간마다 불을 질렀다. 해질 무렵에 홍농(弘農 : 영광군 홍농면) 앞바다에 이르러 배를 정박시키고 잤다.

9월 20일[무진/10월 30일]

맑다. 맑고 바람도 순하다. 배를 움직여 고참도(古參島 : 부안군 위도면 위도)에 이르니 피란해 온 사람들이 배를 수없이 정박해 놓고 있었다. 이광보(李光輔)가 와서 보았고 이지화(李至和) 부자도 왔다.

〈속정유일기〉 맑다. 새벽에 출항하여 곧바로 위도(蝟島)에 이르렀다. 피란해 온 배들이 많이 정박해 있었다. 황득중(黃得中)과 종 금이(金伊) 등을 보내 종 윤금(允金)을 잡아오게 했더니 과연 위도 밖에 있었다. 그래서 그를 묶어 배 안에 실었다. 이광축, 이광보가 와서 보았다. 이지화 부자도 왔다. 날이 저물어 그대로 머물렀다.

9월 21일[기유/10월 31일]

맑다. 일찍 떠나 고군산도(古群山島 : 군산시 옥도면 선유도)에 이르니, 호남 순찰사(박홍로)는 내가 왔다는 말을 듣고 배를 타고 옥구(沃溝 : 지금의 군산시 옥서면)로 갔다고 했다.

〈속정유일기〉 맑다. 일찍 떠나 고군산도에 이르렀다. 호남 순찰사는 내가 왔다는 말을 듣고 배를 타고 옥구로 급히 향했다고 했다. 느지막이 바람이 거세게 불었다.

9월 22일[경술/11월 1일]

맑다.

〈속정유일기〉 맑고 된바람이 크게 불다. 머물렀다. 나주 목사 배응경(裵應褧), 무장(茂長) 현감 이람(李覽)이 와서 보았다.

9월 23일[신해/11월 2일]

맑다.

〈속정유일기〉 맑다. 승전(勝戰)에 대한 장계 초안을 고쳤다. 정희열(丁希悅)이 왔다.

9월 24일[임자/11월 3일]

맑다.

〈속정유일기〉 맑다. 몸이 불편하여 앓았다. 김홍원(金弘遠)이 와서 보았다.

9월 25일[계축/11월 4일]

맑다.

〈속정유일기〉 맑다. 이날 밤 몸이 아주 불편해서 식은땀으로 온몸이 젖었다.

9월 26일[갑인/11월 5일]

맑다. 이날 밤 식은땀이 온몸에 흘렀다.

〈속정유일기〉 맑다. 몸이 불편하여 종일 나가지 않았다.

9월 27일[을묘/11월 6일]

맑다. 대첩에 대해 아뢴 글을 가지고 송한(宋漢)이 배를 타고 올라갔다. 정제(鄭霽)도 충청 수사에게 전령을 가지고 갔다. 몸이 매우 불편하여 밤새 괴로웠다.

〈속정유일기〉 맑다. 송한(宋漢), 김국(金國), 배세춘(裵世春) 등이 승전 장계를 가지고 뱃길로 올라갔다. 정제(鄭霽)는 충청 수사가 있는 곳으로 부찰사에게 보낼 공문을 가지고 함께 갔다.

9월 28일[병진/11월 7일]

맑다. 송한과 정제가 바람에 막혀 되돌아왔다.

〈속정유일기〉 맑다. 송한과 정제가 바람에 막혀 되돌아왔다.

9월 29일[정사/11월 8일]

맑다. 송한 등이 바람이 온화하여 떠났다.

〈속정유일기〉 맑다. 장계와 판관 정제가 다시 올라갔다.

정유년 10월 정유년 10월(1597년 10월)

10월 1일[무오/11월 9일]

맑다.

〈속정유일기〉 맑다. 아들 회를 보내 제 어미와 여러 집안 사람들의 생사를 살피고 오게 했다. 품은 생각이 몹시 불안하여 편지를 쓸 수가 없다. 병조(兵曹) 역자(驛子)가 공문을 가지고 내려와서 "아산 고향의 일가가 이미 분탕질을 당해 불에 다 타고 남은 것이 없다"고 전했다.

10월 2일[기미/11월 10일]

맑다. 아들 회가 제 어미와 식구들의 생사를 알아볼 일로 홀로 배를 타고 올라갔으니 내 심정이 만 갈래로구나.

〈속정유일기〉 맑다. 아들 회가 배를 타고 올라갔는데 잘 갔는지 알 수 없으니 이 마음을 이루 말로 할 수가 없다.

10월 3일[경신/11월 11일]

맑다. 새벽에 출항해서 돌아오다가 변산(邊山 : 부안군 변산반도)을 거쳐 바로 법성포로 내려가니 바람이 아주 부드럽고 마치 봄날처럼 따뜻하다. 저물녘에 법성포 선창에 도착했다.

〈속정유일기〉 맑다. 새벽에 출항하여 법성포로 돌아왔다.

10월 4일[신유/11월 12일]

맑다.

〈속정유일기〉 맑다. 그대로 머물렀다. 임선과 임업이 잡혔다가 적에게 빌어서 임치로 돌아와 편지를 보내왔다.

10월 5일[임술/11월 13일]

맑다.

〈속정유일기〉 맑다. 그대로 머물렀다. 고을의 집으로 내려가 묵었다.

10월 6일[계해/11월 14일]

흐리며 이따금 눈비가 흩날리다.

〈속정유일기〉 흐리다. 흐리다가 비가 뿌렸다. 눈비가 몹시 내렸다.

10월 7일[갑자/11월 15일]

흐리고 구름이 걷히지 않는다. 비가 오다 개다 하다.

〈속정유일기〉 바람이 순하지 않고 비가 오다 개다 하다. '호남 안팎에 적의 모습이 모두 사라졌다'는 소문을 들었다.

10월 8일[을축/11월 16일]

맑다. 바람이 새벽에 순해지는 듯했다.

〈속정유일기〉 맑고 바람이 부드럽다. 출항해서 어외도에 이르러 묵었다.

10월 9일[병인/11월 17일]*1

맑다. 일찍 출항해서 우수영에 이르니 성 안팎에는 사람이 사는 집도 오가는 사람도 하나도 없고 참혹한 광경만 보일 뿐이었다. '흉악한 적들이 해남에 머무르며 진을 치고 있다'는 소문을 저녁에 들었다. 초저녁에 김종려(金宗麗)와 정조(鄭詔), 백진남(白振男) 등이 와서 보았다.

10월 10일[정묘/11월 18일]

새벽 2시쯤 비가 뿌리고 된바람이 세게 불어 배를 움직일 수가 없어서 그대로 머물렀다. 밤 10시쯤 중군장 김응함이 와서 "해남에 있던 적들이 많이 물러간 모양이다"고 전했다. 이희급(李希伋)의 아버지가 왜적에게 붙잡혔다가 빌고 풀려나왔다고 했다. 마음이 아주 불편하여 앉았다 누웠다 하다가 날이 샜다.

---

*1 정유년 10월 9일 일기부터는 '속정유일기' 내용이다. '속정유일기'보다 앞에 쓰인 '정유년 일기'에는 10월 8일자까지만 실려 있다.

우수사 우후 이정충이 배에 왔지만 보지 않았던 것은 바깥 섬으로 도피해 있었기 때문이다.

10월 11일[무진/11월 19일]

맑다. 새벽 2시쯤 바람이 잦아드는 듯했다. 그래서 첫 나팔을 불고 닻을 올려 바다 가운데에 이르러 정탐인 이순과 박담동, 박수환과 태귀생을 해남으로 보냈다. 해남에는 연기가 하늘을 찌른다고 했다. 이는 틀림없이 적의 무리들이 달아나면서 불을 지른 것이다. 낮에 발음도(發音島 : 신안군 장산면 장산도)에 이르니 바람도 좋고 날씨도 화창하다. 뭍에 내려 산마루로 올라가서 배 감출 곳을 찾아보니, 동쪽 앞에는 섬이 있어 멀리 바라볼 수는 없고, 북쪽으로는 나주와 영암 월출산으로 통하며, 서쪽에는 비금도(飛禽島 : 비금면)로 통하여 눈앞이 툭 트였다. 잠깐 있으니 중군장(김응함)과 우치적이 올라 오고, 조효남(趙孝南)과 안위, 우수(禹壽)가 잇따라 왔다. 날이 저물어 산봉우리에서 내려와 언덕에 앉아 있으니 조계종이 와서 왜적의 형세와 사정을 말하면서 "왜놈들이 우리 수군을 몹시 싫어한다"고 했다. 이희급의 아버지가 와서 배알하고, 사로잡혔던 까닭과 그동안의 행적을 전하는데 마음이 아파 견딜 수가 없다. 저녁에는 날씨가 봄처럼 따뜻하여 아지랑이가 허공에 피어오르니 비가 올 조짐이 많이 보였다. 초저녁에 달빛이 비단결과 같아 홀로 봉창에 앉아 있으니 품은 생각이 만 갈래이다. 밤 10시쯤 식은땀이 온몸을 적셨다. 자정쯤 비가 내렸다. 이날 우수사가 군량선을 타고 있는 하인의 무릎뼈를 심하게 때렸다고 하니 놀랍다.

10월 12일[기사/11월 20일]

비가 오다가 오후 1시쯤 맑게 개다. 아침에 우수사가 와서 인사하고 그 하인의 무릎을 때린 데 대한 죄를 사과했다. 가리포 첨사(이응표)와 장흥 부사(전봉) 등 여러 장수들이 와서 종일 이야기했다. 탐후선이 나흘이 지나도 오지 않으니 걱정이 된다. 내 생각에는 아마도 흉악한 적들이 멀리 달아나니 그 뒤를 쫓아가느라 돌아오지 않는 것이다. 그대로 발음도에 머물렀다.

10월 13일[경오/11월 21일]

맑다. 아침에 배 조방장과 경상 우후(이의득)가 와서 보았다. 조금 있으니 탐후선이 임준영을 싣고 왔다. 그 편에 "해남에 들어와 웅거해 있던 적들은 10일 우리 수군이 내려 오는 것을 보고 11일 몽땅 달아났는데, 해남의 향리 송언봉(宋彦逢)·신용(愼容) 등이 적진 속으로 들어가 왜놈들을 꾀어내어 선비들을 많이 죽였다"는 소식을 들으니 원통하고 분함을 이길 수가 없다. 곧바로 명령하여 순천 부사 우치적, 금갑도 만호 이정표(李廷彪)와 제포 만호 주의수(朱義壽), 당포 만호 안이명(安以命)과 조라포 만호 정공청(鄭公淸), 군관 임계형(林季亨)과 정상명, 봉좌와 태귀생, 박수환(朴壽還) 등을 해남으로 보냈다. 느지막이 언덕으로 내려가 앉아 조방장 배흥립, 장흥 부사 전봉(田鳳) 등과 함께 이야기했다. 이날 우수영 우후 이정충이 뒤처지게 된 죄를 다스렸다. 우수사 군관 배영수가 와서 "수사의 부친이 바깥바다에서 살아 돌아왔다"고 아뢰었다. 이날 새벽에 꿈을 꾸었는데 우의정(이원익)과 조용히 이야기를 나누었다. '선전관 4명이 법성포에 도착해 있다'는 소식을 낮에 들었다. "섬 안에 알 수 없는 어떤 자가 산골에 몰래 숨어서 소와 말을 죽이고 있다"는 소식을 중군장 김응함에게서 들었다. 그래서 황득중과 오수(吳水) 등을 보내 찾도록 했다. 이날 밤 달빛은 비단결 같고 미풍조차 불지 않았다. 홀로 뱃전에 앉아 있으니 마음이 편하지 않다. 뒤척이며 앉았다 누웠다 하며 밤새 잠을 이루지 못하고 하늘을 우러러 시름에 찬 탄식만 할 뿐이다.

10월 14일[신미/11월 22일]

맑다. 새벽 2시쯤 꿈을 꾸었다. 꿈속에서 내가 말을 타고 언덕을 오르는데 말이 발을 헛디디어 냇물 가운데로 떨어졌으나, 쓰러지지는 않고 막내아들 면이 끌어안고 있는 형상이 보이다가 잠이 깨었다. 이것이 무슨 조짐인지는 알 수 없다. 느지막이 배 조방장과 우후 이의득이 와서 보았다. 조방장의 종이 영남에서 와서 적의 형세를 전했다. 황득중 등이 와서 "내수사(內需司)*² 노비 강막지(姜莫只)라는 자가 소를 많이 기르는데, 12마리가 끌려갔다"고 아뢰었다. 저녁에 천안에서 온 어떤 사람이 집안 편지를 전했다. 봉한 것을 뜯기도 전에

---

*2 조선 시대에 왕실 재정 관리를 맡아보던 관아. 궁중에서 쓰는 쌀과 베, 잡물(雜物)과 노비 따위에 대한 일을 담당.

뼈와 살이 먼저 떨리고 정신이 아찔하고 어지러웠다. 대충 겉봉을 뜯어 열(둘째아들)의 편지를 보니, 겉에 '통곡(慟哭)' 두 글자가 씌어 있어 면이 전사했음을 알았다. 어느새 간담이 떨어져 목놓아 통곡하고 또 통곡했다. 하늘이 어찌 이다지도 인자하지 못한가! 내가 죽고 네가 사는 것이 이치에 마땅하거늘, 네가 죽고 내가 사니 이런 어그러진 이치가 어디 있는가! 천지가 캄캄하고 해조차 빛이 변했구나. 슬프다, 내 아들아! 나를 버리고 어디로 갔느냐! 남달리 영특하여 하늘이 이 세상에 머물게 하지 않은 것이냐? 내 지은 죄가 네 몸에 미친 것이냐? 내 이제 세상에 살아 있다 해도 앞으로 누구에게 의지할까! 너를 따라 죽어 함께 통곡하고 싶지만 너의 형과 누이, 어미 또한 의지할 곳이 없으니 참고 연명하고 있으나, 내 마음은 죽고 형체만 남아 울부짖을 따름이다. 하룻밤 지내기가 1년 같구나. 이날 밤 10시쯤 비가 왔다.

10월 15일[임신/11월 23일]

비바람이 종일 불다. 누웠다 앉았다 하며 종일 뒤척였다. 여러 장수들이 와서 문안했지만 어찌 얼굴을 들고 받아들이겠는가. 임홍(林葒)과 임중형(林仲亨), 박신(朴信) 등이 왜적의 형편을 정탐하기 위해 작은 배를 타고 흥양과 순천 등지의 바다로 나갔다.

10월 16일[계유/11월 24일]

맑다. 우수사와 미조항 첨사를 해남으로 보냈다. 해남 현감 유형도 보냈다. 내일은 막내아들의 죽음을 들은 지 나흘째가 된다. 마음 놓고 통곡할 수도 없어 염전에서 일하는 강막지의 집으로 갔다. 밤 10시쯤 순천 부사와 우우후 이정충, 금갑도 만호와 제포 만호 등이 해남에서 돌아왔는데 왜적 13명과 투항했던 송원봉 등의 목을 베어 왔다.

10월 17일[갑술/11월 25일]

맑고 종일 큰 바람이 불다. 새벽에 향을 피우고 흰 띠를 두르니 비통함을 참을 수가 없다. 우수사가 와서 보았다.

10월 18일[을해/11월 26일]

맑다. 바람이 잦아드는 것 같다. 우수사는 배를 움직일 수가 없어서 바깥바다에서 머물렀다. 강막지가 와서 배알했다. 임계형과 임준영도 와서 인사했다. 밤 11시쯤 꿈을 꾸었다.

10월 19일[병자/11월 27일]

맑다. 새벽에 꿈을 꾸었는데 꿈속에서 고향집의 종인 진(辰)이 내려왔다. 나는 죽은 아들이 생각나서 통곡했다. 느지막이 조방장과 경상 우후가 와서 보았다. 백 진사(백진남)가 와서 보았다. 임계형이 와서 배알했다. 김신웅(金信雄)의 아내와 이인세(李仁世), 정억부(鄭億夫)를 잡아왔다. 거제 현령과 안골포 만호, 녹도 만호와 웅천 현감, 제포 만호와 조라포 만호, 당포 만호와 우우후가 와서 보는데 '적을 잡았다'는 공문을 가져와서 준다. 윤건(尹健) 등의 형제가 왜놈에게 붙었던 두 사람을 잡아왔다. 저물녘에 한 되도 넘게 코피를 흘렸다. 밤에 앉아 생각을 하다가 눈물이 흐르니 어찌 말로 다 하겠는가. 이승에서 영혼이 되어 마침내 불효가 여기까지 이를 줄을 어찌 알았으랴! 비통한 마음 찢어지는 듯하여 억누를 수가 없다.

10월 20일[정축/11월 28일]

맑고 바람도 잔잔하다. 이른 아침에 미조항 첨사와 해남 현감, 강진 현감이 해남의 군량을 운반할 일로 아뢰고 돌아가고, 안골포 만호 우수도 아뢰고 돌아갔다. 느지막이 김종려와 정수(鄭遂), 백진남이 와서 보고, 또 윤지눌(尹志訥)의 못된 짓을 말했다. 김종려를 소음도(所音島) 등 13개 섬 염전의 감자도감검(監煮都監檢 : 감독관)으로 정해서 보냈다. 진영에서 일하는 사화(士化)의 모친이 배 안에서 죽었다고 했다. 그래서 곧바로 묻어주도록 군관에게 일렀다. 남도포와 여도의 두 만호가 와서 배알한 뒤 돌아갔다.

10월 21일[무인/11월 29일]

새벽 2시쯤 비가 오다 눈이 오다 했다. 바람이 몹시 차가워 뱃사공들이 추워 얼지 않을까 걱정이 되어 마음을 안정시키지 못했다. 아침 8시쯤 눈보라가 크게 휘몰아쳤다. 정상명이 와서 아뢰었다. 무안 현감 남언상(南彦祥)이 들어

왔다고 했다. 남언상은 본디 수군 관리인데, 사사로이 목숨만 보존할 꾀를 부려 수군에 오지 않고 산골에 숨어 달포쯤 살펴보다가, 적이 물러가고서야 무거운 형벌을 받을까 두려워 비로소 나타나니 그 하는 꼬락서니가 참으로 해괴하다. 느지막이 가리포 첨사, 배 조방장, 경상 우후가 와서 배알했다. 종일 바람 불고 눈이 내렸다. 장흥 부사가 와서 잤다.

10월 22일[기묘/11월 30일]

아침에 눈이 오다가 늦게 개었다. 장흥 부사와 함께 밥을 먹었다. 오후에 군기시(軍器寺)*3의 직장(直長)*4 선기룡(宣起龍) 등 3명이 임금의 유지와 의정부의 방문을 가지고 왔다. 해남 현감 유형이 왜적에 붙었던 윤해(尹海)와 김언경(金彦京)을 묶어서 올려 보내왔다. 그래서 금부나장이 있는 곳에 단단히 가두었다. 무안 현감 남언상은 가리포의 전투배에 가두었다. 우수사가 황원(黃原 : 해남군 황산면)에서 와서 "김득남을 처형했다"고 말했다. 진사 백진남(白振南)이 와서 보고 돌아갔다.

10월 23일[경진/12월 1일]

맑다. 느지막이 김종려와 정수가 와서 보았다. 배 조방장과 경상 우후, 우수사 우후도 왔다. 적량 만호와 영등포 만호가 따라 왔다가 저녁에 돌아갔다. 이 날 오후에 윤해와 김언경을 처형했다. 대장장이인 허막동(許莫同)을 나주로 보내려고 저녁 8시쯤 종을 보내서 불렀는데 '배가 아프다'고 했다. 전투마의 발굽 편자가 떨어져서 고쳐 박았다.

10월 24일[신사/12월 2일]

맑다. 해남에 있던 왜군의 군량 322섬을 실어 왔다. 저녁 8시쯤 선전관 하응서(河應瑞)가 '우후 이몽구를 처형하라'는 임금의 유지를 받들고 왔다. 그 편에 "명나라 수군이 강화도에 이르렀다"는 소식을 들었다. 밤 10시쯤 땀이 나 등을 적시더니 새벽 1시쯤 멎었다. 새벽 3시쯤 또 선전관과 금오랑(의금부도사 주부)이 왔다고 했다. 날이 밝자 들어오는데, 선전관은 권길(權吉)이요, 금오랑은 홍

---

*3 고려와 조선 시대에 병기와 기치, 융장과 집물 따위를 제조하던 관아.
*4 조선시대 각 관아의 전곡과 비품 등의 출납실무를 주관하던 종7품 관직.

지수(洪之壽)였다. 무안 현감(남언상)과 목포 만호(방수경), 다경포 만호(윤승남)를 잡으러 온 것이다.

10월 25일[임오/12월 3일]

맑다. 몸이 몹시 불편하다. 윤련(尹連)이 부안에서 왔다. 종 순화(順化)가 아산에서 배를 타고 와 그에게서 집안의 편지를 받아 보았는데 마음이 불편해서 뒤척이다 홀로 앉아 있었다. 저녁 8시쯤 선전관 박희무(朴希茂)가, '명나라 수군이 배를 대기에 알맞은 곳을 헤아려 급히 전하라'는 임금의 유지를 받들고 왔다. 양희우(梁希雨)가 장계를 가지고 서울로 올라갔다가 다시 돌아왔다. 충청 우후가 문서를 보내고 또한 홍시 한 접을 보냈다.

10월 26일[계미/12월 4일]

새벽에 비가 뿌렸다. 조방장 등이 와서 보았다. 김종려와 백진남, 정수 등이 와서 보았다. 이날 밤 10시쯤 식은땀이 흘러 몸을 적셨는데 온돌이 지나치게 뜨거웠기 때문이다.

10월 27일[갑신/12월 5일]

맑다. 영광 군수(전협)의 아들 전득우(田得雨)가 군관이 되어 알현하러 왔다. 곧바로 그를 그 아버지가 있는 곳으로 돌려보내니 홍시 100개를 가져왔다. 밤에 비가 뿌렸다.

10월 28일[을유/12월 6일]

맑다. 아침에 여러 가지 장계를 봉하여 피은세(皮銀世)에게 주어서 보냈다. 느지막이 강막지의 집에서 지휘선으로 옮겨 탔다. 저녁에 염전의 도서원(都書員)*5 거질산(巨叱山)이 큰 사슴을 잡아 바쳤다. 그래서 그것을 군관들에게 주고 나누어 먹게 했다. 이날 밤은 바람 한 점 불지 않았다.

---

*5 서원의 우두머리.

10월 29일[병술/12월 7일]

맑다. 새벽 2시쯤 첫 나팔을 불고 출항하여 목포로 향하는데 비와 우박이 섞여 내리고 샛바람이 조금 불었다. 목포에 이르러 보화도(寶花島 : 목포시 달동 고하도)에 정박하니, 북서풍(된하늬바람)을 막을 만하고 배를 감추기에 아주 알맞다. 그래서 뭍에 내려 섬 안을 둘러보니 땅의 형세가 매우 좋으므로 진영을 치고 집 지을 계획을 세웠다.

10월 30일[정해/12월 8일]

맑지만 샛바람이 불고 비가 올 기운이 많다. 아침에 집 지을 곳으로 내려가 앉아 있으니, 여러 장수들이 와서 알현했다. 해남 현감 유형도 와서 적에게 붙었던 사람들의 소행을 전했다. 황득중에게 목수를 데리고 섬 북쪽 봉우리로 가서 집 지을 재목을 베어 오도록 했다. 적에게 붙었던 해남의 정은부(鄭銀夫)와 김신웅(金信雄)의 부인, 왜놈에게 지시하여 우리나라 사람을 죽인 자 2명, 선비 집안 처녀를 강간한 김애남(金愛南)을 모두 해질녘에 목을 베어 걸었다. 저녁에 양밀(梁謐)이 도양장 둔전의 곡식을 제멋대로 나누어준 일로 곤장 60대를 때렸다.

정유년 11월 정유년 11월(1597년 11월)

11월 1일[무자/12월 9일]

비가 오다. 아침에 사슴 가죽 2장이 물에 떠내려 와서 이것을 명나라 장수에게 선물로 주려 하니 기이하다. 오후 2시쯤 비는 그쳤지만 된바람이 몹시 불어 뱃사람들이 추워 고통스러워했다. 나는 선실에 쭈그려 앉아 있었다. 마음이 매우 좋지 않아 하루가 마치 1년 같았다. 비통한 마음을 어찌 말로 하랴. 저녁에 된바람이 세게 불어 밤새도록 배가 흔들려서 사람이 제대로 편안하게 있을 수가 없었다. 땀이 흘러 온몸을 적셨다.

11월 2일[기축/12월 10일]

흐리지만 비는 오지 않다. '우수사의 전투배가 바람에 떠내려가다가 바위에 걸려 부서졌다'는 소식을 일찍 들었다. 몹시 원통하고 분하다. 병선(兵船)의 군관 당언량(唐彦良)에게 곤장 80대를 때렸다. 선창에 내려가 앉아서 다리 놓는 일을 감독했다. 그길로 새집 짓는 곳으로 올라갔다가 저물어서야 배로 내려왔다.

11월 3일[경인/12월 11일]

맑다. 일찍 새집 짓는 곳으로 올라가니 선전관 이길원(李吉元)이 배설을 처단할 일로 들어왔다. 배설은 벌써 성주(星州) 본가로 갔는데 그곳으로 가지 않고 곧장 이곳으로 왔으니, 그 사사로움을 좇는 그(이길원)의 죄가 더 크다. 그를 녹도의 배로 보냈다.

11월 4일[신묘/12월 12일]

맑다. 일찍 새집 짓는 곳으로 올라갔다. 이길원이 머물렀다. 진도 군수 선의문(宣義問)이 왔다.

11월 5일[임진/12월 13일]

맑다. 봄날처럼 따뜻하다. 일찍이 새집 짓는 곳으로 올라갔다가 날이 저물어서 배로 내려왔다. 영암 군수 이종성(李宗誠)이 와서 밥 30말을 지어 일꾼들에게 먹이고는 "군량미 200섬과 벼 700섬을 마련했다"고 말했다. 이날 보성 군수와 홍양 현감에게 군량미 곳간 짓는 것을 살피게 했다.

11월 6일[계사/12월 14일]

맑다. 일찍 새집 짓는 곳으로 올라가 종일 어슬렁거리니 해가 저무는 것도 몰랐다. 전라 우수사 우후가 나무 베어 올 일로 황원장(黃原場)으로 갔다.

11월 7일[갑오/12월 15일]

맑고 따뜻하다. 아침에 해남 의병이 왜놈 머리 하나와 환도 한 자루를 가지고 와서 바쳤다. 이종호(李宗浩)와 당언국(唐彦國)을 잡아 왔으므로 거제의 배에 가두었다. 전 홍산 현감 윤영현(尹英賢), 생원 최집(崔潗)이 와서 보고, 또 군량에 쓸 벼 40섬과 쌀 8섬을 바쳤다. 며칠 양식에 도움이 되겠다. 본영의 박주생(朴注生)이 왜놈 머리 2개를 베어 왔다. 전 현감 김응인(金應仁)이 와서 보았다. 이대진(李大振)의 아들 이순생(李順生)이 윤영현을 따라왔다. 저녁에 새집의 마루 만드는 것을 끝냈다. 여러 수사들이 와서 보았다. 이날 자정쯤 꿈에서 아들 면의 죽은 모습을 보고는 통곡했다. 진도 군수가 돌아갔다.

11월 8일[을미/12월 16일]

맑다. 새벽 2시쯤 꿈속에서 물에 들어가 물고기를 잡았다. 이날은 따뜻하고 바람도 없었다. 새로 만든 방의 벽에 진흙을 발랐다. 이지화(李至和) 부자가 와서 보았다. 마루를 만들었다.

11월 9일[병신/12월 17일]

맑다. 봄날처럼 따뜻하다. 우수사가 와서 보았다. 강진 현감(송상보)은 현으로 돌아갔다.

11월 10일[정유/12월 18일]

눈과 비가 섞여 오다. 된하늬바람이 세게 불어 겨우 배를 건너게 했다. 이정충이 와서 "장흥의 적들이 달아났다"고 말했다.

11월 11일[무술/12월 19일]

맑고 바람이 잦아들다. 밥을 먹은 뒤에 새집으로 올라갔다. 평산포(平山浦)의 새 만호가 임명장을 바쳤다. 그는 하동 현감의 형인 신훤(申萱)으로, "숭정대부(崇政大夫)로 품계를 올리라는 명이 이미 나왔다"고 전했다. 장흥 부사와 배 조방장이 와서 보았다. 저녁에 우우후 이정충이 왔다가 8시쯤 돌아갔다.

11월 12일[기해/12월 20일]

맑다. 이날 느지막이 영암과 나주의 사람들이 타작을 금한다 하여 잡혀서 묶여 왔다. 그래서 그 가운데서 주모자를 찾아내 형벌에 처한 뒤 나머지 네 명은 각 배에 가두었다.

11월 13일[경자/12월 21일]

맑다.

11월 14일[신축/12월 22일]

맑다. 해남 현감 유형(柳珩)이 와서 윤단중(尹端中)의 무리한 일을 많이 전하면서, "관아 하인들이 법성포로 피란을 갔다가 돌아올 때 바람을 만나 배가 뒤집어지려는데 바다 가운데에서 만났어도 구하여 건지려고 하지 않고 도리어 배의 물건을 약탈해 갔다"고 말했다. 그래서 그를 중군선(中軍船)에 가두었다. 김인수(金仁守)는 경상 수영의 배에 가두었다. 내일은 아버지 제삿날이니 나가지 않을 것이다.

11월 15일[임인/12월 23일]

맑다. 봄날처럼 따뜻하다. 밥을 먹은 뒤에 새집으로 올라갔다. 느지막이 임환과 윤영현이 와서 보았다. 이날 저녁에 송한이 서울에서 돌아왔다.

11월 16일[계묘/12월 24일]

맑다. 아침에 조방장, 장흥 부사와 진영중의 여러 장수가 함께 와서 보았다. 전공(戰功)을 조사한 기록을 보니 거제 현령 안위가 통정대부가 되었으며, 나머지도 차례차례 벼슬을 받았고, 나에게는 은돈 20냥을 상으로 내렸다. 명나라 장수 경리(經理) 양호(楊鎬)는 붉은 비단 1필을 보내면서 '배에 이 붉은 비단을 걸어 주고 싶으나 멀어서 할 수 없다'고 했다. 영의정의 회답편지도 왔다.

11월 17일[갑진/12월 25일]

비가 오다. 경리 양호의 차관이 초유문(招諭文)*¹과 면사첩(免死帖)*²을 가지고 왔다.

11월 18일[을사/12월 26일]

맑다. 봄날처럼 따뜻하다. 윤영현이 와서 보았다. 정한기(鄭漢己)도 왔다. 땀이 흘렀다.

11월 19일[병오/12월 27일]

흐리다. 배 조방장과 장흥 부사가 와서 보았다.

11월 20일[정미/12월 28일]

비가 오고 바람이 불다. 임준영이 와서 "완도(莞島)를 정탐하니 적들이 없다"고 전했다.

11월 21일[무신/12월 29일]

맑다. 송응기(宋應璣)가 산의 일꾼을 거느리고 해남의 소나무 있는 데로 갔다. 이날 저녁에 이대진의 아들 순생(順生)이 와서 묵었다.

11월 22일[기유/12월 30일]

흐리다 개다 하다. 저녁에 김애(金愛)가 아산에서 돌아왔는데 유지를 가지

---

*1 적이나 적에게 붙었던 자들을 너그러이 포용하겠다는 포고문.
*2 사형을 적용하지 않을 것을 보증하는 증명서.

고 왔다. 이달 10일 아산에서 올 때는 편지를 가지고 왔었다. 밤에 비와 눈이 내리고 바람이 크게 불었다. '장흥에 있던 적들이 20일에 달아났다'는 보고가 왔다.

11월 23일[경술/12월 31일]

바람이 세고 눈이 많이 오다. 이날 승전에 대한 장계를 썼다. 저녁에 얼음이 얼었다고 했다. 아산의 집으로 편지를 쓰려는데 눈물이 흘러 멈출 수가 없었다. 죽은 아들 생각하는 마음을 누르기 어렵다.

11월 24일[신해/1598년 1월 1일]

눈과 비가 오다. 된하늬바람이 계속 불었다.

11월 25일[임자/1월 1일]

눈이 오다.

11월 26일[계축/1월 3일]

비와 눈이 오다. 추위가 곱절로 심해졌다.

11월 27일[갑인/1월 4일]

맑다. 이날 장흥의 승전 장계를 고쳤다.

11월 28일[을묘/1월 5일]

맑다. 장계를 봉했다. 무안에 사는 진사 김덕수(金德秀)가 군량에 쓸 벼 15섬을 가져와 바쳤다.

11월 29일[병진/1월 6일]

맑다. 유격 마귀(麻貴 : 명나라 장수)의 차관 왕재(王才)가 "물길을 따라 명나라 군사가 내려 온다"고 했다. 전희광(田希光), 정봉수(鄭鳳壽)가 왔다. 무안 현감도 왔다.

정유년 12월 정유년 12월(1597년 12월)

12월 1일[정사/1월 7일]

맑다. 날씨가 맑고 따뜻하다. 경상 수사 입부(立夫) 이순신(李純信)이 진영으로 왔다. 나는 복통을 앓아서 늦게 수사를 보고 함께 이야기하며 종일 대책을 의논했다.

12월 2일[무오/1월 8일]

맑다. 날씨가 봄날처럼 아주 따뜻하다. 영암의 향병장(鄕兵將) 유장춘(柳長春)이 적을 토벌한 사유를 보고하지 않았으므로 곤장 50대를 쳤다. 홍산(鴻山) 현감 윤영현, 김종려, 백진남, 정수 등이 와서 보았다. 밤 10시쯤 땀이 나 몸을 적셨다. 된바람이 세게 불었다.

12월 3일[기미/1월 9일]

맑다. 바람이 세게 불었다. 몸이 불편하다. 경상 수사(이순신)가 와서 보았다.

12월 4일[경신/1월 10일]

맑다. 몹시 추웠다. 느지막이 김윤명(金允明)에게 곤장 40대를 때렸다. 장흥의 교생(敎生)인 기업(基業)에게는 군량을 훔쳐서 실은 죄로 곤장 30대를 때렸다. 거제 현령과 금갑도 만호, 천성보 만호가 타작하는 곳에서 돌아왔다. 무안 현감과 전희광 등이 돌아갔다.

12월 5일[신유/1월 11일]

맑다. 공로를 세운 여러 장수들에게 상과 직첩(職帖 : 벼슬 임명장)을 나누어 주었다. 김돌손(金乭孫)이 봉학(奉鶴)을 데리고 함평 지역으로 가서 어부(포작)를 수색하여 감독했다. 정응남(鄭應男)이 점세(占世)를 데리고 진도로 갔는데,

배를 새로 만들 때 나쁜 일이 있지 않았는지 알아보기 위해 함께 나간 것이다. 해남의 독동(禿同)을 처형했다. 전 익산 군수 고종후(高從厚), 김억창(金億昌), 광주의 박자(朴仔), 무안의 나덕명(羅德明)이 왔다. 도원수의 군관이 임금의 유지를 받들고 왔는데, '이번 선전관 편에 들으니 통제사 이순신(李舜臣)이 아직도 상제(喪制)라 하여 고기를 먹지 않으니 여러 장수들이 안타깝게 여긴다고 했다. 사사로운 정이야 비록 간절하지만 나랏일이 한창 바쁘고, 옛사람도 전쟁에 나아가 용맹이 없으면 효가 아니라고 말했다. 전쟁할 때의 용맹은 소찬(素饌 : 고기나 생선이 없는 반찬)이나 먹는 기운 없는 자가 해낼 수는 없다. 《예기》에도 '원칙과 방편'이 있으니 꼭 원칙대로만 지킬 수는 없다. 경은 내 뜻을 헤아려서 개소(開素)*¹하여 방편을 좇도록 하라'고 하면서 고기 반찬을 하사하셨다. 마음이 더욱 비통하다. 강간, 약탈한 해남의 죄인을 함평에서 상세히 조사했다.

12월 6일[임술/1월 12일]
나덕준(羅德峻)과 정대청(鄭大淸)의 아우 응청(應淸)이 와서 보았다.

12월 7일[계해/1월 13일]
맑다.

12월 8일[갑자/1월 14일]
맑다.

12월 9일[을축/1월 15일]
맑다. 종 목년(木年)이 들어왔다.

12월 10일[병인/1월 16일]
맑다. 조카 해, 아들 열 및 진원(珍原) 현감이 윤간, 이언량과 함께 들어왔다. 배 만드는 곳으로 나가 앉아 있었다.

---

*1 예전 상례에서, 상복을 입는 기간에는 고기가 든 음식을 먹지 않다가 그 기간이 끝나고 다시 먹는 것.

12월 11일[정묘/1월 17일]
맑다. 경상 수사(이순신)와 조방장(배경남)이 와서 보았다. 우수사(이시언)가
와서 보았다.

12월 12일[무진/1월 18일]
맑다.

12월 13일[기사/1월 19일]
이따금 눈이 오다.

12월 14일[경오/1월 20일]
맑다.

12월 15일[신미/1월 21일]
맑다.

12월 16일[임신/1월 22일]
맑다가 느지막이 눈이 오다.

12월 17일[계유/1월 23일]
눈과 바람이 섞여 심하게 치다. 조카 해와 헤어졌다.

12월 18일[갑술/1월 24일]
눈이 내리다. 조카 해는 어제 취한 술이 깨지도 않았는데 이날 새벽에 배를
출발시켰다. 마음이 편하지 않다.

12월 19일[을해/1월 25일]
종일 눈이 내리다.

12월 20일[병자/1월 26일]

진원 현감의 어머니와 윤간이 올라갔다. 우후(이몽구)가 교서에 숙배했다.

12월 21일[정축/1월 27일]

눈이 오다. 아침에 홍산 현감(윤영현)이 목포에서 와서 보았다. 느지막이 배 조방장과 경상 수사(이순신)가 와서는 몹시 취하여 돌아갔다.

12월 22일[무인/1월 28일]

눈비가 섞여 내리다. 함평 현감(손경지)이 들어왔다.

12월 23일[기묘/1월 29일]

눈이 세 치나 오다. 순찰사(황신)가 진영으로 온다는 기별이 먼저 들려왔다.

12월 24일[경진/1월 30일]

눈이 오다 개다 하다. 아침에 이종호(李宗浩)를 순찰사에게 보내 문안했다. 이날 밤 나덕명이 와서 이야기를 나누는데, 머무르는 걸 싫어하는 것도 모르니 한심하다. 밤 10시쯤 집에 편지를 썼다.

12월 25일[신사/1월 31일]

눈이 오다. 아침에 열이 돌아갔다. 그 어미의 병 때문이었다. 느지막이 경상 수사와 배 조방장이 와서 보았다. 오후 6시쯤 순찰사가 진영으로 와서 함께 군사에 대한 일을 의논하여, 바닷가 고을 19군데를 수군에 전속(專屬)하게 했다. 저녁에 방 안으로 들어가 조용히 이야기했다.

12월 26일[임오/2월 1일]

눈이 오다. 방백(方伯: 순찰사)과 함께 방에 앉아 은밀히 군사 대책을 의논했다. 느지막이 경상 수사와 배 조방장이 와서 보았다.

12월 27일[계미/2월 2일]

눈이 오다. 아침을 먹은 뒤에 순찰사가 돌아갔다.

12월 28일[갑신/2월 3일]

맑다. 경상 수사(이순신)와 배 조방장이 와서 보았다. 비로소 '경상 수사가 가지고 있던 물건이 왔다'는 소식을 들었다.

12월 29일[을유/2월 4일]

맑다. 김인수(金仁秀)를 놓아 보냈다. 윤……*²에게 곤장 30대를 때리고 놓아 보냈다. 영암 좌수(座首)는 문초를 받고 놓아 주었다. 두우(杜宇)가 종잇감으로 백지(白紙)와 상지(常紙)를 50…… 장을 가져왔다. 초저녁에 다섯 사람이 뱃머리에 왔다고 했다. 그래서 종을 보냈다……. 그것이 무슨 뜻인지 알 수가 없다. 거제 현령의 망령됨을 알 만하다……. 다친 팔과 손가락을 물로 씻었다고 했다…….

12월 30일[병술/2월 5일]

입춘. 눈보라가 어지럽게 치고 추위가 몹시 심하다. 배 조방장이 와서 보았다. 여러 장수들이 모두 와서 보았다. 그러나 평산포 만호와 영등포 만호는 오지 않았다. 부찰사의 군관이 편지를 가지고 왔다. 오늘밤은 한 해의 마지막 날인 그믐밤이니 비통한 생각이 한결 더하다.

＊2 원문이 훼손되어 내용을 알 수 없는 부분. 이하 동일.

무술년 일기

무술년 정월(1598년 1월)

1월 1일[정해/2월 5일]

맑다. 느지막이 눈이 잠깐 내렸다. 경상 수사(이순신)와 조방장(배경남), 여러 장수들이 다 와서 모였다.

1월 2일[무자/2월 6일]

맑다. 나라 제삿날(명종 비 인순왕후 심씨 제사)이라 공무를 보지 않았다. 이 날 새로 만든 배에서 흙이 떨어졌다. 해남 현감(유형)이 와서 보고는 돌아갔다. 송대립(宋大立), 송득운(宋得運), 김붕만(金鵬萬)이 각 관아로 나갔다. 진도 군수 가 와서 보고 돌아갔다.

1월 3일[기축/2월 7일]

맑다. 이언량(李彦良), 송응기(宋應璣) 등이 산에…….*¹

1월 4일[경인/2월 8일]

맑다. 무안 현감(남언상)을 곤장 치게 했다…… 수사에게…… 우수사(이순신) 가 왔다…….

(1월 5일부터 9월 14일까지의 일기는 빠져 있음)

4월 26일에 명나라 유격장(遊擊將) 계금(季金)에게서 받은 물건은 청운비단 〔靑雲絹〕 1단, 남운비단〔藍雲絹〕 1단, 비단버선〔綾襪〕 1쌍, 구름무늬 신〔雲履〕 1쌍,

---

*1 원문이 훼손되어 내용을 알 수 없는 부분. 이하 동일.

향기(香棋) 1부, 향패(香牌) 1부, 절명(浙茗) 2근(36냥쭝), 향춘(香椿) 2근(36냥쭝), 사청차(四靑茶) 사발 10개, 산닭[生鷄] 4마리이다.

천총(千摠) 강인약(江鱗躍)에게서 받은 물건은 춘명(椿茗) 1봉, 화합(花盒) 1개, 등부채[藤扇] 1개, 복리(服履) 1쌍이다.

천총(千摠) 주수겸(朱守謙)에게서 받은 물건은 술잔[酒盞] 6개, 주사(硃沙)로 만든 잔(硃箋) 2개, 소합(小盒) 1개, 찻잎[茶葉] 1봉, 신선로(神仙爐) 1개, 응애[鷹埃] 2개이다.

천총(千摠) 정문린(丁文麟)에게서 받은 물건은 여름버선[暑襪] 1쌍, 명주수건[領絹] 1쪽, 우차(雨茶) 1봉, 후추[胡椒] 1봉이다.

파총(把摠) 진자수(陳子秀)에게서 받은 물건은 수보(繡補) 1부(관복의 흉배), 시를 쓴 부채[詩扇] 1개, 향[香線] 10가닥이다.

육경(陸卿)에게서 받은 물건은 꽃무늬수건[花帨] 1개이다.

허(許) 파총(把總)에게서 받은 것은 청포(靑布)와 홍포(紅布) 각 1개씩, 금부채[金扇] 2개, 꽃무늬수건[花帨] 1개이다.

10월 4일에 유격(遊擊) 복일승(福日升)에게서 받은 물건은 청포(靑布) 1단, 남포(藍布) 1단, 금부채[金扇] 4자루, 젓가락[杭筋] 2단(丹), 산닭[生鷄] 2마리, 절인 양고기[鹹羊] 1주(肘)이다.

유격(遊擊) 왕원주(王元周)에게서 받은 물건은 금띠[金帶] 1개, 상감(象嵌)한 책갑[鑲嵌圖書匣] 1개, 향합(香盒) 1개, 경대[鏡架] 1개, 금부채 2개, 명주[絲綿] 1봉, 찻항아리[茶壺] 1개, 빗[蘇梳] 2개이다.

천총(千總) 오유림(吳惟林)에게서 받은 물건은 양대(鑲帶) 1개, 명함[拜帖] 20

장이다.

파총(把總) 진국경(陳國敬)에게서 받은 물건은 꽃차〔花茶〕 1봉, 꽃무늬 술잔〔花酒盃〕 1개, 구리로 만든 찻순가락〔銅茶匙〕 2부, 찻순가락〔細茶匙〕 1부, 홍례첩(紅禮帖) 1개, 전간첩(全束帖) 5장, 서간첩(書束帖) 10장, 고절간(古折束) 8장, 붉은 주사(硃沙)로 만든 젓가락〔硃紅筋〕 10쌍이다.

계영천(季永荐)에게서 받은 물건은 진금부채〔眞金扇〕 1개, 땀수건〔汗巾〕 1쪽, 부들부채〔蒲扇〕 1자루, 수건〔粗帨〕 2장이다.

기패(旗牌) 왕명(王明)에게서 받은 물건은 남포(藍布) 1단, 베개 장식〔枕頭花〕 1벌, 푸른 비단실〔靑絹線〕 조금이다.

파총(把總) 공진(龔璡)에게서 받은 물건은 붉은 종이〔紅紙〕 1부, 절강 차〔浙茶〕 1봉, 찻순가락 6개, 바늘〔蘇針〕 1포이다.

중군(中軍) 왕계자(王啓子)에게서 받은 물건은 남색 띠〔藍帶〕 1개, 크고 작은 빗 2개이다.

무술년 7월(1598년 7월)

7월 24일

복병장(伏兵將) 녹도 만호 송여종(宋汝悰)이 전투배 8척을 거두다가 적선 11척을 절이도(折爾島 : 전남 거금도)에서 만나 6척을 통째로 포획하고 적군 69명의 목을 베고서 용기를 발휘해 진영으로 돌아왔다.*¹

---

*1 '일기초'에서 새로 추가된 내용. 전쟁 막바지에 조선 수군이 거둔 승리인 '절이도 해전'에 대한 기록. 이 승전은 지금까지 '선조실록'과 이순신의 조카 이분의 '행록' 등에 단편적으로 등장했을 뿐 정작 '난중일기'에는 그 내용이 없었다.

무술년 9월(1598년 9월)

9월 15일[정유/10월 14일]
맑다. 명나라 도독 진린(陳璘)과 함께 일제히 항해하여 나로도(羅老島 : 고흥군 봉래면)에 이르러 머물렀다.

9월 16일[무술/10월 15일]
맑다. 나로도에 머물렀다. 도독과 함께 술을 마셨다.

9월 17일[기해/10월 16일]
맑다. 나로도에 머물렀다. 진린과 함께 술을 마셨다.

9월 18일[경자/10월 17일]
맑다. 낮 2시에 출항해서 방답(防踏 : 여수시 돌산읍 군내리)에 이르러 머물다.

9월 19일[신축/10월 18일]
맑다. 아침에 좌수영 앞바다로 옮겨 배를 대니, 눈앞의 광경이 참담했다. 자정에 하개도(何介島)로 옮겨 대었다가 날이 채 밝기 전에 출항했다.

9월 20일[임인/10월 19일]
맑다. 오전 8시쯤 유도(狍島 : 묘도(猫島)의 오기로 여겨짐)에 이르니 명나라 제독 유정이 벌써 진군했다. 바다와 뭍에서 동시에 공격하니 적의 기세가 크게 꺾여 많이 겁내는 모습이다. 수군이 드나들며 대포를 쏘아댔다.

9월 21일[계묘/10월 20일]

맑다. 아침에 진군하여 활을 쏘거나 대포를 쏘며 종일 싸웠으나 물이 매우 얕아 가까이 붙어 싸울 수가 없었다. 남해의 적이 가벼운 배를 타고서 들어와 정탐하려 할 즈음, 허사인(許思仁) 등이 추격하니 왜적들은 뭍에 내려 산으로 올라갔다. 그리하여 왜놈들의 배와 여러 물건을 빼앗아 도독에게 바쳤다.

9월 22일[갑진/10월 21일]

맑다. 아침에 진군해서 나갔다 들어왔다 하며 싸웠는데, 명나라 유격(마귀)이 어깨에 적탄을 맞았으나 중상은 아니었다. 명나라 군사 11명이 적탄에 맞아 죽고, 지세포 만호와 옥포 만호가 적탄에 맞았다.

9월 23일[을사/10월 22일]

맑다. 도독이 화를 내고 서천 만호와 홍주(洪州) 대장, 한산도 대장 등에게 각각 곤장 7대를 쳤다. 금갑도 만호와 제포 만호, 회령포 만호에게도 아울러 곤장 15대씩 때렸다.

9월 24일[병오/10월 23일]

맑다. 진대강(陳大綱)이 돌아갔다. 원수의 군관이 공문을 가지고 왔다. 충청 병사(兵使)의 군관 김정현(金鼎鉉)이 왔다. 남해 사람 김덕유(金德酉) 등 5명이 나갔다 와서 그 고을 적의 정세를 전했다.

9월 25일[정미/10월 24일]

맑다. 진대강이 돌아와서 제독 유정의 편지를 전했다. 이날 육군은 공격하려고 했지만 기구들이 완전하지 못했다. 김정현이 와서 봤다.

9월 26일[무신/10월 25일]

맑다. 이날도 육군의 준비가 갖추어지지 않았다. 저녁에 정응룡(鄭應龍)이 와서 북도(北道)의 일을 말했다.

9월 27일[기유/10월 26일]

아침에 잠시 비가 뿌리더니 하늬바람이 세게 불다. 명나라 군문(軍門) 형개(邢玠)가 '수군이 재빨리 진군한 것을 가상히 여긴다'는 글을 보냈다. 밥을 먹은 뒤에 도독 진린을 보고 조용히 의논했다. 종일 바람이 세게 불었다. 저녁에 신호의(愼好義)가 와서 보고 갔다.

9월 28일[경술/10월 27일]

맑다. 하늬바람이 세게 불어 크고 작은 배들이 드나들 수가 없었다.

9월 29일[신해/10월 28일]

맑다.

9월 30일[임자/10월 29일]

맑다. 이날 저녁 명나라 유격 왕원주(王元周), 유격 복일승(福日升), 파총 이천상(李天常)이 배 100여 척을 거느리고 진영으로 왔다. 이날 밤 등불을 휘황찬란하게 밝혔으니, 적도들은 간담이 서늘했을 것이다.

무술년 10월(1598년 10월)

10월 1일[계축/10월 30일]
맑다. 도독(진린)이 새벽에 제독 유정(劉綎)에게 가서 잠깐 서로 이야기했다.

10월 2일[갑인/10월 31일]
맑다. 아침 6시쯤 진군했는데, 우리 수군이 먼저 나가 정오까지 싸워 적을 많이 죽였다. 사도 첨사(황세득)가 적탄에 맞아 죽고, 이청일(李淸一)도 죽었다. 제포 만호 주의수(朱義壽), 사량 만호 김성옥(金聲玉), 해남 현감 유형, 진도 군수 선의문(宣義問), 강진 현감 송상보(宋尙甫)가 적탄에 맞았으나 죽지는 않았다.

10월 3일[을묘/11월 1일]
맑다. 도독(진린)이 제독 유정의 비밀 서신에 따라 초저녁에 진군하여 자정까지 싸웠다. 명나라 사선(沙船) 19척, 호선(虎船) 20척이 불에 타니 도독의 엎어지고 자빠지는 꼴을 이루 말할 수 없다. 안골포 만호 우수(禹壽)가 적탄에 맞았다.

10월 4일[병진/11월 2일]
맑다. 아침 일찍 출항해서 적을 공격하며 종일 싸우니, 적들은 허둥지둥 달아났다.

10월 5일[정사/11월 3일]
맑다. 하늬바람이 세게 불어 배들을 겨우 구호하고 밤을 보냈다.

10월 6일[무오/11월 4일]

맑다. 된하늬바람이 세게 불었다. 도원수(권율)가 군관을 보내 '제독 유정이 달아나려 했다'고 하는 편지를 보내왔는데, 정말로 원통하고 분하다. 나랏 일이 장차 어찌 될 것인가!

10월 7일[기미/11월 5일]

맑다. 아침에 송한련이 군량 4섬과 좁쌀 1섬, 기름 5되, 꿀 3되를 바쳤다. 김태정(金太丁)이 쌀 2섬 1말을 바쳤다.

10월 8일[경신/11월 6일]

맑다.

10월 9일[신유/11월 7일]

육군은 이미 물러났다. 그래서 도독(진린)과 함께 배를 거느리고 바닷가 정자에 이르렀다.

10월 10일[임술/11월 8일]

좌수영에 이르렀다.

10월 11일[계해/11월 9일]

맑다.

10월 12일[갑자/11월 10일]

나로도에 이르렀다.

(10월 13일부터 11월 7일까지의 일기는 빠져 있음)

무술년 11월(1598년 11월)*1

11월 8일[기축/12월 5일]
명나라 도독부를 방문해서 위로연을 베풀어 주고 어두워져서 돌아왔다. 조금 있으니 도독(진린)이 만나고자 하므로 곧 나갔더니 "순천 왜교(倭橋 : 순천시 해룡면 신성리)의 적들이 초열흘 사이에 철수하여 물러난다는 기별이 육지에서 왔으니, 빨리 진군하여 돌아가는 적들의 길을 끊어 막으라"고 했다.

11월 9일[경인/12월 6일]
도독과 함께 일제히 진군해서 백서량(白嶼梁 : 여수시 남면)에 이르러 진영을 쳤다.

11월 10일[신묘/12월 7일]
좌수영 앞바다에 이르러 진을 쳤다.

11월 11일[임진/12월 8일]
유도(묘도(猫島 : 여수시 묘도동)을 말함)에 이르러 진영을 쳤다.

11월 13일[갑오/12월 10일]
왜선 10여 척이 노루섬(獐島)에 나타나므로, 곧 도독과 약속하고 수군을 거느리고 추격하니 왜적선이 물러가 움츠리고 종일 나오지 않는다. 도독과 더불어 노루섬으로 돌아와 진을 쳤다.

---

*1 무술년 11월은 《충무공전서》 본에서 보충한 것인데, 날짜만 있고 간지가 없으므로 보충해 넣은 것임.

11월 14일[을미/12월 11일]

왜선 2척이 강화(講和)할 목적으로 바다 중간쯤까지 나왔다. 도독이 왜말 통역관을 시켜 왜선을 마중해 오게 했다. 오후 8시쯤 왜놈 장수가 작은 배를 타고 도독부로 들어와서 돼지 2마리와 술 2통을 도독에게 바쳤다고 했다.

11월 15일[병신/12월 12일]

이른 아침에 도독에게 가 보고, 잠깐 이야기하고서 돌아왔다. 왜선 2척이 강화하는 일로 2~3번 도독의 진중으로 드나들었다.

11월 16일[정유/12월 13일]

도독이 진문동(陳文同)을 왜적 진영으로 들여보냈는데, 조금 있다가 왜선 3척이 말과 창, 칼 등을 가지고 도독에게 나아가 바쳤다.

11월 17일[무술/12월 14일]

어제 복병장 발포 만호 소계남(蘇季男)과 당진포 만호 조효열(趙孝悅) 등이 왜놈의 중선(中船) 하나가 군량을 가득 실은 채 남해에서 바다를 건너가는 것을 보고 한산도 앞바다까지 쫓아가니, 왜적들은 언덕을 의지하고 뭍으로 올라가 달아났고, 잡은 왜선과 군량은 명나라 사람에게 빼앗기고서 빈손으로 돌아와 보고했다.

이순신 그 격동의 생애

고산고정일

이순신 그 격동의 생애

고산고정일

이순신 탄생

우리의 선조 가운데 바다를 무대로 활동한 사람은 그 수를 헤아릴 수 없을 만큼 많다. 신라의 장보고(張保皐)와 고려의 김방경(金方慶), 조선의 이순신(李舜臣) 등은 역사에 용명이 길이 빛나고 있다. 그 가운데에서도 조선술·항해술·함재화포(艦載火砲)·해전술에 이르기까지 해군의 종합적 전통을 세운 사람은 국난을 온몸으로 막아낸 이순신 장군이다.

이순신은 인종(仁宗) 1년(1545) 3월 8일 밤 11시경 한성부 건천동(乾川洞, 지금의 중구 인현동 1가)에서 이정(李貞)의 셋째아들로 태어났다.

이순신이 태어난 1545년은 국내 정세가 불안하던 때였다. 중종이 1544년에 승하하고, 인종이 같은 해 11월 임금의 자리에 올랐으나 이듬해 7월 즉위 여덟 달 만에 승하했다. 세자 때 인품과 행동으로 보아 즉위하면 어진 임금이 될 것이라고 대신들의 기대가 컸지만, 워낙 약골인 데다가 오랜 기간 중종 병시중과 국상(國喪)을 치르며 얻은 과로를 끝내 해소하지 못해 왕위에 오르자마자 병석에 누웠고, 정치다운 정치를 펴보지도 못한 채 일찍 승하했다.

인종의 뒤를 이어 명종이 즉위하자, 조정은 치열한 세력 다툼의 장소로 바뀌었다. 중종과 인종의 국상 중임에도 외척들은 권력 다툼으로 나날을 보냈다. 중종 말 세자(인종)를 보호하려 했던 윤임(尹任)이 이끄는 대윤과 세자를 문정왕후(文定王后) 소생인 경원대군(명종)으로 바꾸기 위해 기회를 노리던 윤원로(尹元老)·윤원형(尹元衡) 등이 이끄는 소윤의 대립은 끝내 을사사화를 낳았다.

이 무렵 이순신 집안에도 시련이 닥쳐왔다. 평시서 봉사(平市署奉事)를 지내던 할아버지 이백록(李百祿)이 파직당하고, 얼마 뒤 죽었다. 바로 이런 때에 이순신이 태어났다.

이순신의 이름은 '신(臣)'자 돌림에다 중국 고대의 전설상의 임금인 '순(舜)'을 따 '순신(舜臣)'이라 지었다. 맏형은 삼황오제(三皇五帝)에서 복희씨(伏羲氏)를 본따 '희신(羲臣)'이라 지었고, 둘째 형은 삼대(三代)의 요(堯)를 본받으라는 뜻에서 '요신(堯臣)'이라 지었으며, 동생은 우(禹) 임금을 따 '우신(禹臣)'이라 지었다.

이순신의 조카 이분(李芬)이 지은 〈행록(行錄)〉에는 이순신의 출생과 관련된 또 다른 이야기가 나온다. 어머니 변씨가 이순신을 낳을 때 시아버지인 이백록이 꿈에 나타나 '이 아이는 반드시 귀하게 될 것이니 이름을 마땅히 순신이라 하라'고 일러주었으며, 순신이 태어났을 때 점쟁이가 찾아와 "이 아이는 쉰 살이 되면 북방의 대장이 될 것이오"라고 일러 주었다고도 한다.

조선시대에는 관례(冠禮)를 치르면 서로를 부를 때 이름보다 흔히 자(字)를 썼다. 이순신의 자는 여해(汝諧)로 《서경(書經)》에서 따 온 것이다.

이순신의 형제에 대한 기록은 그다지 남아 있지 않아 희신·요신의 행적에 대해서는 알 수 없다. 다만 이들은 순신과 함께 글을 읽었고, 《사마방목(司馬榜目)》에 요신은 과거에 합격한 것으로 나타나 있다. 그러나 희신과 요신은 일찍 세상을 떠났기에, 순신은 30대부터 두 형님 집안의 가장(家長) 역할까지 하게 되었다.

이순신은 정읍현감으로 부임할 때 조카들까지 부임지로 데려갔다. 임진왜란 중에는 맏형 희신의 아들 분(芬)·완(莞)도 함께 참전했으며, 아우 우신과 자기 아들, 그리고 조카들에게 아산 본가에서 어머니를 모시게 하고, 수시로 오가며 연락했다.

이순신은 슬하에 아들 다섯과 딸 셋을 두었는데, 셋째 면(葂)은 정유재란이 일어나던 해인 선조 30년(1597) 아산 본가에서 왜군과 맞서 싸우다 열여섯 살에 전사했고, 서자 훈(薰)은 인조 2년(1624) 이괄의 난 때, 신(藎)은 정묘호란 때 전사했다.

맏형 희신의 둘째아들 분은 임진왜란이 일어나자, 성천(成川)으로 피란갔다가 그곳 부사 한강(寒岡) 정구(鄭逑)에게 글을 배웠다. 그 뒤 정유재란을 겪으면서 이순신의 막하로 들어가 활동했다. 오늘날 이순신의 행적을 상세히 알 수 있는 것은 모두 그가 지은 〈행록〉이 전해 오는 덕분이다.

희신의 넷째아들 완은 열아홉 살부터 이순신의 막하로 들어가 왜군을 물

충무공 이순신 영정 해남 우수영 봉안(1962). 이당 김은호 그림. 1973년 장우성의 그림이
이순신 장군 표준영정으로 정해지기 전까지 표준영정이었다.

리치는 데 일조했다. 그는 선조(宣祖) 32년(1599) 무과에 합격한 뒤 충청병사
를 거쳐 인조 2년(1624) 의주부윤, 인조 5년(1627) 정묘호란 때 전사했다.

전쟁놀이를 즐기던 소년 순신

이순신의 어린 시절은 여느 아이들과 다르지 않았다. 〈행록〉에 따르면, 소
년 순신은 어릴 적 이웃 아이들과 더불어 언제나 전쟁놀이를 즐겼고, 그때마
다 아이들은 순신을 대장으로 삼았다고 한다. 순신은 늘 활과 화살을 지니
고 다녔으며, 마을의 어른이라도 도리에 어긋나는 일을 하면 곧장 화살을 겨
누는 통에 마을 사람들이 두렵게 여겨, 그의 집 앞 지나다니기를 꺼렸다고
한다.

나중에 선조에게 이순신을 천거한 사람은 임진왜란 무렵 훌륭한 재상으
로 조선 정국을 주도하던 유성룡(柳成龍)이다. 선조는 유성룡에게 이순신이
어떤 인물이냐고 묻자, 유성룡은 이렇게 답했다.

"이순신은 한 동네 사람이어서 신이 어려서부터 아는데, 직무를 잘 수행할
사람이라 생각합니다. 그는 평상시 대장 되기를 희망했습니다. 또 성품이 강
인하고 굳세어 남에게 굽힐 줄 모릅니다."

불우한 군인 생활만을 되풀이하던 이순신을 정읍현감에 기용하고, 또 정3
품 전라좌도 수군절도사(全羅左道水軍節度使)로 천거한 것도 유성룡이었다.

명종 10년(1555) 즈음에 아산으로 이사한 뒤 이순신은 사대부 집안의 가풍

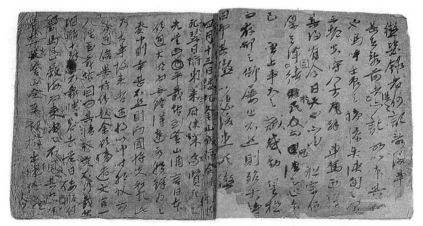

《징비록(懲毖錄)》(1599~1607) 국보 제132호. 유성룡이 임진왜란 때의 상황을 기록한 것이다. '징비'란 미리 징계하여 후환을 경계한다는 뜻. 유성룡은 왜적이 쳐들어올 것을 알고, 권율과 이순신을 중용하도록 추천하였고, 화포제조 등 각종 무기제조, 성곽을 세울 것을 건의하고 군비확충에 노력하였다.

을 따라 글을 읽기 시작했는데, 그의 문학적 자질은 《난중일기》와 그 밖의 여러 시문 등에도 잘 나타나 있다.

명종 20년(1565) 이순신은 혼인을 했다. 아내 방씨는 보성군수를 지낸 방진(方震)의 딸이었다. 방씨는 현숙하고 영리했다. 혼인할 때 방씨의 나이는 열두 살이었다.

방씨가 혼인하기 전 어느 날 도둑들이 그녀의 집 안마당으로 들어왔다. 방씨의 아버지는 도둑에게 활을 쏘다가 화살이 떨어지자, 화살을 어서 가져오라고 소리쳤다. 도둑들은 그 집의 계집종들과 미리 내통하여 집안의 화살을 모두 없애 버린 뒤였다. 이때 방씨가 침착하게 "아버님, 여기 있습니다" 하고 다락에서 베를 짤 때 사용하는 댓가지를 한아름 안아다가 방바닥으로 급히 던졌다. 그 떨어지는 소리가 마치 화살을 다발째 내려놓는 듯 요란했다.

방씨의 아버지는 본디 활을 잘 쏘기로 널리 알려진 사람이었다. 그것을 두려워했던 도둑들은 화살이 아직도 많이 있는 줄 알고 그만 꽁지가 빠지게 줄행랑을 쳤다고 한다. 방씨의 순발력 있는 기지를 엿볼 수 있는 대목이다.

방씨와 혼인한 뒤 이순신은 무관 출신 장인의 영향을 받아서인지 스물두 살부터 본격적으로 무예를 닦기 시작했다.

늦깎이로 시작한 무과급제 도전

이순신이 본격적으로 무예를 닦기 시작할 무렵 조선은 새로운 전기를 맞았다. 을사사화 이래 소윤 중심 척신들의 전횡은 명종 18년(1563) 이량(李樑)의 유배, 명종 20년(1565) 문정왕후의 죽음과 윤원형 삭탈관직 등으로 차츰 수그러들었고, 그 대신 사림 세력이 다시 정국 전면에 나섰다. 선조 즉위(1567)를 계기로, 사림 세력은 척신을 물리치고 정치에 새 바람을 불어넣었다.

율곡 이이는 그 동안 비정상적으로 운영되어 오던 여러 제도를 개선해서 인사·재정·군사 분야의 개혁을 이루고자 했다. 그런데 훈구파가 제거되자, 이번에는 사림 내에서 분열이 일어났다. 선조 초부터 선배 사림과 후배 사림이 맞서더니 마침내 붕당이 발생해서 동인과 서인으로 나뉘어졌다.

16세기 이후 향촌에 세워지기 시작한 서원을 중심으로 퇴계학파, 율곡학파, 남명학파 등이 생겨났다. 이 학파들은 임진왜란 내내 의병 봉기의 구심점이 되기도 했지만, 동서분당 이후 서로 대립해서 갈수록 배타적이고 독선적으로 정국을 운영하게 되었다. 경제적으로는 세습·면세전이 확대되어 국가 수입은 크게 줄어들었고, 농민생활은 곤궁해져 갔다. 더욱이 군역(軍役)의 요역(徭役)으로의 변질과 수포대역제(收布代役制)의 합법화, 환곡제도의 고리대(高利貸) 등으로 농민 부담은 훨씬 가중되었다. 엎친 데 덮친 격으로 잦은 가뭄과 홍수로 흉년이 들었고, 병충해와 전염병이 기승을 부려 농민들은 살 땅을 잃고 말았다. 농민들은 살 곳을 찾아 떠돌거나 대규모 도둑떼로 변했다. 국가 재정의 근간이던 농촌은 날이 갈수록 황폐해졌다.

무관들에 대한 대우도 상무정신으로 가득 차 있던 건국 초기와 달리 모든 면에서 소홀해져 있었다. 무관들의 승진 기회는 제한되어 있었고, 대우도 문관에 비해 형편없었다. 게다가 정상적인 승진 기회마저 척족들의 전횡으로 좌절되기 일쑤였다. 대우가 소홀해지자 무과를 지원하는 사람들의 수준도 차츰 떨어졌다.

각 영(營)·진(鎭)으로 부임하는 무관들 가운데에는 군졸을 침학(侵虐)하거나 수탈을 일삼는 자가 잇따랐고, 이런 일은 보편적일 만큼 널리 퍼져 있었다. 무과에 합격한 사람 가운데 병서(兵書)를 모르는 사람이 태반이었으며, 조정에서는 변란이 일어날 때마다 문관을 대장으로 삼아 진압하는 한편, 문관 가운데 장수의 자질이 있는 사람을 선발해서 유장(儒將)이라는 이름으로 대비했다.

이런 때에 이순신은 붓을 놓고 칼을 선택한다. 성격이 본디 활달하고 호방했지만, 그보다는 집안 형편이 더 크게 작용했다고 본다. 비록 무신의 길을 선택했지만, 올곧은 정신은 그대로 지니고 있었다.

그가 처음 무예를 배우기 시작하던 무렵의 일화한 토막이 〈행록〉에 적혀 있다.

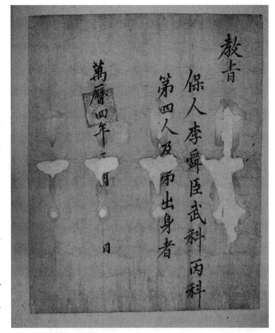

이순신 무과 병과급제 교지(1576)
보물 제1564호, 현충사 소장.

'병인년 겨울 비로소 무예를 배웠는데, 팔 힘과 말타고 활쏘기에는 따라올 이가 없었다. 공의 성품이 뜻이 높아 남에게 굽실거리지 않아서, 같이 배우는 무사들이 종일 깊이 생각하지 않고 말을 함부로 하며 서로를 놀리면서도, 오로지 공에게는 감히 너나들이하지 못하고 언제나 높이고 공경했다.'

이런 기록으로 미루어 보아 이순신이 얼마나 진지한 몸가짐으로 무예를 닦았는지, 또한 그에게는 아무나 가까이 다가 설 수 없는 위엄이 있었음을 알 수 있다. 몸집은 보통 사람보다 큰 편이었으며, 힘도 세고 말도 잘 타는 무인으로서의 위용(偉勇)을 두루 갖추고 있었다.

이순신이 무인으로서 갖추어야 할 덕목을 쌓아 가고 있을 무렵인 1567년 2월 부인 방씨는 첫아들을 순산했다. 그는 아들의 이름을 '회(薈)'라고 지었다. 1571년 2월에는 둘째아들 '울'(蔚)이 태어났다. 아들 이름들은 모두 《시경(詩經)》의 '무성하게 일어나다'는 뜻에서 따 온 것이다.

이순신 구군복 영정
이상범 그림(1932), 현충사 봉안. 1973년 통영 착량묘
로 옮겨졌다.

스물여덟 살 되던 선조 5년 (1572) 8월, 무예를 닦은 지 7년 만에 훈련원 별과(別科)에 응시했다. 이순신은 비록 본격적인 무예 수업을 늦깎이로 시작했지만, 이 정도면 합격할 자신이 있다고 생각했다. 그러나 말을 타고 달리면서 활을 쏘는 기사(騎射) 시험을 볼 적에 말을 타고 달리다가 말이 고꾸라지면서 떨어져 왼쪽 다리가 부러졌지만 이순신은 한 발로 일어서서 버드나무 가지를 꺾어 껍질을 벗긴 뒤 상처 부위를 묶고 나머지 시험을 마쳤다. 비록 낙방했으나, 이를 지켜본 많은 사람들에게 깊은 인상을 심어주었다.

선조 9년(1576) 2월, 나이 32세가 되던 해에 비로소 식년무과 (式年武科)에 급제했으니, 임진왜란이 일어나기 17년 전이었다. 정규 무인을 뽑는 식년무과는 3년마다 한 번씩 시행했는데, 당시 합격자는 모두 28명이었다. 성적 순위에 따라 갑과(甲科), 을과(乙科), 병과(丙科)로 갈렸는데, 이순신은 병과 4등으로 합격했다.

서열로 매기면 전체 합격자 가운데 7등에 해당된다. 1등은 아니어도 식년무과에 급제한다는 것 자체만으로도 힘든 일이었다. 조숙한 천재는 아니었지만 궁술에 뛰어났고, 성품이 강직했으며, 병법에도 통달했고, 지략이 뛰어난 대기만성형 무인이었다.

이 무과시험에서 《무경(武經)》을 강(講)할 때, 황석공(黃石公)이란 대목에 이르러 시험관이 물었다.

"장량(張良)이 적송자(赤松子)를 따라가 놀았다고 했는데, 장량은 과연 죽지 않았을까?"

이순신은 대답했다.

"사람이 나면 반드시 죽습니다. 《통감강목(通鑑綱目)》에 '임자(壬子) 6년에 유후(留侯) 장량이 죽었다'고 기록되어 있는데, 어찌 신선을 따라가 죽지 않았을 리가 있습니까? 그것은 다만 꾸며낸 말에 지나지 않습니다."

그 즈음 무인들은 학문을 소홀히 하던 때라 시험관들이 서로 쳐다보고는 남과 다름을 탄복하면서 "이것을 어찌 무인이 알 수 있겠는가" 말했다고 한다.

이렇게 이순신은 뒤늦게서야 벼슬길에 오를 수 있었다.

이순신 동상
김세중 제작(1968), 광화문.

변방 하급관리 시절

이순신은 무과에 급제했지만 10개월이 다 되도록 보직이 주어지지 않았다. 인품과 실력은 남보다 뛰어났지만 아무런 벼슬자리도 내려지지 않자 이를 애석하게 여기는 사람이 많았다. 그들 가운데에는 그 즈음 조정의 임면권자들을 개탄하며 제때 관직에 나가지 못하는 이순신에게 은근히 높은 벼슬아치를 찾아가 보라고 권하기도 했다. 그러나 이순신은 권세가에 기웃거리는 것을 좋아하지 않았으며, 오히려 "사나이가 세상에 태어나 쓰이면 충성으로써 목숨을 바칠 것이요, 쓰이지 않는다면 들에 나가 밭갈이를 하는 것도 뜻 있는 일이다"라면서 묵묵히 기다렸다. 22년 공직생활을 하는 동안 줄곧 이런 정신으로 자신에게 맡겨진 임무에 충실했다.

오로지 정의롭게 살다가 죽는 것이 무인의 정신이요, 정의를 실천하는 것

《임진장초(壬辰狀草)》
《난중일기》와 함께 국보 제76호. 임진왜란 때 이
순신이 조정에 올린 장계 등을 다른 사람이 따
로 옮겨 적어 모은 책. 전쟁 당시 해전의 경과,
조선 수군과 일본군의 정세 등을 자세히 알 수
있는 소중한 자료이다. 현충사 소장.

만이 선비가 지켜야 할 덕목이며, 올
곧게 살아가는 길만이 인간다운 인
간이라는 것을 깨달았기 때문이다.

선조 9년 12월, 이순신은 함경도
동구비보(童仇非堡)의 권관(權管)으
로 발령났다. 그곳은 두메산골 삼수
(三水) 고을로 국경 가까이 자리 잡
고 있었다. 종종 여진족들이 침범하
는 곳으로, 귀양지 가운데에서도 가
장 멀고 험악한 산골 벽지였다. 권관
은 국경지대를 수비하는 파견대장으
로 그 지방의 백성들을 보호하는 임
무도 겸한다.

그때까지 실전 경험이나 행정 경
험이 전혀 없었던 이순신은 묵묵히
그곳으로 부임했다. 그는 백성들과
군졸들의 사표(師表)가 되는 말과 행
동으로 열심히 근무했다. 어느 날 '곤장감사'로 이름난 이후백(李後白)이 각
진을 돌며 변방 장수들에게 활쏘기 시험을 보게 했다. 이 무렵 함경도 변방
장수들은 대부분 훈련이나 군기 점검에 소홀했기에 이후백으로부터 주의와
처벌을 받지 않은 장수가 거의 없었다.

그런데 동구비보에 이른 곤장감사는 오히려 이순신에게 칭찬을 아끼지 않
았다. 그만큼 이순신은 평소 무예를 다듬고 외적 침입에 대비하는 일을 게을
리하지 않았던 것이다. 이순신은 "사또의 형벌이 너무 엄하여 변경의 장수들
이 손발 둘 곳을 모르고 있습니다"라고 하면서, 곤장감사의 지휘 방식을 조
금 부드럽게 해줄 것을 넌지시 건의했다. 이에 이후백은 웃으면서 "그대의 말
이 옳다. 하지만 난들 어찌 옳고 그른 것을 가리지 않고 함부로 형벌만 주었
겠는가" 하고 이순신의 제안을 흔쾌히 받아들였다. 이런 일화에서는 동료들
의 고충을 상사에게 대신 아뢰어 이를 시정케 하려는 이순신의 용기있는 동
료애를 엿볼 수 있다.

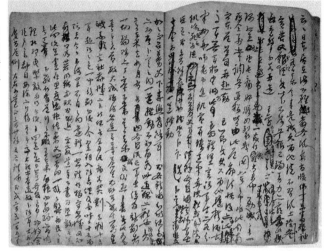

《난중일기(亂中日記)》
국보 제76호. 임진왜란 당시 1592~98년까지의 초서체로 쓴 전쟁일지. 연도별로 7책이다.

　벽지의 벼슬살이를 시작한 지 2개월이 지난 선조 10년(1577) 2월, 부인은 셋째아들을 순산했는데, 이름을 면(葂)이라 지었다. 이제 그는 세 아들의 아버지로서 가족을 부양해야 할 의무도 막중해졌다.

　3년의 권관 임기를 무사히 마친 이순신은 선조 12년(1579) 2월 서울에 있는 훈련원 봉사(奉事)로 승진 전보되었다. 훈련원에서는 군사들의 인사·시험·훈련·교육 등에 대한 일을 맡았다. 이순신은 인사 업무를 주로 보았는데, 가끔 상관으로부터 인사청탁과 함께 은근한 압력을 받았고, 동료들로부터의 청탁도 심심찮게 들어왔다. 그러나 그는 정해진 규정대로 일을 처리했고 어떤 사람의 청탁도 들어 주지 않았다.

　어느 날 직속상관인 병조정랑 서익(徐益)이 자기와 친하게 지내는 한 사람을, 순서를 무시하고서 참군(參軍)으로 벼락출세시키고자 하기에 이순신이 담당관으로서 허락하지 않으며 "아랫자리에 있는 사람을, 순서를 무시하고 벼락출세시키면 마땅히 올라가야 할 사람이 올라가지 못하게 될 테니 이는 공평하지 않을 뿐만 아니라 법규 또한 고칠 수 없습니다"라고 말했다.

　서익은 크게 화가 났지만 감히 마음대로 할 수가 없었다. 주위에서는 "아무개는 병부랑이면서 훈련원 일개 봉사에게 굴복했다"고 수군거렸다. 그 일로 서익은 이순신에게 깊은 앙심을 품었다. 이런 일이 있고 난 뒤 오히려 그를 눈여겨본 사람이 있었으니, 병조판서 김귀영(金貴榮)이었다. 그는 자기 소실의 딸과 이순신을 혼인시키려 했다. 이에 이순신은 "벼슬길에 갓 나온 주제에 어찌 권세 있는 집안에 발을 디뎌 출세를 꾀하겠습니까!"라면서 중매인을 돌려보냈다. 김귀영은 2년 뒤 우의정 자리에 올랐다. 그때 사회는 세도 있는 집안과 인척관계를 맺음으로써 출세길을 찾고 세력을 형성하는 일이 다반사였다. 그러나 이순신은 그런 권력이나 권세에 관심을 두지 않았다.

이순신은 훈련원에 부임한 뒤로 문란한 군기를 바로잡아 보려고 온갖 방법으로 노력했으나 미관말직에 있는 그로서는 너무나 벅찬 일이었다. 게다가 병조정랑과의 관계나 최고 상관인 판서에게 고분고분하지 않은 태도는 미움을 받기에 충분했다. 이순신은 마침내 훈련원에 부임한 지 겨우 8개월 만인 10월 충청도 병마절도사의 군관으로 전출되었다.

《경국대전(經國大典)》에는 일단 봉사 직책을 맡으면 2년 임기를 채운 뒤 다른 곳으로 전출하도록 규정되어 있다. 따라서 이순신의 전출은 법규를 어긴 것이었으며, 보복성 좌천 인사였다. 충청 병영은 서산 해미(海美)에 있었다. 이곳에서도 이순신은 아주 검소하게, 매사에 절약하고 청빈하게 생활했다. 그즈음 생활에 대해 〈행록〉에는 이렇게 적혀 있다.

'거처하는 방에는 다른 아무것도 두지 않았고, 다만 옷과 이불뿐이었다. 부모님을 뵈러 고향으로 돌아갈 때는 남은 양식을 반드시 거두어 들여서는 담당 군사를 불러 그것을 돌려 주었는데, 병마절도사가 듣고서 그를 아끼고 공경했다.'

어느 날 저녁 병마절도사가 술에 취해서 이순신의 손을 잡고는 군관 아무개의 방으로 가고자 했다. 그 사람은 병마절도사와 평소 가깝게 지내던 사람으로 군관이 되어 왔다. 이순신은 대장이 군관의 방을 개인적으로는 스스로 가서 찾아볼 수는 없기에 짐짓 취한 척하면서 병마절도사의 손을 잡고는 "사또는 어디로 가고자 하십니까?"라고 말하자 병마절도사도 곧장 깨닫고는 앉으면서 "내가 취했구려, 취했어"라고 말했다. 이렇듯 그는 자신의 상관일지라도 그릇된 행동에 대해서는 그 자리에서 곧바로 지적했다.

1580년 6월, 9개월의 충청도 병마절도사의 군관생활을 마감한 이순신은 전라도 고흥땅 발포 만호(종4품)로 승진되면서 수군과 처음으로 인연을 맺었

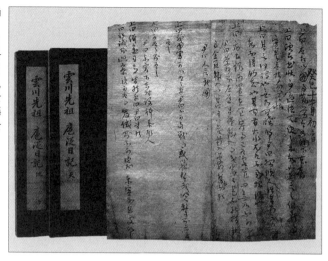

《김용 호종일기(金涌 扈從日記)》
보물 484호. 김용이 임진왜란 때 선조가 의주로 파천 중 임금을 호종했을 때, 쓴 일기다. 작성기간은 1593년 8월~1594년 6월 약 1년 동안이다.

다. 발포로 부임하자 육상과 다른 해상의 방비를 위해 군기(軍器)부터 점검하고 보수했다.

아무리 청렴한 이순신에게도 그를 중상하고 모략하는 시기와 질투꾼은 있게 마련이다. 전라감사 손식(孫軾)은 이순신에 대한 그릇된 중상과 모략을 그대로 믿고 그에게 벌을 주려고 결심했다. 한번은 순행 도중 능성(綾城)에 오게 되자 이순신을 마중 나오게 한 뒤 진서(陣書) 강독을 명했다. 이순신은 침착하고 능숙하게 강독을 끝냈다. 그것으로는 아무런 트집을 잡을 수가 없어서 감사는 다시 진도(陣圖)를 그리게 했다.

이순신이 붓을 들고 완전무결하게 그렸다. 감사가 고개를 숙이고서 그림을 한동안 보다가 "어쩌면 이렇게도 정밀하게 그리는가?"라고 말하면서 이순신의 조상을 물어보고는 "내가 처음에 알지 못했던 것이 유감이다"라고 말하더니 그 뒤로는 정중하게 대우했다. 그러나 질투와 시기는 끊이지 않았다.

수사와 감사가 서로 모여 관리들의 고과(考課)를 평가하면서 이순신에 대한 고과를 가장 아래에 두고자 했다. 그 즈음 전라도 도사인 조헌(趙憲)이 붓을 들고 있다가 기꺼이 쓰지 않으며 "이 아무개가 백성들을 통솔하고 군사를 다스리는 것에서는 전라도에서 으뜸이라는 말을 자주 들었는데, 비록 다른 여러 진을 하하(下下)에 둘지언정 이 아무개의 등급을 깎아내릴 수는 없습니다"라고 말해서 마침내 그만두었다.

1582년 1월 서익이 군기경차관(軍器敬差官)으로 발포에 와서 군기를 검사하는데, 군기를 수리하지 않았다고 장계를 올려서 이순신은 만호 자리에서 쫓겨났다. 사람들은 이순신이 군기를 세밀하고 빈틈 없이 수리하고 갖추어 둔다고 생각했기에 도리어 죄를 받는 것은 지난날 서익이 훈련원에 있을 때 이순신에게 굴복했던 것에 대한 나쁜 감정 때문일 것이라고 말했다.

같은 해 5월 관직을 제수(除授)하는 명을 받아서 이순신은 훈련원으로 복직했다. 재상인 유전(柳墺)이 이순신이 좋은 화살통을 가지고 있다는 소문을 듣고는 활쏘기 시험을 핑계로 이순신을 불러 그것을 달라고 했다. 이에 이순신은 고개를 숙이고 엎드려 "화살통을 나아가 바치는 것은 어렵지 않습니다. 대감께서 받는 것을 누가 뭐라고 할 것이며, 소인이 드리는 것을 누가 뭐라고 하겠습니까? 다만 화살통 하나 때문에 대감과 소인이 모두 이름을 더럽히게 될 것 같아서 마음이 편안하지 않습니다."라고 말하니 재상이 "그대 말이 옳다"라고 말했다.

선조 16년(1583) 정월 여진족 추장 니탕개(尼湯介)가 이끄는 여진족 1만여 명이 경원부(慶源府)로 쳐들어와 부성(府城)을 함락했다. 북병사 이제신으로부터 여진족 침략 소식을 접한 조정은 정언신(鄭彦信)을 도순찰사(都巡察使), 이용을 방어사(防禦使)로 삼고 전국에서 지략과 용맹이 있는 부장을 선출해서 여진족을 격퇴했다. 그러나 그 뒤로도 여진족의 침입이 그치지 않아 북방의 방어는 중대한 문제가 되었다. 얼마 뒤 이용이 함경도 남병사(咸鏡道南兵使)가 되었는데, 그는 이순신이 발포 만호로 있을 때 전라좌수사로서 한때 그를 미워하고 벌을 주려고까지 했던 인물이다. 그러나 여진족 침입의 위협을 받고 있는 최전선지구의 사령관이 되고서 과거에 거느리고 있던 여러 무장(武將)들을 다시 평가해 볼 때 가장 신임할 수 있고 뛰어난 무인은 이순신이란 것을 알게 되었다. 그리하여 이용은 특별히 조정에 아뢰어 같은 해 7월 이순신을 자신의 군관으로 삼으니 이는 전날에 이순신을 제대로 알지 못했던 것을 깊이 뉘우치면서 이순신과 서로 교류하고 싶어서였다. 이순신을 보고는 아주 기뻐하며 다른 이들보다 갑절로 더 친밀하게 대했을 뿐만 아니라 크든 작든 모든 군사 관련 사무(事務)는 반드시 이순신과 의논했다.

같은 해 10월 최전방인 함경북도 건원보(乾原堡)의 권관으로 근무하라는 명령을 받았다. 건원보는 함경북도 경원(慶源)에서 남쪽으로 40리쯤 떨어진

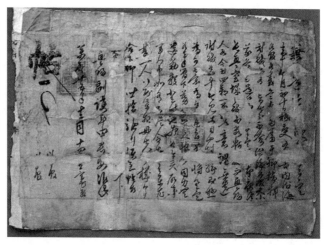

곳인데, 이 지역에는 여진족들이 살고 있었고, 그들은 수시로 쳐들어와 곡식과 말·소를 약탈하거나 주민들을 잡아다가 노비로 삼았다.

이순신은 부임하자마자 이들을 토벌하기로 마음먹고 오랑캐 우두머리를 꾀어내는 공작을 폈다. 마침내 오랑캐 두목 울기내(鬱只乃)가 부하들을 이끌고 쳐들어오자, 이순신은 미리 병사들을 숨겨두었다가 그들을 몽땅 사로잡았다. 그러나 병마절도사 김우서(金禹瑞)는 이순신이 혼자 큰 공을 거둔 것을 꺼려해서 이순신을 주장(主將)에게 아뢰지 않고 함부로 큰 일을 했다고 장계를 올려, 조정에서는 막 큰 상을 내리려다가 그 장계 때문에 멈추었다. 이순신이 건원에 있으면서 훈련원 벼슬의 기한이 차서 11월 참군으로 승진했다.

같은 해 11월 15일, 아버지 덕연군이 세상을 떠났으나 이순신은 이듬해 1월 부음을 들었다. 그때 재상 정언신(鄭彦信)이 함경도를 순시하다가 이순신이 아버지 부음을 듣고 급히 고향으로 돌아간다는 소식을 듣고는, 이순신이 몸을 상할까 저어해서 도중에 여러 번 사람을 보내어 상복(喪服)을 갖추어 입고 가라고 청했으나 이순신은 잠깐이라도 머뭇거릴 수 없다 하고는 집에 가서야 상복으로 갈아입었다. 이때 조정에서는 이순신을 크게 쓰고자 해서 겨우 소상(小祥)이 지났는데 언제 상복을 벗느냐고 두세 번 물었다.

선조 19년(1586) 정월 3년상을 끝내고 사복시 주부(司僕寺主簿)로 임명되고서 열엿새만에 조산보만호(造山堡萬戶) 자리가 비었는데, 조정에서는 오랑캐들의 난리가 잦은 데다 조산은 오랑캐 땅에 아주 가까운 곳이어서 마땅히 사람을 엄격하게 선택해 보내야 한다고 해서 이순신이 만호로 천거되었다.

선조 20년(1587) 8월에는 녹둔도(鹿屯島) 둔전관(屯田官) 일도 함께하게 되었다. 그곳은 조산보에서 동쪽으로 20리쯤 떨어진 곳에 있는 외딴 섬인데다 수비군사가 적어 이를 걱정한 이순신은 병마절도사 이일(李鎰)에게 여러 번 군사를 늘려달라고 청했으나 병마절도사는 듣지 않았다. 9월에 적이 과연 군사를 몰고 와서 이순신이 있는 곳의 목책(木柵)을 둘러싸는데, 붉은 모전(毛氈)으로 만든 옷을 입은 자 몇 사람이 앞장서서 지휘하며 달려오므로 이순신이 활을 당겨 그들을 연달아 쏘아 맞히자 모두 땅에 쓰러졌다. 적들이 달아나는데 이순신이 이운룡(李雲龍)과 함께 뒤쫓아가 사로잡힌 우리 군사 60여 명을 도로 빼앗아서 돌아왔다. 이날 이순신도 오랑캐 화살에 왼쪽 넓적다리를 다쳤으나 부하들이 놀랄까 싶어 몰래 스스로 화살을 뽑아 버렸다.

그러나 이번 일로 자신이 처벌될 것을 두려워한 병사가 이순신을 죽여 입을 막음으로써 죄를 면하려 그를 구속해서 형벌을 내리려 했다. 이순신이 들어가게 되었을 때 병사의 군관 선거이(宣居怡)가 본시 이순신과 친한 사이라 손을 잡고 눈물을 흘리며 말했다.

"술을 마시고 들어가는 것이 좋겠습니다."

이에 이순신이 정색을 하며 "죽고 사는 것은 명(命)이 있는데 술을 마신들 무엇하겠습니까?"라고 말했다.

"그럼 술은 마시지 않더라도 물은 마시지요."

"목이 마르지도 않은데 물은 왜 마시겠습니까?"

그렇게 대답하고는 그대로 들어갔다. 병마절도사가 패전(敗戰)할 즈음의 상황에 대해 진술(陳述)하라고 했으나 이순신은 이를 거절했다. "제가 거느린 병력이 많지 않아서 군사를 늘려달라고 여러 번 청했으나 병사는 들어주지 않았습니다. 그 공문이 여기 있으니 조정에서 만약 이 뜻을 알면 죄가 저에게 있지 않을 것이고, 또 제가 힘껏 싸워서 적을 물리치고 쫓아가서 우리 사람들을 되찾아왔는데 패군으로 따지려는 것이 옳단 말입니까?"

말소리나 몸가짐은 조금도 떨지 않으니 병마절도사가 한동안 답을 하지 못하고 가두기만 했다. 이 일이 조정에 알려지자 임금이 "이 아무개는 싸움에 진 사람이 아니다"라고 말하고 평복으로 종군(從軍)해서 공을 세우도록 했으며, 선조 21년(1588) 2월 여진족의 시전 부락(時錢部落) 정벌에서 공을 세

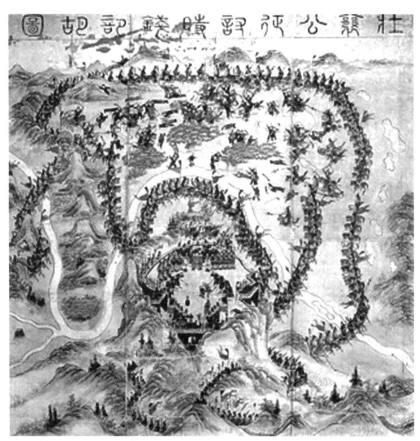

녹둔도 사건　1587년(선조 20)과 이듬해 조선과 여진족 사이에 두 차례 전투를 벌였던 사건. 두만 강 하류 강 가운데 위치한 녹둔도에 여진족이 몰래 습격해 옴에 따라 치열한 전투가 벌어졌던 사건. 그때 방수 책임은 조선 만호 이순신이었다. 녹둔도 침입에 대한 여진토벌에 큰 전과를 올린 백의종군 이경록·이순신은 사면을 받기도 했다.

위 특사를 받고 같은 해 6월 귀가해서 휴양하게 되었다.

　서른두 살 때에 북방 수비장(守備將)으로 부임한 뒤로 12년 동안 이순신은 때때로 자기를 알아주는 상관이나 동료를 만났지만 보다 많은 모함과 시련 속에서 불우한 세월을 보냈다. 고향인 아산 본가로 돌아오니 집에는 늙으신 어머니와 사랑하는 부인 방씨(方氏), 아들 회(薈)와 울(蔚), 면(葂), 서자(庶子) 인 훈(薰)과 신(藎)이 자라고 있었다.

전라좌수사로 발탁된 이순신

선조 22년(1589) 1월 비변사(備邊司) 신료(臣僚)들은 관직의 높고 낮음을 가리지 않고 인재를 등용해서 전란에 대비하고자 저마다 나라의 기둥이 될 인물들을 추천했다. 이때 이순신은 그 동안의 능력과 인품을 인정받아 영의정 이산해와 정언신의 추천을 받았다. 같은 해 2월, 전라도 관찰사 이광(李洸)은 이순신을 자신의 군관 겸 조방장으로 삼았다. 이순신은 그 길로 전라도로 내려갔다. 발포 만호에서 쫓겨난 지 7년 만에 다시 남녘에서 군관 생활을 하게 되었다. 그해 11월 선전관을 겸했으며, 12월 전라도 정읍 현감(井邑縣監, 종6품)에 보직되었다. 과거에 오른 지 14년 만에 고을 사또가 되었다.

이순신은 정읍현감으로 부임하자마자 태인현(泰仁縣) 현감까지 겸하게 되었다. 이때 태인은 오랫동안 현감 자리가 비어 있어 처리되지 않은 공문이 쌓여 있었는데 이순신은 이를 단시일 안에 처리했다. 그러자 태인현 백성들은 아예 이순신을 태인현감으로 임명해 달라고 상소까지 올렸다.

이순신은 정읍현감 겸 태인현감으로 봉직하면서 일찍 세상을 버린 형 희신·요신의 자식인 어린 조카들과 어머니 변씨를 모시게 되었다. 이를 두고 일부 사람들은 현감이 거느린 식구가 너무 많다고 비난했다. 그 즈음 지방관리가 거느린 식구가 많으면, '남솔(濫率)'이라 해서 파면되거나 품계가 강등되는 불이익을 받았다. 이런 소문을 들은 이순신은 눈물을 지으면서 "내가 식구를 많이 데리고 온 죄를 질지언정 이 의지할 데 없는 것들을 차마 버리지는 못하겠다"고 안타까운 심정을 드러내 말하기도 했다.

이순신은 조카들을 키우면서 자기 자식만큼이나 사랑했고, 자기 자녀보다 먼저 혼인시켰다. 조카들도 이순신을 친아버지처럼 존경하고 따랐다.

정읍현감 시절에는 이런 일도 있었다. 이순신은 현감에 부임하기 전부터 전라도 도사(都事) 조대중(曺大中)과 서로 편지를 주고받던 사이였다. 그런데 조대중이 정여립(鄭汝立) 모반사건에 연루되어 의금부에 의해 그의 집을 샅샅이 수색당할 때, 이순신이 보낸 편지도 함께 압수되었다. 이 무렵 이순신은 차사원(差使員)으로 서울로 가게 되었는데, 길에서 조대중의 집을 수색한 금부도사를 만났다. 금부도사는 일찍부터 이순신과 서로 잘 아는 사이라, 이순신을 위해서 편지를 뽑아 버리려 했다. 이에 이순신은 "그 편지는 서로 안부를 묻는 것뿐이었소. 설사 그것 때문에 내가 불이익을 당하더라도 이미 수색한 물건 속에 들어 있는 것을 사사로이 뽑아 버리는 것은 온당한 일이 아니오"라고 말했다.

또 한양에 올라오고 나서의 일이다. 우의정(右議政) 정언신이 정여립 모반 사건에 연루되어 옥중에 있음을 알고 감옥으로 그를 찾아가 문안을 드렸다. 이순신이 옥으로 정언신을 찾아갔을 때, 의금부 도사가 동료들과 술을 마시며 노래를 부르고 있었다. 이것을 본 순신이 분연히, "죄가 있고 없고를 떠나서 나라의 대신이 옥중에 있는 때에 당상(堂上)에서 풍류놀이를 하는 것은 미안한 일이 아니냐"고 꾸짖자 모두들 얼굴빛을 고치고는 사과했다고 한다. 정여립 모반사건에 조금이라도 연루되는 것을 두려워해서 세상사람이 모두 기피하고 있는 때에 연루된 사람을 옥으로 찾아가고 또 수사관을 꾸짖는 것은 보통 사람은 하기 힘든 일로서, 그는 이처럼 강한 의리와 불굴의 신념을 가진 인간이었다.

선조 23년(1590) 7월 이순신은 고사리진(高沙里鎭) 첨절제사(僉節制使, 종3품)로 임명되었다. 그런데 대간(臺諫)들은 이순신이 정읍현감을 겨우 반년쯤 지냈을 뿐이라며, 1년도 다 채우지 않고 수령이 자리 옮기는 것을 반대했다. 8월에 다시 만포진 첨절제사로 임명되었으나 이번에도 대간들이 너무 빨리 승진시킨다고 반대해서 정읍현감에 머무르고 말았다.

선조 24년(1591) 2월, 진도군수로 전임 발령을 받았는데, 부임하기 직전 가리포 첨절제사(종3품)로 다시 전임되었다. 그러나 그 자리로 부임하기 전인 그달 13일 전라좌도 수군절도사(정3품)로 승진되어 정읍에서 곧장 임지로 부임했다. 이순신의 능력을 잘 알고 있는 어렸을 적 친구 좌의정 겸 이조판서 유성룡의 적극적인 추천에 의해서였다. 이순신의 나이 마흔일곱 살로 임진왜란이 일어나기 바로 1년 전이다.

이순신의 전라좌수사 임명에 대해 이번에도 사간원(司諫院)에서는 갑작스런 그의 발탁을 두고 논란하면서 다른 사람으로 바꿔야 한다고 여러 차례 건의했다. 이는 능력이나 자질 때문이 아니라 관리의 임명 원칙과 절차에 문제가 있었기 때문이다. 또한 직계를 무시한 이 처사에 크게 불평을 품고 곧장 철회할 것을 임금에게 요청했다. 그러나 선조는 다음과 같이 말했다.

"이순신의 인사는 그대들 말과 같다. 나도 그런 줄 잘 알고 있다. 그러나 지금은 원리원칙에 따른 인사를 할 때가 아니다. 인재가 부족하니 어쩔 수 없다. 이순신은 직책을 완수할 수 있는 사람이거늘 계급의 높고 낮음을 따지지 말고 다시는 왈가왈부하지 말라. 당사자가 들으면 매우 섭섭할 것이 아니냐."

이렇듯 이순신의 발탁에는 말이 많았다. 뒷날 수사(水使) 원균이 이순신을 모함했을 때도 이것이 구실이 되었다. 그러나 혹시 있을 수도 있는 전란(戰亂)에 대비하겠다는 선조의 강력한 의지 속에 이순신은 부임하게 되었고 전라좌수사로 부임하자마자 전라좌수영의 수군 편제 정비에 착수했다.

임진왜란 당시 전라좌수영의 수군 편제는 좌수영과 5포(사도·방답·여도·녹도·발포), 5관(순천·보성·낙안·광양·흥양), 바닷가 읍(장흥·회령포·고돌산)으로 이루어져 있었다. 그리고 전라좌수영 휘하의 전체 병선(兵船)은 큰 배인 판옥선(板屋船)을 비롯해서 작은 규모의 탐후선(探候船)까지 모두 85척이었으며, 병력은 수사(水使)·우후(虞候)·첨사(僉使)·만호(萬戶) 등 지휘관을 포함해서 1만 8,403명이었다.

이순신은 먼저 풀어져 있던 군기바로잡기부터 시작해서 임진왜란 직전까지 철저하게 시행했다. 전쟁 준비에 조금이라도 게으른 첨사(僉使)는 지체없이 잡아들였으며, 그 뒤로도 기강을 흐리는 대장(代將, 임시 지휘관)과 색리들을 꾸준히 단속했다. 이순신은 잘못한 관리를 처벌하는 데 그치지 않고, 본영과 각 포(浦)와 진(鎭)의 지휘관들에게 활쏘기 시험을 수시로 실시해서 전력 강화에도 주력했다. 병사들에 대한 점검과 훈련도 수시로 실시했는데, 신번(新番)과 구번(舊番), 별군(別軍)과 정병(正兵)을 몸소 점검했으며, 병사들에게 군기를 불어넣는 훈련도 꾸준히 실시했다.

다음은 병선과 군기(軍器)의 정비와 확장이었다. 순신은 방답(防踏), 사도(蛇渡), 여도(呂島), 발포(鉢浦), 녹도(鹿島) 등의 5진(五鎭)을 순시하면서 전비(戰備)를 일일이 엄밀하게 점검하고 각진의 전략적인 가치를 평가했다. 좌수영의 군항에는 돌로 만든 옹벽을 새로 쌓고 또 쇠사슬을 설치해서 적선의 기습에 대비했다. 전함도 설계해서 새로 만들었는데 이때 거북선(龜船)도 만들게 되었다.

태종 13년(1413) 한강에서 거북선과 가상의 왜적선이 해전 시범을 보였다는 기록이 《태종실록》에 나오며, 태종 15년에도 '거북선이 수많은 적과 부딪혀도 적이 우리를 해칠 수 없다'라는 기록이 나오는 걸로 볼 때 조선 초기에 이미 건조(建造)된 것으로 짐작된다(그러나 관련 자료 미비로 태종 때 거북선

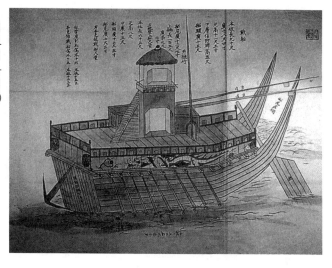

판옥선
임진왜란 중 대표적인 전함. 2층 구조로 되어 있으며, 125명 이상의 군사를 수용할 수 있는 크기. 거북선의 모형(母型)이 되었다.

과 이순신의 거북선이 같은 것이라고 단정할 수는 없다). 이순신은 일본 해군의 장점과 약점을 연구하고, 일본의 대규모 함대가 쳐들어 와도 몇 척의 전함으로 적의 전열 속으로 들어가 적선을 공격하고 교란할 수 있는 함선을 고안했다. 일본 해군은 배 위로 뛰어들어서 칼이나 창, 총검 따위의 무기를 가지고 적과 직접 몸으로 맞붙어서 싸우는 데 능하다는 장점이 있었지만, 함선을 호화찬란하게 꾸미는 대신 화공(火攻)에 취약하다는 약점이 있었다. 거북선은 지붕 또는 덮개 역할을 하는 나무로 만든 두꺼운 귀배판(龜背板)이 갑판 윗부분을 덮었으며, 그 위에 좁은 통로를 내고는 나머지 부분에는 송곳을 꽂음으로써 왜적들이 배로 뛰어들어 접전(接戰)하지 못하게 만들었다. 이물(船首)에는 용 아가리를 만들어 총구멍으로 삼았고, 고물(船尾)에도 총구멍이 있었으며, 왼쪽과 오른쪽 뱃전에도 6개 총구멍이 있어서 실전에서 활용할 수 있도록 했다. 배의 전체적인 생김새가 거북이를 닮았다고 해서 '거북선'이라고 불렀다. 보통 때에는 돛과 노로 항해하며 전투시에는 배 위에 멍석을 덮어서 철송곳을 가리고는 적의 함대 사이를 자유자재로 드나들면서 큰 화력으로 적선을 공격했다. 적선에 부딪쳐도 거북선은 안전했으며, 적이 백병전을 하려고 뛰어오르면 철송곳에 찔려 죽었다. 그러므로 일본 해군들은 거북선을 장님배(盲船)라고 겁을 냈다. 거북선은 실로 16세기 세계 유일의 불침함(不沈艦)이었다.

이순신이 전라좌수사로 부임한 1591년 기록은 남아 있지 않아 확실하게
알 수는 없다. 그러나 임진왜란이 일어난 임진년(1592) 1월 1일부터 4월 22일
까지(4월 23일~30일 동안의 일기는 빠져 있음) 110일 동안의 일기를 분석해 보
면, 공무를 본 날이 81일로 되어 있다.

공무를 본 날은 주로 점검과 순시, 활쏘기, 대포쏘기, 거북선 건조 등 군기
점검과 훈련, 부정·비리 조사와 같은 일을 했다. 이로 미루어 이순신은 군기
점검과 훈련을 위해 모든 정력을 쏟았다는 것을 알 수 있다.

이순신은 각 포구와 진지의 성(城)과 보(堡)를 돌아보다가 허술한 데가 발
견되면 곧장 이를 보수하라고 지시했다. 본영(本營)인 여수에도 연대(煙臺)와
성보(城堡)를 쌓았는데, 좌수영의 방어시설은 거의 완벽에 가까웠다. 이순신
이 전라좌수사에 부임하기까지 전문적인 수군 업무를 관장했던 기간은 짧
았다. 하지만 발포만호를 역임하면서 얻은 경험을 최대한 살려 남해안 해상
지리를 낱낱이 파악했다. 또한 지형지물에 맞춰 수군 배치를 재편해 나갔다.

수군의 전투력 증강은 많은 경비와 시일이 걸린다. 그러나 이순신은 1년여
기간 동안에, 더욱이 국가의 특별한 원조 없이 한 지방사령관의 힘으로 적을
완전히 제압할 수 있는 함대를 건설해 내는 기적을 이루어 냈다.

임진왜란 일어나다. 이순신의 활약

왜군의 첫 출정

선조 25년(1592) 4월 13일 오후 3~5시, 대마도를 떠난 왜 수군의 선단이 부산포에 닿음으로써 임진왜란 7년 전쟁이 시작되었다. 임진왜란 초기 왜군은 침공한 지 20일 만에 서울을 함락하고 북진을 거듭해서 평양을 점령했으며 함경도도 석권했다.

국내외 정세변화에 따라 고려 말부터 극성을 부리던 왜구의 침략은 조선 초에는 다소 진정 기미를 보이는 듯하다가 중종 5년(1510) 삼포왜란(三浦倭亂), 17년(1522) 추자도왜변(楸子島倭變)과 동래염장(東萊鹽場)의 왜변, 39년 사량진왜변(蛇梁鎭倭變), 명종 10년(1555) 을묘왜변(乙卯倭變) 등으로 지속적으로 이어졌다.

조정에서는 왜구에 대한 대비책으로 새로운 전선(戰船)을 건조했는데, 이 전선이 뒷날 임진왜란 때 크게 활약한 판옥선이다. 이 무렵 판옥선뿐만이 아니라, 대형 총통 등 화기 개발에도 박차를 가했다.

을묘왜변 뒤로 조선과 일본은 도요토미 히데요시(豊臣秀吉)가 일본을 통일할 때까지 약 30년 동안 외교관계를 거의 단절한 상태였고, 조선은 일본의 국내 사정에 전혀 관심을 갖지 않은 채 지냈다.

16세기 일본 사회는 응인(應仁)·문명(文明)의 난(1467~1477) 뒤로 약 100여 년 동안은 전국시대(戰國時代)였다. 그리고 포르투갈, 에스파냐 등 서양 세력의 동진에 따라 서양 문물이 끊임없이 전래되었다. 특히 포르투갈인들의 내항으로 철포(鐵砲, 조총)가 전래되어 종래 사무라이로 이루어진 전문 전투집단보다 조총으로 무장한 보병집단이 중요하게 인식되었다.

전국시대 통일은 오다 노부나가(織田信長)에 의해 추진되었고 도요토미 히데요시에 의해 완성되었다. 도요토미 히데요시는 1585년 백관을 통솔하고 국정을 총괄하는 관백(關白)이 되고 나서 대외침략 계획을 추진했다. 그는 국내의 공이 있는 여러 장군들과 막대한 군사력을 소모하고 자기 위치를 반석처럼 굳히는 데 온 정력을 쏟았다. 기나긴 전쟁으로 하극상(下剋上)의 기풍은 천하를 휩쓸었고, 내전은 끝났지만 여러 장군들은 건재했다. 이를 두려워 한 도요토미 히데요시는 생각 끝에 이 강대한 군사를 외국 곧 조선으로 출병시

킴으로써 자연히 소모하고 가능하면 명나라까지도 치고자 했다.

그래서 도요토미 히데요시는 문학에 능한 승려 겐소(玄蘇)를 여러 차례 조선으로 보내 조선의 내정 및 국방력을 탐지하게 했다. 이때 겐소는 조선의 국방력이 허술할 뿐 아니라 국정은 태평연월에 젖어 있으며 벼슬아치들은 당파싸움에 빠져 있음을 일본조정에 전했다. 이리하여 그들은 조선을 침략할 결심을 하게 되었다. 1591년 정월에는 전국에 군량·병선·군역의 수를 할당했으며, 일본 규슈(九州)의 한 어촌이던 나고야(名古屋)에 지휘본부를 두고 성을 쌓아 조선 침략의 전진기지로 삼았다.

다음해인 임진년 정월에는 수륙 침공군 편성을 마쳤으며, 3월 다시 편성했다. 육군은 침공군인 1번대에서 9번대까지 모두 15만 8,700명이었고, 나고야를 비롯한 일본 국내 잔류 병력은 11만 8,300여 명이었다. 이 가운데 선봉대로 최전선에 투입된 병력은 고니시 유키나가(小西行長)가 주장인 1번대, 가토 기요마사(加藤淸正)가 주장인 2번대, 구로다 나가마사(黑田長政)가 주장인 3번대였다. 구키 요시타카(九鬼嘉隆)·와키자카 야스하루(脇板安治)·가토 요시아키(加藤嘉明)·도도 다카토라(藤堂高虎) 등은 별도 수군으로 편성했다. 일본 침략군은 치밀한 침공계획 아래 중간거점인 대마도로 속속 모여들었다. 도요토미 히데요시는 이들에게 "바다를 건너는 도중에는 1필의 군마도 손실해서는 안 된다"고 엄명을 내렸다. 이렇게 일본 침략군은 대마도에서 침공의 날만 기다리고 있었다.

이에 앞서 도요토미 히데요시는 대마도주를 중간에 두고 수차례 통신사 파견을 조선에 요구했다. 이에 조선은 선조 23년(1590) 3월 정사 황윤길, 부사 김성일, 서장관 허성 등의 통신사를 파견했고, 그들은 도요토미 히데요시를 만난 뒤 선조 24년 정월에 귀국했다. 정사와 부사의 보고가 서로 달라서 국론만 분분하다가 뒤늦게 각 도의 성곽을 수축한다, 무기를 점검한다, 무신 가운데 뛰어난 자질을 갖춘 사람을 서열에 관계없이 발탁한다는 등으로 법석을 떨었다.

조정에서는 왜군이 육전(陸戰)보다는 수전(水戰)에 뛰어나다는 판단 아래 경상도와 전라도의 성곽 수축에 주력하라는 명령을 내렸다.

이에 대해 일부 사대부들은 왜군은 결코 침공해 오지 않는다며 극력 반대했고, 성곽 보수나 군사 훈련에 동원된 백성들은 지방통치관인 수령과 군사

임진왜란 부산진순절도(釜山鎭殉節圖) 1592년 4월 13, 14 양일에 20만 왜병이 최초로 공격한 부
산진. 부산진첨사 정발은 성을 지키려다 순절했다. 부산진 함락에 이어 동래부도 함락되었다.

지휘관인 병사(兵使)에게 원망을 품기도 했다. 따라서 성보(城堡)의 보수는 형식적으로 이루어질 수밖에 없었고, 오랜 세월 이렇다 할 외침없이 살아온 탓에 난데없는 전쟁준비는 백성들의 원성만 샀고, 더욱이 바다 건너 일본이 전국력을 동원해서 침략해 오리라고는 상상조차 하지 못했기에 왜군 침입에 대한 방비는 허술하기 짝이 없었다. 다만 서열에 관계없이 인재를 발탁함으로써 이순신·권율(權慄)·원균 등을 기용하게 된 것은 수확이었다.

정명가도(征明假道)

'왜 대군 내침'의 급보가 전라좌수영에 전해진 것은 왜군이 부산 앞바다에 이르고서 이틀 뒤인 선조 25년(1592) 4월 15일 저녁이었다. 이날은 맑은 날씨에 나라 제삿날이었으므로 순신은 공무를 보지 않고 있었는데, 해질 무렵 영남우수사 원균(元均)으로부터 '왜선 90여 척이 부산앞 절영도에 정박했다'는 통첩과 경상좌수사 박홍(朴泓)으로부터 '왜선 350여 척이 이미 부산포 건너편에 도착했다'는 공문이 동시에 왔으며, 다음 날(4월 16일)에는 원균으로부터 '부산진이 이미 함락되었다'는 공문이 왔다.

일본 침략군은 이해 1월 약 30만 대군이 동원되어 속속 침략의 전진기지인 대마도로 모여들었다. 수송과 호송에 동원된 병선과 수송선은 약 700척이었고, 해군 총병력은 약 3만 명이었다. 대마도에서 대기하고 있던 고니시 유키나가(小西行長) 등의 선봉대(先鋒隊)는 700척의 대선단에 나누어 타고 4월 13일 새벽에 대포항(大浦港)을 떠났다. 순풍을 타서 10시간 항해 뒤 오후 5시께는 절영도와 부산포(釜山浦) 앞바다에 도착했고, 그 다음날 부산을 공격했다.

고니시 유키나가는 부산포에 내리자마자 "명나라를 치고자 하니, 조선은 길을 빌려 달라"고 요구했으나 조선 조정은 거부했으며, 이를 빌미로 왜군은 14일 아침 일찍 전격적으로 공격을 퍼부었다. 왜군은 선봉대가 부산포에 내린 뒤로 파죽지세로 한성으로 밀고 올라갔다. 경상도 순찰사(慶尙道巡察使) 김수(金睟)는 왜적을 피하라는 명령만 내렸고, 조정에서 급파된 순찰사 이일(李鎰)은 상주에서, 도순변사(都巡邊使) 신립(申砬)은 충주 탄금대에서 패했다. 전라도 순찰사 이광(李洸)이 지휘하던 3도(전라·경상·충정도)의 연합군도 북쪽으로 올라오다가 용인에서 무너져 버렸다.

조선 수군도 큰 타격을 받았다. 박홍이 이끄는 경상좌수영 수군은 왜군

기습으로 개전 초기에 붕괴되었으며, 원균이 이끄는 경상우수영 수군은 왜선 10여 척을 불태웠으나 모두 흩어지고 전선(戰船) 73척 가운데 4척만 남았다. 이렇게 왜군은 해상에서 공격 한 번 받지 않고 완전히 제해권을 장악해 부산, 동래를 점령하고 파죽지세(破竹之勢)로 밀고 올라갔다.

전라좌수사 이순신은 왜군의 침략 소식과 함께 부산진이 함락되었다는 공문을 접수하고 전선(戰船)을 정비하고 전투태세를 갖추었다. 그 무렵 경상우수사 원균이 거듭 구원을 요청했지만, 그쪽 전황이 불리한 터에 무턱대고 출동만 한다고 될 일이 아니었기에 곧장 출동하지는 않았다.

이순신은 먼저 현재의 전황을 조정에 보고하면서 면밀히 분석했다.

첫째, 경상 좌·우도 수군은 궤멸 상태에 빠졌고, 육군도 싸우고자 하는 의욕을 잃고서 크게 패하고 있다. 일반 백성은 왜군이 온다는 소문만 들어도 산 속으로 피하고 있다. 이런 사태는 전라좌수영에도 영향을 미쳐, 수군들의 사기는 바닥을 기고 있다.

둘째, 전라도 수군은 경상도 바닷가에 어두워 관련 정보없이 출동했다가는 패전하기 십상이다.

셋째, 전라좌수영 소속 전함 수는 모두 30척 미만으로 왜 수군을 정면으로 공격하기에는 전력이 매우 약하다.

넷째, 조정 허락없이 관할 구역을 벗어나는 출동은 권한 밖의 일이며 나중에 추궁받을 수도 있다.

이순신은 이렇게 여러 방면으로 상황을 분석하면서 대책을 세웠다. 그렇게 준비를 하고 있을 때 조정에서 원균과 연합하여 왜군을 물리치라는 임금의 유지(諭旨)가 도착했다. 이순신이 지휘하는 모든 전선은 5월 1일 여수의 전라좌수영 앞바다로 모두 모여들었고, 지휘체계를 확립한 뒤 날마다 작전회의와 기동연습을 실시했다. 군사훈련으로 전라좌수군은 정예군으로 바뀌어 갔고 사기는 드높았다. 이순신은 경상도 관할지역에 비밀리에 사람을 파견해서 관내의 수령·첨사·만호들에게 물길을 안내할 사람을 대기토록 시달했다. 총지휘관 이순신은 5월 2일 배에 탔다. 그는 이날의 일기를 이렇게 적고 있다.

'맑다. 삼도순변사(三道巡邊使) 이일과 영남우수사 원균의 공문이 왔다. 송한련이 남해에서 돌아와서 "남해현령이 기효근(奇孝謹), 미조항첨사 김승룡(金承龍), 상주포(尙州浦)와 곡포(曲浦), 평산포(平山浦)의 만호 등이 하나같이 왜적의 소식을 듣고는 달아나 버렸고, 군기물 등도 흩어 없어져 남은 게 없다"고 말했다. 정말로 놀랄 일이다. 정오에 배를 타고 바다로 나가 진을 치고 여러 장수들과 약속하니, 모두 기꺼이 나가 싸울 뜻이 있으나 낙안군수 신호(申浩)만은 피하려는 뜻이 있는 듯하니 탄식이 절로 난다. 그러나 군법이 있으니, 비록 물러나 피하려 한들 그게 될 일인가. 저녁에 방답의 첩입선(疊入船) 3척이 돌아와 앞바다에 정박했다. 비변사에서 공문 3장을 내려보냈는데, 창평현령이 부임했다는 공문이 있었다. 저녁의 군호(軍號)를 용호(龍虎)라 하고, 복병을 산수(山水)라 했다.'

이때 이르러서는 고대하던 전라우수영 수군의 합류가 늦어져 출동이 계속 늦춰지고 있었으나, 더 이상 기다릴 수도 없었다. 3일 이순신은 모든 전선에 다음날 새벽에 출동할 터이니 만반의 준비를 하라고 명령하고 도망병의 목을 베어 전군에게 보임으로써 군법의 준엄함을 알렸다.

1차 출전—완벽한 승리를 거두다

이순신은 출동을 알리는 장계를 조정에 올린 뒤 다시 한 번 각오를 다졌다.

'(전략) 육지 안으로 향한 적들이 곧 한성을 침범한다 하므로 신과 여러 장수들은 분발하지 않는 이가 없습니다. 칼날을 무릅쓰고 사생(死生)을 결단하듯 적이 돌아갈 길을 차단하고 적선을 쳐부순다면, 그들은 후방이 염려스러워 곧 바로 북진을 멈추고 후퇴할 수도 있을 것입니다. 그러므로 오늘 5월 초4일 첫 닭이 울 때 출진해서 바로 경상도로 향합니다.'

4일, 밤새 내리던 궂은비도 멎고, 새벽 하늘에는 별만이 총총했다. 첫닭이 울자 출동을 알리는 북소리가 고요한 아침바다 위를 퍼져 나갔다. 전라좌수영 전선(戰船)은 이순신 장군 지휘하에 노젓는 소리를 뒤로 남기며 왜선을 찾아 힘차게 출전했다. 전선 24척, 협선 15척, 포작선 46척으로 모두 85척의 큰 선단(船團)은 왜선이 있는 곳을 탐색하며 조심스럽게 남해안 일대를 항해했다.

이틀 뒤 한산도에 이르렀을 때 1척의 전선을 타고 오는 경상 우수사 원균을 만났다. 곧이어 전선 3척과 협선 2척의 경상우수영 수군도 합세해서 이름뿐일지라도 전라도와 경상도 연합함대가 구성되었다.

이순신은 지휘관들을 소집해 작전계획을 세우고, 견내량을 거쳐 거제도 송미포(松美浦)에서 밤을 지샌 뒤 7일 아침 왜선이 머물고 있는 가덕(加德) 방면으로 접근했다. 거제도 옥포(玉浦) 앞바다를 지나가던 정오 무렵 탐후선(探候船)으로부터 왜선이 나타났다는 연락이 왔다. 왜군과의 첫 전투는 조선 수군의 운명을 좌우하는 중요한 것으로, 만에 하나 패하면 조선 수군은 재기할 수 없을 만큼 큰 타격을 받을 것이 분명했다. 이순신은 여러 장수들에게 명령을 내렸다.

"명령 없이 함부로 움직이지 말라! 신중하기를 산과 같이 하라!"

함대는 옥포만으로 들어가며 항해 대열에서 전투태세로 전환해서 좌우로 늘어서서 포구를 완전 봉쇄한 다음 왜선을 향해 한꺼번에 진격했다. 왜선 30여 척은 옥포만에 정박 중이었다. 그 가운데 큰 배는 휘황찬란한 그림과 무늬로 수놓은 장막을 두르고 뱃전에는 홍백(紅白)의 작은 기가 바람에 나부끼고 있었다.

그런데 왜군은 조선 수군이 이처럼 해상으로부터 전면적으로 공격해 오리라는 것을 전혀 예상하지 못하고 있었다. 그런 탓에 뭍으로 올라가 조선 민가와 백성을 상대로 불을 지르고 약탈을 일삼기에 여념이 없었다. 조선 수군이 그곳에 닿을 때까지 옥포는 자욱한 안개로 뒤덮여 있었다. 왜군은 옥포만으로 진격해 오는 조선 함대를 뒤늦게 발견하고서야 허둥지둥 배에 올랐다. 급히 닻줄을 끊고 그 가운데 6척이 조선 수군을 피해서 바닷가를 따라 도망쳤다. 이때 전투를 이순신은 조정에 올린 장계에서 이렇게 기록하고 있다.

'소속 여러 장수들은 한마음으로 분발하여 모두 사력을 다했고, 배 안의 무인이 아닌 관리들도 또한 뜻을 같이해서 죽기를 기약하고 싸웠습니다. 적을 동서로 포위하며 공격하니 포와 화살의 소리는 풍뢰(風雷)와도 같았고, 적도

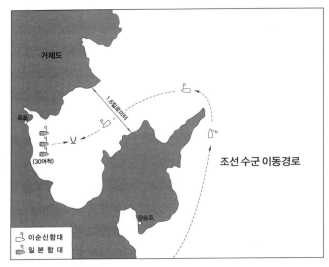

옥포해전도
1592년(선조 25) 임진왜란 때 옥포 앞바다에서 이순신이 지휘하는 연합함대가 왜군의 함대를 격파하여 임진왜란 1차 출전 해전에서 첫 승리를 거두었다.

거제도

1.6킬로미터

옥포

(30여척)

조선 수군 이동경로

장승포

이순신 함대
일본 함 대

발포하며 배 안의 물건들을 물에 던지느라 정신이 없었습니다. 우리의 화살에 맞아 고꾸라지는 자와 물에 빠지는 자는 그 숫자를 알 수 없었고, 적은 일시에 궤멸되었습니다.'

순식간에 왜선 26척이 조선 수군의 포화와 불화살을 맞고 격침되었고 옥포만은 불바다가 되었다. 이로써 남해안을 침공한 왜 수군과의 첫 전투는 조선 수군의 일방적인 승리로 끝났다.

옥포해전은 전승에 도취해 있던 왜군을 기습적으로 공격해서 완전 섬멸한 전투였다. 규모가 큰 해전은 아니었으나, 임진왜란 여러 전투 가운데 가장 의미가 깊은 전투였다. 조선 수군의 사기는 하늘을 찔렀고, 왜 수군과의 전투에 자신감을 갖게 되었다. 옥포해전 다음 날 고성(固城) 적진포(赤珍浦)에 정박 중인 왜선 13척도 총통(銃筒)을 쏘아 불살라 버렸다.

이순신은 잇따라 가덕 방면으로 왜군을 찾아 나섰다. 4월 30일 임금이 한성을 떠나 몽진(蒙塵)했다는 소식이 전해졌다. 그는 눈물을 머금고 모든 전선(戰船)에 귀환 명령을 내렸다.

이순신이 지휘하는 조선 수군은 5월 4일부터 9일까지 엿새 동안의 1차 출전에서는 옥포·합포·적진포에서의 3차례 전투에서 왜선 42척을 격파하거나 불태우는 큰 전과를 올렸다. 반면에 조선 수군의 피해는 부상 1명에 지나지 않았다. 이순신은 왜군으로부터 노획한 곡식 등을 수군들에게 나누어 주며 노고를 위로했다. 이순신은 이 싸움으로 가선대부(嘉善大夫)로 승진했다.

2차 출전—거북선의 첫 출전

옥포해전에서 패배했음에도 왜 수군의 전력은 여전히 위협적이었다. 그동안 뭍에서 왜군은 부산·동래를 함락시킨 뒤, 동·중·서의 3갈래로 나누어 계속 밀고 올라갔다. 조선 육군은 동래·충주 등지에서 맞서 싸웠으나 왜군에게는 상대가 될 수 없었다.

순변사(巡邊使) 이일이 "적은 신병(神兵)과도 같아 우리 군사들은 감히 나아가 싸우는 자가 없다"고 할 만큼 왜군은 파죽지세로 북쪽으로 밀고 올라갔다. 부산이 함락되고 20일 만인 5월 3일 한성이 함락되었는데, 이날은 바로 이순신이 제1차 출전을 하기 전날이었다.

왜군은 5월 18일 임진강을 건넜다. 주력부대가 계속 북쪽으로 밀고 올라가는 동안 경상도에 머물던 왜군은 진격로를 따라 주요 거점에 교두보를 확보했고, 일부 수군은 경남 바닷가 섬들을 점령해 나가며 전라도 지방을 거쳐 서쪽으로의 진출을 계획하고 있었다.

제1차 출전 뒤 전선(戰船)을 정비하고 전력을 보강하며 다음 출전을 준비하고 있던 전라좌수영에는 왜 수군의 서쪽 진출에 대한 동향 정보가 잇따라 전해졌다. 이순신은 전라우수사 이억기(李億祺)에게 연합작전을 제의, 6월 3일 다시 출전하기로 합의했다. 그런데 이보다 7일 전, 경상우수사 원균으로부터 왜선 10여 척이 이미 사천으로 진출했다는 통보를 받았다.

이에 출전 예정일을 변경해서 왜군을 선제 공격하기로 결정했다.

5월 29일, 날씨는 맑았다. 이순신이 지휘하는 전라좌수군의 주력 전투함인 전선 23척은 거북선을 앞세워서 여수항을 떠났다. 거북선은 2차 출전의 사천해전 때부터 용맹한 모습을 처음 나타냈고, 조선 수군의 사기는 더욱 하늘을 찔렀다. 노량(露梁) 앞바다에 이르렀을 때 전선 3척을 인솔하고 있던 원균은 이순신의 전선에 올라와 왜군의 정세를 상세히 전했다. 조선 수군은 곧장 왜 수군이 정박 중인 사천으로 떠났다.

그곳은 험준한 산으로 둘러싸여 있었다. 왜군들은 대부분 뭍으로 올라가 약 400명이 진을 치고, 홍백 깃발을 여기저기 세워 놓았다. 산 정상에 별도로 쳐놓은 장막에는 오가는 자가 많은 것으로 보아 지휘소인 것 같았다.

해변에는 누각을 세운 왜선 12척이 열을 지어 정박 중이었다. 조선 수군은 진중의 왜군들이 칼을 휘두르며 시위하는 것까지 맨눈으로 볼 수 있었다. 그러나 왜군은 사정거리 밖에 있어서 화포를 발사하기가 힘들었고, 마침 썰물 때라 수심이 얕아 왜선에 접근해서 공격할 수도 없었다. 게다가 왜군은 높은 곳에 있어 지형상으로도 불리했다. 날도 서서히 어두워지고 있었다. 밀물 때까지 무작정 기다릴 수 없었던 이순신은 새로운 작전을 궁리했다. 그리고 곧장 여러 장수들에게 명령을 전달했다.

"적은 매우 기세등등해 있다. 만약 우리가 퇴각하는 척하면 반드시 배를 타고 우리를 추격해 올 것이다. 적을 바다로 꾀어낸 뒤 한꺼번에 공격하라."

모든 전선은 서서히 철수하는 척했다. 이 작전은 성공적이었다. 조선 전선들이 뱃머리를 돌리자 200여 명의 왜군들은 진을 치고 있던 산에서 뛰어내려왔다. 절반은 바닷가에서 머물렀고, 나머지 절반은 배에 타고 곧장 포를 쏘면서 뒤쫓아 왔다. 때마침 밀물도 밀려와 전선이 포구 내에서 자유롭게 움직일 수 있게 되어서 이순신은 일제히 전선을 다시 돌리게 했고 곧장 왜선을 공격하라고 거북선에 명령했다. 돌격 대장 이언량이 지휘하는 거북선은 적선으로 돌진하며 천(天)·지(地)·현(玄)·황자(黃字) 대포를 발사했다. 산 위와 바닷가, 왜선에서 집중적으로 대응 사격을 했지만 거북선에는 그다지 장애가 되지 않았다. 조선 전선은 번갈아서 공격했으며 포성은 산과 바다를 뒤흔들었다. 사태가 일순 돌변하자 승선했던 왜군은 산으로 급히 달아났고 왜선 12척은 순식간에 부서져 침몰했다. 산 위에 오른 왜군들은 얼이 빠져 멀찌감치 바라만 볼 뿐이고 한쪽의 왜군들은 소리를 지르고 발을 구르며 대성통곡했다.

이날 격전 중에 조선 군관 나대용(羅大用) 등이 부상을 입었다. 이순신도 적탄이 왼쪽 어깨에 박혀 발꿈치까지 유혈이 낭자했다. 그래도 그는 활을 놓지 않고, 끝까지 진두지휘했다.

그 무렵 국법에는 적군의 목을 베어 온 자에게만 상을 내리도록 되어 있었다. 그러나 이순신은 여러 장수들에게 이렇게 일렀다.

"목을 베는 대신에 적을 쏘아라! 적의 목이 많고 적은 것이 문제가 아니라, 적을 명중시키는 것이 급선무이다. 힘써 싸우는 것은 내가 똑똑히 보고 있다."

이 때문에 전투에서 수많은 왜군을 사살했지만 전라좌수군은 왜군의 목을 베는 일은 중요하게 여기지 않았다.

6월 2일, 왜선이 당포(唐浦)에 정박 중이라는 정보가 들어왔고 곧 그곳으로 출전했다. 왜군들은 이미 성 안으로 들어가 방화와 노략질을 하고 있었으며 성 밖의 산에다 진을 쳐놓았다.

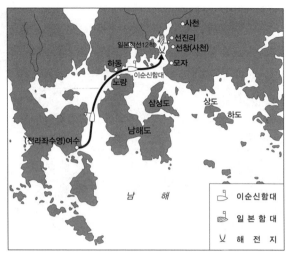

사천해전도
1592년(선조 25) 5월 29일, 2차 출전이기도 한 이 전투에 거북선이 처음 실전에 참가한 해전이었다.

왜군들은 조선 수군을 발견하자 곧장 포를 쏘기 시작했다. 당포 선창에는 왜군의 대선 9척, 중·소선 12척이 정박 중이었다. 왜선 가운데에는 선상 층루(層樓) 높이가 두 길이나 되고 붉은색 장막을 두른 큰 전함도 있었다. 장막의 4면에는 '황(黃)' 자가 크게 씌어 있고, 그 위에 투구를 쓰고 비단옷을 입은 왜장이 위엄 있게 앉아서 싸움을 감독하며 격려하고 있었다.

이순신은 먼저 거북선에 돌격명령을 내렸다. 거북선은 적장이 타고 있는 층루선(層樓船)으로 돌진해서 이물의 용(龍) 아가리를 통해서 현자총통을 쏘았고, 모든 포문을 열어 대장군전(大將軍箭)을 일제히 퍼부었다. 왜선 3~4척이 순식간에 부서졌다. 그 순간 뒤에 있던 전선들도 왜선을 향해 탄환과 시전(矢箭)을 쏘기 시작했으며 격전이 벌어졌다. 중위장 권준(權俊)은 왜장을 활로 쏘아 거꾸러뜨렸고, 우척후장 김완(金浣)과 군관 진무성(陳武晟) 등은 왜선으로 올라가 왜군의 목을 베었다. 일부 왜군은 달아나기에 바빴고 대부분은 조선 수군이 쏘는 탄환과 화살에 맞아 그 자리에서 숨지고 말았다.

만약 당포해전에서 왜 수군을 격파하지 않았다면 그 뒤 경상·전라도 바닷가 지역의 전세는 크게 바뀌었을 것이다. 이순신과 전라좌수영이 버티고 있

정암진싸움
1592년 5월 임진왜란이 일어나자, 홍의장군 곽재우는 의병을 이끌고 정암진(경남 함안)에서 왜군을 맞아 대승을 거두었다. 이로써 호남으로 진출하려던 왜군의 진로를 차단하는 데 의병이 결정적역할을 했다.

었기 때문에 왜군은 작전에 큰 차질을 빚었다. 이틀 뒤 당포 앞바다에서 멀리 떨어져 머물던 왜 수군들이 거제로 향하고 있다는 정보를 접했다. 이순신은 곧장 모든 전선에 거제로 출전토록 했다. 막 출전하려는 찰나 전라우수사 이억기가 전선 25척을 거느리고 당포에 도착했다. 이 순간의 감격을 이순신은 일기에 이렇게 적었다.

'맑다. 우수사(이억기)가 오기를 고대하고 있던 차에 정오가 되자 우수사가 여러 장수들을 거느리고 돛을 달고서 왔다. 진중의 장병들이 기뻐서 날뛰지 않는 이가 없었다. 군사를 합치고 약속을 거듭한 뒤에 착포량(鑿浦梁 : 통영시 당동 착량)에서 밤을 지냈다.'

이순신의 기대는 매우 컸다. 1차 출전 때부터 고대하던 전라우수영의 수군이 합세했기 때문이다. 5일 아침 늦게 안개가 걷히자, 전선 51척과 중·소선 수십 척으로 이루어진 연합함대는 일제히 닻을 올리고 왜선이 달아나고 있다는 거제로 떠났다. 이때 피란민으로부터 거제로 달아나던 왜선들이 다시 당항포(唐項浦)로 방향을 틀었다는 정보가 들어왔다. 조선 수군은 항로를 바꾸어 전속력으로 당항포 앞바다에 이르렀다. 당항포 포구에 이른 이순신은 북쪽 진해(鎭海)에 1,000여 명의 갑병(甲兵)이 기를 세우고 진을 치고 있는 것을 발견했다. 함안군수 유숭인(柳崇仁)이 이곳까지 왜군을 쫓아와서 친 진이

조선 수군의 공격으로 침몰하는 왜선들
이순신의 완벽한 작전으로 1차 출전한 옥포해전에서 왜선 42척을, 2차 출전한 사천해전·당포해전에서 70여 척의 왜선을 격파, 침몰시키는 전과를 올려 조선 수군의 사기는 더욱 높아졌다.

었다.

당항포는 바깥 바다로부터 폭이 2~300m 되는 좁고 긴 협만(峽灣)을 몇 굽이 지나 육지와 육지 사이에 위치한 내포(內浦)로서 천혜의 요충지였다.

이순신은 먼저 탐후선 4척을 보내어 지세를 살폈다. 그러다 왜선에 발각되면 곧장 신호를 올려 왜선을 바깥으로 꾀어냈다. 전선 51척은 앞뒤로 길게 줄지어 한 줄로 늘어선 채 조심스럽게 노를 저어 나갔다. 양쪽으로 높은 산이 솟아 있는 적막한 협만에는 노젓는 소리만이 들려 왔다. 전투를 앞둔 수군들은 마음의 흥분을 가라앉히려는 듯 말이 없었다. 마지막 굽이를 돌자 넓은 내만(內灣)이 나타났고, 그곳에는 왜 수군의 대선 9척, 중선 4척, 소선 13척이 정박 중이었다. 그 가운데 가장 큰 전함 1척은 뱃머리에 3층 판각(板閣)을 짓고 단청과 회벽을 칠해 마치 절 같았다. 앞에는 일본식 푸른 우산을 세웠고, 누각 아래에는 흰 꽃무늬가 크게 그려진 장막을 내렸는데, 장막 안에는 왜 수군 수십 명이 열을 지어 서 있었다. 또 다른 대선 4척은 내포에서 나와 한 곳에 모여 있었다. 그 배들은 〈나무묘법연화경(南無妙法蓮華經)〉이라고 쓴 검은 깃발을 꽂고 있었다.

조선 수군의 내습을 알아챈 왜선이 먼저 포문을 엶으로서 만내(灣內)에서의 해전은 시작되었다. 조선 전선들은 왜선을 포위하고 먼저 거북선을 돌진시켰다. 천·지자포를 발사해서 대장이 탄 대선을 명중시키자, 뒤이어 여러 전선은 1척씩 번갈아 왜선에 접근해서 총통과 화전을 퍼부었고 왜선도 이에 맞서 치열한 접전이 벌어졌다.

그런데 바닷가에 정박 중인 왜선에는 조선 수군의 어떤 화력도 미치지 못하는 데다 왜군은 전세가 불리해지면 곧장 육지로 달아날 기미까지 보여서, 이순신은 일단 왜선을 중류(中流)로 꾀어내기로 작전을 바꾸었다. 곧장 부하 장수들에게 포위를 풀고 퇴각하는 척하면서 왜선들이 다닐 수 있도록 한쪽으로 뱃길까지 열어 주었다.

그러자 조선 수군이 퇴각하는 줄로 오인한 일본 수군은 돛을 올리고 급히 노를 저어 층각선(層閣船)을 중심으로 반격을 시도했다. 그러나 왜선은 이미 조선 수군의 포위망 속에 들어 있었다. 돌격장이 탄 거북선은 층각선에 접근해서 총통을 쏘아 층각을 부수었다. 층각선은 순식간에 화염에 휩싸였으며, 전투 지휘를 하던 왜장도 조선 수군이 쏜 화살에 맞아 쓰러졌다. 상황이 이렇게 돌아가자, 일본의 다른 대선 4척은 급히 돛을 올리고 달아나려 했다.

이순신·이억기 등 조선 장수들은 저마다 분담해서 왜선을 추격 포위했다. 완전히 궁지에 몰린 왜 수군은 바다로 뛰어들거나 바닷가에 내려 줄행랑을 놓았다. 남은 왜선은 모두 불타 버렸고 조선 수군은 육지로 도주한 왜군이 양민을 해칠 것을 우려해서 빠져나갈 구멍은 터놓자는 뜻에서 일부러 왜선 1척을 남겨 놓았다. 이순신 휘하의 부장인 방답첨사 이순신(李純信)은 반드시 왜의 패잔 수병이 그 배를 타고 달아날 것으로 예측했다. 그는 본대에서 나와 자원해서 6일 아침 당항포 어귀에서 자신이 지휘하는 전선을 이끌고 대기하고 있었다. 이때 왜선 1척이 포구로부터 난바다로 나오자, 이순신(李純信)은 배를 몰아 왜선에 접근, 모든 포문을 일제히 열고 잇따라 쏘았다. 왜선은 당황한 나머지 달아나려 했으나, 쇠갈고리를 적선에 걸쳐 바다 가운데로 끌어냈다. 왜 수군 100여 명 가운데 반은 바다에 뛰어들어 빠져 죽었다. 나포한 이 왜선은 조선 전선과는 비할 수 없을 만큼 호화스러웠고 장비도 우수했다. 이 왜선에서 총포 등 각종 무기류와 왜군 3,000여 명이 혈서로 맹세한 문서를 빼앗았다.

7일에는 거제도 영등포(永登浦 : 거제시 장목면)에 정박 중이던 일본 대선 5척과 중선 2척이 조선 수군을 보자 황급히 닻줄을 끊고, 실었던 물품을 바다에 던져 배의 무게를 줄인 뒤 서둘러 달아났다. 하지만 조선 수군이 쫓아가서 격침시켜 버렸다. 그 뒤 웅천(熊川)·가덕 등지의 바닷가를 뒤졌으나 왜

조선 수군의 해진도(海陣圖)　가운데 큰 판옥선이 지휘부 기함이고, 진한 색의 둥근덮개로 보이는 함선은 거북선이다. 이 그림은 이순신 장군이 한산대첩 때 펼쳤던 학익진 그림 12폭 가운데 6, 7번째 그림이다.

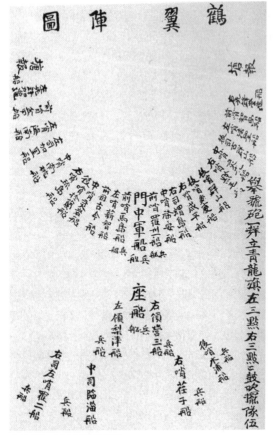

한산대첩 조선 수군의 학익진도
좌우선봉에 거북선이 배치되어 있다.

선은 그림자조차 볼 수 없었다.

그즈음 전라병사로부터 한성부를 점령한 왜군이 남쪽으로 내려간다는 통첩이 왔다. 미조항(彌助港)에서 이순신은 전라좌수사 이억기, 경상우수사 원균과 헤어져 담당기지로 돌아왔다. 이순신도 여수로 무사히 개선했다.

조선 수군은 5월 29일부터 6월 10일까지 열하루 동안의 2차 출동에서도 왜선 70여 척을 격파했다. 아군의 선박 피해는 없었으며, 1차 출전 때와 달리 13명이 죽고 34명이 다쳤으나 왜군이 입은 피해와는 비교도 되지 않는다.

1, 2차 출전 결과, 조선 수군은 가덕도를 기점으로 그 서쪽의 제해권을 완전히 장악하게 되었다. 그러나 여수를 기지로 하는 전라좌수영 수군은 일본 육군의 서진(西進)으로 뭍으로부터 위협을 받는 처지에 놓였다.

그리고 부산에는 아직 왜선 수백 척이 정박 중이었으며, 구키 요시타카〔九鬼嘉隆〕・와키자카 야스하루〔脇坂安治〕 등 일본의 이름난 수군 장수들이 이끄는 함대는 아직 해전에 참가하지도 않은 상태였다.

선제공격으로 승리한 한산대첩과 안골포해전

5월 초 한성부에 입성한 왜장들은 모임을 열고 전국을 나누어 맡아서 점

한산대첩 민족기록화.

령하기로 결정했다. 전라도 지역을 맡은 왜장은 고바야카와 다카가게(小早川
隆景)으로 5월 말 남쪽으로 내려가 전주 지역으로 침공하고자 했다.

또한 임진왜란 발발 이후 줄곧 육군과 함께 활동했던 왜 수군은 사천·당
포해전에서 이순신 함대의 막강한 전력을 체험하고는 모든 전력을 동원해서
조선 수군을 격파하는 쪽으로 작전을 바꾸었다. 이제 왜군의 주된 진격로에
서 벗어나 있던 전라도가 수륙 양쪽으로 침공을 받게 되었다.

왜장 와키자카 야스하루는 6월 7일과 19일 두 번에 걸쳐 거제도 바닷가에
조선 전선이 많이 출현한다는 보고서를 도요토미 히데요시에게 보냈다. 이
보고서를 받은 도요토미 히데요시는 구키 요시타카·가토 요시아키·와키자
카 야스하루에게 연합해서 조선 수군을 격파하라는 명령을 내렸다.

그러나 이들 3명은 합동작전을 펼치라는 도요토미 히데요시의 명령을 따
르지 않고 개별적으로 활동했다. 구키 요시타카·와키자카 야스하루 등은
한성으로부터 6월 14일 부산으로 내려와 잠시 진을 친 뒤, 조선 수군을 공격
하기 위한 작전회의를 열었다. 구키와 가토가 전선(戰船)을 정비하고 있는 사
이에 와키자카 야스하루는 지휘하는 수군을 이끌고 7월 7일 거제도로 출전
했다.

이순신은 2차 출전에서 큰 전과를 거두고, 6월 10일 전라좌수영으로 돌아
와 모든 전선을 정비하고, 이억기·원균과 긴밀히 연락하며 조선 수군의 전력
을 보강하는 데 주력하고 있었다. 그런 한편 적정(敵情) 수집도 게을리하지

않았으며, 왜 수군을 완전히 소탕할 기회를 노렸다. 그러던 중 이순신은 결정적으로 출전을 확정짓는 정보를 접했다.

가덕·거제 방면에 왜선 10여~30여 척이 출몰하고, 전라도 금산 지역으로 왜군 세력이 크게 떨치고 있어, 수륙 양면으로 전라도를 공격할 채비를 하고 있다는 정보였다. 왜군의 이 수륙 양면작전이 성공해서 전라도가 왜군에게 점령되면 조선군의 군량 보급이 두절될 뿐만 아니라 조선 수군의 근거지를 잃게 된다.

이순신은 선제공격으로 거제·가덕도 등지에 출몰하는 왜 수군을 격멸해야 한다는 결단을 내린 뒤 전라우수사 이억기에게 연락해 7월 4일 전라우수영 수군의 전선이 전라좌수영에서 합류했다. 다음날 두 지휘관은 작전을 협의했다. 6일 전라 좌·우수군 연합함대가 일제히 출전해서 노량 앞바다에서 경상우수사 원균의 전선 7척과 합세했다.

이순신은 전선 48척과 원균의 전선 7척을 합한 전선 55척을 이끌고 7월 7일 고성땅 당포에 이르렀다. 이날은 맞바람인 샛바람이 불어 당포에 닻을 내리고 먹을 물만 준비했다. 이때 거제도의 목동 김천손(金千孫)이 "적의 대·중·소선을 합해서 70여 척이 오늘 오후 2시쯤, 영등포 앞바다로부터 거제와 고성의 경계인 견내량에 도착했다"는 요긴한 정보를 제공해 주었다.

이 정보를 접한 이순신은 7월 8일 이른 아침 견내량을 향해 출전했다. 견내량 난바다에 이르렀을 때 왜군의 척후선 2척이 이순신의 함대를 발견하고 본대로 급히 귀환했다. 조선 수군은 이를 추격하며 견내량에 머물고 있는 왜군의 동태를 낱낱이 파악했다. 견내량에 줄지어 정박 중인 왜선은 대선 36척, 중선 24척, 소선 13척 등 모두 73척이었고, 이곳에 정박하고 있는 왜군은 와키자카 야스하루가 이끄는 함대라는 것도 알아냈다.

이때 원균은 곧바로 칠 것을 주장했지만 이순신은 유도 작전을 펼쳤다. 그 이유는 그가 올린 장계에 나와 있다.

'견내량의 지형이 매우 좁고, 또 암초가 많아 판옥선은 서로 부딪힐 정도입니다. 싸우기가 곤란할 뿐 아니라, 적은 만약 형세가 불리하게 되면 뭍으로 올라갈 것이므로 한산도 바다 한가운데로 끌어내어 모조리 잡아버릴 계획을 세웠습니다. 한산도는 거제와 고성 사이에 있어 사방에 헤엄쳐 나갈 길이 없고,

적이 비록 육지로 오르더라도 틀림없이 굶어 죽게 될 것입니다.'

왜군을 넓은 바다로 꾀어내어 그들의 도주로 차단을 미리 계획한 이순신은 판옥선 5~6척으로 왜군을 총공격이라도 하려는 듯이 크게 시위토록 했다. 그러자 약이 오른 왜선은 판옥선을 쫓아 한산도 앞바다로 몰려 나왔다. 조선 수군은 겁을 먹은 듯이 난바다로 재빨리 물러났고 치밀한 작전에 따라 전선의 속도를 조절하며 왜선이 한 줄로 따라 오도록 꾀어냈다.

왜선이 그런 모양새를 이루자, 조선 수군은 재빨리 뱃머리를 돌려 마치 학의 날개처럼 왜선을 좌우에서 에워쌌다. 이것이 바로 학익진(鶴翼陣) 대형이었다. 학익진법은 고도로 훈련된 정예함대만이 펼칠 수 있는 작전으로 기동성은 놀라웠다. 영국의 전(前) 해군 중장 발라드(G. A. Ballard)는 이순신 함대의 기동성에 대해 "전문가가 아닌 사람에게는 이 기동이 아주 간단한 것으로 생각될지 모르나, 잘 훈련된 해군 장교만이 이 작전을 운용할 수 있다"고 말했다.

순간적으로 왜선을 에워싼 조선 수군은 먼저 거북선 3척으로 적진을 공격했다. 그 뒤를 이어 모든 전선은 지자·현자·승자총통과 화전을 발사해서 왜수군을 혼비백산시켰다. 이 전투에서 조선 수군은 와키자카 야스하루의 전선 73척 가운데 47척을 격파하고 12척을 나포했다. 수많은 왜군이 실종되거나 익사했다. 전투 중 뒤에 처져 있던 일본 대선 1척과 중선 7척, 소선 6척 등 14척만이 안골포와 김해 쪽으로 달아났다. 견내량대첩(見乃梁大捷) 또는 한산대첩(閑山大捷)이라고 하는 이 해전은 행주대첩(幸州大捷), 진주대첩(晉州大捷)과 함께 임진왜란 3대첩 가운데 하나이나 실제로 왜적을 크게 무찌르고 전멸시킨 것은 이 한산대첩뿐이다. 한산해전 승리는 이순신의 합리적이고 치밀한 작전 계획과 그의 지휘대로 움직인 조선 수군의 용감무쌍한 활약으로 얻은 결과였다.

이순신 함대는 한산해전에서 크게 승리했으나, 수군 병사들은 여드레 동안의 격전으로 지칠 대로 지쳐 있었다. 그래서 날이 저물자 왜선 추격을 포기한 채 견내량에서 밤을 새웠다. 다음날 9일에는 안골포(安骨浦)에 왜선 40여 척이 머무르고 있다는 첩보가 접수되었다. 이순신 함대는 맞바람이 크게 불어 계속 항해하기가 어렵게 되자, 칠천도(漆川島)에서 밤을 새우고 10일 이른 아침에 출전했다. 전라우수사의 함대는 예비선대로 가덕도 가까운 바다에 진을 치게 한 뒤, 자신의 함대는 학익진 대형으로 먼저 진격하고, 경상우수사 선대는 그 뒤를 따르게 해서 안골포에 이르렀다.

안골포 선창에는 왜군의 대선 21척, 중선 15척, 소선 6척이 머물고 있었다. 그 가운데 3층으로 방이 마련된 대선 1척과 2층으로 된 대선 2척이 포구에서 밖을 향해 떠 있었고, 나머지 전함들은 고기비늘처럼 줄지어 있었다. 이날 안골포에 머물고 있었던 왜선 42척은 구키와 가토의 연합함대였다.

일본측 기록인 《고려선전기(高麗船戰記)》에 따르면 이들은 와키자카가 견내량에서 크게 깨졌다는 소식을 듣고 급히 이곳으로 대피했으며, 조선 수군의 규모가 예상 외로 크자 대적할 엄두를 못내고 있었다.

이순신은 이곳 지형이 매우 협소하고 얕아서 썰물 때면 판옥선이 자유롭게 드나들 수 없다는 것을 알고 있었다. 그래서 왜선을 여러 차례 바깥으로 꾀어내려 했지만 왜군은 전세가 불리해지면 뭍으로 달아나기 위해 선뜻 나오지 않았다. 이순신은 더 이상의 유인작전을 포기하고 각 전선에 번갈아 왜선에 접근해서 하루종일 포와 불화살로 공격하도록 명령했다. 이에 왜병들도 반격을 시도했으며, 조그마한 포구는 치열한 전투장으로 변했다.

요란한 총성과 더불어 난바다에서 대기하고 있던 이억기 함대도 포구 안으로 돌입해서 접전은 하루종일 이어졌다. 이 접전으로 왜군의 대장선을 비롯한 전선들은 거의 파괴되었다.

전투에서 승리한 조선 수군은 그날 밤 뭍으로 달아난 왜군이 백성들에게 해를 끼칠 것을 염려해서 포구 안 일본 전선들은 그대로 남겨 두고, 4km쯤 포구 밖으로 이동해서 휴식했다.

안골포해전은 처음 해전에 참가한 3인의 왜 수군장들 가운데 와키자카 야스하루를 제외한 구키 요시타카와 가토 요시아키의 연합함대를 격멸시켰다는 데 큰 의미가 있다. 또한 거북선이 왜 수군에게 결정적인 저해요소라는 점을 확실하게 인식시켜 준 해전이었다.

7월 11일 이후 이순신은 모든 전선을 거느리고 양산강을 비롯해서 김해 포구, 감동 포구를 탐색했으나 왜선이나 왜군은 발견하지 못했다. 이순신은 가덕도에서부터 동래 몰운대에 이르기까지 전선을 한 줄로 세워 나아가게 하여 그 위세를 과시하면서 근처의 섬을 샅샅이 수색했다. 그 결과 양산·김해 등지에 왜선 100여 척 정도가 흩어져 있다는 사실을 확인했다.

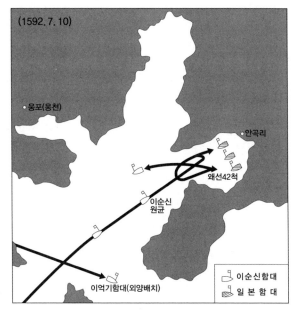

(1592. 7. 10)

웅포(웅천)

안곡리

왜선42척

이순신
원균

이순신함대
일 본 함 대

이억기함대(외양배치)

안골포해전도

그러나 이 보고는 오롯이 믿을 수 없었고, 또 바닷가 깊숙이 왜선이 있어서 쉽게 공격할 수도 없었다. 이순신은 숨어 있는 왜선들에게 조선 수군의 수색작전이 장기간 이어질 것이라 믿게 하라고 명령했다. 그리고 자신은 7월 12일 한산도를 거쳐 7월 13일 여수로 돌아왔다.

왜군은 한산도 패전으로 사기가 급속히 떨어졌다. 왜 수군은 제해권을 상실했다. 한산대첩이 있던 날 마침 왜 육군도 전주를 침공하려다가 이치와 웅치에서 광주 목사 권율, 동복 현감 황진, 김제 군수 정담 등이 이끄는 조선관군과의 접전에서 큰 타격을 입어서 호남지방 진출은 끝내 좌절되고 말았다. 이로써 조선군과 명나라 원군은 군사와 군량을 확보하게 되었다. 만약 이 해전에서 이순신이 이끄는 조선 수군이 왜군을 격파하지 못했다면 왜군은 남해를 거쳐 서해로 진출, 황해도는 물론 평안도 바닷가에까지 상륙해서 왜군의 수륙병진 전략이 성공했을 것이다. 또한 바닷길을 통해 중국으로 직접 진격하는 길을 노렸을 수도 있다. 한산대첩은 나폴레옹의 침공 앞에 영국을 지켜낸 넬슨 제독의 트라팔가르 해전이나 페르시아군으로부터 그리스를 지켜낸 살라미스 해전과 같이 임진왜란의 대세를 결정지은 전투였다. 영국의 전쟁 역사가인 헐버트는 이렇게 감탄했다.

"이 해전은 한국에서의 살라미스 해전이라 할 수 있다. 이는 일본 침략군에게 사형 선고를 내린 것이었다."

뿐만 아니라 그 즈음 일본에서 활동하던 서양 선교사들조차 일본 수군은 해전에서 이순신 함대와 정면으로 승부할 전력을 가지고 있지 못하다고 판단했다.

한산도해전의 패전으로 일본 수뇌부는 지금까지의 전체적인 전략을 수정했다. 7월 14일, 도요토미 히데요시는 와키자카 야스하루에게 명해서 거제도에 성을 쌓고 구키 요시타카·가토 요시아키와 상의해서 굳게 지키도록 했으니, 해전에서 조선 수군을 이겨낼 수 없다는 사실을 깨닫고 수비 위주 전략으로 바꾼 것이다. 이것은 매우 의미심장한 명령이었다. 애당초 수륙합동으로 조선을 점령하려 했으나 이순신이 이끄는 조선 수군을 도저히 당해낼 수 없다는 사실을 알고 해전을 포기한 것이다. 또한 해전에서의 패전은 왜 수군뿐만 아니라 육군에게도 큰 충격을 주었다. 왜군에게 이순신과 조선 수군은 공포의 대상이었다. 한편 이순신은 다음 공격 목표를 부산포로 돌렸다.

왜군의 교두보를 깬 부산포해전

부산포(釜山浦)는 왜군의 교두보로서 일본으로부터 수송되어 오는 모든 병력과 군수물자는 이곳을 거쳐 내륙으로 수송되었다. 이순신은 1차 출전 때부터 부산포 공격을 계획하고 있었다. 그러나 여수에서 부산포에 이르는 바닷가를 완전히 장악하지 않고서 부산을 공격하는 것은 모험에 가까웠다. 이순신은 완전한 승산이 서기 전까지는 절대로 적을 공격하지 않았다. 이순신의 장계에 표현된 만전지계(萬全之計)이다. 승전이 확실할 때라도 언제나 최악의 경우를 고려했다. 그러나 일단 작전이 수립되면 철저하고 강력한 공격으로 백전백승의 전투를 수행했다.

3차 출전으로 가덕도 서쪽의 제해권을 완전히 장악한 이순신은 부산포 공격의 결단을 내렸다. 이제는 오는 적에게만 타격을 가하는 것이 아니라, 본거지를 찾아가 소탕하는 적극공세로 작전을 바꾸었다. 전라좌·우도의 전선 74척, 협선 92척은 8월 24일 좌수영을 떠나 거제를 거쳐 가덕도 근해에서 밤을 지샜다. 부산포는 왜군의 총본부였기에 이순신도 돌다리를 두드리고 또 두드리는 심정이었다. 그는 조선 수군의 운명을 건 대결전을 앞두고 잠을 설쳤고 꿈자리도 어수선했다. 공격 전날은 밤을 새며 원균·이억기와 함께 작전회의를 했다.

9월 1일 절영도(絶影島) 앞바다에서 왜선 3~4척을 만나 가볍게 격파했으며, 탐후선을 부산포에 보내 적정을 다시 한 번 면밀하게 탐색하게 했다. 그 결과 왜선 약 500척이 선창 동쪽 산기슭 해안에 줄지어 정박 중이며, 대선 4척이 초량 쪽으로 나오고 있다는 보고가 들어왔다. 왜군은 조선 수군의 습격을 예상하고 포를 요새로 만들었다. 그

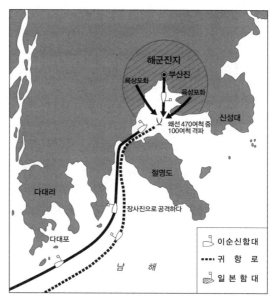

부산포해전도

런 적을 공격하려면 조선 수군도 상당한 피해를 각오해야 했다. 다른 장수들은 부산포에 깊이 들어가 공격하는 것을 망설였다. 그러자 이순신은 원균·이억기에게 "조선 수군이 만약 여기서 적을 공격하지 않고 그냥 물러서면 적은 틀림없이 조선 수군도 별 수 없다며 멸시할 것이다"라고 말하며 독전기(督戰旗)를 높이 올렸다.

우부장 정운(鄭運), 거북선 돌격장 이언량(李彦良), 전부장 이순신(李純信), 중위장 권준(權俊), 좌부장 신호(申浩)가 선두에 서서 먼저 바다로 나오는 왜군 대선 4척을 쳐부수고 불질렀다. 뒤에 있던 여러 전선도 이때를 틈타 기를 올리고 북을 치며 장사진(長蛇陣)을 펼치고 돌진했다. 부산포 동쪽에 3진으로 나뉘어 정박 중이던 왜군의 대·중·소선 470여 척은 조선 수군의 위용에 눌려 선뜻 나오지 못했다. 그러다 조선 전선들이 쳐들어가자 배 안, 성 안, 굴 속에 있던 왜군은 모두 산으로 올라가 여섯 곳에다 진을 치고 총통과 화전을 쏘았다. 조선 전선에도 적의 총탄과 화살이 비오듯 떨어졌지만 적선 100여 척을 격파했다. 뭍으로 올라가 계속 적을 공격하려 했으나 수군이 육지의 적진(敵陣) 깊숙이 들어가는 것은 아주 위험한 일이었고, 또한 날도 어

두워지고 있었으므로 일단 배를 돌려 돌아왔다.

부산포해전에서는 30여 명이 죽거나 다쳤다. 그 가운데에서도 접전마다 앞장섰던 녹도만호 정운(鄭運)의 전사는 이순신에게 큰 슬픔을 안겨 주었다. 이순신은 정운의 제문(祭文)에서 다음과 같이 애통해 하며 목놓아 울었다.

'네 번 이긴 대첩(大捷), 그 누구의 공이던가. 나라를 되찾을 날도 멀지 않았는데 어찌 그 죽음을 뜻했으랴. 하늘이 돕지 않아 적탄에 맞았는가. 저 푸른 하늘도 알지 못할 일이로다. 뱃머리를 돌려 다시 싸워 원수를 갚자고 맹세하더니 날은 어둡고 바람조차 고르지 않아 소원을 이루지 못하니, 평생에 분함이 어찌 이보다 더할 수가 있으랴.'

왜 수군은 부산포해전에서 궤멸되었고, 그 뒤 왜군은 서진(西進) 전략을 완전히 포기하게 되었다. 그리고 철저히 방어체제만을 구축할 뿐 조선 수군과의 전투는 되도록 피했다. 이로써 일본 침략군은 본국으로부터의 보급로가 막히는 위기에 처한 데다가 조선은 곡식을 모두 거두고 성에 틀어박혀 방어하는 청야전술(淸野戰術)을 쓰고 있어 보급품의 현지 조달마저 쉽지 않았다. 조선에 상륙한 모든 왜군의 철수까지도 고려해야 할 상황이었다.

웅포해전과 왜적 수색작전

한산도대첩과 부산포해전으로 남해안 제해권을 장악한 이순신은 군비를 점검하는 한편, 임금이 파천해 있는 의주로 종이와 곡식, 화살용 대나무를 보냈다. 왜군과의 전투가 뜸한 겨울에는 전선(戰船)과 무기를 만들었고, 둔전(屯田)을 경작해서 군량을 확보해 두는 한편 병력 보충에도 신경을 썼다.

해가 바뀌어 계사년 정월이 되자 전쟁은 새로운 국면으로 접어들었다. 정월 8일부터 지원군으로 참전한 명나라 도독(都督) 이여송(李如松)이 4만 3,000명의 군사를 이끌고 평양성을 공격하기 시작했기 때문이다. 평양성 탈환에 성공하자, 조정에서는 이순신에게도 육군과 힘을 합해서 적의 귀로를 차단하고 후퇴하는 왜적을 섬멸하라는 명령을 내렸다. 이순신은 의병과 승병을 규합해서 육지의 요충지를 방비케 하는 한편, 왜군의 전초기지인 웅포를 공격키로 했다. 이순신의 최종 목표는 왜군의 본거지인 부산포를 치는 것이었지만, 그곳을 공격하기 위해서는 항로의 중간에 위치하고 있는 웅포부터 소탕해야만 했다.

이 무렵 왜군은 웅포를 시작으로 안골포·제포·원포와 거제도의 장문포·영등포, 가덕포의 천성·가덕 등지에 왜성을 쌓고 요새처럼 만들어서 어느 한곳이 공격당하면 서로 유기적으로 지원, 방어할 수 있는 체제를 갖추었다. 이순신은 조정의 명령을 받고 수륙병진작전으로 왜군을 섬멸하게 된 것이 흐뭇했다. 그는 1월 30일까지 각 진포(鎭浦)에 포진한 전선(戰船)을 전라좌수영 앞바다로 이동케 하고, 전라우도와 경상우도에도 연합함대를 구성할 것을 통고했다.

그러나 겨울철은 항해하기가 곤란할 만큼 날씨가 고르지 못했다. 그런 관계로 전라좌수영 수군은 2월 3일 집결해 6일에야 비로소 이동했다. 다음날에는 견내량에서 전라우도 수군과 합류해서 연합함대를 구성했다. 2월 10일 웅포의 왜군을 공격하기 시작했으나 쉽지 않았다. 왜군은 포구 깊숙이 전선을 정박시킨 채 조선 수군의 유인전술에 좀처럼 말려들지 않았고, 육지에서 조총을 쏘며 시위할 뿐이었다. 이순신은 이날 일기에 '2번이나 꾀어 냈으나 이전부터 우리 수군을 겁내어 잠깐 나왔다가는 곧바로 돌아가 버리므로 끝내 잡아 없애지 못했으니 정말로 원통하고 분하다'고 기록, 왜군을 소탕하지 못한 아쉬움과 분한 마음을 나타냈다.

12일에도 유인작전을 폈으나 실패했다. 이순신은 경상우도순찰사 김성일(金誠一)에게 육지의 장수들도 웅천(熊川)으로 출전, 육지와 바다에서 협공하자는 공문을 보냈다.

18일에는 수군 단독으로 공격해서 수많은 왜적을 사살했다. 22일에는 승병과 의병을 뭍에 오르게 해서 왜군의 배후를 치는 한편, 주력 수군은 해상에서 왜군을 공격했다. 왜군은 많은 사상자를 냈고, 전염병이 퍼져 사망자는 더 늘어났다. 하지만 왜군은 육지에 마련한 성채 속에서 결사항전하고 있어서 완전히 섬멸할 수는 없었다. 오히려 조선 수군은 제대로 지휘를 받지 않고 왜선을 공격하다가 좁은 포구 내에서 아군끼리 충돌해서 전선 1척이 뒤집어지는 사고도 일어났다. 그 뒤 이순신은 명나라와 조선 육군의 지원을 기다리며, 두 달여 동안 해상을 수색했다. 그러나 육군의 지원은 끝내 오지 않았다. 이순신은 4월 3일을 기해서 수색작전을 마감하고 여수로 돌아왔다. 오랫동안의 해상생활로 군사들은 몹시 지쳐 있었고 그들은 대부분 농민 출신이었으므로 농번기를 맞아 더 이상 농사일을 방치할 수도 없었다. 따라서 작전은 더 이상 수행할 수가 없었다.

수군통제영 한산도

선조 26년(1593) 5월, 이순신은 '수군을 정비해서 왜군이 뭍으로 오르지 못하게 하라'는 조정의 지시를 받고, 다시 출전하게 되었다.

이 즈음 이순신 휘하에는 전선 42척, 탐후선 52척, 전라우수사 이억기 휘하에는 전선 54척, 탐후선 54척으로 모두 202척을 거느릴 만큼 수군의 전력은 크게 증강되어 있었다. 그런데 경상우수사 원균과의 불화는 갈수록 골이 깊어져 갔고, 지원군으로 참전한 명나라 군의 작전 간섭으로 이순신의 활동은 많은 제약을 받았다. 게다가 왜군은 부산을 중심으로 거제도에 이르는 바닷가에 강력한 진지를 구축한 채 조선 수군과의 교전은 철저하게 피하고 있었다. 따라서 이번 출전은 애초부터 성과를 기대할 수 없는, 의미가 없는 것이었다.

이순신은 7월 14일 한산도 두을포(豆乙浦)로 진영을 옮겼다. 이곳은 왜군의 전초기지라 할 수 있는 웅포·안골포·거제도와 견내량을 앞에 두고 대치하는 공격과 방어의 요충지였다. 또한 1년 전 왜군의 주력 함대를 격파하고, 더 이상 공세를 펴지 못하도록 일거에 왜군의 기세를 꺾어버린 유서 깊은 지역이었다. 이순신은 이곳에 전진기지를 건설해서 지금까지 먼 거리에서 출전해서 근거지 없이 장기간 작전을 수행하던 애로를 해결키로 했다.

이분(李芬)이 쓴 〈행록〉에는 한산도에 진영을 설치한 것과 그곳의 지형 조건에 대해 이렇게 기록되어 있다.

'7월 15일, 공(이순신)은 본영이 호남에 치우쳐 있기 때문에 바닷길을 막고 지휘하기가 어려우므로, 마침내 진영을 한산도로 옮기기를 청하니 조정에서도 그 뜻에 따랐다. 이 섬은 거제도 남쪽 30리에 있는데, 산 하나가 바다 굽이를 에워싸서 안에서는 배를 감출 수 있고 밖에서는 그 속을 들여다볼 수 없을 뿐만 아니라 왜선들이 호남을 범하고자 한다면 반드시 이 길을 거쳐가야

하기에 공은 군사적으로 아주 중요한 곳이라고 생각해서 여기에 진영을 두었다. 나중에 명나라 장수 왕홍유가 올라와 오랫동안 바라보다가 "정말로 진영을 두어야 할 곳이다"라고 말했다.'

그 다음 달인 8월, 조정에서는 그 동안의 전공을 참작하고 수군의 명령체계를 원활하게 운용하기 위해 이순신을 삼도수군통제사로 임명했다. 그동안 여러 차례 해상 전투에서 이순신이 거느린 함대가 주력을 이루어 몇 번 작전을 펼쳐 승리를 거두었다. 그러나 각 도의 수군을 통합해서 지휘할 수는 없었다. 형식은 연합함대인데 실제로는 자기에게 소속된 함대만 지휘할 수 있어서 비효율적으로 전투를 치렀던 것이다. 거기다 전쟁은 소강상태에 빠졌고 왜군은 조선 수군과의 전투를 철저하게 피하고 있어, 장기전에 대비하면서 총괄 지휘권을 가지고 작전을 펼칠 통합 책임자가 절실히 필요했다.

조정에서는 하삼도(충청도·전라도·경상도)의 수군을 총지휘할 삼도수군통제사라는 새로운 직제를 만들고, 이순신을 전라좌도 수군절도사 겸 삼도수군통제사로 임명했고, 한산도는 삼도수군통제영이 되었다.

피란민은 모두 이곳으로 모였고, 외딴 섬이던 한산도는 바다의 요새가 되고 조병창이 되었다. 조선 전체로 볼 때는 영의정 유성룡이 중앙에서 비변사를 통해 국가정책을 세우고, 현지에서는 도체찰사(都體察使) 이원익(李元翼)이 대민 업무와 군사 지원을 맡으며, 육군은 도원수 권율이, 수군은 통제사 이순신이 지휘하는 체제를 갖추었다.

전투는 소강상태에다 대치 상태가 오랫동안 이어졌다. 본영인 한산도는 왜군의 전진기지와는 아주 가까운 거리에 있어서 한시도 방심할 수 없어 삼엄하게 경계했다. 이순신은 무엇보다 왜군의 동태를 살피는 데 주력했다. 수시로 탐후선을 보내고 곳곳에 망루를 세워 감시했다. 부산까지 이르는 바닷가 지역 주민들로부터 왜군에 대한 정보도 놓치지 않고 수집했다. 이를 바탕으로 해상 작전을 세웠고 일정한 약속 일시에 휘하 장수들이 모이는 도상훈련도 끊임없이 시행했다. 작전을 제대로 수행하지 않은 장수나 수령, 달아난 군사들은 반드시 잡아들여 그 죄를 다스렸다. 이순신은 전투 없이 장기간 대치하는 동안 군기가 풀어지지 않도록 철저하게 다잡았다. 그러나 처벌만을 능사로 삼지는 않아서 시시때때로 잔치를 열어 군졸을 위무했고, 공을 세운 부하에 대해서는 반드시 따로 장계를 올려 상을 받도록 신경을 썼다.

또한 선조 26년(1593) 12월 전주에서 무과 별시를 실시하자, 이순신은 이 기회를 이용해 한산도에도 과장을 설치, 수군에 맞는 과목을 치르도록 건의했다. 이 과장은 이듬해 4월 6일부터 사흘 동안 열려 100여 명이 합격했고, 합격한 군사들에게는 잔치를 열어 사기를 크게 북돋워 주었다.

그리고 봄·여름 돌림병으로 신음하고 죽어가는 군사들을 위해 온갖 방법으로 약을 구하고, 의원을 내려보내 달라는 장계도 올렸다. 전사한 군졸은 정성껏 장례를 치러 주었고, 손수 제문(祭文)까지 지어 원혼을 달랬다.

또한 이순신은 한산도에 작전계획을 세우고 운용하는 집무실인 운주당(運籌堂)을 짓고, 그곳에서 유사시를 대비해 수군 전력을 근본적으로 강화하는 정책을 마련했다.

첫 번째는 무기를 개량하는 일이었다. 왜군으로부터 노획한 조총의 구조와 성능을 분석해서 보다 성능이 뛰어난 정철총통을 완성했다. 이 총통은 임금에게도 직접 올려보냈으며 순찰사·병마사들에게도 설계도를 그려 보내 자체적으로 만들 수 있게 했다. 염초(焰硝)를 얻어 화약을 만들었으며, 부서진 전선(戰船)을 수리하고 새로운 전선 건조에도 힘을 기울여 선조 26년(1593) 11월까지 자신의 관할인 전라좌도에서 60척, 전라우도에서 90척, 충청도에서 60척, 경상도에서 40척 등 모두 250척의 전선을 만들고 같은 수의 탐후선(探候船)도 건조했다. 조총보다 뛰어난 총통을 만들어 냈던 낙안의 수군 이필종, 태구련, 이무생과 수군 군역을 지고 있던 사노(寺奴)들에게 환도(環刀)를 만들도록 해서 충청 수사 등 막하 장수들에게 나누어 주고 왜군 섬멸의 의지를 다지게 했다.

두 번째는 다수의 수군을 장기간 주둔시키고 피란 온 백성들을 구제하기 위한 식량을 확보하는 일이었다. 이순신은 장계를 올려 조정의 허락을 받은 뒤 전라우도의 강진 고이도(고금도), 해남 황원목장, 여수 돌산도 등지에 둔전을 두었다. 그리고 겨울에는 청어를 잡고, 소금을 굽고, 질그릇을 만들어 민간의 곡식과 바꾸어 군량을 미리 갖추어 두었다.

세 번째는 수군 병력을 안정되게 확보하는 일이었다. 새로 건조한 전선이 대폭 늘어나자 이 배에 탈 군사 뿐만 아니라, 배를 부릴 수부와 격군도 늘려야 했다. 그러나 조선 수군은 돌림병에 걸려 많은 군사가 죽었으며 고된 수상생활을 견디기 어려워했다. 또한 수군 군역을 맡은 바닷가 백성들도 내륙으로 달아나고 이사해서 육군에 편입하는 사람이 속출했다. 이순신은 여러 차례 장계를 올려 이들을 수군에 전속시키도록 건의했고 이들을 모아 둔전을 경작케 해서 생활안정을 꾀했다.

이순신은 한산도 경영에 힘쓰는 한편 선조 26년 12월부터 한 달 동안 여수·순천·홍양·보성·광양·낙안 등, 관하의 진영을 둘러보았다. 그리고 이 둘러보기가 거의 끝나는 1월 11일에는 여천의 곰내(古音川)로 어머니를 뵈러 갔다. 이순신의 어머니는 임진왜란이 터지자 아들의 청으로 이곳에서 피란살이를 하고 있었다. 이순신은 평소 편지를 수시로 보내 안부를 여쭈었으나 자주 뵙지 못하는 것을 늘 안타깝게 여겼다. 이순신이 하직을 고하자 어머니는 이렇게 말했다.

"잘 가거라. 부디 나라의 치욕을 크게 씻어야 한다."

1596년 10월 이순신은 어머니를 한산도로 모시고 와 생신잔치를 열었다. 그러나 그 뒤로 다시는 살아서 어머니를 뵙지 못했다.

이순신을 향한 불신과 모략

왜군과의 전투가 장기간 소강상태로 접어들자, 이순신은 한산도를 중심으로 50여 척의 전선이 어떤 돌발사태에도 언제나 출전할 수 있는 준비를 갖추어 놓았다. 거북선도 계속 개량하며 성능을 향상시켰다. 선조는 한산도로 본영을 옮긴 뒤부터 수군에 거는 기대가 컸다. 이는 임진왜란 초기 여러 차례의 해전 때마다 조선 수군이 매번 승리했기 때문이다. 그래서 선조는 전황(戰況)이 아무리 불리하더라도 조선 수군이 기동만 하면 왜군을 계속 견제할 수 있다고 생각했다. 이런 선조의 생각은 방어에 주력하면서 군비 확충에 힘을 기울이던 이순신으로서는 매우 부담스러웠다. 게다가 선조 26년(1593) 8월부터 명나라의 경략 유정(劉綎)은 강화회담을 진행하기 위해 왜군을 공격하지 말도록 압력을 넣었다.

다음해 3월 명나라의 도사(都司) 담종인(譚宗仁) 이 왜적과 화친하는 일로 명나라를 떠나 웅천 적진에 이르러 이순신에게 패문(牌文)을 보내 '일본 여러 장수들이 모두 갑옷을 벗고 전쟁을 그만두고자 하니 그대는 마땅히 속히 본 고장으로 돌아가고 일본 진영에 가까이 가서 분란(紛亂)을 일으키지 말라'고

하며 왜군이 있는 수역에서 물러날 것을 요구했다. 이에 이순신은 '영남 바닷가가 내 땅이 아닌 곳이 없는데 날더러 일본 진영에 가까이 간다는 게 무슨 말이며, 날더러 속히 본고장으로 돌아가라는데 본고장이 어느 쪽을 가리키는 것인가? 왜적이라는 것들은 믿음이 없어서 화친을 하고자 한다는 것은 거짓이다. 나는 조선의 신하이기에 도의상 한 하늘을 같이 이고 살 수는 없다'는 답신을 보냄으로써 명나라 군의 태도에 불만을 나타내는 동시에 일본과 화친할 뜻이 없음을 분명하게 드러냈다.

이때 이순신은 염병(染病)에 걸려 병세가 자못 위중했지만 오히려 하루도 눕지 않고 예전처럼 사무를 보았다. 이런 부담과 갈등, 병으로 아픈 몸에 더해서 한 뜻으로 왜적을 무찔러야 할 원균과의 반목의 수위도 정도를 넘어서고 있었다. 원균은 사사건건 시비를 걸었을 뿐만 아니라, 독자적으로 전략을 세우고 작전을 펼쳤으며, 조정으로 자신의 주장을 아뢰는 장계를 써서 올리기도 했다.

또한 이 즈음부터 선조(宣祖)는 드러내놓고 이순신에 대해 불만을 나타내기 시작했다. 선조가 바라는 것은 '양병토적(揚兵討賊, 군의 위세를 떨치고 적을 무찌름)'이었지만 이는 군이 나아가서 싸우라기보다는 '군의 위세를 떨쳐서', 곧 '시위(示威)를 해서' 계속 성과를 내라는 것으로 볼 수도 있다. 그러나 이런 '시위'조차 하지 않는 이순신을 선조는 못마땅하게 생각해서 '수군과 육군의 여러 장수들이 팔짱만 끼고 서로 바라보기만 하면서 한 가지라도 계책을 세워 적을 치는 일이 없다'면서 질책하는 밀지(密旨)를 내려보냈다. 이에 대해 이순신은 9월 3일자《난중일기》에서 답답한 마음을 드러내고 있다.

'비가 조금 내렸다. 새벽에 '수군과 육군의 여러 장수들이 팔짱만 끼고 서로 바라보기만 하면서 한 가지라도 계책을 세워 적을 치는 일이 없다'는 임금의 밀지가 들어왔다. 세 해 동안이나 바다에 나와 있는데 그럴 리는 만무하다. 여러 장수들과 맹세하여 죽음으로써 원수를 갚을 뜻을 결심하고 나날을 보내고 있지만, 적이 험하고 수비가 견고한 곳에 굳게 막아 지키고 있으니 경솔히 나아가 칠 수 없는 것 뿐이다. 하물며 나를 알고 적을 알아야만 100번 싸워도 위태롭지 않다고 하지 않았던가! 초저녁에 촛불을 밝히고 홀로 앉아 스스로 생각하니 나랏일은 어지럽건만 안으로 구해낼 길이 없으니 이를 어찌하랴! 밤

10시쯤 마침 흥양 현감이 내가 홀로 앉아 있음을 알고 들어와서 자정까지 이야기하다가 헤어졌다.'

또한 9월 20일자 《난중일기》 내용에서 전황(戰況)에 대한 이순신의 무거운 마음을 읽을 수 있다.

'새벽에 바람은 잦아들지 않았지만 비는 잠깐 그쳤다. 홀로 앉아 밤 사이의 꿈을 기억해 냈다. 꿈에 바다 가운데 외딴섬이 달려오다가 눈앞에 와서 주춤 섰는데, 소리가 우레 같아 사방에서는 모두 놀라 달아났지만 나만은 우뚝 서서 끝까지 그것을 구경하니 참으로 장쾌했다. 이것은 왜놈들이 화친을 구걸하다가 스스로 무너질 것을 나타내는 조짐이다.'

주사야몽(晝思夜夢)이라고, 왜적을 무찔러야 한다는 생각이 꿈으로 나타날 만큼, 풀이에 따라 의미가 달라질 수 있는 꿈내용을 '왜적들이 화친을 구걸하다가 스스로 무너질 것을 나타내는 조짐'으로 받아들일 만큼 이순신은 중압감과 부담감을 느끼고 있었다.

이렇듯 조선 수군, 특히 이순신이 지휘하는 수군과의 싸움은 어떻게든 피하고자 하는 왜적들의 부전(不戰) 방침에 달리 어떻게 해볼 방법이 여의치 않은 데다 싸움을 어떻게든 피하고자 화친(和親)을 드러내놓고 떠들어대는 명나라 군의 압력, 선조의 조선 수군에 대한 큰 기대, 원균과의 반목 등 사면초가(四面楚歌) 속에서 이순신은 어쩔 수 없이 거제도 장문포로 출전하게 된다.

이순신이 거느린 조선 수군은 9월 29일부터 10월 8일까지 아흐레 동안 흥도→ 장문포→ 칠천량→ 외줄포→ 장문포→ 흥도→ 장문포→ 흥도→ 한산도를 오가면서 일방적으로 왜군을 공격했다. 이순신이 인솔한 함대는 비록 수적으로 열세였지만, 위력을 과시하며 적의 행동을 저지하는 전략에 그친 것이 아니라 적극적으로 공격했다. 그런데 왜군은 좀처럼 맞서 싸우려 하지 않아 뚜렷한 전과를 거두지 못했다. 특히 10월 4일에는 곽재우(郭再祐), 김덕령(金德齡)과 함께 수륙병진 작전을 시도했지만, 이 또한 왜군이 싸움에 응하지 않아 성과를 거두지 못했다.

서울로 압송되는 이순신

선조의 해상 시위 전략은 해가 바뀌어도 계속 시도되었다. 이 작전은 전라 병마사로 강진군 병영에 부임한 원균이 올린 보고에 근거를 두고 있었다. 원균은 이순신과의 불화 끝에 육군으로 전출된 뒤에도 해상방위전략에 대한 의견을 조정에 직접 건의하고, 왜군을 자신이 소탕하고 말겠다는 뜻을 밝혔다.

지루한 전쟁 속에서 고심하던 조정에서는 원균의 건의를 마다할 이유가 없었다. 이 장계를 본 선조는 이순신 대신 원균에게 통제사를 맡길 것을 고려하게 되었다.

이런 가운데 조정에서는 일본에 다녀온 황신(黃愼)과 왜군의 정보에 따라 도원수 권율을 한산도로 보내 이순신에게 일본으로부터 출정하는 가토 기요마사의 함대를 요격하라는 출전명령을 내렸다. 이순신은 조정의 명령을 따랐지만 바닷길이 험난하고 일본 수군의 복병에 의한 기습공격을 경계해서 군사작전을 신중히 결정했다. 이에 조정은 이순신이 명령을 어기고 왜군함대를 요격할 기회를 놓쳤다고 판단하고 그 이유로 이순신에게서 수군통제사란 직책을 박탈하고 옥에 가두었다. 이는 왜군 첩자 요시라(要時羅)의 간계에 말려든 모함이었으며, 선조수정실록(宣祖修正實錄) 선조30년(1597) 2월 1일 기록을 보면 다음과 같다.

'이보다 앞서 평행장(平行長 : 고니시 유키나가)와 경상 우병사 김응서(金應瑞) 가 서로 통해서, 요시라(要時羅)가 그 사이를 왕래했는데, 그가 말한 것이 마치 가토 기요마사(加藤淸正)와 사이가 좋지 않은 듯해서 우리나라는 그걸 믿었다. 이때에 왜적이 다시 침략할 것을 모의하면서 우리나라 수군을 꺼렸고, 그 가운데에서도 순신을 더더욱 꺼렸다. 이에 요시라를 보내어 "강화(講和)하는 일이 이루어지지 않은 것은 실로 가토 기요마사가 주장하고 있기 때문이다. 만약 그를 제거하면 나의 한이 풀리게 되고 귀국(貴國)의 근심도 제거될 것이다. 모월 모일에 가토 기요마사가 어느 섬에서 잘 것이니, 귀국에서 만약 수군을 시켜 몰래 잠복해 있다가 엄습하면 결박할 수 있을 것이다"라고 말했다. 응서가 이로써 보고하니, 상이 황신(黃愼)을 보내 순신에게 비밀리에 유시(諭示)했다. 그러나 순신은 '바닷길이 험난하고 왜적이 필시 복병을 설치하고

기다릴 것이다. 전함(戰艦)을 많이 출동시키면 적이 알게 될 것이고, 적게 출동하면 도리어 습격을 받을 것이다' 하고는 마침내 거행하지 않았다. 그런데 그날 기요마사가 과연 다대포(多大浦) 앞바다에 왔다가 그대로 서생포(西生浦)로 향했는데, 이는 실로 평행장과 함께 작은 군사로 우리를 꾀어내고자 한 것이었다. 그런데 조정에서는 오히려 조정의 명령을 따르지 않은 것을 들어 순신을 하옥시켜 고신(栲訊)하게 하고, 마침내 전남병사(全南兵使) 원균을 통제사로 삼았다.'

이 즈음 선조는 이순신이 반란을 일으킬지도 모른다는 의심(疑心)으로 어떻게든 이순신을 제거할 궁리를 하고 있었던 차에 왜군의 간계는 선조의 결정을 앞당기고 계획을 추동(推動)할 수 있는 결과를 낳았다고 볼 수 있으며, 선조 30년(1597) 2월 6일 조선 조정은 이순신 체포령을 내리는 동시에 원균을 삼도수군통제사 겸 전라좌도 수군절도사로 임명했다.

이순신은 1597년 2월 26일 마침내 함거(檻車)에 실려 한양으로 압송되었고 3월 4일 의금부에 구속되었다. 26일 한산도는 통곡의 도가니였다. 이순신이 함거에 실려 가는 길에는 남녀노소 가릴 것 없이 몰려나와 "사또, 어디로 가십니까? 이제 우리는 어찌 합니까?"라고 울부짖었다.

도체찰사 이원익은 "이제 나라의 장래는 끝이다"라고 탄식했다.

선조 30년(1597) 3월 13일 선조는 우부승지 김홍미(金弘微)에게 '비망기(備忘記)'로 교지를 내렸으니, 비망기에서 선조가 말한 이순신의 4가지 죄는 다음과 같다.

첫째, 조정을 속인 것은 임금을 무시한 죄 欺罔朝廷 無君之罪(기망조정 무군지죄)

둘째, 적을 놓아주어 치지 않은 것은 나라를 저버린 죄 縱賊不討 負國之罪(종적불토 부국지죄)

셋째, 남의 공로를 가로채 남을 무함한 죄 奪人之功 陷人於罪(탈인지공 함인어죄)

넷째, 방자하지 않음이 없는 것은 기탄(거리낌)이 없는 죄 無非縱恣 無忌憚之罪(무비종자 무기탄지죄).

또한 선조는 '이렇게 허다한 죄상이 있고서는 법으로 용서할 수 없는 것이니 율(律)을 상고해서 죽여야 마땅하다. 신하로서 임금을 속인 자는 반드시 죽이고 용서하지 않는 것이므로 지금 형벌을 끝까지 시행해서 실정을 캐어내려 하는데 어떻게 처리할 것인지 대신들에게 하문하라'고 지시했다.

이미 이순신은 여러 차례 국문을 받아 온전한 상태가 아니었다. 이때 우의정 정탁(鄭琢)이 신구차(伸救箚 : 구명을 위한 상소문)를 올렸다.

'그때 원균도 그만큼 큰 공이 없지 않았음에도, 조정의 은전은 온통 이순신에게만 돌아가고, 원균은 도리어 손해만 입게 되어 모두들 지금껏 원통하다 일컫고 있습니다. 이것은 정말 애석한 일입니다…… 지난날 장계에 진술된 사실들은 허망함에 가까우므로 괴상하기는 하지만, 아마 그것은 아랫사람들의 떠드는 말들을 얻어 들은 것으로 여겨지며, 그런 말들 속에는 확실하지 못한 것이 수두룩합니다. 만일 이순신이 정신병자가 아닌 이상에야 감히 그럴 수가 있겠느냐, 저로서는 자못 해석할 길이 없습니다. 가령 난리가 났던 처음에 공로를 적어 올린 장계가 낱낱이 실제대로 쓰지 않고 남의 공로를 탐내어 제 공로로 만들어 속였기 때문에 그로써 죄를 다스리신다면 이순신인들 무슨 변명할 말이 있겠습니까! 그러나 세상에 완전무결한 사람을 제외하고는 저와 남이 상대할 적에 남보다 높이고자 하는 마음을 품지 않는 자는 적다고 봅니다. 또 우물쭈물하는 사이에 잘못되는 일이 많으므로 윗사람이 그 저지른 일의 크고 적음을 상세히 살펴서 경중에 따라 처리할 수밖에 없습니다.'

이 상소문에서 정탁은 원균도 큰 공을 세웠다고 지적하는 한편, 이순신의 허물에 미심쩍은 데가 있으며, 정신병자가 아니라면 그런 거짓보고를 할 수 있었겠느냐고 강하게 되물었다. 바꾸어 말하면, '이순신의 모든 장계는 사실'이라는 점을 강조하면서 '매사는 앞뒤 사정을 상세히 살펴서 처리해야 하며, 이순신에게 죄를 내려서는 절대로 안 된다'고 주장했다.

사형을 겨우 면한 이순신은 4월 1일 출옥해서 도원수 권율 밑에서 백의종군했다. 출옥일부터 이순신은 다시 일기를 썼다. 옥고를 치르며 망가진 몸을 추스를 틈도 없이 남쪽으로 향했다.

그러나 이순신은 옥에서 나온 지 12일 만에 모친상을 당했다. 하지만 아산에 잠시 들러 입관만 지켜본 뒤 다시 나라를 위해 길을 떠나갈 수밖에 없었다.

무너진 조선 수군

개전(開戰) 이래 조선 수군이 연전연승하자 왜장 도요토미 히데요시는 "일본 수군은 해상 전투를 금지하라"고 특별히 명령을 내렸다. 이로부터 왜 수군은 되도록 조선 수군과의 전투를 피했다.

그러나 그즈음 영남지역 남해안의 들쭉날쭉한 바닷가 지역의 제해권을 왜군이 장악하고 있었기 때문에 조정에서 여러 차례 출정명령을 내렸지만, 조선 수군은 더 이상 먼 거리 출정을 하지 않았다.

한편에서는 명나라와 일본 사이에 강화교섭이 진행됨에 따라 선조 27년(1594) 3월부터는 금토패문(禁討牌文)을 발표하고, 조선 수군에게 왜군을 공격하지 못하도록 압력을 넣었다. 한데 이런 상황은 선조 27년(1597) 1월 정유재란이 터지면서 급변했다. 왜 수군은 이때까지의 해전 경험을 살려 병선을 보강하고, 전략을 바꾸었으며, 정탐병을 두고서 조선 수군의 동정을 살피는 등 조선 수군과의 전투 준비에 총력을 쏟았다.

조선 수군은 2월 삼도수군통제사로 원균이 부임하자, 탐색 위주 전략에서 선제공격전략으로 바꾸었다. 조선 수군의 규모는 선조 27년(1194) 봄 집계로 전선이 166척, 《임진장초》에 나타난 문건들을 검토해 보면 사후선·협선 등도 160여 척이나 되었던 것으로 추정된다. 이 규모는 정유재란 때까지 유지되었으며, 칠천량해전에 임박해서는 전선, 사후선, 협선의 수가 각각 140~180여 척에 이르렀다.

조선 수군은 통제영을 한산도로 옮긴 뒤인 선조 27년(1594) 3월 집계해 본 결과 수부(水夫)와 격군을 합쳐 1만 7,000여 명 정도, 정유재란 발발 뒤에는 1만 5,000명 선이었다.

왜군은 선조 26년(1593) 서울에서 퇴각 뒤, 부산과 안골포 등지의 바닷가에 왜성을 쌓았다. 또한 이를 거점으로 왜 육군은 거제도에 이르기까지 새롭게 세력 판도를 만들었다.

조선 수군은 이 지역의 한두 곳에다 거점을 마련한 채 대치했다. 특히 통제영을 한산도로 옮겨 견내량의 물길을 차단함으로써 왜 수군의 서쪽 진출을 막고 있었다. 정유재란이 일어나자 왜군은 본토에서 육군 11만 5,000여 명과 수군 7,200여 명이 증파되어 침략군 총수는 조선에 남아 있던 병력과 합쳐 약 14만 여 명에 이르렀다. 이들은 선조 30년(1597) 1월 14일 부산 다대포에 상륙, 양산을 거쳐 울산 서생포로 모였으며, 고니시 유키나가의 제2군도 웅천에 내려서 거점을 확보했다.

통제사로 부임한 원균은 종래 자신이 주장했던 수군의 단독 해상작전이 실제로는 의미 없는 작전임을 잘 알고 있었다. 따라서 그는 이순신이 평소 주장하던 것과 궤를 같이하는 수륙병진작전을 건의했다.

그러나 조정에서는 수군 단독 부산원정책을 수립했다. 도원수 권율과 도체찰사 이원익은 종사관(從事官) 남이공(南以恭)을 시켜 원균의 출전을 독촉했다. 또한 6월 19일 권율은 사천으로 나아가 경상수사 배설(裵楔), 충청수사 최호(崔湖), 전라우수사 이억기 등에게 직접 수군을 이끌고 출정하도록 명령을 내릴 채비를 했다.

원균은 6월 18일 크고 작은 전선 100여 척을 이끌고 한산도를 떠나 날마다 비가 내리고 안개가 심하게 끼는 거친 날씨 속에서 안골포와 가덕 등지를 수색하며 왜선을 나포하는 등 전과를 올렸다. 그 과정에서 조선 수군은 보성군수 안홍국(安弘國)이 전사하고, 평산 만호 김축(金軸)이 눈밑에 탄환이 박히는 인명 피해를 입었다. 원균은 일단 한산도 통제영으로 돌아와 본영에 머물며 경상우도와 전라우도, 충청도의 세 수사에게는 웅천·안골·가덕 등지에서 계속 시위토록 했다. 세 수사는 7월 4일 다시 출정했고, 7월 7일 밤을 타서 다대포에 진을 쳤다. 8일에는 왜선 10여 척을 격침시키는 등 전과를 올리면서 절영도를 향해 나아갔다.

그 뒤 상황에 대해서 7월 16일 영암 송진면에 사는 사노비 세남(世男)에게 직접 들은 이야기를 이순신은 《난중일기》에 적었다.

'종일 흐리고 개지 않다. 아침밥을 먹은 뒤에 손응남(孫應男)을 중군(이덕필)이 있는 곳으로 보내 수군의 사정을 알아오도록 했다. (중략) 저녁에 영암 송진면(松進面)에 사는 사노비 세남(世男)이 서생포(西生浦)에서 알몸으로 이곳에 왔다. 그 이유를 물으니 "7월 4일 전(前) 병사 우후가 타고 있던 배의 격군이 되어 5일 칠천량에 이르고 6일 옥포(玉浦)에 들어갔다가, 7일 새벽에 말곶(末

串)을 거쳐 다대포에 이르니 왜선 8척이 정박해 있었습니다. 우리의 여러 배들이 곧장 돌격하니, 왜놈들은 몽땅 뭍으로 올라가고 빈 배만 걸려 있어 우리 수군이 그것들을 끌어내어 불질러 버리고, 그길로 부산 절영도 난바다로 나아가다가 마침 왜선 1,000여 척이 대마도에서 건너와서 서로 싸우려는데, 왜선이 흩어져 달아나서 끝까지 섬멸할 수 없었습니다. 제가 탔던 배와 다른 배 6척은 배를 제어할 수가 없어 떠다니다가 서생포 앞바다에 이르러 뭍에 내리려다가 모두 살육당하고, 저 혼자 숲속으로 기어들어가 겨우 목숨을 보존해서 여기까지 왔습니다" 했다. 듣고 보니 정말로 놀라운 일이다. 우리나라에서 믿는 것은 오직 수군뿐인데, 수군마저 이와 같으니 희망이 없게 되었다. 생각할수록 분하고 가슴이 찢어지는 듯하다. 더욱이 선장 이엽(李曄)이 왜적에게 묶여 갔다고 하니 더더욱 원통하다. 손응남이 집으로 돌아갔다.'

이것이 정유재란에서 조선 수군이 유일하게 패배한 싸움인 칠천량해전(漆川梁海戰)이다. 선조 30년(1597) 7월에 벌어졌던 이 싸움에서 대부분의 전선들이 불타고 부서졌다. 전라우수사 이억기, 충청수사 최호, 조방장 배흥립 등 수군 장수들이 전사했으며, 총 지휘관인 원균은 선전관 김식(金軾)과 함께 겨우 뭍으로 탈출했으나 왜적의 추격 끝에 전사했으며, 경상좌수사 배설만이 남아 있는 전선(戰船) 12척을 이끌고 겨우 남해로 물러났다.

해전의 앞뒤 사정을 살펴보면 다음과 같다.

도원수 권율은 7월 4일 출전 때 원균이 직접 나가지 않은 것에 대해 그 휘하의 박영남(朴英男)을 불러 앞뒤 사정을 다그치며, 원균이 직접 출전하도록 했다. 그러나 원균은 계속 출전을 기피했다. 이에 도원수 권율은 원균에게 곤장형을 내렸고, 선전관으로 하여금 그의 출전을 강력하게 독촉했다.

원균은 제대로 쉬지도 못한 군사들을 이끌고 7월 12일 새벽 다시 출전했다. 이들은 칠천량에서 하룻밤을 지내고, 13일 옥포를 거쳐, 14일 새벽 부산포에 이르렀다.

원균이 이끄는 조선 수군은 중간 기항지가 없는 상태에서 대마도로 통하는 왜 수군의 길목을 차단하고자 부산포 앞바다로 곧장 진격했다. 하지만 이를 미리 간파한 일본 수군의 작전에 휘말려 변변한 접전도 하지 못한 채 7월 14일 밤 물러났다. 왜 수군은 가덕도와 거제도 영등포에 군사를 매복시켜 놓왔고, 부산포에 정박하고 있던 전선 500여 척으로 하여금 서서히 포위망을 좁혀 왔다.

원균은 가덕도에서 휴식을 취하고자 했으나, 왜 수군이 이미 조선 수군의 행동 반경을 파악하고 계속 추격해 오자 일단 거제도 영등포로 물러났다. 그러나 영등포에 미리 매복해 있던 왜군들이 기습공격을 해왔다.

밤새도록 후퇴해서 15일 오후, 영등포에 이르렀던 원균은 복병의 공격을 받고 뭍에 올랐던 군사 400여 명을 그대로 두고 온라도(溫羅島 : 칠천도)로 물러났다.

원균은 15일 밤 9시께 칠천도에 도착해서 진영을 치고, 여러 장수를 불러 모아 작전회의를 열었다. 이 자리에서 원균은 죽음을 각오하고 날이 밝는 대로 왜군과 결전을 벌일 것을 밝혔다. 이에 배설은 교전을 하지 말고 물러설 것을 주장했다.

한편 왜장들도 조선 수군의 기세를 두려워했다. 그들도 안골포에 모여 조선 수군에 맞설 방법을 찾고자 회의를 열었다.

양군의 대치는 왜장 가토 요시아키의 충동적인 기습작전으로 새로운 양상을 맞이하게 되었다. 7월 15일 종일토록 비가 오다개다하더니 저녁 무렵부터 세차게 비가 내리자 원균은 칠천량에 정박한 채, 전선 4척을 복병선으로 삼아 철저히 경계하도록 했다. 그러나 불행하게도 어둠 속에서 경계가 제대로 이루어지지 못했다.

왜 수군은 16일 조선 수군의 규모가 뜻밖으로 큰 것에 놀라 장수들이 모두 안골포에 모여 대책을 논의했다. 그러나 이들이 확실한 대책을 세우지 못한 가운데 가토 요시아키(加藤嘉明)·시마즈 이에히사(島津家久) 등이 밤 9~11시 정탐을 겸하여 원균의 진 속으로 들어가 야습을 감행했다.

이때 조선 수군의 복병선 4척은 전소되었다. 왜군의 정탐선을 격파하지 못한 조선 수군은 재빨리 닻을 내리고 진을 친 뒤 왜군의 야습에 대처했다. 왜 수군도 에워싸고는 있었지만, 더 이상의 공격은 하지 못했다. 양군은 대치상태에서 날이 밝기 시작하는 묘시(오전 5~7시)부터 본격적인 전투에 돌입, 왜 수군은 조선 수군을 에워싼 대형으로 공격했다. 한편 거제도 해안에서도 조선 수군을 공격하면서 넓은 바다로 꾀어 나갔다. 이때 왜군은 도도 사도노카미(藤堂佐渡守)·가토 사도노카미(加藤佐渡守)·이코마 사누키노카미(生駒

讚岐守) 등의 지휘 아래 관백(關白 : 막부의 수장)의 전함을 비롯해서 특별히 제작된 전함들도 참여했다.

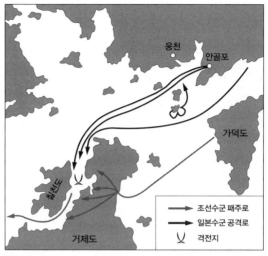
칠천량해전도

양군의 대치상태에서 왜 수군은 서서히 포위망을 좁히면서 조총과 불화살을 조선 전선의 포대에 집중적으로 쏘았다. 그 결과 포대 주위에 쌓여 있던 화약에 불이 붙었고 조선 수군의 배 전체로 불이 번졌다. 이 전략은 장문포 해전에서도 왜 수군이 썼던 수법이었다.

조선 수군은 우왕좌왕하는 사이에 전선 30척이 모조리 타버렸으며, 황급히 칠전량의 좁은 해역을 벗어나 한산도 쪽으로 물러났다.

전투가 진행되면서 왜 수군은 조선 수군을 여러 겹으로 에워쌌고, 특히 견내량 입구로 추정되는 지역에 왜 수군이 집중적으로 몰려 있어 조선 수군은 한산도로 물러나지 못하고 고성 앞바다로 피할 수밖에 없었다. 이는 이순신이 한산도 앞바다로 왜 수군을 끌어내어 바다 한가운데서 전투를 벌였던 것과 비슷한 양상이었다.

이 때문에 조선 수군은 왜 수군에 포위된 채 가조도(加助島) 근처에서 큰 싸움을 벌이게 되었다. 해협이 좁은 칠천량해전에서는 그나마 싸우면서 물러나던 조선 수군은 이곳에 이르러서는 주위에 작은 섬들이 거의 없어 겹겹이 포위될 수밖에 없었고 이런 상태에서 왜 수군과 마지막 결전을 벌였다. 전투는 새벽 5~6시께 칠천량 부근에서 시작되어 오전 10시 가조도 근방에서 본격적인 싸움이 벌어졌다.

이곳에서 김완의 전선을 빼앗겼고, 배설이 남은 전선 13척을 이끌고 한산도로 후퇴하면서 전세는 급격히 기울었다. 조선 수군은 사방으로 흩어지면서 고성의 추원포(춘원포)와 적진포, 가을포와 진해 등지로 상륙해 저마다 살길을 찾아 뿔뿔이 흩어졌다. 이에 시마즈 요시히로(島津義弘)는 군사 2,000여 명을 요소요소에 배치하고 상륙하는 조선군을 요격했으며, 이 와중에 통제사 원균이 전사했다. 한산도로 퇴각한 경상우수사 배설은 한산도에 남아 있던 군량과 무기를 모두 파기하고, 양민들을 해산시켰다. 이로써 조선 수군은 완전히 괴멸되었다. 일본 수군은 이날의 승전 뒤, 죽도에 모여 공적을 논의해서 평가하고, 이날의 승리를 짤막한 1장의 보고서로 기록했다.

배설은 원균이 칠천도와 고성 앞바다에서 패하는 동안 남은 전선 13척을 한산도로 물러나 한산도 통제영을 수습했으나 방어·사수는 포기하고 운반할 수 없는 건물·무기·군량 등은 모조리 불태우고, 섬 안의 주민들은 모두 흩어지게 했다. 나머지 선박과 무기의 일부는 남해도 옆에 있는 창선도(昌善島)로 옮겼다.

배설은 왜군이 서쪽으로 나아가 그곳에서 가까운 노량 길목을 지키지 않고, 다시 회령포로 물러났다. 회령포에서 이들은 패전한 뒤 한 달 만에 삼도수군통제사로 복귀한 이순신을 만났고, 그의 휘하로 들어가 명량해전에 참여했다.

이때부터 조선 수군과 왜군의 균형은 깨지게 되었고, 이후 왜군은 명량(鳴梁 : 울돌목)에서 패할 때까지 대대적인 공세를 폈다. 조선 내륙에서는 남원이 함락되었고, 호남 곡창지대를 적의 수중으로 넘겨주게 되었다.

왜군은 이날의 전투를 중국 삼국시대의 적벽대전에 비유하며 기리었으나 이날의 패전 소식을 전해 들은 조선은 평범한 유생까지도 비탄과 충격에 빠져 애석해 했다.

다시 삼도수군통제사가 된 이순신

진주 모여곡(毛汝谷)에 있는 도원수 권율의 진에 머물던 이순신이 원균의 패전 소식을 들은 것은 패전 이틀 뒤인 7월 18일이었다. 이순신은 조선 수군과 왜 수군의 대치 때부터 아군의 불리한 전황(戰況)을 낱낱이 알고 염려하던 터였다. 7월 18일 해뜰 무렵 이덕필(李德弼)과 변홍달(卞弘達)이 권율의 진에 패전 소식을 전하고부터 권율과 이순신은 오전 내내 수습책을 심각하게 논의했지만 아무런 수습책도 마련하지 못했다. 그리하여 이순신이 직접 현지로 가서 상황을 더 상세히 살핀 뒤 수습책을 마련하기로 하고 이날 오후

삼가현으로 곧장 떠났다. 이순신은 이날 삼가현에서 하룻밤을 묵고, 다음날인 19일 단성현, 21일 노량에 도착했다. 그곳에서 용케 살아남은 장수들로부터 해전 때 상황을 들었다. 그 다음날에는 경상우수사 배설을 만났고, 남해·곡성·옥과·순천을 거쳐 8월 9일 낙안에 이르러 순천부사 우치적을 만났다. 한편 조정에서는 원균과 함께 탈출하다가 원균은 죽고 겨우 살아서 돌아온 선전관 김식(金軾)으로부터 7월 21일 패전 보고를 들었다. 이순신은 8월 2일 밤 꿈에 임금의 명령을 받들 징조가 보이더니 바로 다음날 선전관 양호(梁護)가 삼수군통제사에 다시 임명한다는 교유서를 가지고 왔다. 선조는 교유서에서 자신의 잘못을 시인하면서, 이순신이 다시 수군의 통솔을 맡아줄 것을 간곡히 당부했다.

'지난번 그대의 직함을 갈고, 그대에게 백의종군하도록 했던 것은 또한 사람의 꾀가 어질지 못한 데서 비롯된 일이었거니와 오늘 이처럼 패전의 욕됨을 당하게 되니 무슨 할 말이 있겠는가.

이제 특별히 그대를 상복 입은 채로 기용하며, 또한 그대를 백의에서 뽑아 다시 옛날처럼 전라좌수사 겸 충청·전라·경상 삼도수군통제사로 임명하니 그대는 근무지에 도착하는 날 먼저 부하들을 불러 어루만지고 흩어져 도망한 자들을 찾아내 단결시켜 수군 진영을 만들고 나아가 요새를 지켜 군대의 위풍을 새로 한번 떨치면 이미 흩어졌던 인심도 다시 안정시킬 수 있고, 적 또한 아군의 방비가 있음을 듣고 감히 일어나지 못할 것이니 그대는 힘쓰도록 하라.'

이순신은 10일 보성·장흥을 거쳐 18일 회령포에 도착했다. 8월 20일에는 회령포가 좁아서 이진으로 진영을 옮겼고, 나흘 뒤인 24일에는 다시 어란진(於蘭鎭)으로 진영을 옮겼다. 이런 강행군 속에서 이순신은 회령포에 이르러 처음으로 전선을 수습하게 되었다.

전선의 수습 외에 이순신은 임시 방편으로 피란민들의 배로 하여금 전선을 따르도록 해서 수습된 배가 많은 것처럼 꾸몄는데, 이런 상황은 명량 해전 때까지 이어졌다. 보름 동안의 강행군 속에서 얻은 전선은 12척, 군사는 120명 정도였다.

13척이 거둔 기적

이순신이 전선을 수습할 때 조정에서는 수군으로는 도저히 승산이 없다고 판단한 뒤 육지로 올라가 종군하라는 명령을 내렸다. 이에 이순신은 이 명령을 받은 그날 "신에게는 아직 12척의 배가 있으니 죽을 힘을 다해서 하여 싸우면 기필코 승리할 수 있습니다" 라는 굳은 결전의지가 담긴 장계를 올려, 수군의 폐지를 결단코 반대했다. 그러나 현실적으로 전선 12척으로 왜군과 전면전을 벌인다는 것은 무모한 선택이었다.

25일 아침 왜군이 쳐들어온다는 헛소문이 갑자기 떠돌아 군졸들은 공포에 떨며 매우 동요했다. 이순신은 유언비어를 퍼뜨린 군졸 두 명을 참수해서 잠시 어수선했던 군중을 진정시켰다. 그러나 실제로 남원성을 함락한 왜군은 이순신의 행로와는 무관하게 접근하고 있었다. 28일 어란포 앞바다에 왜선 8척이 나타나 척후 활동을 하자, 이순신은 곧장 이들을 추격해서 쫓아버렸다.

왜 수군이 출현하자 소수의 전선만을 가진 이순신으로서는 한곳에 오래 머무를 수가 없었다. 그는 8월 29일 진도의 벽파진으로 옮겼다. 그곳 앞바다 명량해협은 폭이 좁고, 간만의 차이에 따라 물살의 방향이 바뀌면서 그 흐름도 빠른 천혜의 요새였다.

9월 2일, 그동안 왜군에 대한 심한 공포감으로 괴로워하던 경상 우수사 배설이 달아나는 사건이 일어났다. 전투 경험이 풍부한 최고위 지휘관이 전쟁터에서 적군에 대해 겁을 먹고 달아난 것은 작전에 막대한 지장을 주었고, 군졸들의 사기는 크게 위축되었다.

9월 7일, 서해로 진출하려는 왜선 55척 가운데 12척이 어란포로 다가왔다. 왜군은 밤 10시에 포를 쏘면서 야습을 감행했다. 그러나 조선 수군의 철저한 경비와 빈틈 없는 방어에 끝내 물러났다. 그 뒤로 며칠 동안은 왜선 1척이 나타나 조선 수군을 정탐한 것 외에 왜군은 일절 가까이 다가오지 않았다. 왜 수군은 주력함대가 도착하면 일거에 조선 수군을 전멸시키겠다는 계획을 갖고 있었기 때문이다. 이날 송여종이 수리하던 배 1척을 끌고 와서 전선은 13척으로 늘어났다.

이순신은 그동안 배에서 자신의 처지를 돌아보며 슬픈 심회를 달래었다. 그러면서도 왜군의 격파를 위한 생각이 머리를 떠나지 않았던 듯 9월 13일 밤 임진년 승전 때와 비슷한 꿈을 꾸었다. 9월 14일 모두 200여 척의 왜선 가운데 55척이 어란포로 들어왔다는 첩보를 접한 이순신은 우수영(전남 해남군)의 피란민들에게 육지로 대피하라고 알렸다. 다음날 명량해협을 등지고 우수영에 전선을 배치했다. 그리고 왜군과의 결전에 앞서 《오자병법(吳子兵法)》을 인용하여 왜군과의 결전에 앞서 결사 항전의 맹세를 다졌다.

'병법에 이르기를 반드시 죽고자 하면 살 것이고, 반드시 살고자 하면 죽는다고 했다. 또한 한 사람이 길목을 맡아 지키면 1,000명을 두렵게 할 수 있다고 했다. 이는 우리를 두고 이른 말이다. 너희 각각의 장수들이 조금이라도 명령을 어긴다면 곧장 군율에 따라 다스려 조금도 용서하지 않을 것이다.'

이날 밤 이순신의 꿈에 한 신인(神人)이 나타나 '이렇게 하면 크게 이길 것이고, 이렇게 하면 질 것'이라고 일러주었다고 한다.

9월 16일 이른 아침 정탐꾼으로부터 왜선 30여 척이 명량해협으로 들어와 진영으로 다가오고 있다는 급보가 들어왔다. 이순신은 전선 13척을 모두 출전시켰고 자신의 기함(旗艦)은 선두에 섰다. 그리고 피란민들이 타고 온 배는 뒤쪽 끝에 포진시켜 조선 수군을 성원하도록 했다. 명량에 이른 왜선 133척은 조선 수군과 마주 서서 포를 쏘기 시작했다. 그 기세에 당할 수 없어서 조선 수군은 멈칫멈칫 뒤로 물러났고 전라우수사 김억추(金億秋)가 탄 배는 멀찌감치 떨어져 있었다. 그러자 이순신은 부하들을 독전하며 왜선 한가운데로 뛰어들어 지·현자 총통을 퍼부었다.

적도 접근하지 못하고 멀리서 에워싸나 조선 수군 장병들은 겁에 질려서 얼굴빛이 파랬다. 이때 순신은 조용히 "적선이 비록 많다 해도 우리 배를 범할 수는 없다. 마음 흔들리지 말고 힘을 다해서 쏘라"고 필사적으로 격려하며 다른 배를 돌아보았다. 그러나 조선 수군들은 모두 멀리서 바라만 볼뿐 앞으로 나아가지는 못하고 있었다. 곧 중군령기(中軍令旗)를 세우니 그제서야 중군장(中軍將) 김응함(金應諴)의 전선과 거제 현령 안위(安衛)의 전선이 마지못해서 앞으로 왔다. 때마침 조류의 방향이 바뀌기 시작하면서 왜군은 조류 때문에 뒤로 밀려났고 상황은 한순간에 반전되었다. 기회를 잡은 조선 수군은 맹렬히 공격했다.

왜선 31척이 순식간에 격파되었고 파도에 이리저리 떠다니던 왜군 대장 마다시(馬多時 : 來島通總)의 목을 베어 돛대 끝에 걸었다. 이순신은 이날의 소감을 《난중일기》에 "이번 일은 실로 하늘이 주신 행운이었다"고 적었다. 어쨌든 최선의 전략·전술과 결사항전의 정신으로 전투에 임한 조선 수군이 대승리를 거둠으로써 왜군은 육지와 바다에서 함께 진격하려던 계획을 포기할 수밖에 없었다. 이날 명량에서의 큰 승리는 정유재란 발발로 수세에 몰렸던 조선과 명나라의 일대 반격의 예고편이었다.

통제영을 고금도로 옮기다

13척의 전선으로 경상도에서 전라도로 서진(西進)하는 130여 척의 일본수군을 전라우수영 울돌목(명량)에서 섬멸한 뒤 조선 수군은 급속도로 재건되었고 사기는 하늘을 찌를 듯했다. 이순신은 보화도(寶花島, 또는 高下島)에 본영을 두고 정유년 겨울을 지냈다. 그 다음해인 선조 31년(1598) 2월 17일 이순신은 고금도(古今島 : 전남 완도)로 진을 옮겼다. 수백 척의 피란선은 언제나 순신의 함대를 따라 다녔고 고금도로 피란민들이 모여들었다. 고금도는 산이 겹겹이 솟아 있어 자연 요새가 되었는데, 순신은 이 섬에서 피란민을 시켜 농사를 짓게 하여 군량을 자급자족했으며, 마침내 고금도의 군진은 앞서 한산도보다도 더 위용을 갖추어 전쟁이 끝날 때까지 조선 수군의 대본영이 되었다.

삼도수군통제영인 고금도에 대한 자료로는 《선조실록》《이충무공전서》《징비록》, 홍양현감 최희량(崔希亮)의 〈홍양서목(興陽書目)〉, 감역(監役) 현건(玄建)에게 보낸 이순신의 서찰 등 수없이 많다. 그러나 이순신의 《난중일기》에는 이 시기에 해당하는 부분은 선조 31년 9월, 10월, 11월의 며칠 이외에는 아쉽게도 전혀 전하지 않고 있다.

임진왜란의 마지막 수군통제영인 고금도는 그 전 통제영인 한산도와는 사정이 전혀 달랐다. 한산도에 통제영이 있을 때 왜 수군은 연전연패한 데다가 도요토미 히데요시(豊臣秀吉)의 "조선 수군과는 정면 전투를 피하라"는 명령도 있어서 지레 겁을 먹고 감히 도전하지 못했다. 그런데 정유재란이 일어나왜 육군은 전라도를 침공했고 순천(順天) 예교(曳橋)에는 고니시 유키나가(小

西行長)가 왜성까지 쌓고 주둔하고 있었다. 또한 왜 수군들도 산발적으로 싸움을 걸어왔다. 육지에서 예교의 왜군을 공격해야 할 명나라 제독 유정(劉綎)은 싸울 생각이 아예 없었다. 따라서 수륙 양면작전은 펼 수가 없었다. 또 오만한 도독 진린이 인솔하는 명나라 수군이 같은 고금도에 주둔하면서 국제문제가 자주 일어났다. 이런 어려운 문제를 어떻게 푸는 가는 이순신의 지휘능력과 고금도 주민의 인심과 협력에 달려 있었다.

명랑대첩비 전남 해남군 문내면, 보물 제503호.

좌의정 이덕형(李德馨)의 장계에는 이런 어려운 문제를 이순신이 주민들의 신망 속에서 고결한 인품과 합리적인 생각으로 지혜롭게 이겨냈다고 상세하게 적었다. 그는 이순신을 "예전의 그 어떤 명장에 비해서도 손색이 없다"고 크게 칭찬했다.

이순신은 보화도에서 고금도로 진영을 옮기기 전에 다음과 같은 서장(書狀)을 조정에 올렸다.

'고니시 유키나가(小西行長)는 예교(曳橋)에 진영을 두고 있는데, 수군은 나주(羅州) 지경에서 멀리 떨어져 있고, 보화도·낙안(樂安)·흥양(興陽) 등지의 바다에 드나드는 적들은 제멋대로 날뛰고 있으니 아주 분통스럽습니다. 바람도 잔잔해지고 날씨도 이미 따스해졌으니 흉적(兇賊)들이 더욱 날뛸 것입니다.'

이것이 보화도에서 고금도로 진을 옮기게 된 이유였다. 다시 말해, 왜군이 날뛰는 지역으로 진영을 옮겨 적을 더욱 적극적으로 제압하고자 했다. 따라서 고금도 통제영은 조선 수군의 전진기지가 되었다. 이순신은 고금도로 진영을 옮긴 것에 대해 '2월 16일에 여러 장수를 거느리고 보화도에서 배를 띄워 17일 강진(康津) 땅 고금도로 진영을 옮겼습니다'라고 아뢰었다. 조선 수군 통제영은 2월 16일 보화도를 떠나 17일 고금도로 진을 옮기는 즉시 전비를 갖추었다.

이순신은 경상도·전라도의 바닷길은 물론이고 바닷가 지세를 두루 살폈기에, 남해안 지역 지리는 누구보다 정통했다. 한 예로 가리포(加里浦)의 군사적 지세에 대해서 '망대(望臺)에 오르니 좌우로 적들이 다니는 길과 섬들을 역력히 헤아릴 수 있었다. 참으로 한 도(一道)의 요충지이다. 그러나 형세가 극히 외롭고 위태롭다'라고 했다. 이는 오랫동안 이 지역에서 산 사람도 알아내기 힘든 관찰이었다.

고금도로 진영을 옮긴 뒤 그는 가장 먼저 군량 확보에 나서서 백성을 끌어모으고, 그들과 수군이 함께 고금도와 이웃한 섬, 그리고 흥양·광양의 둔전에서 농사를 짓게 했다.

한편 선박운행허가서인 해로통행첩(海路通行帖)을 발행해서 이를 지녀야만 삼도 연해를 통행할 수 있게 했다. 만약 통행첩이 없는 자는 통행을 금지당하고 간첩으로 여긴다는 영을 내렸다. 통행첩을 발급받을 때 큰 배(大船)는 쌀 3섬, 중간 크기의 배(中船)는 쌀 2섬, 작은 배(小船)는 쌀 1섬을 내도록 했다.

배를 타고 피란 가는 사람들은 모두 기꺼이 통행첩을 받았다. 피란 가는 사람들은 재물과 곡식을 모두 배에 싣고 바다로 나왔으므로 쌀을 내는 일은 그리 어렵지 않았다. 10여 일 동안에 쌀 1만여 섬이 쌓였다. 또 백성들을 모집하고 구리와 철을 사들여서 대포를 주조하고 나무를 베어 배를 만드니 모든 일이 다 잘 되었다. 피란민들이 이순신에게 가서 의지하면서 집을 짓고 막을 치고 장사하며 살아가니 섬 안에 모두 받아들일 수 없을 정도였다. 고금도는 졸지에 조선소를 비롯한 군수공장 지대가 되었고, 거대한 미곡 창고도 들어섰다. 피란민들이 모여들어 섬이 넘칠 지경이었으며, 이들은 장사를 하며 생활을 꾸려 나갔다. 고금도는 임진왜란이 끝날 때까지 이렇게 성시를 이루었다. 그래서 이분(李芬)은 '고금도의 인구는 수만 가에 이르고 군대의 위세가 한산도진의 10배가 되었다'고 했다.

고금도로 진영을 옮긴 다음날 통제사 이순신은 영암(靈岩)에 있는 친척 감역(監役) 현건(玄健)에게 편지를 띄웠다.

  '어제 이곳에 도착했습니다. 계신 고을과는 그리 멀지 않아, 혹시 소식을 들을 길도 있으려니 했더니만 마침 보내 주신 안부의 글을 받았습니다. 저는 진중에 오랫동안 있어 수염과 머리가 모두 희어져서 다음날 서로 만나면 전일의 나를 알아보지 못할 것입니다. 어제 진영을 고금도로 옮겼는데, 순천의 왜적과는 100리 사이의 진이라 걱정스런 형상을 다 적을 수 없습니다.'

  이순신은 원래 말수가 적고 잘 웃지도 않았다. 용모는 근엄하고 도를 닦는 선비 같았으나 그 속은 담력으로 가득했다. 임진왜란이 일어난 다음 해(선조 26년)인 이순신이 49세 때 그의 머리에는 흰 머리카락이 열 오라기쯤 있었는데, 5년 뒤 고금도에 머물던 시절에는 흰 수염에 흰 머리카락이었다. 밤에도 진중에서는 갑옷을 벗지 않으며 전투에 나아가서는 용맹한 장군이었지만 그의 몸은 차츰 쇠약해져 갔다. 인간으로서의 고뇌도 많았으며, 옥고를 치르면서 많이 쇠약해져 있었다. 밤낮으로 전략을 세우고 죽음을 눈앞에 둔 싸움을 치르는 동안 그는 흰 머리카락만 늘어났던 것이다. 54세에 이미 머리가 하얗게 센 이순신은 고금도가 자신의 마지막 임지라는 각오로 나라와 백성을 위해 힘써 일할 것을 다짐했다.

조선 수군과 명나라 수군의 연합작전
  선조 31년(1598) 2월 고금도로 진을 옮긴 뒤 5개월이 지난 7월, 명나라 수군 도독(都督) 진린(陳璘)이 수군 5,000명을 거느리고 지원병으로 왔다. 진린이 고금도에 온 이틀 뒤인 7월 18일, 왜선 100여 척이 녹도(鹿島)를 침범했다는 정보가 들어왔다. 이순신과 진린은 각각 전선(戰船)을 거느리고 금당도(金堂島)로 나아갔다. 왜선 2척이 우리 전선을 보자 황급히 달아났다. 이순신과 진린은 거기서 밤을 지새고, 다음날 고금도로 돌아오면서, 녹도만호 송여종에게 절이도(折爾島)에 매복해 있으라고 지시를 내렸고 진린도 그곳에 자기 배 30척을 함께 머물게 해서 왜군의 침략에 대비했다.
  엿새 뒤인 7월 24일 이순신과 진린은 운주당(運籌堂)에서 주연을 베풀었다. 이때 진린의 부하 한 사람이 절이도에서 달려와 "새벽에 적을 만났는데, 조선 수군이 적을 다 잡아 버려 명나라 수군은 싸움조차 해보지 못했습니다"라고 보고했다. 그러자 본디 성품이 사나웠던 진린은 술잔을 던지고 호통을 치며 그 부하를 끌어내었고 그 자리에서 처벌할 기세였다. 이순신은 진린이 화를 내는 이유를 알고, "노야(老爺)는 명나라 대장으로 여기까지 와서 왜구를 토벌하고 있소. 조선 진중의 승리 또한 노야의 승리가 되는 것입니다. 우리가 벤 적의 머리를 모두 노야에게 드릴 터이니 노야는 이를 황제에게 올리시지요. 이 얼마나 장한 일이 되겠습니까?"라고 추켜세우자, 진린은 이순신의 손을 잡더니 "내가 본국에 있을 때 공의 이름은 익히 들었소. 과연 헛된 이름이 아니었구려"라고 기뻐하며, 종일토록 주연을 베풀고 만취했다.

이리하여 녹도만호 송여종이 노획한 왜선 6척과 왜군의 머리 69급을 모두 진린에게 건네 주었다. 그리고 우리 조정에는 따로 절이도 전투에 대해 상세한 장계를 올려 부하들의 공을 조정이 알도록 했다. 이로부터 진린은 이순신의 호령을 모두 따랐고, 전투시에는 우리 판옥선(板屋船)을 타고 군령 지휘를 양보했다. 이순신을 호칭할 때는 반드시 '이야(李爺)'라는 존칭으로 부르며, 중국에 가서 벼슬하기를 권하기도 했다.

그러나 고금도에 주둔한 명나라 군사는 날이 갈수록 조선 수군과 백성에 대한 행패와 약탈이 심해졌다. 그러자 어느 날 이순신은 명을 내려 자신의 집을 헐게 하고 침구와 옷을 배에 옮겨 싣도록 했다. 진린이 이 소식을 듣고 곧장 부하를 보내 그 까닭을 물어 왔다.

"우리 소국군민(小國軍民)은 귀국 장수와 군사를 하늘같이 믿었소. 그런데 오늘날 그들의 약탈이 너무 심해 살 수가 없소. 우리 백성들도 더 이상 참을 수 없어 이곳을 떠나기로 했소. 나도 대장이 되어 혼자 남아 있을 수 없어 다른 곳으로 가려는 것이오."

이 말을 전해 들은 진린은 크게 놀라 한걸음에 달려와 이순신의 손을 잡고 만류하며 부하들을 시켜 이순신의 침구를 도로 옮겨놓게 한 뒤 애걸복걸했다.

"진정 그렇다면 대인(大人)도 내 말을 들어 주었으면 좋겠소."

"어찌 들어 주지 않겠소."

내친김에 이순신은 이렇게 건의했다.

"명의 군사가 잘못하면 그 처벌하는 권한을 내게 주시오"

그러자 진린은 두말없이 승낙했다. 그 뒤로 명나라 군사들은 진린보다 이순신을 더욱 두려워했다.

나라 위해 목숨 바친 마지막 대전(大戰)

도요토미 히데요시(豊臣秀吉)가 죽고 왜군이 모두 물러간다는 정보를 듣고 통제사 이순신은 도독 진린과 함께 바다로 나갔다. 이때가 이순신이 통제영을 고금도로 옮긴 지 205일 되는 9월 15일이었다.

조선과 명나라의 연합수군은 19일 전라좌수영 앞바다에 이르렀고, 20일

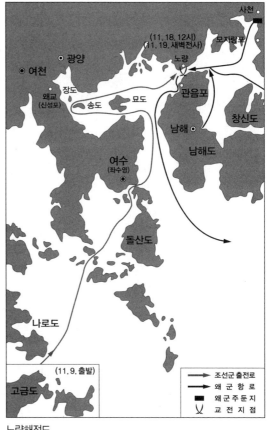

노량해전도

에는 고니시 유키나가가 진을 치고 있는 순천 예교 앞바다에 이르렀다. 이순신은 "나라와 백성을 욕보인 왜적은 한 놈도 돌려보내지 못한다"고 하면서 왜군의 퇴로를 차단하고 공격했다. 도독 진린은 순천 예교 싸움에서는 관망적이었고 군공(軍功)만 챙기려 했으나 임진왜란 마지막 대전인 노량해전에서는 적극적으로 참가했다. 11월 19일 여명부터 노량바다에서 임진왜란 마지막 대전이 벌어졌다. 접반사(接伴使)로 전라도에 가 있던 좌의정 이덕형이 올린 장계에는 다음과 같이 적혀 있다.

'이달(11월) 19일. 사천·남해·고성의 적들이 탄 배 300여 척이 합세해서 노량도(露梁島)에 도착하자 통제사 이순신이 수군을 거느리고 곧 나아가 맞받아

싸웠습니다. 명나라 수군도 합세하며 나가 싸웠습니다. 왜적이 크게 패하여 물에 빠져 죽은 자가 이루 헤아릴 수 없이 많았는데, 왜적의 배 200여 척이 부서지고 침몰하여 죽거나 다친 자는 수천여 명이나 되었습니다. 왜적의 시체와 부서진 배의 널판·무기·의복이 바다를 덮고 떠돌아서 물이 흐르지 못할 지경이었고, 바닷물이 온통 시뻘겋게 물들었습니다.'

이 장계에는 적선이 300여 척이라 했으나 《이충무공전서》〈행록〉에는 500척이라 적혀 있다. 도독 진린은 이 전투의 전과를 '적의 배 100척을 노획하고 200척을 불태웠으며, 적의 머리 500급을 베었다'고 보고했다.

이순신은 이 싸움이 마지막이 될 것을 알고 있었다. 명나라 도독 진린은 '천문을 살폈더니 동방의 대장별이 희미하게 빛이 바래고 있다'며 이순신에게 제갈량처럼 하늘에 기도할 것을 권하는 편지를 보냈다. 그러나 이순신은 한마디로 거절했다.

"나는 충성이 무후(제갈량)만 못하고 덕망이 무후만 못하고 재주가 무후만 못하여 세 가지가 다 무후만 못하니 비록 무후의 기도법을 쓴다고 한들 하늘이 어찌 들어줄 리가 있겠습니까?"

다음날 19일 새벽 2시에 조선과 명나라 연합수군은 노량 앞바다에 이르러 일제히 포문을 열고 기습하는 것을 시작으로 치열한 노량해전(露梁海戰)이 벌어졌다. 적은 큰 손해를 입으면서도 결사적으로 응전해 밤새도록 싸움은 이어졌다. 이때 진린 도독의 전선이 적의 포위망에 들었다. 이순신은 적선 한가운데로 배를 몰고 들어가 그를 구출해 냈다. 그러나 명나라의 부총병(副總兵) 등자용(鄧子龍)은 전사하고 말았다.

싸움이 한창 치열해져 있을 때 왜선과 수십 번 접전하며 독전(督戰)을 하고 있던 이순신은 왼편 가슴에 날아오는 유탄(流彈)을 맞았다. 흘러 나오는 피를 보면서도 그는 얼굴색 하나 바뀌지 않고 활을 쥐고 있던 맏아들 회(薈)와 조카 완(莞)에게 조용히 명령했다.

"저 방패로 나를 가려라!"

그리고 그는 조용히 유언했다.

"싸움이 급하니 내가 죽었다는 말을 하지 말라."

이순신은 이 유언을 남기고 54세의 나이로 조용히 눈을 감았다. 과연 동

노량해전 노량해전을 그린 민족기록화. 경남 통영시 한산면 제승당 소장.

방의 대장별이 바다에 떨어졌던 것이다. 적을 섬멸할 마지막 싸움의 절정에서 그는 숨을 거두었다. 이 죽음을 안 사람은 회와 완, 몸종 김이(金伊) 세 사람뿐이었다.

이 해전에서 이순신의 막하장수인 가리포 첨사(加里浦僉使) 이영남(李英男), 낙안군수(樂安郡守) 박덕룡(朴德龍), 홍양 현감(興陽縣監) 고득장(高得蔣) 등 10명도 적탄에 맞아 전사했다.

이순신은 세상을 떠났지만 그의 배에서는 지휘 독전(指揮督戰)이 계속되었다. 전투는 대승리로 끝났다. 노량 앞바다는 조선 수군의 환호성으로 진동했다.

순국한 이순신, 그 뒤의 일들

1598년 11월 19일(양력 12월 16일). 남해 관음포에서 벌어진 노량해전을 끝으로 7년 전쟁은 드디어 막을 내렸다. 명나라 도독 진린은 승전의 기쁨을 함께하기 위해 이순신의 지휘선으로 다가와 "통제사 이야(李爺)! 속히 나오시

충민사
사적 제381호.
전남 여수시 소
재.

오" 하고 외쳤다. 그러나 이순신은 보이지 않고 조카 완이 뱃머리에 서서 "숙
부님은 돌아가셨습니다"라고 답했다.

이에 진린은 통곡하다가 슬픔을 주체하지 못해 세 번이나 쓰러졌다. 위기
때마다 자신을 구출해 주었기에 그의 슬픔은 더욱 컸다. 비보를 들은 수군
들은 모두 먹던 고기를 내던지고 통곡했고 바닷가 백성들도 자신의 부모를
잃은 것처럼 슬퍼했다. 이순신의 주검은 일단 고금도 월송대(月松臺)로 모셔
졌다가 다시 아산(牙山)으로 옮겨 장례를 지냈다. 고금도는 이순신이 마지막
으로 눈을 감고 잠시 쉬었다가 떠난 곳이 되었다. 고금도에서 상여를 아산으
로 옮길 때 길가의 백성들은 남녀노소 할 것 없이 모두가 통곡했고 선비들
은 마치 지기(知己)가 돌아간 것처럼 글과 술을 바치고 통곡했다.

또한 명나라 도독 진린과 여러 장수들은 모두 만사(挽詞)를 짓고 애통해
하였으며, 백금 수백 냥을 모아 사람을 보내어 제사를 지내게 했다. 길가에
서 이순신의 아들을 만나자 진린은 말에서 내려 그 아들의 손을 잡고 통곡
했다. 이런 일들은 모두 고금도에서 이순신이 베푼 선정과 고결한 인품에 대
한 감사이자 뛰어난 전략에 대한 숭모의 표현이었다. 아산을 향한 주검은 다
음해 2월 11일 금성산(錦城山) 아래에 묻혔다. 그리고 16년 뒤 지금의 아산 어
라산(於羅山)으로 옮기게 되었다.

이순신이 전사한 뒤 조정에서는 그를 우의정으로 추증하고 예관을 파견해서 제사를 지냈다. 선조는 이때 내린 제문에서 삼도 수군통제사에서 파직시킨 것이 자신의 허물임을 밝힌 뒤 이순신이 전사한 것에 대한 깊고 간절한 유감을 나타내고 그의 명복을 빌었다.

한편 이순신의 보호 속에서 큰 위협 없이 피란생활을 했던 백성들은 조정에서 논의가 있기도 전에 이미 자신들의 사재를 털어 이순신의 사당을 세우고 그를 기리고자 했다. 조정에서도 이에 부응, 선조 34년(1601) 민심수습을 위해 남방에 파견된 도체찰

좌수영대첩비 및 타루비
보물 제571호. 높이 305cm. 전남 여수시 고소동.

사 이항복에게 추모사업을 주관토록 했다. 이에 통제사 이시언과 이순신의 막하 장수들이 힘을 합해서 전라좌수영이 있는 여수에 충민사(忠愍祠)를 세웠다. 이곳에는 전라우수사 이억기, 보성 군수 안홍국이 함께 배향되었고 선조가 사당의 현판을 직접 써서 내려 주었다. 충민사 옆에는 이순신의 전함에 함께 타고 전쟁을 치렀던 옥형(玉洞)이라는 승려가 암자를 짓고 평생 명복을 빌며 살았다. 또한 선조 36년(1603)에는 막하 장수들이 모여 타루비(墮淚碑)를 세웠다. 다음해 7월 좌의정 겸 덕풍부원군(德豊府院君)에 봉해졌으며, 10월에는 몇 해나 끌어오던 공신문제가 매듭지어져 선무일등공신(宣武一等功臣)의 수위에 책봉되었다. 선무공신의 수위에 책봉된 사람은 7년 전쟁에서 수륙의 군대를 일선에서 총지휘한 사령관인 이순신·권율·원균 등이다.

인조 21년(1643) 3월에는 '충무(忠武)'라는 시호가 내려졌다. 그리고 숙종 34년(706) 충청도 유생들의 상소에 따라 아산에 사당을 세웠고 다음해에는 숙

종이 직접 현충(顯忠)이라는 사당 이름을 내리고 관리를 파견해서 제사를 지내게 했다. 숙종은 국가의 기풍을 바로잡고 송시열의 주도하에 조종조에 헌신한 신하들의 사당을 보수, 신축해서 제사를 지내도록 했다. 이에 따라 이순신의 묘소가 있는 아산에도 현충사를 짓고 이순신의 우국충정을 국가적 차원에서 선양하기에 이르렀다.

이순신 선양사업은 정조 때에 이르러 대대적으로 이루어졌다. 정조는 경연에서 《국조보감(國朝寶鑑)》을 살펴보면서 임진왜란 때의 사적과 이순신의 활약에 대해 깊은 관심을 보였다. 정조는 삼학사(三學士) 가운데 봉사손(奉祀孫 : 조상의 제사를 맡은 자손)을 중용함과 아울러 유성룡·이순신의 직계 후손 가운데에서 인재를 등용하고자 했다.

정조 17년(1793), 이순신은 영의정에 증직되었다. 그리고 정조는 이순신의 신도비를 세울 것을 명하고, 자신이 직접 신도비의 비명을 짓는 한편, 이순신의 탁월한 공적과 충절을 기려 후손에게 공사를 감독하도록 했다. 이 공역은 그 이듬해에 완성되었다. 신도비는 남송의 명신 부필(富弼)의 묘비 제목을 전자(篆字)로 쓴 예에 따라 전자로 〈상충정무지비(尙忠旌武之碑)〉라 하고 비문은 안진경(顔眞卿)의 가묘에 새겨진 비문에서 글자를 따 모아 새기도록 했다.

정조 때 조선에서 유행하던 글씨체는 조맹부의 송설체였는데, 이를 따르지 않고 안진경의 글씨를 모아 쓰도록 한 것에는 숨은 뜻이 있었다. 안진경은 당나라의 명필이자 명신이었다. 그는 현종 때 '안사의 난'이 일어나자 의병을 모집해서 안녹산의 배후를 혼란스럽게 만들었으며, 덕종 때 '이희열의 난'이 일어나자 조정의 명으로 반란군에게 선위사로 갔다가 순국한 인물이었다. 정조는 당나라 말기 혼란 속에서 나라를 위해 충성을 다한 안진경의 글씨를 비문에 사용함으로써 이순신의 충절을 더욱 빛나게 하고자 했다.

정조 19년(1795)은 이순신 선양사업이 절정에 이른 해라고 할 수 있다. 그해 5월, 정조는 직접 지은 신도비명의 탁본을 간행해서 다섯 곳의 사고(史庫)와 관각(館閣), 태학(太學)에 나누어 보관토록 했다. 9월에는 《이충무공전서》가 발간되었다. 이 책은 그때로부터 4년 전 이순신의 행적과 유고(遺稿)를 모아 책을 편찬하라고 명령한 데서 비롯된 것이었다. 편찬이 끝나자 정조는 "이번 일은 충의를 드높이고 공로에 보답하며, 무용(武勇)을 드러내고 공적을 표

이충무공묘　사적 제112호. 충남 아산시 음봉면 삼거리.

창하려는 뜻에서 나온 것이다"라고 하면서, 임금의 내탕고(內帑庫)의 돈 500
꿰미와 어영(御營) 돈 500꿰미를 내려주어 책의 인쇄하는 비용을 보조하도록
하라고 지시했다.

오늘날 우리들이 이순신의 유적과 정신을 고스란히 이어받을 수 있는 것
은 정조를 비롯한 많은 선조들의 노력과 선양정신 덕분이다.

이순신의 해전술

현대에 이르러 이순신은 우리나라에서만 추앙받는 위인은 아니다. 지금까
지의 수많은 발굴과 연구를 토대로 이제는 세계 해전사에서도 위대한 전략
가이자 훌륭한 지휘관으로 인정받고 있다.

임진왜란 때 이순신이 수군을 거느리며 싸웠던 여러 해전에서 보이는 전
술의 비결은 계속적인 상황 판단에 있었다. 그는 언제나 척후(斥候)를 사방
에 파견해서 끊임없이 적의 움직임을 살폈고 아울러 이에 대처할 작전을 치
밀하게 꾸몄다. 그는 평소에는 물론, 잠자리에서도 지휘할 때 쓰는 북을 베고
선잠을 잤으며 군복을 벗어 본 일이 없었다.

유성룡의 기록에 보면 다음과 같은 이야기가 있다.

'통제사(이순신)가 군에 있을 때 그는 밤낮을 막론하고 적을 엄히 경계했다. 그는 언제나 갑옷을 벗는 일이 없었다. 견내량(見乃梁)에서 적과 서로 대치하고 있을 때 그의 함대는 이미 닻을 내리고 쉬고 있었다. 이날 밤 달은 유난히도 밝았다. 통제사는 갑옷을 입은 채 북을 베고 누웠다. 누워 있던 그는 갑자기 일어나 앉더니 사람을 불러 소주를 가져오게 해서는 한 잔 마시고 모든 장수들을 앞에 불러놓고 말했다.

"오늘밤은 달이 무척 밝다. 왜적은 그 간사함이 끝없는 놈들이다. 달이 없을 때도 우리를 야습해 오는데 달이 이렇게 밝은데 야습을 하지 않겠는가. 모든 배의 경비를 더욱 엄하게 해야 할 것이다."

이렇게 말하고 그는 나팔을 불게 하여 모든 배가 방비하도록 하고 모든 함대의 닻을 즉시 올리도록 명했다. 또 척후선에 전령을 보내 왜적선을 철저히 경계하도록 했는데 그때 척후는 곤히 자고 있었다. 그래서 척후를 깨워 경계하게 했더니 잠시 뒤 척후가 달려와 적이 내습해 왔음을 급히 전했다. 달은 서산에 걸리고 산 그림자는 거꾸로 바다에 비쳤다. 이 때문에 바다 한쪽에 그늘이 져 조금 어두웠는데 적은 바야흐로 우리 함대에 접근하고 있었다. 이때 우리 함대의 중군이 대포를 쏘면서 함성을 크게 올리자 여러 배가 이에 응했다. 적은 우리 함대가 철통같은 대전 준비를 하고 있음을 알고 바다가 떠나가도록 조총을 쏘아댔다. 적이 쏘는 총알이 빗발처럼 바다에 떨어졌다. 그러나 적은 우리 함대에 쫓겨서 감히 덤비지 못하고 달아났다. 이 일이 있은 뒤로 여러 장수들이 이순신을 신(神)이라 일컬었다.'

이처럼 끊임없이 치밀한 작전 구상과 언제나 경계를 게을리하지 않는 지휘관의 기본자세를 지녔던 이순신이 구사한 해전술은 다음과 같다.

첫째로 거북선 사용이다. 거북선은 돌격선(突擊船)으로, 육상 전투의 전차처럼 적함 대열을 돌파해서 혼란스럽게 만드는 한편 적군의 지휘선에 붙어 대포로 부수는 역할을 한다.

둘째는 화포의 활용이다. 이순신이 해전에서 사용한 화포는 천자포·지자포·현자포·황자포·승자포 등이고 각종 완구포(碗口砲)·질려포(蒺藜砲) 외에 승자총통과 신포(信砲), 그리고 대포에서 발사되는 각종 대장군전(大將軍箭)·장군전(將軍箭)·차대전(次大箭)·피령전(皮翎箭)·수철연의환(水鐵鉛衣丸)·단석

중완구(中碗口)　조선 중기, 보물 859호.

비격진천뢰(飛撃震天雷)　조선 중기, 보물 860호.

천자총통(天字銃筒)　1555년, 보물 제647호.

휴대용 화기인 삼안총(三眼銃)　1593년, 보물 884호.

현자총통(玄字銃筒)　1596년, 보물 제885호.

지자총통(地字銃筒)　1557년, 보물 862호.

(團石)·처란(鐵丸)·조란탄(鳥卵彈)·불화살(火箭)·대발화(大發火) 등이 있었다.

임진왜란 때 왜 수군은 기껏 조총으로 무장했을 뿐이어서 화포의 활용은 이순신의 여러 해전을 승리로 이끄는 데 큰 역할을 했다. 이순신이 명량대첩에서 패잔 전함 13척으로 왜적선 133척을 무찌른 것도 화포를 활용한 덕분이었다.

셋째로는 당파전술(撞破戰術)의 활용이다. 당파란 적선에 부딪치는 것이다. 화포는 요란한 폭음과 함께 적선을 부수거나 왜적을 사살하는 반면 당파전술은 소리 없이 적선에 접근해서 충격을 가함으로써 격침한다. 화포보다 더욱 확실히 적선을 격침하는 방법이 당파이다. 왜적은 당파전술이 불가능했지만 우리 전함은 견고하고도 속도가 빨랐기 때문에 가능했다.

이순신의 다양한 전법은 고려 시대 해전에서도 쓰인 우리 선조들의 해전술을 그대로 이어받아 더욱 이를 연구하고 발전시켜 임진왜란과 정유재란에서 빛을 발했다. 이순신이야말로 2천 년 우리 수군의 정수를 오직 한 몸으로 이어받아 이를 더욱 빛낸 바다의 성웅이었다.

치열하고도 애끊는 전쟁의 기록 《난중일기》

이순신은 단순한 무장만이 아니라 정치가이며 외교가, 과학자 또한 뛰어난 문학가였다. 그가 남긴 시와 문장, 장계, 편지 등 어느 한 가지도 그 가치를 매길 수 없을 만큼 뛰어나지만 그 가운데에서도 가장 귀중한 것은 임진왜란 7년 동안 전쟁 중에 기록한 일기이다. 이순신이 세상을 떠난 뒤 200년이 지나서 정조(正祖) 때 이순신의 시문과 저작을 중심으로 그에 대한 행적과 관련 문서들을 집대성했는데 그것이 바로 《이충무공전서》이며, 그 속에서 한 부분을 차지하는 것이 《난중일기》이다.

이 난중일기는 7년 1604일의 기록으로 생사를 다투던 전쟁 중의 일기이다. 그 내용이 이순신의 진중 생활과 국정에 대한 솔직한 기록, 비밀스런 군사 계책, 가족이나 친지에 대한 안부 기록, 부하들의 상벌 기록 등 광범위한 기록이어서 임진왜란 전체 역사를 연구할 때 가장 정확한 사료가 되면서도 그 문장이 간결하고도 진실해서 충효신의의 절절한 마음이 그대로 전해지는, 인간으로서의 이순신을 그대로 느낄 수 있는 글이다.

이 일기의 친필 초고는 국보 76호로 충남 아산 현충사에 보관되어 있다.

이 친필 초고와 《이충무공전서》에 수록된 일기를 비교해 보면 차이점을 꽤 발견할 수 있다. 이는 정조 때 《이충무공전서》를 편찬하면서 편찬자가 주관적인 의견으로 일부 내용을 삭제했기 때문이다. 대신 친필 초고본에서 소실된 일기 내용이 전서본에는 남아 있으므로, 초고본에서 볼 수 없는 날짜의 일기는 전서본 일기에서 보충해서 참고했다. 또한 초고본 정유년 일기는 2책으로 되어 있는데 8월 4일부터 10월 8일까지의 일기는 중복되어 있다. 이것은 앞서 적은 일기책의 간지가 잘못 적혀 있는 것으로 보아 이순신이 다시 기

《이충무공전서》 1795년(정조 19)에 간행. 충무공 이순신기념관 소장.

억을 되새겨 가며 수정하고 더욱 상세히 기록한 것으로 보인다.

고전이란 한 민족의 정신적·문화적 양식이다. 이순신이라는 한 인간이 치열한 전쟁 속에서도 그 상황과 심정을 솔직하게 써 내려간 《난중일기》는 오늘날 우리 민족을 바른 길로 이끌 수 있는 가장 강력한 힘을 지닌 고전이다.

일본 종군 승려의 《조선일일기(朝鮮日日記)》

《조선일일기》는 임진왜란 때 의생(醫生)으로 종군했던 일본 승려 케이넨(慶念)의 종군 일기이다. 1597년(정유년) 6월 24일 사가(佐賀)의 관문에서 배를 타고 출항해 1598년(무술년) 2월 2일 고향에 닿기까지 약 아홉 달 동안의 전쟁 체험을 날마다 적은 것으로, 참혹했던 전쟁 상황과 전쟁을 못마땅하게 생각하는 일본 백성의 심리 등 임진왜란의 숨겨진 일면이 기록되어 있다. 그 무렵 종군 승려의 심리를 통해 전쟁 상황을 짐작하는 데 참고가 되도록 일기의 일부분을 발췌하여 싣는다.

6월 24일

드디어 출항하는 날이다. 사가(佐賀)*¹의 관문에 배가 도착하였다. 저녁에 와라모토 덴쥬로(稿本傳十郎)*²가 영접하였으며, 이럭저럭하는 사이에 토사(土佐)*³ 성주를 태운 한 배가 도착하니, 곧바로 기쁘게 대면하게 된 것을 즉흥적으로 읊어본다.

우스키(臼杵)에 이르러 관문에 정박하는 황혼 무렵에
벌써 토사 성주와 기쁘게 만나게 되었구나.

그건 그렇고 아들인 하치로(八郎)는 환송하는 배를 놓치고 말아서 사가의 관문까지는 올 수 없게 되었다. 그래서 현재 한 가지 섭섭하고 아쉬운 것이 있다면, 바로 그것이로다 하며 남몰래 눈물을 참을 길 없어 비탄하고 있는데, 이상하게도 밤이 깊어가면서 머릿속에 떠오르는 여러 가지 것들과 작별을 고하고 마음을 정리하니 이제는 마음이 한결 편해졌다. 그리고 곧, 그날 새벽에 사가의 카마우라(上浦)에서 배를 타야 된다고 하므로, 길을 지나가면서 서로 손에 손을 잡고 배까지 함께 걷기 시작했을 때에 이별이 너무나도 아쉬워서 다음과 같이 읊고 배를 타고 출항하였다.

두 번 다시 돌아올 수 있다는 기약도 없이,
지금 이렇게 정든 고향과 이별하는 늙은이의 서러움이여.

그런데 세키쇼(關所)*⁴를 지나서 바닷가에 다다랐을 때, 뒤를 돌아보니 우스키 방면은 멀리 안개가 자욱이 깔려 있고 이렇게 떠나가는 것이 너무나 원망스럽다.

남겨 두고 온 부모와 처자식의 비통한 심정은 어떠할까.

---

*1 오늘날 일본 큐슈 사가현의 현청소재지인 사가 시를 이름.
*2 사가에 있는 무사.
*3 지금의 코치현(高知縣)의 옛 지명.
*4 관문을 이름.

불어 오는 바람만이 가슴에 사무치는구나.

7월 1일

카자모토(風本)에서 목욕을 하라고 해서 불빛으로 보니 물은 혼탁하고 더럽다. 어떻게 하면 좋을까 생각하였지만, 부스럼이 나고 너무 가려웠기에 욕조에 들어가서 다음과 같이 읊어본다.

카자모토(風本)의 목욕 물은 마치 혼탁한 세상과 같구나.
흐린 물도 이 세상도 함께 깨끗해지기를 바라본다.

7월 14일

부산 앞바다로부터 죽도(竹島)*5로 배를 돌리려고 하는 장소에 비가 내려 날씨가 좋지 않고 더군다나 띠나 풀로 엮은 허름한 집이기에 비가 새니, 더욱 더 고향 생각에 견딜 수가 없어서 읊어본다.

주룩주룩 내리는 비는 거적으로 엮은 지붕을 뚫고,
나의 소매는 고향을 그리는 눈물에 젖어 마를 사이가 없구나.

7월 15일

죽도에 도착하고 보니, 아득히 바다 위 고향 산천이 보이지 않게 되어 버렸구나. 이처럼 저 멀리 시야에서 사라져 버린 고향에 늙은 몸으로 어떻게 돌아갈 수 있을까. 결국 돌아가지 못할 것 같아, 오로지 빨리 극락왕생을 바라는 수밖에 별 도리가 없다. 무릇 덧없는 인생을 살아가기 때문에 이처럼 몹시 거칠게 느껴지는 것이다.

7월 17일

생각지도 않던 거울이 있어서 내 모습을 바라보니, "아니 이게 웬일인가! 어느새 이렇게 늙은이가 되어 버렸는가."

---

*5 지금의 부산시 강서구 죽림동.

옛말에 거울에 비친 모습을 바라보면 웬 모르는 늙은이를 만날 수 있다고 한 말이 참으로 조금도 틀리지 않는구나 하고 허탈감에 빠졌다.

7월 26일

다른 때와는 달리 몸이 좋지 않은 데다 감기로 고통스러웠다. 그래도 이런 때 고향에 있다면 오랫동안 고락을 같이 했던 아내와 자식들이 모여들어 나를 둘러앉아 걱정스러운 듯이 위로하고 간호해 줄 텐데…… 하고 탄식했다.

7월 29일

죽도를 출발. 성주가 앞장서서 적을 염탐하며 전라도 방면으로 전진하였다. 지나가는 바닷길의 처음부터 끝까지, 적선(敵船 : 조선의 배)이 머물고 있는 모든 섬에서는 적선이 파괴되어 불타고 있었고, 성들마다 시체들이 산을 이루고 있었으므로 마음을 말로 다 표현할 수 없다.

죽도를 나와 보니 시체들로 뒤덮인 섬들이 해변에 산을 이루고 있음이여.
도대체 어디까지 계속될지 그 끝도 보이지 않는구나.

같은 29일

오늘밤은 그 어느 때보다도 괴로워서 어떻게 주체할 수가 없구나. 이런 상태로 최후를 맞는 것이 확실하다. 아, 내 평생 이런 경험이 한 번도 없었고 고통도 이만저만 아니지만, 어떻게 할 수가 없어서 그저 또 읊는다.

62년 세월을 돌아보아도
오늘밤처럼 고통스러웠던 날은 일찍이 한 번도 없었다.

8월 6일

들도 산도 섬도 죄다 불태우고 사람을 쳐 죽인다. 그리고 산 사람은 쇠줄과 대나무 통으로 목을 묶어서 끌어간다. 어버이는 자식 걱정에 탄식하고, 자식은 부모를 찾아 헤매는 비참한 모습을 난생 처음 보았다.

8월 8일

조선 아이들은 잡아 묶고 그 부모는 쳐 죽여 갈라 놓으니, 다시는 볼 수 없게 된다. 남은 부모 자식은 마치 지옥의 귀신이 공격해 오는 때처럼 두려움과 서러움 속에서 몸을 떨고 있다.

8월 12일

남원으로 넘어가는 높은 산은 일본에서도 아직 보지 못한 큰 산이다.*6 넓고 평평한 큰 돌이 대단히 많고 칼끝처럼 뾰족하다. 여기에 또 공포스러운 폭포가 있다. 이 폭포를 잠시 그대로 보고 있노라면 온몸의 털이 곤두서니, 저승의 강이라 할 만큼 험하다. 사람의 발로도, 말의 단단한 발톱으로도 견딜 수 없을 것 같다.

8월 18일

성 안으로 진을 이동하다 날이 밝아 성 주위를 돌아보니 길바닥 위에 죽은 자가 모래알처럼 널려 있다. 눈 뜨고 볼 수없는 처참한 상황이다.

8월 21일

남원 전투에서 부상자가 많이 생겨 여기저기에서 약을 요구하는 사람들이 끊이질 않는다. 왕진(往診)을 요구하는 사람도 많다. 너무 딱하고 괴롭다.

저마다 고통에 겨워하는 병자들로 가득하구나.
이런 때에는 내 몸 하나도 감당할 수 없어 한탄스럽다.

8월 25일

가을의 긴긴 밤이 되면 한층 더 고향을 그리워하는 마음에 잠도 이룰 수 없고 한탄스럽구나. 생각하다 못해 읊는다.

긴긴 가을 밤에 깊은 잠을 이루지 못하고 쉬 깨는 것이 원망스럽구나.

---

*6 아마도 지리산을 가리키는 듯.

깔고 있는 한 쪽 소매가 이슬과 눈물로 범벅이 되어 적셔진다.

8월 28일

한밤중에 이곳 진막에서 철수하여 충청도로 출전한단다. 그런데 여기 전주를 떠나가면서 가는 도중의 벽촌에서 남녀를 불문하고 죽이고 있는 참상은 차마 두 눈으로 볼 수 없을 만큼 처참하였다.

9월 4일

충청도에 들어가 집들을 보니 불에 타고 심하게 부서진 것들뿐이다. 아쉬운 대로 쉬고 위안을 받을 장소가 없어서 정말로 불편한 것투성이다.

10월 5일

밤부터 태풍이 강해져서 더욱 잠을 이루지 못했다. 여러 가지로 이번 출병이 무슨 의미가 있는지, 어리석고 한심한 일이라고 생각되지만 할 수 없다. 내 고향 산천의 일만 걱정되어 안절부절 못하고 있다가 새벽에 어머님께서 주신 향(香)상자에 둔 은(銀)을 꺼내 요리저리 돌려가며 만져 본다. 꿈인지 환상인지 잠시나마 그리던 얼굴들을 만나 위안이 되었지만, 야밤의 거센 태풍이 꿈에까지도 그 공포가 나타나는 것인가 괴롭고 슬프기 한량없구나. 그러면서도 아쉬운 꿈에 떨어지는 눈물이 베개를 흠뻑 적신다.

10월 9일

일본에는 태풍과 홍수가 일어났다는 것을 히슈(飛州)님의 대리인인 시중(侍衆)으로부터 편지를 받아 보고 알게 되었다. 아, 우리 절의 건물과 작물들은 어떻게 되었을까. 안절부절 못하고 걱정하고 있노라니 갈수록 생각에 생각을 더해 걱정이 된다.

10월 25일

스스로의 신심(信心)을 돌아다보며, 전생에 어떤 인연이 있어서 이런 괴로운 생활을 하는 것일까. 견딜 수 없을 만큼 고통스러워 탄식을 한다.

11월 4일

너무나도 춥고 바람도 거세게 불어 몸이 차가워져서 제발 고향에 돌아가 봄을 나고 싶다. 늙은 몸이기에 추위가 몸에 스며드는 것이 이루 말할 수 없이 고통스러워서 이와 같이 읊는다.

더욱 더 고향을 그리워하는 늙은 몸에,
추운 바람을 몰고 오는 강풍아,
내 처지를 생각하며 불어다오.

11월 11일

왼쪽 오른쪽 할 것 없이 대장장이들이 무기를 만드느라 쇠 두들기는 소리, 칼이나 도끼 가는 소리가 새벽이 가까워지면서 더욱 더 을씨년스러워져서 잠을 이룰 수 없다. 밤이 이슥한 시간부터 연장 두들기는 소리 요란하다.

11월 12일

철포에 올라가 표식을 다는 무리들이나 배를 조종하는 선원들의 인력에 이르기까지, 안개를 헤치고 산에 올라가 목재를 자르고 저녁에는 별이 총총할 때 돌아오며, 의욕이 없고 게으른 자는 쫓겨나며, 또 적에게 목숨을 빼앗기기도 한다.

명분도 없는 그릇된 행위이기에 백성들의 서글픔은 판단 의식을 흐리게 하여 조선인의 목을 잘라서 네거리에 세워 놓도록 만든다.

11월 15일

아, 애달프구나. 백성은 어떻게 되든 안중에도 없는 상황이다. 그런 까닭에 밤낮없이 사람을 지나치게 부리면서, 조금이라도 눈에 거슬리면 곧장 심히 질책하면서 사슬로 묶고 두들겨 패거나 죄업을 기록하고 따지는 등, 보기에도 곤혹스러울 정도다.

이런 일을 생각하면, 지옥은 다른 곳에 있는 것이 아니다. 지금 눈에 비치고 있는 일들을 후세 사람들은 꿈에서조차 모르고 지나게 되리라 생각하면 견딜 수 없는 심정이다.

11월 16일

앞에 읊은 것처럼, 산에 가서 큰 나무를 베어 오게 하고는 들고 온 나무가 가늘면, 다시 큰 것을 베어 오라 질타한다. 찜통 같은 더위 속에서 어쩔 수 없이 큰 나무를 구하러 올라가다가 명군에게 붙잡혀 목이 잘려 뜻하지 않게 죽음을 당한다. 간혹 무술이 뛰어난 자는 도망가서 숨어 버리기도 했다.

나는 단지 마음을 비탄에 빠뜨리는 수밖에 별 도리가 없다. 곤혹스럽기 짝이 없는 일이다.

이처럼 팻말에 조목조목 기록하여 조금이라도 과오가 없도록 하고, 이렇게 먼 곳에 끌려와서 한순간 쉴 틈도 없이 일을 해야 하는 것은 도저히 인간이 할 짓은 아니다.

11월 19일

일본에서 온갖 상인들이 왔는데, 그 가운데에는 사람을 사고 파는 자도 있어서 본진의 뒤에 따라다니며 남녀노소 할 것 없이 사서는 줄로 목을 묶어 모아서 앞으로 몰고 간다. 잘 걸어가지 못하면 뒤에서 지팡이로 몰아붙여 두들겨 패는 모습은 지옥의 사자가 죄인을 잡아들이는 것과 같다고 생각될 정도이다.

11월 20일

그 가운데에서도 특히 무서운 자들은 배가 정박한 부두에서 내부 깊이 들어간 진영까지 모든 사람에게 무거운 짐을 봉래산(蓬萊山)처럼 가득 싣게 하여 끌고 온다. 마침내 본영에 도착하면 쓸모없는 소는 필요 없다면서 곧바로 죽이고는 가죽을 벗기고 먹어치워 버린다. 이는 오로지 짐승들의 세계에서만 있을 수 있다고 생각할 뿐 아무런 대책도 없다.

이처럼 눈뜨고 볼 수 없는 여러 광경들에 놀라며, 인간 세계의 모습만큼 두렵고 가증스러운 것은 없다는 것을 새삼 인식할 따름이다.

11월 30일

강이 얼어붙은 것을 보니, 듣던 것보다도 훨씬 대단한 상태이다.

배를 항구의 입구까지 꺼내려고 선원들이 얼음을 깼지만, 얼음이 더더욱 두텁게 얼어서 배를 움직일 수도 없을 뿐더러 도무지 아무런 대책이 없어 모두 초조해 하고 있다.

12월 1일

강가 움막인 까닭에 문도 벽도 없다. 찬바람은 거세고 을씨년스럽게 몸 속을 파고든다. 너무 추워서 여러 가지 생각에 잠겨 두고 온 고향을 그리워하며 이와 같이 읊는다.

고향 생각이 절로 나는구나.
온 마음으로 그리워하며
강가의 허허벌판에서 잠을 청하는 서글픈 모습이여.

12월 4일

산과 들, 마을과 강 모두 눈이 쌓여서 오고가는 사람들도 어찌 할 도리가 없는 상황, 눈뜨고 볼 수 없는 풍경이다.

산은 눈, 계곡은 얼음으로 길이 막혀서
멀리 또는 가까운 곳에 오고가는 사람들의
탄식하는 모습이여.

12월 18일

허리 통증이 갈수록 심해져 왕생이 가까워졌다고 생각되어 즉흥적으로 읊었다.

어깨나 허리 통증이 나날이 심해져 고통스럽기 짝이 없구나. 이로써 극락왕생이 얼마 남지 않았구나 탄식할 뿐이다.

12월 25일

물이 말라 없어져서 곤란한 상태였는데, 비가 오기 시작하더니 큰 비가 내려서 성안 사람들이 모두 갈증을 해소할 수 있었다. 그 정도로 물이 없었으므로, 우리에게는 손 씻을 정도의 물도 없었다. 어떻게 씻을 수 있을까 생각하다 빗물이 괸 곳에서 물을 퍼다가 종이를 적셔서 손을 간단히 씻었다. 곤혹스러웠으나 하는 수 없는 일이다.

12월 26일
그런데 이처럼 되어서는 곡물과 물이 다 없어져서 사람들이 죽어가는 것은 피할 수 없다. 벌써부터 한두 사람이 쓰러져 죽어가기 시작한다.

12월 28일
어느새 하루가 지나서 먹을 물과 먹을거리가 더욱 더 줄어들어, 그 무엇도 곤혹스럽고 어렵게 보였기 때문에 이제는 이미 고향의 일도 잠시 잊어버렸고 돌아간다는 것은 도저히 상상도 할 수 없다. 어떻게든 고향에 유물을 보내고 싶은 생각도 있지만, 고향까지 전해 줄 만한 자도 없으려니와 그럴 수 있는 상황도 아니다. 이처럼 날마다 정성을 들여서 적어놓은 책자를 특별한 이유 없이 그대로 버려 놓고 가는 것은 고통스럽지만 어쩔 수 없어서, 슬픔에 슬픔을 거듭해 몰래 눈물을 흘릴 뿐이다.

1월 5일
밤이 깊어질 무렵 히센노카미(飛騨守)님께서 '어서 빨리 배에 타라'고 말씀하신다. 너무 기쁘고 꿈만 같아서 현실인지 무엇인지 가릴 수 없을 정도다. 료신(了眞)의 도움을 받으면서 성을 내려올 때에는 너무 기뻐서 눈물이 흘렀다. 공중에 뜬 것처럼 그 심경 비할 데가 없다.

마치 꿈만 같구나.
고국으로 돌아가는 배를 타게 되어
꿈꾸는 듯한 현실 속에서 노를 베개 삼고 있으니.
여태까지의 고통은 결코 완전히 잊어버릴 수가 없구나.
생각해 보면 참으로 마음이 오싹해질 정도의 나날이었다.

1월 12일

귀국길은 늦추어지고 있지만 적어도 고향 소식이라도 들을 수 있다면 마음을 위로할 수 있을 텐데 아무런 방도가 없다.

너무나 고향이 그립다. 아, 손자와 어머니, 아내와 자식들은 어떻게 지내고 있을까. 마음은 온통 가족에게로 향한다. 그리워 견딜 수가 없지만 어찌할 도리가 없다.

1월 17일

귀국하여도 좋다는 이야기를 저녁에 듣고 참으로 감사하구나. 광대한 부처님의 은덕에 정말 황송할 따름이다. 이런 자비를 입고 있으면서도 게으르고 어리석은 생각을 한다면, 다시금 부처님의 가호에 보은의 예를 갖추어야 할 것이다. 더욱 더 신심을 북돋아 방심하지 않도록 거듭 마음가짐을 다져야 할 것이다.

이 고산고정일 역해본 〈난중일기〉는 이은상 번역(현암사 1993)을 비롯, 허경진 번역(한양출판 1997), 노승석 역해(동아일보사 2005, 민음사 2010), 北島万次 역주(亂中日記 : 壬辰倭亂の記錄 1~3, 李舜臣 著, 平凡社, 2001) 등을 참고하였다. 특히 노승석은 각고진력하여 〈난중일기〉 누락본을 찾아 뛰어난 문장으로 옮겨 실었다. 그에게 존경심을 드린다.

조선수군 관할구역 일람-경상도·전라도·충청도

1. 이 표는 이형석의 《임진전란사(하)》, 부표 제5 '수군관할구역 일람표'를 바탕으로 《경국
   대전》, 《신증동국여지승람》, 이순신의 《난중일기》, 《임진장초》를 참고로 가필·수정한
   것이다.
2. 각 수령의 품관은 다음과 같다(수군에는 수군 무관뿐 아니라 그 지역의 행정관도 수군
   조직에 편성).

	정3품	종3품	정4품	종4품	종5품	종6품	종9품
무관	수사	첨사	우후	만호			권관
행정관		부사		군수	현령	현감	

3. ( ) 안의 지명은 진영(鎭營)의 행정구역. 예를 들어, 여도진 만호(흥양현)는 여도진이
   흥양현에 있음을 나타낸다.

경상좌도

관위	정3품	종3품	정4품	종4품	종5품	종6품	종9품
무관	수사 (경상좌수영, 동래현)	부산진첨사 (동래현)	경상좌우후 (부수사)	두모포진만호 (동래현) 해운포진만호 (동래현) 감포진만호*1 (동래현) 다대포진만호 (동래현) 축산포진만호 (영해부) 오포진만호 (영덕현) 칠포진만호*2			

				(흥해군) 포이포진만호 (장기현) 염포진만호*3 (울산군) 서생포진만호 (울산군)		
행정관	영해부사			흥해군수 울산군수	장기현감 기장현감	

*1 감포…1512년 돌로 성을 쌓음.

*2 칠포…1510년 처음으로 돌로 성을 쌓음.

*3 염포…옛날 항거왜호(恒居倭戶)가 있었음. 1510년 제포에서 왜인이 일으킨 변란 소식을 듣고 모두 일본으로 돌아감.

경상우도

관위	정3품	종3품	정4품	종4품	종5품	종6품	종9품
무관	수사 (경상 우수 영, 가배 량)	제포진첨사*1 (웅천현) 가덕진첨사*2 (웅천현) 미조항진첨사*3 (남해현)	경상우 우후 (부수사)	적량진만호 (진주목) 영등포진만호 (거제현) 지세포진만호*4 (거제현) 옥포진만호 (거제현) 조라포진만호 (거제현) 당포진만호 (고성현) 평산포진만호			삼천포진권관*5 (진주목) 율포보권관*6 (거제현) 가배량진권관*7 (고성현) 소비포진권관 (고성현) 곡포진권관*8 (남해현) 상주진권관*9 (남해현)

| 행정관 | 창원부사
김해부사 | | 곤양군수 | 거제현령
고성현령
남해현령 | 하동현감
진해현감
사천현감
웅천현감 | |

위 셀 상단에 (남해현)과 관련 진만호 목록:

| | | | (남해현)
안골포진만호
(웅천현)
천성진만호
(웅천현)
사량진만호
(통영부) | | | |

*1 제포…항거왜호가 있었음.

*2 가덕…1544년 9월 진영을 두고 성을 쌓음.

*3 미조항…1486년 왜구에 함락. 1522년 다시 두었으며 같은 해 9월, 방답·가리포와 함께 성을 쌓아 방어.

*4 지세포…일본으로 가는 조선인은 반드시 여기서 순풍을 타고 대마도로 떠남.

*5 6 삼천포·율포…《신증동국여지승람》에는 '권관을 배치해 방비한다'고 나와 있으나 《경국대전》에는 언급되어 있지 않음.

*7 가배량…옛날 수군만호가 있었음. 1491년 왜구가 자주 출몰하므로 돌로 성을 쌓음.

*8 9 곡포·상주…1522년 우고개보(牛古介堡)를 수리하고 권관을 둠.

※ 1595년 8월 25일 이순신은 도체찰사 이원익과 논의해서 경상우도 수군을 다시 편성(합병) : 평산포(+곡포), 미조항(+상주포), 적량(+삼천포), 소비포(+사량), 당포(+가배량), 조라포(+지세포), 웅천(+제포), 옥포(+율포), 가덕(+안골포)

전라좌도

관위	정3품	종3품	정4품	종4품	종5품	종6품	종9품
	수사 (전라좌수영, 여수)	사도진첨사 (흥양현) 방답진첨사*1	전라좌우후 (부수사)	여도진만호 (흥양현) 녹도진만호			

무관				(흥양현)			
				발포진만호			
				(흥양현)			
				회령포진만호*3			
				(보성군)			
				마도진만호			
				(강진현)			
				달량진만호*4			
				(영암군)			
행정관		순천부사 장흥부사*2		낙안군수 보성군수 영암군수		광양현감 흥양현감 강진현감	

＊1 방답…1522년 5월 미조항·방답·가리포에 성을 쌓아 방비를 굳힘.

＊2 장흥…1555년 5월 을묘왜변으로 피해를 입음.

＊3 회령포…을묘왜변으로 피해를 입음.

＊4 달량…1510년 5월 다시 강진 가리포로 옮김. 을묘왜변으로 이진과 더불어 처음으로 피해를 입음.

전라우도

관위	정3품	종3품	정4품	종4품	종5품	종6품	종9품
무관	수사 (전라우수영, 해남)	임치진첨사 (함평현) 가리포진첨사*1 (강진현)	전라우우후 (부수사)	어란포진만호 (해남현) 이진진만호*2 (영암군) 남도포진만호*3 (진도군) 금갑도진만호*4 (진도군) 법성포진만호*5			

				(영광군) 다경포진만호*6 (영광군) 목포진만호 (무안현) 검모포진만호 (부안현) 군산포진만호 (옥구현)		
행정관				영암군수 진도군수 영광군수	강진현감*7 해남현감 무안현감 함평현감 부안현감 옥구현감	

＊1 가리포…1521년 왜구들이 오가는 주요 길목이라 처음으로 진영을 두고 달량의 수군과
　　합세함. 1522년 5월 미조항·방답·가리포에 성을 쌓고 방비를 굳힘.. 1523년 첨사를
　　둠. 1555년 5월 을묘왜변으로 피해를 입음.

＊2 이진…을묘왜변으로 달량과 더불어 처음으로 피해를 입음.

＊3 4 남도포·금갑도…을묘왜변으로 피해를 입음.

＊5 6 법성포·다경포…1515년 처음으로 돌로 성을 쌓음.

＊7 강진…을묘왜변으로 피해를 입음.

충청도

관위	정3품	종3품	정4품	종4품	종5품	종6품	종9품
무관	수사 (충청수영, 보령)	소근포진첨사*1 (태안군) 마량포진첨사*2 (남포현)	충청우후 (부수사)	서천포진만호*4 (서천군) 파지도영만호*5 (서산군)			

	안흥량진첨사*3 (태안군)		당진포영만호 (당진현)		
행정관			서천군수 한산군수 임천군수 태안군수 서산군수 면천군수	비인현감 남포현감 보령현감 결성현감 해미현감 당진현감*6	

＊1 2 4 소근포·마량·서천포…1514년 처음으로 돌로 성을 쌓음.

＊3 안흥량…소근포진 첨사, 병력을 나누어 수비.

＊5 파지도…1516년 처음으로 돌로 성을 쌓음.

＊6 당진…1514년 처음으로 돌로 성을 쌓음.

연보

연도	충무공의 행적	국내 정세
1545년	3월 8일(양 4월 28일) 새벽 한성부 건천동(乾川洞)에서 태어남. 자 여해(汝諧). 부친 이정(경기도 개풍군, 덕수 이씨), 모친 초계 변씨. 젊은 시절부터 유성룡과 교우함.	7월 인종 승하하고 명종 즉위. 8월 을사사화 일어남.
1547년(3세)		2월 대마도주와 수호조약 개정(정미약조). 12월 윤원로 사사됨.
1548년(4세)		6월 여진족, 평안도 만포 침입.
1552년(8세)		5월 제주도에 침입한 왜구 200여 명 격퇴. 7월 군적도감 설치. 11월 정미약조에 의해 폐지되었던 왜인 접대 규정 다시 적용.
1553년(9세)		5월 제주왜변 일어남.
1555년(11세)	아산 백암리(白岩里) 외가로 이사.	5월 전라도 달량포에 왜선 70여 척 침입(을묘왜변). 6월 제주도에 침입한 왜선 40여 척 격퇴, 전라좌도 수군 금당도(완도군) 앞바다에서 왜선 28척 격퇴. 9월 새로 만든 전선(戰船)을 시험함. 천·지·현·황(天·地·玄·黃)의 화기 수백 기 주조함. 비변사 설치.
1556년(12세)		1월 경기 수군절제영을 남양 화량진에 둠. 2월 왜구 침입에 대비한 무과

연도	충무공의 행적	국내 정세
1556년 (12세)		실시. 6월 제주목사 김수문 (金秀文), 왜선 5척 불태우고 130여 명 죽임. 10월 총통 주조용 동철 6만근 수입함. 11월 일본 사신, 세견선 (歲遣船) 증가 요청.
1557년 (13세)		2월 일본의 간청으로 세견선 5척 증가시킴. 7월 제주에 왜선 26척 침입.
1558년 (14세)		3월 왜적 방어를 위해 대마도에 2년치 세사미 (歲賜米)를 줌.
1559년 (15세)		1월 평안도 수령을 무신으로 바꿈.
1562년 (18세)		11월 왜구 침략에 대비해서 각 도에 전함과 병기를 정비토록 지시.
1564년 (20세)		5월 경상도 울산에 침입한 왜선 나포.
1565년 (21세)	전 보성군수 방진 (方震)의 딸과 혼인.	4월 7일 중종 계비 문정왕후 승하. 7월 윤원형 삭탈관직. 8월 이준경 영의정이 됨.
1566년 (22세)	10월 본격적으로 무예를 닦기 시작함.	화포장 이장손 비격진천뢰 개발.
1567년 (23세)	장남 회 태어남.	6월 28일 명종 승하하고 선조 즉위.
1568년 (24세)		5월 여진기병 100여 명 강계 지방 침입.
1571년 (27세)	차남 울 (뒤에 열로 이름을 고침) 태어남.	
1572년 (28세)	8월 훈련원 별과에 낙방.	1월 남명 조식 별세. 3월 청주 목사 이이 병으로 사임. 7월 이준경 별세.
1573년 (29세)		6월 전라남도 금오도에 침입한 왜구 격파.
1575년 (31세)		3월 대마도주, 일본이 조선 침략을 위해 배를 많이 만들고 있다고 통지함.
1576년 (32세)	2월 식년무과에 병과로 합격. 12월 함경도 동구비보 (童仇非堡) 권관	3월 전라도에 침입한 일본 선박 나포.

연도	충무공의 행적	국내 정세
1576년(32세)	(權管 : 종9품)이 됨.	
1577년(33세)	2월 3남 염(뒤에 면으로 이름을 고침) 태어남.	
1578년(34세)		4월 경상도 군사, 고된 잡역에 반대해서 폭동 일으킴.
1579년(35세)	2월 훈련원 봉사(奉事 : 종8품)가 됨. 10월 충청 병사 군관이 됨.	5월 백인걸, 동서분당 규탄.
1580년(36세)	6월 전라도 고흥 발포 수군만호(종4품)가 됨.	
1582년(38세)	1월 군기경차관 서익(徐益)의 날조된 보고로 파면됨. 5월 복직되어 훈련원 봉사가 됨.	9월 이이, 봉사를 올려 시폐를 논하고 공안(貢案) 개정 요청.
1583년(39세)	7월 함경도 병사 군관이 됨. 울기내를 토벌함. 11월 훈련원 참군(參軍 : 정7품)으로 승진. 부친 이정(李貞) 별세.	1월 여진족 추장 니탕개와 그의 무리들, 경원부로 쳐들어와 부성을 함락함. 2월 7일 북병사 이제신, 니탕개 침입을 급보. 신립, 여진족 격파. 이이, 시무육조 올림. 4월 이이, 10만 양병 건의. 7월 방원보에 침입한 니탕개의 여진기병 2만여 명 격퇴. 경상병사 김지, 승자총통 개발.
1584년(40세)	아산에서 부친 3년상 지냄.	1월 16일 이이 별세.
1585년(41세)		12월 회령 풍산보에 침입한 여진족 섬멸. 경기 수영에서 전선 건조.
1586년(42세)	1월 사복시 주부(司僕寺主簿 : 종6품)가 됨. 뒤에 함경도 조산보 만호(造山堡萬戶 : 종4품)로 승진.	
1587년(43세)	8월 녹둔도(鹿屯島) 둔전관 겸함. 여진족에 대처할 방비병력 증강을 함경북도병마절도사 이일에게 거부당함. 9월 녹둔도에 침입한 여진족	2월 이대원(李大源), 녹도·가리포·흥양에 왜구와 싸우다 사로잡혀서 전사. 8월 여진 기병, 갑산부 침입. 10월 전 병사 이지, 승자총통 제조. 11

연도	충무공의 행적	국내 정세
1587년 (43세)	을 물리쳤으나, 이일의 모함으로 파직당하고 백의종군함.	월 함경북도병마절도사 이일, 두만강 이북 여진 소굴 소탕.
1588년 (44세)	2월 시전부락(時錢部落) 정벌에 우화열장(右火烈將)으로 참가해서 공을 세움. 윤6월 특사되어 아산으로 돌아옴.	1월 함경북도병마절도사 이일, 시전부락 오랑캐 정벌. 조헌, 일본과 외교 단절을 주장. 3월 이일, 제승방략(制勝方略) 시행 건의. 윤6월 남병사 신립, 고미포 여진 소굴 소탕.
1589년 (45세)	1월 21일 무신 불차채용(순서를 따지지 않고 채용)에 천거되나 임용은 되지 않음. 2월 전라 관찰사 이광의 군관이 됨. 11월 선전관 겸함. 12월 정읍 현감(종6품)이 됨.	1월 비변사, 지휘능력을 가진 자들을 무관으로 추천. 2월 유성룡이 병조판서가 됨. 7월 경상·전라·충청도 방어를 위해 수사·병사·군수 등 선발 배치. 9월 일본에 통신사 파견 의결. 10월 정여립 모반사건 일어남. 11월 정철(鄭澈), 우의정에 임명되어 정여립 모반 사건 수습.
1590년 (46세)	7월 고사리진 병마첨절제사가 됨. 8월 만포진 첨절제사로 발령받았으나, 대간의 반대로 정읍 현감에 유임.	3월 일본 통신사로 정사 황윤길, 부사 김성일, 서장관 허성 등 파견. 5월 유성룡, 우의정이 됨. 11월 황윤길, 도요토미 히데요시를 만나 답서 받음. 동인, 남인과 북인으로 나뉨.
1591년 (47세)	2월 진도 군수(종4품)에 임명, 가리포 첨절제사로 발령되었다가 부임 전인 13일 좌의정 유성룡의 추천으로 전라 좌수사(정3품)가 됨. 일본의 침략 야망을 간파하고 거북선 고안.	1월 28일 통신사 황윤길 등, 일본사신 현소·평조신 등과 함께 부산포에 도착, 대마도에서 조총을 선물로 받아옴. 2월 유성룡, 좌의정이 됨. 3월 선조, 통신사 귀환 보고 받음. 황윤길은 일본이 조선을 침략할 야망이 있다고 보고했으나, 김성일은 이와 반대되는 보고를 함. 5월 14일 명나라에 사신을 보내 일본이 명을 침략할 준비를 한다고 통보함. 10월 24일

연도	충무공의 행적	국내 정세
1591년 (47세)		일본 정세를 명나라에 보고함.
1592년 (48세)	3월 27일 거북선 대포 시험함. 4월 15일 경상 우수사 원균으로부터 13일에 왜선이 출현했다는 보고를 받음. 20일 조정에서 경상 좌수군 구원명령이 내릴 것이니 대기하라는 경상도 관찰사 김수(金睟)의 공문이 도착함. 4월 27일 경상 좌수사 원균과 합세해서 일본군을 격파하라는 조정 명령을 받음. 5월 2일 경상도 남해현 미조항포·상주포·곡포·평산포 4진 휘하에 편입. 5월 4일 경상도로 출전. 5월 5일 당포 도착. 경상 우수사 원균과 만나기로 했으나 원균은 오지 않음. 5월 6일 원균이 당포에 도착하자 이순신은 전라도·경상도의 모든 장군을 소집하여 작전회의. 거제도 송미포에서 밤을 지냄. 5월 7일 가덕도 천성포와 가덕포로 출발. 옥포 해전과 합포 해전, 5월 8일 적진포 해전 등 3차례 싸움에서 42척 격파. 5월 9일 전라좌수영으로 돌아옴. 적선에 있던 쌀과 의류를 장병에게 나누어 줌. 5월 23일 가선대부(종2품)가 됨. 5월 29일 사천 해전에 거북선 처음 참전해서 승리. 이순신과 군관 나대용 모두 총탄에 맞음. 6월 1일 고성 사량도에 배를 대고 장병을 쉬게 함. 6월 2일 당	2월 신립·이일 등, 각 도 군비 점검. 4월 10일 경상우병사 조대곤을 김성일로 교체. 4월 13일 왜군 21만, 조선에 침입(임진왜란 발발). 4월 14일 부산진 함락. 부산 첨사 정발(鄭撥) 순절. 경상 좌수사 박홍(朴泓), 성을 버리고 도망. 왜군은 서평포·다대포 함락. 경상 우수사 원균은 전의를 잃고 스스로 배를 가라앉히고, 휘하 수군은 뿔뿔이 흩어짐. 옥포 수군만호 이용운(李龍雲), 원균에게 수사로서 경상우도를 지켜야 하며 경상우도의 방비를 잃으면 전라도와 충청도까지 함락될 것이니 전라 좌수사인 이순신에게 구원을 요청해야 한다고 강하게 주장함. 4월 24일 이일, 상주에서 패함. 4월 28일 신립, 충주에서 패함. 광해군을 세자로 책봉. 4월 30일 선조, 서북지방으로 파천. 4월 현풍의 곽재우와 옥천의 조헌 등 의병이 일어나기 시작함. 5월 2일 왜군, 한성 점령. 김천일, 의병 봉기. 5월 18일 도순찰사 한응인, 도원수 김명원이 임진강에서 왜군 기습을 받아 패함. 5월 19일 이항복 병조판서에 임명. 5월 29일 개성 함락. 6월 이덕형을 명나라에 보내 지원 요청. 6월 13일 평양 함락. 6월 선조, 의주로 파천. 하삼도 관군 주력부대가 용인을 공격

연도	충무공의 행적	국내 정세
1592년 (48세)	포 해전. 6월 3일 당포 앞바다에 진둔(進屯). 전라 우수사 이억기와 왜군 격파 대책 토의. 거제 고성 외곽 착포량 앞바다에 모임. 6월 5~6일 제1차 당항포 해전. 6월 7일 율포 해전에서 왼편 어깨 총알 관통, 적선 70여 척 격파. 자헌대부(資憲大夫 : 정2품)로 승직. 6월 8일 창원의 마산포·안골포·제포·웅천에 탐후선을 보내 적군의 흔적을 발견하고 창원 증도 남포 앞바다로 출진. 밤이 되어 송진포로 돌아옴. 6월 9일 가덕·천성·안골포·제포에 적군의 흔적을 탐색하고 당포에 도착. 6월 10일 이후 가덕도에서 적군을 토벌할 때, 부산포 등에서 대군을 만나 군량이 떨어지고 사상자가 속출함. 미조항포 앞바다에 도착해서 전라우수사 이억기와 경상우수사 원균 등과 함께 전라좌수영으로 돌아옴. 7월 6일 수군을 이끌고 노량에 도착했으며, 부서진 전선을 수리하고자 노량에 머물러 있던 원균과 만남. 이억기도 노량 도착. 7월 7일 당포에 도착한 이순신은 적선 70여 척이 영등포에서 견내량으로 옮겨 정박해 있다는 보고를 받음. 7월 8일 와키자카 야스하루의 수군을 한산도 앞바다로 유인해서 격파(한산도 대첩). 원균과	하다 패함. 7월 묘향산 휴정, 승병 일으킴. 의병 고경명, 1차 금산전투에서 전사. 의병 조헌·영규, 청주성 수복. 왜군, 회령에서 임해군·화순군 사로잡음. 세자 광해군, 분조(分朝) 활동 시작. 8월 의병 조헌·영규, 금산전투에서 전사. 명나라 대표 심유경, 평양에서 왜군과 회군과 화친 교섭 시작함. 9월 박진의 군대가 경주성에 웅거한 왜적을 공격해서 왜적들이 후퇴. 의병장 정문부, 경성(鏡城) 수복. 10월 목사 김시민, 1차 진주전투 공방전에서 대승을 거둠.

연도	충무공의 행적	국내 정세
1592년(48세)	작전상 의견 대립. 7월 10일 안골포 해전. 9월 1일 부산포 해전에서 적선 130여 척 격파.	
1593년(49세)	1월 26일 의승장(義僧將)에게 석주·도탄·두치·팔랑치 등지를 경계해서 지키게 하고, 유민은 돌산도에서 농사짓게 함. 2월 10일~3월 6일 웅포 해전. 7월 15일 수군본영을 여수에서 한산도로 옮김. 8월 1일 삼도수군통제사로 임명. 8월 14일 정철총통 제조. 9월 4일 왜군 포로로 잡혔다가 탈출한, 고성 군민이자 훈련원 봉사 제만춘에게서 들은 왜군 정보를 조정에 보고. 윤달 11월 17일, 왜군 포로에게서 언은 정보를 조정에 보고. 전 광양 현감 어영담을 조방장으로, 전 부사 정경달을 종사관으로 임명하고, 바닷가의 군병(軍兵)·군량(軍糧)·군기(軍器)를 수군 소속으로 해달라고 요청함. 12월 30일 바닷가 섬에 둔전 설치를 조정에 요청, 진주 흥선도에 둔전 설치.	1월 9일 평양 수복. 명나라 군대, 벽제관 싸움에서 패함. 2월 12일 전라도에서 올라온 권율의 부대, 행주산성에서 왜군 대파. 함경·평안도 지방 왜군, 한성으로 퇴각해서 집결. 3월 심유경, 한성에서 왜군과 강화교섭 재개. 4월 왜군, 철수하기 위해 경상도 해안으로 남하. 경상우도 순찰사 김성일 별세. 이여송, 한성 입성. 5월 심유경, 왜군 본영에서 도요토미 히데요시와 화친 논의 시작. 6월 왜군이 진주를 다시 공격해서 2차 진주 전투에서 창의사 김천일 전사. 전라감사 권율, 도원수에 임명됨. 7월 왜군, 두 왕자를 돌려보냄. 8월 왜군, 철수 시작함. 명나라 군, 철수 시작해서 이듬해 완료. 10월 선조, 한성으로 돌아와 월산대군 집을 행궁으로 삼음. 11월 유성룡, 영의정이 됨. 윤11월 왕세자 광해군, 전주에서 2차 분조 활동 시작. 12월 의병장 김덕령, 활동 시작.
1594년(50세)	1월 21일 본영 격군 742명에게 잔치를 베풂. 3월 4일 당항포 해전. 적선 30여 척 격파. 명나라 선유도사 담종인의 금토패문에 항의하는 글을 보냄. 4월 한산도에서 무과	1월 송유진, 반란 일으킴. 2월 훈련도감 설치. 경상좌병사 고언백, 가토 기요마사와 서신을 주고받음. 4월 승장 유정(사명대사), 가토 기요마사와 1차 회담을 엶. 4월 17일 경상좌병

연도	충무공의 행적	국내 정세
1594년 (50세)	실시. 9월 14일 항복한 왜군을 수군의 격군(수부)으로 삼음. 9월 29일~10월 8일까지 왜 수군을 공격했으나 왜 수군이 전투에 응하지 않음. 10월 4일 곽재우, 김덕령 등과 수륙병진 작전을 시도했으나 이 또한 왜군이 응하지 않아서 실패.	사 고언백, 적선 1만여 척이 나타났다고 조정에 보고. 5월 22일 이연암, 군량 원조가 절망적이며 조선의 방비도 믿을 수 없으므로 제포를 열고, 삼포를 복구하고 세견선(歲遺船)을 부활시켜 왜와 화친을 맺어 국가 보전을 꾀해야 한다고 조정에 상소. 이순신 격노함. 5월 27일 전라감사 이연암 물러남. 7월 26일 이항복, 병조판서가 됨. 승장 유정, 가토 기요마사와 2차 회담을 엶. 8월 윤두수, 전라도 체찰사가 됨. 10월 3일 한산도 수군의 격군, 군량 부족으로 아사자 속출. 12월 원균이 충청병사, 선거이는 충청수사가 됨. 유정, 가토 기요마사와 3차 회담을 엶.
1595년 (51세)	2월 둔전을 돌아보고 우수영 시찰. 5월 소금을 구움. 8월 체찰사와 함께 각 처의 진영을 순시하고 군사 5,480명에게 음식을 먹임. 9월 2일 도체찰사 이원익과 함께 군사문제를 토의. 9월 충청수사 선거이와 작별.	6월 경상수사 배설이 권준으로 교체됨. 도원수 권율 교체됨. 우의정 이원익, 도체찰사 겸 영원수부사가 됨. 7월 왜군이 거제도에서 퇴각. 8월 건주위(建州衛) 여진족 추장 누르하치가 화친 내왕 제의. 11월 명나라 책봉사 이종성(李宗城) 일행, 부산 왜군 진영에 도착. 남한산성 쌓음. 11월 30일 권율, 호조판서가 됨.
1596 (52세)	1월 청어를 잡아 군량 500여 섬 마련. 2월 28일 도체찰사 이원익의 연해 방비책을 비판. 그 이전에 비변사에서는 연안 방비를 검토하고, 부산 왜군이 한산도 수군을 견제하면서 서해(전라남도에서 충청남도	1월 심유경, 고니시 유키나가와 함께 일본으로 향함. 신충일, 건주위에서 돌아와 보고를 올림. 권율, 도원수에 다시 기용됨. 4월 명나라 사신 이종성, 부산 왜군 진영 탈출. 6월 명나라 책봉사 양방형(楊方亨), 일본으로

연도	충무공의 행적	국내 정세
1596년 (52세)	방면)로 침입하면 방어하기 어려우므로, 충청수사 휘하의 수군은 본영(충청수영)에 머물게 하고 전라우수사 이억기의 수군은 전라 좌우도 사이를 오가며 진도와 제주를 도우라 하면서, 이 경우 한산도 수군이 고립될 우려가 있으나 그때는 서로 호응해서 대책을 강구하라는 내용을 도체찰사 이원익에게 지시. 이원익이 이를 이순신에게 지시하자 무책(無策)이나 다름없다고 비판. 3월 26일 이원익, 연안방비 지시 취소. 3월, 오랜 진중생활로 인한 병을 4월까지 심하게 앓음. 5월 진중에서 전염병으로 죽은 병사를 위해 여제(癘祭) 지냄. 7월 강화를 위해 일본에 가는 명 사신 수송선으로 배를 차출. 윤8월 한산도에서 무과 초시 실시. 10월 초까지 도체찰사 이원익과 함께 전라도 내 각 진영을 순시하고, 어머님을 모시고 본영으로 돌아옴. 10월 어머님을 위해 생신잔치를 엶.	건너감. 7월 홍가신, 이몽학의 난 평정. 8월 의병장 김덕령 옥사. 11월 7일 임금이 대신과 당상관에게 이순신과 원균의 장수 재질을 물음. 11월 9일 해평부원군 윤근수, 원균을 경상우수사로 복직시켜 해상을 방비하게 하고, 원균이 통제사 이순신의 휘하로 들어가기를 거부하면 그를 경상도 통제사로 임명하라고 진언. 11월 27일 체찰부사 한효순, 군관 송충인을 부산에 파견해서 요시라에게 정보를 얻음. 일본과 명의 강화회담이 파탄나, 가토 기요마사가 다시 출진 준비를 하고 있으며 정월이나 2월에 조선을 침략하리라는 소문이 돌고 있다고 조정에 보고함. 비변사는 선전관을 도체찰사 이원익, 도원수 권율에게 파견해서 정확한 상륙 날짜를 조사하게 하고, 통제사 이순신이 해상에서 저지하는 계획을 세움. 12월 책봉사 일행 부산으로 돌아옴. 12월 21일 통신사 황진, 박홍장 일본에서 귀국. 조정에서는 이원익, 권율, 이순신, 경상도 순찰사, 전라도 순찰사, 제주 목사 등에게 왜란 재발에 대비하게 함.
1597년 (53세)	1월 10일 거제현령 안위, 이순신의 군관 김난서, 신명학 등이 야음을 틈타 부산의 왜군 진영을 불태우고 화약고와 군량미 2만3천여 섬과 왜선 20여 척을 전소시킴. 이에 이순	1월 14일 약 20만의 왜군, 다시 조선을 침략해서 정유재란을 일으킴. 2월 원균, 삼도수군통제사가 됨. 3월 승장 유정, 가토 기요마사와 4차 회담을 엶. 명나라 군대가 다시 참전. 6

연도	충무공의 행적	국내 정세
1597(53세)	신이 포상을 청함. 그러나 이조좌랑 김시국은, 이순신의 부하가 이원익의 심복 허수석의 공을 가로챘다고 거짓보고를 올림. 2월 무고를 당해서 하옥되었다가 4월 1일 출옥. 4월 모친상 당함. 7월 22일 삼도수군통제사로 재임. 8월 3일 명나라 경략(經略) 형개, 전투선 급조 정비를 재촉하며, 통제사 이순신과 경상좌수사 배설에게 배를 더 만들고 노군을 소집하게 함. 9월 명량 해전에서 왜선 133척 격파. 9월 20일 수군을 이끌고 칠산도 앞바다를 건너 법성포로 옮겨가, 위도를 거쳐 고군산도에 도착. 10월 목포 보화도(고하도)를 본영으로 삼음. 11월 명나라 유격 계금(季金)과 회담. 12월 고금도에 진을 침.	월 10일 조정은 명나라 군사가 장기 주둔하면 백성에게 부담이 되고 병폐를 초래하므로, 종사관 남이흥을 한산도에 파견해서 왜선을 막을 계획을 세우게 하고, 이원익과 권율을 통해 수군의 경각심을 드높임. 7월 원균 휘하 수군이 칠천량·고성에서 패하고 원균 등 전사. 8월 왜군, 전라도 방면으로 침입해서 남원성 함락함. 9월 명나라 군, 직산 전투에서 왜군 대파. 10월 왜군, 울산과 순천 사이 남해안으로 퇴각해서 주둔. 12월 명나라 장군 양호 등, 울산 도산성 공격.
1598년(54세)	2월 보화도에서 완도 고금도로 삼도수군통제사영을 옮김. 3월 고금도에 침입한 왜선 16척 격멸. 6월 5일 사천에 주둔하고 있던 왜장 시마즈 요시히로가 병사 400여명을 이끌고 낙안·흥양·보성을 거쳐 초현에 도착, 이순신이 추적하려 하나 명나라 도독 진린이 저지함. 7월 절이도 해전. 8월 흥양 해전. 9월 10일 수군을 정비하고 기회를 보아 왜군을 섬멸하려고 하나 명나	1월 명나라 군, 울산성 공격 실패. 4월 경상우병사 정기룡, 산음에 침입한 왜군 공격. 명나라 수군 도독 진린 고금도 도착. 7월 정기룡, 덕산에 모여든 왜군을 기습 공격. 9월 명나라 장군 유정, 순천의 고니시 유키나가 포위 공격. 도요토미 히데요시의 유언으로 왜군 총철수 개시. 11월 울산·서천·순천 등의 왜군 철수. 12월 북인들의 탄핵으로 유성룡 삭탈관직됨.

연도	충무공의 행적	국내 정세
1598년(54세)	라 도독 진린이 저지함. 9월 육군과 연합해서 순천 공략. 명나라 서로군 제독 유정, 중로군 제독 동일원, 동로군 제독 마귀가 각각 병마를 이끌고, 도독 진린은 수군을 감독해서 출병. 진린은 이순신과 함께 전라좌수영 앞바다로 나아감. 10월 1일 순천왜성 전투. 제독 유정이 순천왜성을 공격하나 실패. 이에 이순신이 경상우수사 이순신(李純信)과 함께 노량의 바닷길을 지킴. 10월 7일 제독 유정, 순천왜성 포위를 풀고 철수. 제독 진린과 이순신의 수군은 노루섬으로 물러나 대기. 11월 노량 해전. 남해 노량 관음포에서 왜 수군 대파. 11월 19일 전사함. 우의정에 추증됨.	
1599년	2월 남해 이락포, 고금도를 거쳐 아산 금성산(金城山) 아래 유해 안장.	1월 명나라에 사은사 한응인을 보냄. 4월 명나라 군대 일부만 한성에 남고 철수함. 5월 여진족 침입에 대비, 북부지방에 조총과 화약제조에 필요한 석유황을 보냄. 7월 권율 별세.

충무공 사후 연보

연도	내용
1600년	1월 공명첩 발급, 군비 보충. 4월 일본, 포로 300여 명 돌려 보내고 국교 재개 요청. 9월 남아 있던 명나라 군대 철수 완료. 12월 포로로 압송된 의병장 강항 귀국.
1601년	좌수영 옛터에 장군을 추모하기 위한 충민사(忠愍祠) 세움.
1603년	부하들이 타루비(墮淚碑) 세움.
1604년	7월 좌의정에 추증, 덕풍부원군에 추봉. 10월 선무공신 1등 녹훈.
1606년	통영에 충렬사 세움.
1614년	묘를 아산 어라산(於羅山)으로 옮김.
1615년	여수에 전라좌수영 대첩비 세움.
1632년	남해 사람 김여빈, 고승후 등, 초가사당 세우고 위패 봉안.
1643년	3월 이식이 시장을 쓰고 인조가 시호 '충무' 내림.
1658년	남해 노량에 충렬사 세움.
1659년	어사 민승중이 통제사 정익에게 초가사당 철거하고 큰 사당 세우게 함. 이충민공비(李忠愍公碑)로 고쳐 세움.
1661년	송시열이 남해 노량에 묘비 세움.
1663년	인조가 노량 충렬사 현판 내림.
1688년	전남 해남에 명량대첩비 세움.
1689년	정읍에 충렬사 현판 내림.
1693년	이충무공 묘소 입구에 신도비 세움.
1706년	충청도 유생들 건의로 아산에 현충사(顯忠祠) 세움.
1712년	해남 용정리에 오충사(五忠祠) 세움.
1722년	목포 고하도에 유허비(遺墟碑) 세움.
1731년	전남 함평에 월산사(月山祠) 세움.
1733년	통제사 이태상이 한산도에 청해루(清海樓) 세움.
1739년	한산도에 제승당(制勝堂) 유허비 세움.
1742년	5대손 호남절도사 이명상이 이충민공비를 이충무공비(李忠武公碑)로 고쳐 세움.
1777년	함경도 녹둔도에 전승대비 세움.
1781년	전남 강진에 금강사(錦江祠) 세움.

연도	내용
1792년	정조가 《이충무공전서》 편찬 지시함.
1793년	7월 영의정(領議政) 추증.
1794년	10월 어제신도비(御製神道碑) 세움.
1795년	9월 《이충무공전서》 발간.
1832년	남해 관음포에 이충무공 전몰 유허비 세움.
1875년	대원군의 사당 철폐령에 따라 한산도 청해루 철거.
1877년	통영 당동에 착량묘 세움.
1899년	11대손 육군참정 이민승이 청해루 증수.
1932년	6월 이충무공유적보존회와 동아일보사가 중심이 되어 현충사 중건, 영정 봉안식 거행.
1934년	청주에서 《이충무공전서》 속간(권 15·16).
1946년	5월 진해시에 김구 선생 글씨로 이충무공시비 세움.
1948년	11월 남해 노량에 남해 충렬사비 세움. 12월 한산도 제승당에 한글 유허비 세움.
1950년	남해 관음포에 이충무공 전적비 세움. 진단학회에서 이충무공 기념 논문집 발간.
1951년	8월 국민 성금으로 온양 전역에 이충무공 비각 세움.
1952년	4월 13일 진해에 충무공 이순신 동상 세움.
1953년	3월 삼천포시에 성웅 이순신 공덕 기념비 세움. 전남 고금도에 충무사 세움. 9월 고흥군 내발리에 통제사 충무 이공 기념비(統制使忠武李公記念碑) 세움.
1955년	8월 통영시 남망산 공원에 충무공 시비, 충무공 동상, 한산대첩비 세움. 9월 진도 벽파진에 충무공 벽파진 전첩비 세움. 12월 부산 용두산 공원에 충무공 이순신 동상 세움.
1958년	4월 돌산도에 충무공 무술목 유적비, 부산 충무로에 이순신 영모비 세움. 최병채 씨가 사재를 털어 광주에 무광사 세움.
1959년	1월 이충무공 유물(난중일기·임진장초·서간문)을 국보 제76호로 지정. 4월 거제 옥포리에 옥포대승첩기념탑 세움. 8월 이충무공 유물(장검·요대·도배·옥로)을 보물 제326호로 지정.
1963년	4월 정읍에 충렬사 중건.

연도	내용
1966년	4월 문공부에서 현충사 성역화 사업 착수.
1967년	3월 현충사, 사적 제155호로 지정. 4월 여수시에 충무공 이순신상 세움.
1968년	4월 애국선열조상 건립위원회와 서울신문사가 주관해서 광화문에 충무공 이순신상 세움.
1969년	해남에 충무사 중건.
1973년	3월 삼천포시 노상공원에 충무공 이순신 석상 세움. 4월 중앙청에 충무공 이순신 석상 세움.
1974년	8월 목포시에 충무공 이순신상 세움.
1975년	4월 한산도 제승당 성역화 사업 착수. 7월 진양군 원계리에 이충무공 사천 해전 승첩비 세움. 12월 사천군 선진리에 이충무공 사천해전 승첩비 세움.
1979년	10월 한산도에 한산대첩비 세움. 12월 해군에서 거북선 복원해서 진수.
1980년	4월 고흥군 내발리에 충무사 세움.
1982년	4월 여천시 웅천동에 이충무공 모부인(母夫人) 유적비 세움.
1987년	11월 고성군 당항리에 숭충당과 충무공 기념관 세움.
1988년	4월 해남 오충사에 사적비 세움. 순천시 신성리에 신성포 전적비 세움.
1989년	4월 7일 대통령이 충무공 해전유물 발굴 추진 지시. 8월 7일 충무공해전유물발굴단 창설.
1990년	4월 고금도에 이충무공 고금도유적비 세움.
1991년	2월 여천시 웅천동에 이충무공 사모비 세움. 해남에 명량대첩 기념비 세움.
1994년	8월 해군사관학교에서 임진왜란 때 사용한 대형총통을 복원, 발사 시험.
1996년	7월 31일 충무공해전유물발굴단 해체. 12월 1일 진해에 해군충무공수련원 창설(2006년 1월 1일 해군충무공리더십센터로 개편).

인명 찾아보기

가나다순으로 정렬하여 해당 연도와 날짜 표기.

【ㄱ】

구사직 (具思稷)―가리포 첨사·충청 수사 : 계사
5/9, 5/10, 5/11, 5/18, 5/26, 6/2,
6/10, 6/11, 6/14, 6/22, 6/25, 7/
7, 7/12, 7/13, 7/26, 8/7, 8/12, 8/
16, 8/26, 갑오 1/27, 3/14, 3/16,
4/1~3, 4/6, 4/12, 4/14, 4/15, 5/
24
권길 (權吉)―선전관 : 정유 10/24
권문임 (權文任) : 정유 7/20
권숙 (權俶) : 병신 1/7, 2/1, 2/5
권승경 (權承慶)―원수 권율의 군관 : 정유 4/
27, 4/28
권언경 (權彦卿)→권준
권율 (權慄)―전라도관찰사겸순찰사·도원수 : 계
사 2/5, 5/18, 5/19, 5/29, 6/2, 6/
3, 8/4, 9/1, 갑오 2/5, 3/6, 3/22,
4/4, 5/8, 5/10, 6/18, 6/19, 7/1,
7/21, 8/12, 8/17, 8/18, 8/28, 9/
22, 9/26, 10/12, 11/7, 11/13, 을미
1/22, 5/25, 6/11, 6/25, 7/16, 8/
7, 정유 4/25, 4/27, 4/28, 4/30, 5/
1, 5/2, 5/8, 5/17, 6/3, 6/4, 6/7~
10, 6/12, 6/13, 6/15, 6/17~19,
6/21, 6/25, 6/26, 6/28, 7/1, 7/3,
7/7, 7/8, 7/18, 7/29, 12/5, 무술
9/24, 10/6
권이청 (權以淸) : 정유 7/20
권준 (權俊, 권언경)―순천 (승평) 부사·동지사·
조방장·경상 우수사 : 임진 1/26, 2/
19, 2/29, 3/16, 4/21, 8/26, 계사
1, 2/3, 2/13, 2/15, 2/16, 2/20, 2/
21, 2/23, 2/24, 2/29, 3/1, 3/2, 3/
4, 3/5, 5/4, 5/5, 5/11, 5/13, 5/15,
5/17, 5/19, 5/20, 5/26, 5/28, 6/1,
6/4, 6/6, 6/7, 6/9, 6/10, 6/14~
16, 6/20, 6/27, 6/29, 7/7~9, 7/
14, 7/19~20, 7/24, 7/26, 7/28,
7/29, 8/2, 8/4, 8/6, 8/8, 8/10, 8/
12, 8/14~16, 8/18, 8/20, 8/26,
9/14, 갑오 1/17, 1/20, 1/23, 1/26,
1/27, 1/30, 2/4, 2/6, 2/8~10, 2/
13, 2/15~17, 2/19, 2/21, 3/2, 3/
3, 3/5, 3/17, 4/14, 4/18, 4/23, 4/
24, 6/15, 6/23, 6/24, 6/26, 6/29,
7/2, 7/3, 7/7, 7/12~14, 7/20~22,
7/25~27, 7/29, 8/2~5, 8/9, 8/10,
8/12, 9/7, 9/16, 9/19, 9/21, 10/
25, 을미 1/10, 3/16, 3/18, 3/19,
3/22~25, 4/3, 4/4, 4/6, 4/13, 4/

17, 4/18, 4/26, 4/27, 4/29, 5/12,
5/13, 5/14, 5/16, 5/17~20, 5/22,
5/23, 5/26~28, 6/1~4, 6/8, 6/
10, 6/13, 6/14, 6/17, 6/21, 6/22,
6/26, 7/3, 7/7, 7/12, 7/15, 7/19,
7/25, 7/28, 8/6, 8/8, 8/12, 8/20,
8/21, 8/29, 9/2, 9/4, 9/5, 9/7, 9/
12, 9/14, 9/21, 9/22, 9/24, 9/28,
10/2, 10/6, 10/10, 10/14, 10/15,
10/18, 10/24, 10/29, 11/7, 11/
16, /11/18, 11/23, 11/26, 11/30,
12/6, 12/12~15, 병신 1/4, 1/5, 1/
7, 1/9, 1/11~13, 1/16, 1/19, 1/
22, 2/3, 2/9, 2/12, 2/14, 2/19, 2/
26, 2/29, 3/1, 3/4, 3/8, 3/12, 3/
15, 3/22, 3/26, 4/2, 4/7, 4/16, 4/
20, 4/21, 4/26, 4/28, 5/1, 5/5, 5/
8, 5/18, 5/26, 6/9, 6/13, 6/16, 6/
21, 6/23, 6/24, 7/2, 7/4, 7/7, 7/
9~11, 7/15, 7/20, 7/24, 7/26, 7/
29, 8/4, 8/6, 8/15, 8/17, 8/22, 8/
23, 8/25, 윤8/1, 윤8/2, 윤8/6, 윤
8/9, 윤8/10, 정유 6/24
권진경 (權晉慶)―영덕 현령 : 정유 6/21
권협 (權悏)―위무사 : 갑오 1/28
권황 (權滉) : 병신 7/10
귀인 (貴仁)―종 : 정유 7/14
금 (金)―종 : 병신 1/12, 1/17, 3/23
금 (今)―종 : 병신 3/22, 3/23
금선 (金善)―종 : 갑오 11/21
금수 (今守)―종 : 정유 4/18
금이 (金伊)―종 : 계사 9/13, 을미 3/27, 병신
4/4, 6/9, 정유 9/20
금화 (今花)―종 : 병신 4/19
기경충 (奇景忠) : 을미 6/24
기성백 (奇誠伯) : 을미 6/24
기숙흠 (奇叔欽)→기효근 (奇孝謹)
기직남 (奇直男)―사천 현감 : 갑오 2/9, 8/16,
8/17, 10/9, 병신 1/18, 1/21, 2/19,
7/16, 7/17
기징헌 (奇澄憲) : 을미 6/24
기효근 (奇孝謹)―남해 현령 : 임진 5/2, 계사
2/19, 3/18, 5/11, 5/30, 7/9, 7/
20, 9/2, 갑오 2/3, 3/6, 3/18, 10/
9, 을미 3/14, 4/20, 4/22, 6/3, 6/
13, 11/5, 11/7, 12/14, 병신 1/4
김개 (金介) : 을미 6/2
김경로 (金敬老, 김성숙金惺叔)―첨지 : 갑오 4/
19, 4/21, 4/22, 9/6, 9/8, 9/9, 9/

25, 10/9, 정유 5/20

김경록(金景祿) : 병신 4/23, 4/30, 윤8/25

김경희(金景禧)－영리 : 을미 6/2

김광엽(金光燁)－체찰사 이원익의 종사관 : 정유 5/22

김굉(金鵬)－남원 유생 : 을미 4/1, 병신 6/24

김교성(金敎誠) : 갑오 11/21

김국(金國)－군관 : 병신 2/18

김극성(金克惺)－광양 현감 : 갑오 2/16

김기실(金己實) : 병신 2/5

김대복(金大福)－군관 : 계사 2/16, 7/15, 을미 7/16, 7/19, 10/24, 병신 1/14, 1/29, 3/21, 5/6, 6/13, 윤8/9

김대인(金大仁) : 병신 7/30

김덕령(金德齡)－의병장·익호장 : 갑오 1/28, 9/26, 9/27, 10/4, 10/7, 을미 10/3, 정유 5/26

김덕록(金德祿) : 병신 6/1

김덕린(金德麟)－계향유사 : 병신 2/14, 2/15, 정유 5/12

김덕수(金德秀) : 정유 11/28

김덕장(金德章) : 정유 4/20

김덕유(金德酉) : 무술 9/24

김덕인(金德仁)－충청 수사의 군관 : 계사 8/8

김돌손(金乭孫) : 정유 9/16, 12/5

김두검(金斗劍) : 을미 5/15

김득광(金得光)－보성 군수·우부장 : 임진 5/4, 계사 2/3, 2/5, 5/2, 5/17, 6/6, 7/29, 8/6, 9/10, 갑오 2/9, 3/18, 3/25, 4/25, 5/6, 5/10, 5/18, 6/15, 7/6, 7/7, 8/6, 10/10

김득남(金得男) : 정유 10/22

김득룡(金得龍)－군관 : 계사 7/2, 7/9

김륜(金倫) : 갑오 8/24

김륵(金玏)－부찰사(부사) : 을미 8/24, 8/25, 8/26, 8/28, 병신 3/29

김만수(金萬壽)－진도 군수 : 계사 6/11, 갑오 4/1, 5/29, 8/28, 9/13

김명원(金命元)－도원수·판서·사재(四宰)·이상(二相) : 계사 5/11, 5/29, 갑오 1/26, 병신 4/15, 5/30, 정유 4/1

김방제(金邦濟) : 갑오 2/6

김봉만(金鵬萬)－사도 군관 : 계사 7/8, 7/10, 병신 6/16, 정유 8/16, 무술 1/2

김상용(金尙容) : 갑오 10/26

김상준(金尙寯)－영광 군수 : 병신 9/11

김선명(金善鳴)－진주 서생 : 을미 6/4

김성(金惺)－광양 현감 : 병신 1/11, 1/21, 정유 5/11

김성숙(金惺叔)→김경로

김성업(金成業) : 을미 10/17, 10/19

김성옥(金聲玉)－사량 만호 : 병신 7/10, 무술 10/2

김성일(金誠一)－경상우도 관찰사·경상 우병사 : 임진 3/25, 4/17

김성헌(金聲憲)－영암 군수 : 갑오 2/16

김수(金睟)－영남 관찰사·접반사 : 임진 3/24, 4/7, 4/15, 4/20, 계사 5/29

김수남(金水男)－나장 : 계사 2/3

김숙(金俶) : 병신 1/14

김숙(金橚) : 병신 1/17

김숙현(金叔賢) : 갑오 11/13

김승룡(金勝龍)－미조항 첨사 : 임진 5/2, 갑오 1/27, 1/29, 1/30, 2/11, 2/13, 3/4, 3/15, 5/18, 6/4

김신웅(金信雄)－순왜 : 정유 10/19, 10/30

김안도(金安道) : 정유 8/9, 8/10

김암(金巖) : 갑오 9/12

김애(金愛) : 정유 11/22

김애남(金愛南) : 정유 10/30

김양간(金良看) : 병신 4/26, 6/3

김양간(金良幹)－군관－계사 6/12, 갑오 6/26, 8/30

김억(金億) : 정유 7/14

김억창(金億昌) : 병신 9/9, 정유 12/5

김억추(金億秋)－전라 우수사(우수사) : 정유 9/8, 10/11, 10/12, 10/16~18, 10/22, 11/2, 11/9, 12/11

김언경(金彦京)－순왜 : 정유 10/22, 10/23

김언공(金彦恭)－조방장 : 정유 7/25

김완(金浣)－사도 첨사·조방장 : 임진 3/20, 6/7, 계사 2/2, 2/18, 5/13, 5/15, 7/11, 7/28, 7/29, 8/15, 8/20, 갑오 2/1, 2/2, 2/6, 2/9, 2/16, 3/26, 4/14, 5/2, 5/5, 5/6, 5/27, 5/28, 6/5, 6/14, 7/7, 7/12, 7/20, 8/6, 8/9, 8/14, 8/20~22, 8/25, 9/10, 11/2, 11/7, 11/16, 11/27, 을미 3/16, 3/27, 3/28, 4/3, 4/18, 4/26, 5/14, 5/19, 6/3, 6/4, 6/9, 6/14, 7/7, 7/16, 9/20, 10/14~15, 10/20, 11/1, 병신 1/5~7, 1/10, 1/19, 1/21, 1/24, 2/2, 2/5, 2/6, 3/23, 3/26, 4/18, 4/22, 5/2, 6/15, 6/23, 6/25, 6/27, 6/29, 7/12, 7/30, 8/3, 8/6, 8/10, 8/15, 8/21, 정유 6/12

김용(金涌)－비변사 낭청·종사관 : 을미 7/7,

병신 윤8/18

김윤명(金允明) : 정유 12/4

김윤선(金允先) : 을미 10/3

김응겸(金應謙)―군관 : 을미 8/11, 8/12, 8/17, 10/25, 11/8, 11/27, 병신 3/21, 8/3, 8/9

김응남(金應男) : 병신 윤8/20

김응남(金應南)―좌의정 : 을미 5/27, 정유 9/8

김응수(金應綏) : 병신 2/11

김응서(金應瑞)―경상 우병사·방어사 : 갑오 11/13, 11/14, 을미 5/25, 5/27, 7/7, 7/16, 8/23, 병신 3/11, 8/27, 정유 6/12~14, 6/22, 6/23, 6/26, 7/7

김응인(金應仁) : 정유 11/7

김응함(金應諴)―조방장·중군장·미조항 첨사 : 갑오 10/9, 정유 9/16, 10/10, 10/11, 10/13, 10/16, 10/20

김응황(金應璜)―마량 첨사 : 병신 3/24, 3/27, 4/23, 6/25, 8/9

김의검(金義儉)―보성 군수 : 계사 6/6

김의동(金義同)―색리 : 갑오 9/23

김익(金瀷) : 정유 4/21

김인문(金仁問)―군관 : 임진 2/10, 4/22, 계사 3/12, 6/1

김인보(金仁甫) : 임진 1/2

김인복(金仁福) : 병신 5/2

김인수(金仁秀) : 정유 12/29

김인영(金仁英)―우척후장·여도 만호(여도 권관·첨사) : 임진 5/4, 계사 2/1, 2/18, 7/15, 8/11, 9/12, 갑오 1/17, 1/25, 2/5, 2/9, 2/15, 2/16, 3/21, 5/6, 5/27, 5/28, 6/5, 6/6, 6/14, 6/26, 7/5, 7/16, 9/4, 11/7, 11/16, 11/27, 을미 1/4, 1/14, 4/26, 6/3, 6/4, 7/15, 10/14, 10/20, 11/5, 11/9, 병신 1/19, 1/21, 1/30, 2/4, 2/6, 2/22, 2/26, 3/3, 3/7, 3/8, 3/12, 3/13, 3/24, 6/9, 6/23, 정유 6/12, 10/20

김자헌(金自獻)―병사 우후 : 정유 6/12, 6/13

김전(金銓)―의령 현감 : 정유 7/7

김정현(金鼎鉉)―이시언의 군관 : 무술 9/24, 9/25

김정휘(金廷輝) : 갑오 11/13

김제남(金悌男)―금오랑 : 갑오 4/13, 4/14

김종려(金宗麗) : 정유 5/18, 10/9, 10/20, 10/23, 10/26, 12/2

김준계(金遵繼)―군관·낙안 군수 : 계사 5/22,

갑오 2/7, 5/11, 5/14, 7/8, 7/29, 8/1, 8/22, 9/2, 을미 1/19, 2/22, 3/8

김준민(金俊民) : 계사 6/29

김중걸(金仲乞) : 정유 9/14

김천일(金千鎰) : 계사 6/29

김축(金軸)―평산포 만호 : 임진 5/2, 8/25, 계사 6/3, 을미 2/19, 2/21, 6/2, 6/21, 12/7, 병신 1/4, 3/8, 3/24, 6/20, 8/15

김충민(金忠敏)―웅천 현감 : 병신 2/9, 2/10, 2/15, 2/17, 2/19, 2/22, 2/23, 5/20, 7/6, 7/21, 정유 10/19

김충용(金忠勇) : 갑오 9/27

김충의(金忠義) : 을미 4/12

김탁(金卓)―순천 감목관 : 갑오 2/16, 을미 11/26, 정유 9/18

김태정(金太丁) : 무술 10/7

김필동(金弼同) : 병신 5/12

김함(金瑊) : 갑오 3/29

김호걸(金浩乞) : 계사 2/3

김혼(金渾) : 병신 3/5, 3/19

김홍원(金弘遠) : 정유 9/24

김효성(金孝誠)―군관 : 임진 1/17, 병신 5/8, 정유 5/11

김희방(金希邦)―군관 : 을미 12/4, 정유 8/16

김희번(金希番) : 을미 9/17, 11/1

김희수(金希壽) : 을미 9/23

김희온(金希溫)―옥구 현감 : 정유 8/8

끝돌[唜石]―남원의 종 : 정유 5/2

[ㄴ]

나굉(羅宏) : 정유 6/23

나대용(羅大用)―군관 : 임진 4/18, 5/29, 계사 3/12, 5/22, 5/24, 6/1, 6/8, 갑오 2/13, 2/14 나덕명(羅德明) : 정유 12/5, 12/24

나덕준(羅德駿, 羅德峻)―나주 감목관 : 병신 9/6~8, 정유 12/6

나재흥(羅再興) : 정유 6/23

나정언(羅廷彦)―진주 목사 : 병신 8/27, 8/28

난에몬(亂汝文, 南汝文)―항왜(降倭 : 조선에 항복한 일본인) : 병신 2/19, 4/16, 4/19, 4/29, 6/26, 7/18, 7/19

남간(南侃)―운봉 현감 : 정유 4/25

남언상(南彦祥)―무안 현감 : 병신 9/7, 정유 10/21, 10/22, 10/24, 11/29, 12/4, 무술 1/4

남의길(南宜吉) : 갑오 1/7~11, 1/15, 1/16

배흥립(裴興立, 배백기裵伯起)―흥양 현감·장흥
　부사·조방장·동지 : 임진 1/26, 2/19,
　2/22, 2/24, 5/1, 5/3, 계사 2/2, 7/
　6, 7/13, 7/21, 7/24, 7/29, 8/8, 8/
　15, 8/20, 8/26, 9/5, 9/11,갑오 2/
　6, 2/14, 2/16, 3/23, 3/25, 4/21~
　23, 5/2, 5/3, 8/25, 8/27, 9/3, 9/
　4, 9/8,9/14, 9/18~20, 10/10, 을미
　1/7, 1/11, 1/23, 1/25, 1/26, 2/1,
　2/2, 4/14, 4/25, 4/26, 6/6, 7/26,
　병신 1/27, 2/3~5, 2/7, 2/11, 2/
　12, 2/16, 2/19, 2/22, 2/25, 2/
　28~30, 3/12, 8/6, 8/10, 8/11, 8/
　14, 8/15, 8/21, 윤8/10, 정유 5/22,
　5/23, 6/12, *7/23, 7/25,7/29, 8/
　10, 10/13
배흥립의 부인 : 정유 7/23
백사림(白士霖)―김해 부사 : 갑오 10/9, 병신
　5/12, 5/14
백시(白是)―아산의 종 : 병신 윤8/7
백유항(白惟恒)―창평 현감 : 갑오 2/16
백진남(白振男, 白振南)―진사 : 정유 10/9,
　10/19, 10/20, 10/22, 10/26, 12/2
변경남(卞敬男) : 정유 6/19
변경완(卞慶琬) : 정유 6/19
변대성(卞大成) : 정유 7/4
변대헌(卞大獻)―초계 아전 : 정유 7/17
변덕기(卞德基)―군사 : 정유 6/19
변덕수(卞德壽) : 정유 7/2, 7/5, 7/8
변덕장(卞德章)―우영리 : 정유 6/19
변사안(卞師顔) : 갑오 5/21
변사증(卞師曾) : 정유 7/4
변여량(卞汝良) : 정유 7/4
변유(卞瑜) : 정유 6/20
변유헌(卞有憲)―이순신의 조카 : 계사 5/29,
　5/30, 6/19, 갑오 1/27, 2/14, 3/17,
　을미 9/3, 정유 5/2
변응각(邊應慤)―권율의 군관 : 갑오 5/8, 5/
　10
변의정(卞義禎) : 정유 7/16
변익성(邊翼星)―곡포 권관·차사원·사량 만
　호 : 을미 11/24, 11/25, 12/2, 병신
　1/10, 1/17, 1/21, 7/12, 정유 5/
　26~28
변존서(卞存緒)―이순신의 군관·주부 : 임진 2/
　8, 계사 5/17, 6/12, 7/5, 8/29, 9/
　1, 갑오 2/8, 2/14, 2/19, 3/25, 6/
　19, 10/10, 을미 2/11, 4/11, 11/4,
　11/11, 11/22, 병신 1/17, 정유 4/

19, 6/17, 6/21, 6/29, 7/5, 7/6, 7/
　9, 7/10
변주부(卞主簿)→변존서(卞存緒)
변홍달(卞弘達)―군관 : 갑오 4/4, 정유 6/26,
　7/11, 7/18
변회보(卞懷寶) : 정유 7/4
변홍백(卞興伯) : 정유 4/7, 4/8, 4/10, 4/13,
　정유 6/11
복일승(福日升)―명나라 유격장 : 무술 9/30
복춘(福春, 復春)―종 : 갑오 9/6, 9/18, 9/
　23,
봉(菶)→이봉(李菶)
봉손(奉孫)―종 : 계사 6/28, 6/29
봉좌(逢佐)―군관 : 정유 10/13
봉학(奉鶴)―군관 : 갑오 7/11, 정유 9/18,
　12/5
분(芬)→이분(李芬)

【시】
사고여음(沙古汝音)―항왜 : 병신 4/29
사이여문(沙耳汝文)―항왜 : 병신 7/18, 7/19
사택정성(寺澤正成)―왜장 : 병신 1/19
사화(士花) : 병신 2/25
산소(山素)―항왜 : 을미 5/21
삼혜(三惠)―순천의 승병장 : 계사 2/22
서성(徐渻)―순무어사·경상우도 순찰사·관찰
　사·승지 : 갑오 4/10~14, 7/11, 9/1,
　10/16~20, 을미 3/28, 3/29, 11/7,
　11/8, 11/10, 병신 1/19, 1/27~29,
　2/3, 2/29, 5/22, 6/5, 6/28, 7/1~
　4, 8/8, 윤8/15
서예원(徐禮元) : 계사 6/29
서철(徐徹, 서갈박지) : 정유 6/10, 6/20, 7/
　1, 7/10
석성(石星)―명나라 병부상서 : 병신 4/7
선거이(宣居怡)―진도 군수·전라 병마사·충청
　수사 : 계사 5/23, 5/27, 5/29, 6/3,
　7/19, 7/20, 9/2, 9/27, 10/7, 을미
　5/18~20, 5/24~28, 6/1, 6/10, 6/
　17, 6/20, 6/25, 7/3, 7/7, 7/19, 7/
　21, 7/23~26, 7/28, 8/2, 8/5, 8/7,
　8/8, 9/2, 9/5, 9/6, 9/8, 9/10, 9/
　12, 9/14, 9/15, 12/10, 병신 9/24
선기룡(宣起龍)―군기시 직장 : 정유 10/22
선의문(宣義問)―진도 군수 : 정유 11/4, 11/7,
　무술 1/2, 10/2
선중립(宣仲立) : 병신 9/25
섭위(葉威)―명나라 사람 : 정유 6/18

성문개 (成文漑) —선전관 : 계사 5/12
성복 (成卜) : 병신 4/22, 4/23
성언길 (成彦吉) —진도 군수 : 계사 2/17, 2/24
성윤문 (成允文) —경상 좌우병사·미조항 첨사·
　삼도중위장·진주 목사 : 갑오 2/8, 10/
　27, 11/2, 을미 1/17, 3/29, 4/12, 4/
　17, 4/18, 4/22, 4/27, 4/29, 6/16,
　7/4, 7/9, 7/16, 10/15, 10/17, 10/
　22, 11/7, 12/14, 병신 1/5, 1/17, 1/
　21, 2/17, 정유 6/21, 7/3, 7/16, 7/
　20
성응지 (成應祉) —의병장·용호장 : 계사 2/22,
　5/28, 6/9, 7/5, 갑오 8/29
성천유 (成天裕) —하동 현감·제포 만호 : 갑오
　2/9, 3/29, 10/9, 을미 4/28, 4/29,
　병신 6/3
세공 (世功) —권준의 종 : 정유 6/24
세남 (世男) —종 : 정유 7/16, 7/17
세충 (世忠) —흥양의 종 : 정유 5/8
선의 (先衣) : 정유 8/16
선의경 (宣義卿) —낙안 군수 : 병신 1/15, 1/
　20, 2/6, 2/7, 2/11, 2/14, 2/19, 2/
　20, 2/22, 2/24, 2/26
소계남 (蘇季男) —발포 만호 : 정유 8/12, 8/13,
　무술 11/17
소국진 (蘇國進, 蘇國秦) : 임진 3/23, 병신 3/
　12, 윤8/29
소서비 (小西飛, 나이토 조안內藤如安) —왜장 :
　병신 1/19
소 요시토시(宗義智, 평의지平義智) —왜장 : 임
　진 3/24, 갑오 1/24, 4/18, 병신 6/
　10
소희익 (蘇希益) —서천포 만호 : 무술 9/23
손걸 (孫乞) : 계사 6/22
손경례 (孫景禮) : 정유 7/27
손경지 (孫景祉) —함평 현감 : 병신 3/6, 9/9,
　정유 12/22
손광 (孫鑛) —명나라 경략·병부좌시랑 : 갑오 7/
　17
손만세 (孫萬世) : 병신 2/20
손안국 (孫安国) —결성 현감 : 을미 5/18, 7/
　15, 8/10, 병신 3/24, 3/27, 4/23,
　5/14
손응남 (孫應男) : 정유 7/16, 8/3
손의갑 (孫義甲) : 갑오 3/7
손인갑 (孫仁甲) : 병신 2/5, 2/8
손인필 (孫仁弼) : 정유 4/26, 5/14, 5/22, 8/3
손풍련 (孫風連) —현풍 수군 : 병신 2/20
송경령 (宋慶苓) —선전관 : 갑오 2/12

송구 (宋逑) : 병신 6/27
송대기 (宋大器) : 정유 5/7
송대립 (宋大立) —군관 : 정유 7/1, 7/8, 7/13,
　7/17, 7/18, 7/23, 8/6, 8/7, 무술 1/
　2
송덕일 (宋德馹, 宋德一) —진도 군수 : 갑오 1/
　24, 2/13, 6/7, 을미 4/28, 9/6, 9/8
송두남 (宋斗男, 宋斗南) —군관 : 계사 6/2, 7/
　12, 8/13, 갑오 1/25, 3/13, 4/16,
　을미 10/19
송득운 (宋得運) —군관 : 정유 5/6, 7/1, 7/25,
　무술 1/2
송상문 (宋象文) —흥양의 계향유사 : 병신 2/14,
　2/15
송상보 (宋尙甫) —강진 현감 : 정유 11/9, 무술
　10/2
송세응 (宋世應) —파지도 권관 : 병신 3/24, 3/
　27, 4/23, 5/16, 6/25, 8/1
송언봉 (宋彦逢) : 해남의 향리. 정유 10/13
송여종 (宋汝悰) —녹도 만호 : 계사 8/15, 갑오
　1/20~22, 2/9, 2/16, 4/1, 5/27,
　6/5, 6/14, 7/7, 7/26, 8/23, 11/
　16, 11/21, 을미 2/22, 3/8, 3/27,
　6/3, 6/4, 6/30, 7/14~16, 10/14,
　10/25, 11/16, 병신 2/8, 2/14, 2/
　20, 2/22, 2/27, 3/3, 3/7, 3/14, 3/
　15, 3/24, 3/26, 4/3, 6/9, 6/25, 7/
　27, 8/1, 정유 5/10, 6/12, 9/9, 9/
　16, 10/19
송원봉 (宋元鳳) —순왜 : 정유 10/16
송응기 (宋應璣) —군관 : 정유 11/21, 무술 1/3
송응창 (宋應昌, 송시랑) —명나라 경략·병부우
　시랑 : 계사 5/12, 5/22, 5/25, 5/27,
　5/30
송의련 (宋義連) —군관 : 을미 4/12, 10/25, 병
　신 8/19
송일성 (宋日成) —군관 : 임진 4/22
송전 (宋糷) —광양 현감 : 갑오 3/14, 6/18, 7/
　8, 7/10, 7/13, 을미 1/8, 1/10, 2/
　28, 3/8
송정립 (宋廷立) : 정유 5/6
송한 (宋漢) —군관 : 병신 1/4, 5/16, 정유 9/
　28, 9/29, 11/15
송한련 (宋漢連) —군관 : 임진 4/22, 5/2, 계사
　5/26, 8/6, 갑오 11/5, 을미 2/19,
　병신 1/4, 2/6, 5/16, 8/10, 무술
　10/7
송홍득 (宋弘得) —도원수 권관 : 갑오 4/4, 을미
　10/12, 10/13, 10/26

8~10

이울(李蔚, 이예李荷)—이순신의 아들 : 계사 5/
15, 7/12, 7/22~24, 8/23, 8/29, 갑
오

1/17, 2/20, 4/28, 6/11, 6/15, 6/29, 7/10,
7/11, 8/27, 10/10, 11/15, 11/17,
을미 1/5, 1/20, 2/25, 4/24, 6/12,
6/15, 7/21, 8/7, 8/19, 9/3, 9/4,
9/24, 9/28, 12/6, 병신 2/2, 3/5,
4/17, 5/6, 5/7, 8/19, 정유 4/1, 4/
11~13, 5/3, 5/12, 5/26, 6/11, 6/
16, 7/9~12, 7/16, 10/14, 12/10,
12/25

이원룡(李元龍)—이순신의 군관 : 임진 2/9, 을
미 11/11, 병신 2/30, 3/3, 정유 5/
7, 5/12, 6/16, 6/24, 7/18

이원익(李元翼)—체찰사·우의정 : 을미 8/19,
8/20, 8/22~25, 8/28, 8/29, 9/5,
11/30, 12/8, 12/15, 12/17~19, 병
신 1/10, 1/13, 1/21, 2/11, 2/18,
2/28~30, 3/11, 3/12, 3/14, 3/26,
4/4, 4/18, 4/26, 4/27, 5/18, 6/
19, 7/3, 7/8~11, 7/26, 7/29, 8/
10, 8/11, 8/16, 8/17, 8/27, 8/28,
윤8/5, 윤8/11, 윤8/14, 윤8/15, 윤
8/19, 윤8/20, 윤8/27, 9/4, 9/6, 9/
15~17, 9/19, 정유 5/11, 5/16, 5/
19, 5/20, 5/22~24, 5/26, 6/8, 6/
26, 6/27, 6/29, 6/30, 7/5, 7/14,
7/29, 10/13

이원진(李元軫)—피란민 : 을미 1/19, 1/24

이원춘(李元春)—구례 현감 : 병신 8/18, 8/19,
정유 4/26, 4/27, 5/14~17, 5/19,
5/22, 8/3

이유함(李惟諴)—형조좌랑 : 갑오 2/8, 2/9,
4/28

이응복(李應福) : 을미 1/20

이응원(李應元) : 갑오 3/13

이응표(李應彪)—가리포 첨사 : 갑오 2/18, 3/
3, 6/23, 7/7, 7/9, 7/23, 8/20, 을
미 2/15, 3/8, 4/12, 4/18, 6/3, 7/
12, 7/13, 8/15, 10/17, 10/20, 10/
22, 10/25, 10/27, 10/29, 병신 2/
13, 2/16, 2/22, 3/7, 3/8, 3/15, 3/
19, 4/16, 6/4, 6/15, 6/27, 8/5, 8/
15, 정유 5/22, 6/12, 10/12, 10/21

이응화(李應華)—감목관 : 계사 3/2, 5/16, 5/
17, 7/24, 8/6, 8/15, 8/16, 8/20

이의득(李義得, 이의신李義臣)—경상(영남) 우
우후 : 계사 5/10, 6/8, 9/2, 갑오 1/
28, 3/3, 3/26, 5/30, 6/6, 8/22, 9/
22, 10/28, 을미 1/12, 4/18, 4/25,
10/28, 11/11, 11/22, 11/25, 병신
1/22, 2/15, 3/8, 4/18, 5/3, 7/10,
7/12, 7/19, 7/29, 8/6, 8/15, 정유
4/22, 7/16, 7/21, 10/13, 10/14,
10/19, 10/21, 10/23

이의신(李義臣)→이의득(李義得)

이인세(李仁世) : 정유 10/19

이인원(李仁元) : 갑오 5/26, 6/20

이일(李鎰)—순변사·지사 : 임진 5/2, 계사 5/
12, 9/4, 갑오 7/12, 11/5, 11/23,
11/25, 을미 1/21

이일장(李日章)—진사 : 정유 6/19

이적(李迪) : 갑오 10/22

이전(李田) : 병신 7/9

이전(李荃) : 을미 2/25, 7/4, 병신 7/26

이정란(李廷鸞) : 정유 5/26

이정암(李廷馣)—전주 부윤·전라도 관찰사 : 계
사 8/8, 8/10, 8/20, 9/7, 갑오 2/4,
2/15, 4/24, 5/22

이정충(李廷忠)—전라 우우후 : 계사 6/7, 7/
27, 갑오 1/20, 1/25, 1/30, 2/1, 2/
3, 2/5, 2/9, 2/15, 2/16, 3/3,
4/14, 4/18, 5/10, 6/8, 6/9, 6/23,
10/24, 10/28, 11/2, 11/6, 11/11,
11/16, 11/22, 11/25, 11/27, 을미
1/4, 1/10, 1/15, 1/17, 2/4, 2/6,
2/12, 2/21, 2/28, 10/2, 10/9, 10/
18, 10/21, 10/27, 11/16, 11/25,
12/8, 12/13, 병신 1/5, 1/8, 1/10,
1/16, 1/19, 1/24, 2/10, 2/11, 2/
15, 2/16, 2/19, 2/22, 3/5, 3/6, 3/
8, 3/9, 윤8/24, 윤8/26, 정유 10/
10, 10/13, 10/16, 10/19, 10/23,
11/6, 11/10, 11/11

이정표(李廷彪)—금갑도 만호·좌부장 : 갑오
10/24, 10/28, 11/7, 11/16, 11/25,
을미 1/4, 1/22, 5/3, 병신 3/12, 3/
13, 3/18, 6/3, 7/24, 8/1, 8/19, 정
유 10/13, 10/16, 12/4, 무술 9/23

이정형(李廷馨)—참판 : 정유 4/1

이종성(李宗城)—명나라 책봉사 : 병신 4/7, 4/
22

이종성(李宗誠)—영암 군수 : 정유 11/5

이종인(李宗仁)—웅천 현감 : 임진 8/27, 계사
6/29

이종호(李宗浩)—군관·사량 만호 : 갑오 8/4,

장린(張鱗)—방답 첨사 : 을미 3/9, 5/8, 5/19, 6/3, 6/4, 6/9, 6/30, 7/5, 7/7, 7/15, 8/19, 10/26, 11/1, 11/5, 11/16, 11/25, 12/13, 병신 1/5, 1/7, 1/8, 1/17, 2/23, 2/24, 3/3, 3/7, 3/8, 3/11, 3/14, 3/15, 3/18, 3/24, 3/26, 3/27, 4/16, 4/18, 5/19, 윤8/6

장세호(張世豪) : 정유 5/19

장세휘(張世輝) : 정유 5/23

장손(張孫)—도적 : 갑오 8/29

장언춘(張彦春) : 갑오 2/14

장응진(張應軫)—군관 : 병신 2/6

장의현(張義賢)—미조항 첨사 : 병신 5/23

장일(張溢)—순천 7호선의 장수 : 을미 6/16

장준완(蔣俊琬) : 정유 7/3

장홍유(張鴻儒)—명나라 장수 : 갑오 6/15, 6/21, 7/16~7/21, 8/4

장후완(蔣後琓)—곡포 권관 : 병신 6/20

전경복(全慶福) : 정유 4/15

전득우(田得雨)—군관 : 정유 10/27

전봉(田鳳)—장흥 부사 : 정유 10/12, 10/13, 10/21, 10/22, 11/11, 11/16, 11/19

전윤(田允)—원균의 군관 : 갑오 1/18

전응린(田應麟)—가덕 첨사 : 계사 2/14, 2/23, 을미 6/2

전협(田浹)—영광 군수 : 정유 10/27

전희광(田希光)—목포 만호 : 갑오 5/14, 7/22, 을미 2/28, 10/16, 정유 11/29, 12/4

점세(占世)—어부 : 정유 9/2, 12/5

제만춘(諸萬春) : 계사 8/16, 8/17, 8/20, 9/4, 갑오 2/7, 2/8

제한국(諸韓國) : 갑오 2/21, 2/29, 3/1

제홍록(諸弘祿)—원균의 군관 : 갑오 2/13, 2/21, 2/22

정걸(丁傑)—조방장·충청 수사 : 임진 2/21, 8/24, 계사 6/1, 6/2, 6/4, 6/6, 6/7, 6/11, 6/15~17, 6/27, 7/20, 7/21, 7/23, 7/28, 8/2, 8/6, 8/8, 8/9, 8/14~19, 8/26, 9/1, 9/5, 9/8, 9/9, 9/11, 갑오 1/27

정경달(丁景達)—종사관 : 갑오 1/28, 2/11, 2/28, 2/29, 3/1, 6/25, 10/13, 10/17~19, 10/21, 병신 윤8/21

정공청(鄭公淸)—조라포 만호 : 정유 10/13, 10/19

정광좌(鄭光佐)—동래 현령 : 을미 7/8, 병신 1/18

정구종(鄭仇從)—초계 아전 : 정유 7/17

정담수(鄭聃壽)—어란포 만호 : 계사 2/13, 2/14, 2/17, 3/8, 6/29, 9/6, 갑오 11/11, 11/16, 11/22, 을미 11/5, 11/16, 병신 1/10, 2/3, 2/13

정대청(鄭大淸) : 병신 9/7, 9/10, 정유 12/6

정득룡(鄭得龍)—초계 아전 : 정유 7/17

정량(丁良) : 갑오 1/23, 병신 3/19

정말동(丁唜同)—종 : 갑오 10/23

정봉수(鄭鳳壽) : 정유 11/29

정사겸(鄭思謙) : 정유 6/22

정사룡(鄭思龍) : 정유 5/23

정사립(鄭思立)—군관 : 계사 2/3, 6/2, 7/9, 7/18, 갑오 3/7, 3/24, 5/29, 7/10, 을미 9/1, 병신 1/14, 2/30, 3/3, 3/23, 8/4, 정유 5/11, 5/12, 8/5

정사준(鄭思竣)—군관 : 을미 4/22, 병신 윤8/15, 정유 4/27, 5/1, 5/4, 5/13, 5/14, 8/5, 8/6

정상명(鄭翔溟, 鄭詳溟)—군관 : 정유 5/8, 5/16, 5/26, 6/9, 6/15, 6/16, 6/18, 6/24, 6/30, 7/10, 7/14, 10/13, 10/21

정석주(鄭石柱) : 을미 7/16

정선(鄭愃) : 병신 8/4, 8/20

정선(鄭瑄) : 정유 4/27

정수(鄭遂) : 정유 10/20, 10/23, 10/26, 12/2

정순신(鄭舜信) : 정유 6/22

정승서(鄭承緖)—순천 색리 : 갑오 11/12

정억부(鄭億夫, 정은부鄭銀夫)—순왜 : 정유 10/19, 10/30

정여흥(鄭汝興) : 계사 7/28, 을미 2/26, 4/11

정연(丁淵)—영광 군수 : 을미 3/25, 3/26, 병신 9/7, 9/8

정영동(鄭永同) : 을미 7/26

정운(鄭運)—녹도 만호 : 임진 2/22, 5/1, 5/3, 5/4, 6/7

정운룡(鄭雲龍)—초계 아전 : 정유 7/17

정원명(鄭元溟, 鄭元明) : 계사 2/16, 갑오 7/6, 8/25, 정유 4/27, 5/6, 5/7, 5/11

정응청(鄭應淸) : 정유 12/6

정응남(鄭應男) : 정유 12/5

정응두(丁應斗)—평산포 대장·평산포 만호 : 정유 9/16, 12/30

정응룡(鄭應龍) : 무술 9/26

정응운(丁應運)—조방장—갑오 8/8, 8/9, 8/20, 8/24, 9/12, 을미 2/17, 3/1, 7/25, 7/28, 8/5, 9/18, 9/19

정인서(鄭仁恕) : 정유 7/2, 7/4

정제(鄭霽)−판관 : 을미 8/10, 정유 7/27, 9/
    28, 9/29
정조(鄭詔) : 정유 10/9
정존극(鄭存極)−군관 : 병신 7/12
정종(鄭宗) : 계사 8/2, 갑오 2/14
정철(丁哲) : 을미 5/27, 정유 4/24
정철(鄭澈)−사은사·영의정 : 계사 2/16
정탁(鄭琢)−좌찬성·우의정·판부사 : 갑오 2, 4,
    을미 4, 12, 병신 4/15, 5/30, 정유
    4/1
정한기(鄭漢己) : 정유 11/18
정항(鄭沆)−진해 현감 : 갑오 1/20, 1/22, 을
    미 6/6, 7/6, 7/15, 7/17, 7/20, 8/
    14, 9/3, 9/12, 10/17, 10/25
정홍수(鄭弘壽)−군관 : 갑오 2/17
조계종(趙繼宗)−영등포 만호 : 갑오 6/20, 6/
    26, 7/22, 8/5, 8/21~23, 10/21,
    10/22, 10/25, 11/7, 11/16, 을미
    1/11, 1/14, 1/25, 3/29, 4/22, 4/
    27, 5/2, 6/30, 7/6, 7/8, 8/14, 10/
    20, 11/20, 병신 2/11, 2/18, 2/20,
    3/23, 4/19, 5/2, 5/11, 5/17, 정유
    6/12, 7/21, 9/9, 10/11, 10/23,
    12/30
조공근(趙公瑾)−진원 현감 : 갑오 2/16
조기(趙琦) : 병신 1/14, 2/2
조대곤(曹大坤)−경상 우병사 : 임진 3/25, 4/7
조대항(曹大恒) : 갑오 6/18
조덕수(趙德秀) : 정유 5/8
조명(趙銘) : 병신 5/11
조발(趙撥)−함평 현감·반자(판관) : 을미 2/
    13, 2/14, 2/16, 정유 4/4
조붕(趙鵬)−조응도의 숙부 : 계사 5/25, 5/
    30, 6/17, 6/20, 7/8, 7/25, 8/5, 8/
    18, 갑오 9/25, 병신 4/10
조사겸(趙士謙) : 정유 5/7
조사척(趙士惕) : 병신 4/15, 5/30
조서방(趙西房) : 갑오 3/29
조신옥(趙信玉)−배천 별장 : 정유 6/28, 7/
    13, 7/15, 8/1
조언형(曹彦亨) : 정유 6/24
조응도(趙凝道)−고성 현령·조붕의 조카 : 계사
    5/12, 5/17, 6/20, 갑오 2/7, 2/9, 4/
    6, 6/26, 7/9, 8/6, 10/9, 을미 1/6,
    1/10, 1/11, 4/13, 8/24, 병신 2/23,
    3/6, 5/29, 6/28, 7/14, 7/17, 8/29,
    윤8/8
조응복(曹應福) : 갑오 7/4, 을미 7/4, 정유 8/
    6

조이립(趙而立) : 임진 2/8, 2/12, 2/27, 3/3,
    3/4
조정(趙玎) : 병신 5/4
조종(趙琮, 조연趙瑗) : 병신 5/4, 정유 5/8
조추년(趙秋年)−권율의 군관 : 갑오 6/18, 6/
    19
조춘종(趙春種)−영리 : 을미 6/2
조택(趙澤) : 정유 5/6
조팽년(趙彭年) : 병신 9/1
조형도(趙亨道)−사도시 주부 : 을미 3/11, 3/
    13, 3/15
조효남(趙孝南) : 정유 10/11
조효열(趙孝悅)−당진포 만호 : 병신 4/14, 4/
    23, 6/9, 6/27, 7/21, 무술 11/
    17
종이(終伊)−종 : 정유 7/11
주몽룡(朱夢龍) : 갑오 9/27
주문상(朱文祥)−영광 도훈도 : 을미 7/16
주언룡(朱彦龍)−명나라 사람 : 정유 6/18
주의수(朱義壽)−제포 만호 : 정유 10/13, 10/
    16, 10/19, 무술 9/23, 10/2
준복(俊福) : 병신 1/30
준시(俊時)−항왜 : 을미 11/16
지이(智伊, 이지李智)−활 장인 : 병신 7/7, 7/
    30, 8/2, 8/3, 정유 5/8, 8/16
진(辰)−종 : 정유 10/19
진대강(陳大綱)−명나라 장수 : 무술 9/24, 9/
    25
진린(陳璘)−명나라 도독 : 무술 9/15~17, 9/
    21, 9/23, 9/27, 10/1, 10/3, 10/9,
    11/8, 11/9, 11/13~16
진무성(陳武晟)−군관 : 갑오 6/28, 병신 2/4,
    윤8/10
진문동(陳文同) : 무술 11/16
진찬순(陳贊順) : 정유 6/19
진흥국(陳興國) : 정유 5/2, 5/3

【ㅊ】
채진(蔡津) : 선전관−계사 3/17
처영(處英)−승장 : 정유 6/12
최경회(崔慶會)−영남 우병사·의병장 : 계사 5/
    23, 5/27, 6/29
최귀석(崔貴石) : 갑오 7/6
최기준(崔琦準)−하동 현감 : 을미 11/7, 12/
    14
최대성(崔大晟)−군관 : 을미 5/5, 병신 1/23,
    8/20, 정유 8/11
최숙남(崔淑男) : 병신 9/1

최언환(崔彦還) : 정유 7/3
최여해(崔汝諧)－윤두수의 군관 : 갑오 9/27
최원(崔遠)－동지 : 정유 4/1
최위지(崔緯地)－해남 현감 : 을미 4/29, 5/3,
　　5/4
최이(崔已)－발포 진무 : 계사 2/1
최진강(崔鎭剛)－고산 현감 : 정유 8/4
최집(崔潗)－생원 : 정유 11/7
최천보(崔天寶)－전 흥양 현감 : 계사 2/23, 5/
　　25, 갑오 1/23, 4/5
최철견(崔鐵堅)－광주 목사 : 병신 9/18
최춘룡(崔春龍) : 정유 5/27
최태보(崔台輔) : 정유 7/8
최호(崔湖)－충청 수사 : 정유 6/12, 7/18
최흥원(崔興源)－영의정 : 계사 8/1
최희량(崔希亮)－흥양 현감 : 병신 1/14, 1/
　　15, 1/21, 1/27, 2/4, 2/6, 2/7, 2/
　　11, 2/12, 2/17, 2/19, 2/22, 2/24,
　　2/26, 2/27, 10/3, 10/6
춘복(春卜)－활 장인 : 병신 7/7
춘복(春福) : 갑오 10/9, 병신 2/25
춘세(春世)－종 : 을미 5/8
춘절(春節) : 병신 2/25, 5/18, 5/23
춘화(春花) : 병신 7/30

【ㅌ】
태구련(太九連)－환도 장인 : 을미 7/14, 7/21
태구생(太仇生) : 병신 2/10
태귀생(太貴生) : 정유 8/16, 10/11, 10/13
태문(太文)－종 : 정유 4/12, 7/11

【ㅍ】
팽수(彭壽)－종 : 갑오 1/13, 병신 7/22
평세(平世)－아산의 종 : 갑오 1/13, 정유 6/
　　26, 7/12, 7/14, 7/22
표마(表馬) : 을미 3/27
표헌(表憲)－통역관 : 계사 5/24, 5/25
풍진(風振)－종 : 병신 4/19
피은세(皮銀世) : 정유 10/28

【ㅎ】
하응구(河應龜)－을미 10/17, 10/24, 12/9
하응문(河應文)－을미 6/18, 10/19, 11/18,
　　11/19
하응서(河應瑞)－정유 10/24
하종해(河宗海)－당포 만호 : 계사 8/7, 을미

　　7/19, 11/25, 12/2
하천수(河千壽·河千守·河天壽·河天水)－군관 :
　　갑오 6/19, 7/25, 9/13, 을미 10/25,
　　병신 1/6, 1/9, 2/23, 윤8/5, 윤8/8
한경(漢京)－종 : 계사 9/13, 갑오 6/8, 10/
　　26, 11/13, 을미 8/11, 정유 5/8
한대(漢代)－여종 : 병신 3/5, 3/6
한덕비(韓德備)－체찰사 윤두수의 군관 : 갑오
　　9/27
한명련(韓明璉)－별장·조방장 : 갑오 9/27,
　　10/9
한백록(韓百祿)－지세포 만호 : 병신 7/10, 무
　　술 9/22
한비(韓棐)－을미 6/2
한술(韓述)－임천 군수 : 정유 4/19
한언향(韓彦香)－나장 : 정유 4/3
한여경(韓汝璟)－병신 9/9, 9/12
한치겸(韓致謙)－정유 7/18, 7/24
한효순(韓孝純)－경상좌도 관찰사·부찰사 : 갑
　　오 2/1, 병신 3/29, 4/2, 4/5∼9, 윤
　　8/14, 윤8/20, 윤8/24, 9/17, 정유
　　5/6, 5/10∼14, 7/24, 9/9, 9/27
해돌[年石]－종 : 계사 9/13
행보(行寶)－종 : 갑오 11/21
행적(行迪) : 병신 9/19
허내만[許乃萬·許內隱萬] : 병신 4/22, 4/30,
　　5/14, 5/24, 6/15
허막동(許莫同)－대장장이 : 정유 10/23
허정은(許廷誾)－계사 2/17, 갑오 8/30, 을미
　　2/19
허제(許霽) : 정유 4/10
허주(許宙) : 을미 2/11, 3/17, 6/24, 6/27,
　　8/7
현덕린(玄德獜) : 갑오 8/25, 을미 5/26, 6/3,
　　8/7
현응진(玄應辰)－군관 : 정유 7/12, 7/14, 7/
　　18
현즙(玄楫)－해남 현감 : 갑오 8/29, 8/30, 9/
　　19
형개(邢玠)－명나라 경략 : 무술 9/27
혜희(惠熙)－승병장 : －정유 8/8
홍견(洪堅)－임치 첨사 : 갑오 4/23, 5/14, 7/
　　9, 7/22, 을미 8/15, 10/7, 10/16,
　　병신 3/1, 3/27, 6/4, 6/25, 9/9, 정
　　유 6/10, 9/18
홍군우(洪君遇) : 갑오 2/7, 정유 4/9
홍대방(洪大邦)－배천 별장 : 정유 6/28, 7/
　　13∼15, 8/1
홍석견(洪石堅) : 정유 4/8

지명 찾아보기

백야곶(白也串) : 임진 2/19
법성포(法聖浦) : 정유 4/12, 9/19, 10/3, 10/
　　13, 11/14
벽견산성(碧堅山城) : 정유 7/17, 8/13
벽방(碧方) : 갑오 2/21
벽파정(碧波亭, 벽파진) : 갑오 6/15, 6/21, 정
　　유 8/29, 8/30, 9/1, 9/7, 9/14, 9/
　　15
보령(保寧) : 을미 5/18, 9/7
보산원(寶山院) : 정유 4/19
보성(寶城) : 임진 3/23, 계사 6/22, 을미 4/
　　12, 병신 9/22, 정유 5/2, 5/8, 5/9,
　　8/14
보화도(寶花島) : 정유 10/29
부산(釜山, 부산포·부산진) : 임진 4/15～17,
　　6/2, 계사 5/10, 5/19, 6/10, 6/16,
　　을미 3/11, 10/6, 병신 1/7, 1/8, 1/
　　19, 2/3, 2/9, 4/3, 4/7, 4/22, 4/
　　30, 5/12, 5/13, 5/24, 5/28, 6/10,
　　6/15, 7/10, 7/12, 8/1, 정유 6/12,
　　6/17, 7/1, 7/14, 7/16, 무술 11/13
부안(扶安) : 계사 6/18, 병신 2/19, 정유 10/
　　25
부유(富有, 부유창) : 정유 5/14, 8/8
불을도(弗乙島) : 계사 6/27, 6/28
비금도(飛禽島) : 정유 10/11

【ㅅ】
사도(蛇渡) : 임진 2/24, 3/20, 계사 6/22, 갑
　　오 8/14, 병신 1/29
사량(蛇梁, 사량도) : 임진 6/1, 계사 2/6, 3/
　　10, 5/8, 5/24, 7/12, 8/7, 갑오 1/
　　18, 8/19, 을미 3/26, 8/25, 12/16,
　　병신 1/3, 2/19
사자마(沙自麻) : 정유 6/18
사천(泗川) : 임진 5/29, 계사 7/19, 갑오 2/
　　14, 8/12, 8/17, 10/13, 을미 8/22,
　　12/17, 병신 6/28, 8/26, 8/27, 8/
　　29, 정유 6/18, 6/19, 6/21
사천 선창 : 임진 5/29, 갑오 8/16
사화랑(沙火郞) : 계사 2/18, 2/19, 2/22, 2/
　　28
산성(山城) : 계사 7/13, 병신 윤8/18
삼가(三嘉) : 갑오 3/30, 정유 6/2, 6/29, 7/
　　18, 7/19
삼례역(參禮驛) : 정유 4/22
삼봉(三峰) : 갑오 2/13
삼척(三陟) : 정유 6/10

삼천포(三川浦, 삼천진) : 임진 8/25, 갑오 7/
　　16, 8/18, 을미 8/25, 12/15, 12/17,
　　12/18
상주포(尙州浦) : 임진 5/2, 5/4, 을미 8/25,
　　병신 1/3
샘내[泉川] : 계사 5/16
서관(西關) : 계사 3/4, 병신 5/9
서생포(西生浦) : 정유 6/12, 7/16
서천포(舒川浦) : 을미 5/18
석보창(石堡倉) : 임진 4/18, 병신 10/5
석제원(石梯院) : 병신 9/1
석주관(石柱關) : 정유 5/26, 8/3
선생원(先生院) : 임진 1/11, 1/16, 1/17, 3/
　　14, 3/17
선인암(仙人巖, 선암) : 을미 5/8, 병신 4/13,
　　7/4
설한령(雪寒嶺) : 계사 3/4
성주(星州) : 병신 2/3, 3/29, 정유 7/3, 11/3
세포(細浦) : 계사 6/13, 7/10, 병신 3/14
소근두(所斤頭) : 병신 3/4
소비포(所非浦) : 갑오 2/8, 2/9, 8/16, 을미
　　8/21, 8/23, 8/25, 12/8, 병신 6/28
소소포(召所浦, 소소강) : 갑오 2/29, 3/4
소음도(所音島) : 정유 10/20
소진포(蘇秦浦) : 계사 2/10, 2/20, 6/24
소촌(召村) : 정유 7/28
소평두(小平斗, 소두라도小斗羅島) : 임진 3/20
소포(召浦) : 임진 3/12, 3/27
송도(松都, 개성開城) : 계사 2, 16, 3, 4, 3, 10
송도(松島) : 계사 2/18
송미포(松美浦) : 병신 8/11
송원(松院) : 정유 4/27
송진면(松進面) : 정유 7/16
송치(松峙) : 정유 4/27, 5/14
수원(水原) : 정유 4/3
순창(淳昌) : 을미 5/11
순천(順天, 승평) : 임진 2/3, 2/19, 3/14, 3/
　　20, 3/23, 계사 3/2, 6/22, 6/25, 6/
　　26, 7/9, 7/11, 7/14, 갑오 2/15, 7/
　　2, 9/7, 을미 4/12, 5/15, 8/1, 병신
　　2/5, 윤8/15, 9/25, 9/26, 정유 4/
　　25, 4/29, 5/11, 5/22, 7/11, 8/6～
　　8, 10/15
승평(昇平) → 순천(順天)
신원(新院) : 병신 9/3
십오리원(十五里院) : 정유 7/23
쌍계동(雙溪洞) : 정유 8/3

해평장(海平場) : 을미 4/17, 병신 2/26
해포(蟹浦)→해암(蟹巖)
행보역(行步驛) : 정유 8/3
행주(幸州) : 계사 7/13
현풍(玄風) : 병신 2/20
홍농(弘農) : 정유 9/19
홍룡곶(洪龍串) : 정유 9/19
홍산(鴻山) : 병신 7/17, 7/22
홍주(洪州) : 병신 4/14, 7/16, 7/22
화도(花島)→적도(赤島)
화순(和順) : 병신 9/20

황산동(黃山洞) : 계사 6/16
황원(黃原, 황원장) : 정유 10/22, 11/6
회령포(會寧浦) : 갑오 6/8, 정유 8/18
흉도(胸島) : 갑오 3/3, 3/6, 9/28, 10/6, 10/8, 을미 11/3
흥양(興陽, 영주) : 임진2/19, 2/20, 계사 6/22, 갑오 1/16, 3/25, 6/5, 8/4, 8/20, 을미 4/12, 5/14, 9/5, 병신 윤8/18, 정유 6/3, 7/7, 10/15
흥양 전선소 : 임진 2/22

고산고정일(高山高正一)

서울에서 출생. 성균관대학교국문학과졸업. 동대학원비교문화학전공졸업. 소설「청계천」으로「자유문학」등단. 1956년~현재 동서문화사 발행인. 1977~87년 동인문학상운영위집행위원장. 1996년「한국세계대백과사전 총31권」책임편집. 지은책「불굴혼·박정희」「세계를 사로잡은 최승희·매혹된 혼」「불과 얼음·장진호」「愛國作法·新文館 崔南善·講談社 野間淸治」「高山 大三國志」「이솝의 철학생애」옮긴책 이황「자성록/언행록」이율곡「성학집요/격몽요결」박지원「열하일기」한국출판문화상·한국출판학술상 수상.

𝒲orld ℬook 179

李舜臣

亂中日記

난중일기

이순신/고산고정일 역해

1판 1쇄 발행/2012. 3. 1
2판 1쇄 발행/2018. 11. 1
발행인 고정일
발행처 동서문화사
창업 1956. 12. 12. 등록 16-3799
서울 중구 다산로 12길 6(신당동 4층)
☎ 546-0331~6 Fax. 545-0331
www.dongsuhbook.com

＊

＊
사업자등록번호 211-87-75330
ISBN 978-89-497-1692-3 04080
ISBN 978-89-497-0382-4 (세트)